Jenseits vom Mittelmaß

Unternehmenserfolg im Verdrängungswettbewerb

超越平庸

比好更好的25条营销法则

Hermann Scherer

[德] 赫尔曼·舍雷尔◎著

王恺◎译

中国纺织出版社

图书在版编目（CIP）数据

超越平庸：比好更好的 25 条营销法则 /（德）赫尔曼·舍雷尔著；王恺译. —北京：中国纺织出版社，2016.8（2024.2重印）

ISBN 978-7-5180-2733-0

Ⅰ. ①超… Ⅱ. ①赫… ②王… Ⅲ. ①市场营销学 Ⅳ. ① F713.50

中国版本图书馆 CIP 数据核字（2016）第 135858 号

策划编辑：陈 芳　　　　责任印制：储志伟

中国纺织出版社出版发行
地址：北京市朝阳区百子湾东里A407号楼　邮政编码：100124
销售电话：010—67004422　传真：010—87155801
http：//www.c-textilep.com
E-mail：faxing@c-textilep.com
中国纺织出版社天猫旗舰店
官方微博http：//weibo.com/2119887771
北京兰星球彩色印刷有限公司印刷　各地新华书店经销
2016年8月第1版　2024年2月第2次印刷
开本：889×1194　1/16　印张：19.5
字数：367千字　定价：98.00元

凡购本书，如有缺页、倒页、脱页，由本社图书营销中心调换

什么让您的产品与众不同？

什么使您从众多竞争者中脱颖而出？

您应当做些什么，才能使您的企业给顾客们留下不可磨灭的印象？

您应当做些什么，才能保持住您的企业在市场中的领先位置？

如果您正在为上述问题所烦恼，那么您手上的这本书正是为您量身打造的：这是一篇讨伐平庸的檄文，这是一篇歌颂卓越的赞美诗。这本书献给所有大胆进取的决策者以及所有激情澎湃的企业家。因为不论您的企业生产什么产品还是提供何种服务，您的客户都有许许多多的同类产品或者相似服务商可以选择。但是，为什么他们应该选择您的产品或服务，而不是其他那些呢？当然不止今天、明天，希望还有后天，甚至是在更久的将来。哦，请您千万不要对我说："因为我们的产品质量上乘，我们所提供的服务以顾客为本或者涵盖各阶层人士的需求！"要知道您的竞争对手也是这样一字不差地评价他们自己的。对于大多数情况而言，您与您的竞争对手的确不相上下，可这也正是问题之所在：大多数的企业都能制造出总体来看优良的产品，所以当大多数都能达到优良的水平时，优良不外乎是平庸的另一种称谓。商品供应上的相似会导致顾客在决定上的无所谓，而对于企业来说则导致一轮接一轮残酷又血腥的价格战。解决这种问题的办法并非您是否有必要改变自己，而是您的速度是否够快。

您开始着手改变现状的方式多种多样。在本书中我选择了25个最能帮助您和您的企业成为所属行业翘楚的关键性变革。这25种变革为您提供了25种可能性，25种令事情变得不同甚至更优秀的可能性——这25种变革将帮助您与您的企业在日趋全球化也日趋混乱的自由市场上获得更多的瞩目，这25种变革将帮助您与您的企业在全球范围内建立既稳固又富有创造性的合作网络。当然，您不必尝试这全部25种变革。您只需把这本书当作一个智慧宝盒，从所有的可能性中选取适合您企业的并持之以恒地贯彻。依靠这些智慧，您可以为您的企业获得潜在客户；您可以扩展您所提供的服务范围，以便完全解决您客户至今"无法解决的问题"；您还可以通过重新定义您的传统产品而为企业拓展新的市场范围。只不过所有这一切都没有一定之规：在阅读本书的过程中，您将认识一位时常满头大汗的成功制造商。他通过学习一本叫作《汗水结晶》的书成功地从木材运输商转型成为他现在行业市场——烤箱制造业——的领头军。您还会认识一个马戏团，他们经过一段时间的努力，变为世界知名马戏团。您也将在本书中读到，为什么在某些时刻您的企业必须甘于屈居竞争对手的下风；您应该如何将您的决策以书面的方式公之于众；或者您如何利用互联网上那些传来传去的口水话增加您企业的利润。总而言之，您将立即在本书中学习到能使您的企业成为行业领袖的游戏规则。

随时响应您的召唤！

您忠实的赫尔曼·舍雷尔

超越平庸

25种

帮助您的企

注意力
不能被人注意到的，必将退出历史舞台

定位
不想输掉就要个性化

情感营销
占领您在客户心目中的顶尖位置

服务
今天的附赠就是明天顺理成章的要求

革新
为问题辩护

机遇—智慧
成功激活潜在的可能性

从最好的地方获益
用下一个实践代替最好的实践

建立关系网
人脉是通向成功的必然之路

协作
通过联络获得合约

使人信服的力量
在纷繁复杂的信息中交流

优化产品
您的产品是令人无法抗拒的吗？

能力的展现
如果没人知道，优秀有什么用？

方法

业走向成功

动力

如此便能控制住您心中的惰性

激情

不是在公司里工作，而是为公司的未来而工作

改革的洞察力

请您不要做知识上的巨人，行动上的矮子！

谈判

您不是得到您理应得到的东西，

而是您通过谈判而努力得到的东西

销售心理学

销售语言中的十二金句

开发欲望

激烈竞争中的营销

市场的力量

新方式带您通向新客户

互联网

让网络助您利润翻倍

聪明的公关

人们是如此谈论您的，即使面对媒体也是一样

业内专家的称号

知名度提升您在客户心中的信任度

领导

大胆的管理开拓未来的市场

游击队化市场营销

逆向思维与打破常规

品牌

商标＋协作＝品牌

第一章　注意力

不能被人注意到的，必将退出历史舞台

您的产品会被您的目标客户群发现吗?

您的产品

怎样才能被您的目标客户群发现?

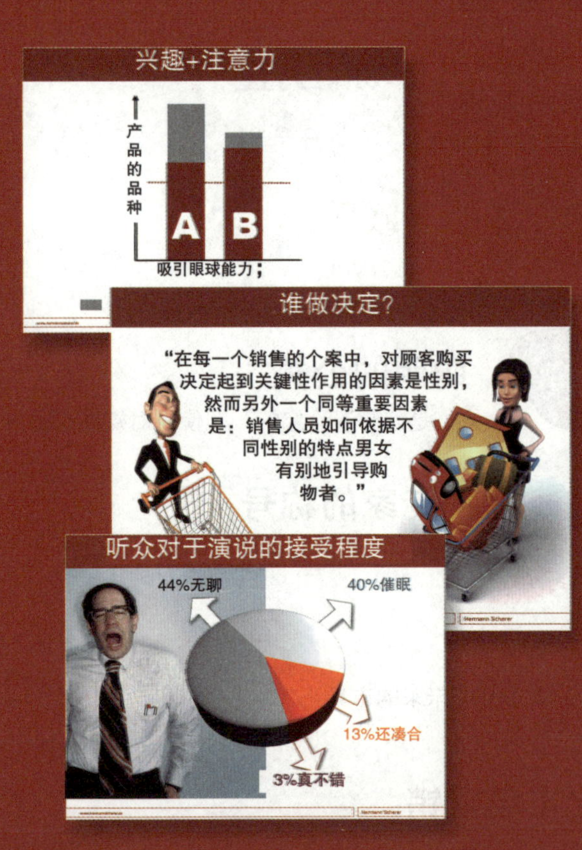

第二章　定位

不想输掉就要个性化

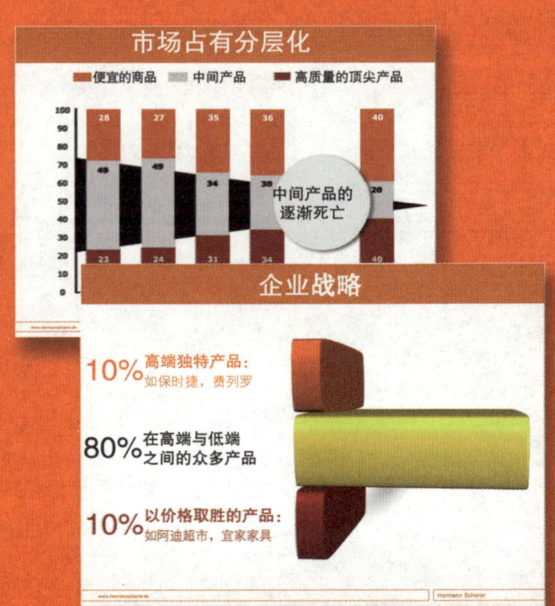

“最常见的战略错误便是模仿。”

第三章　情感营销

占领您在客户心目中的顶尖位置

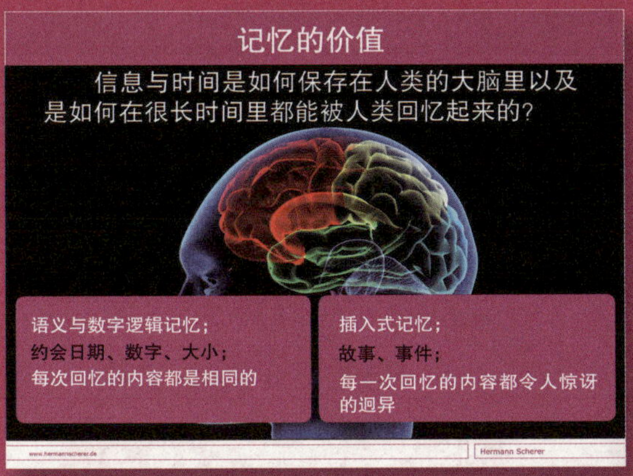

“用事实说话，用故事销售。”

再精确再严肃的定义

都需要一个充满感情的演绎

第四章　服务

今天的附赠就是明天顺理成章的要求

“我们在目标客户发现问题之前，已经替他们解决好了所有的问题。”

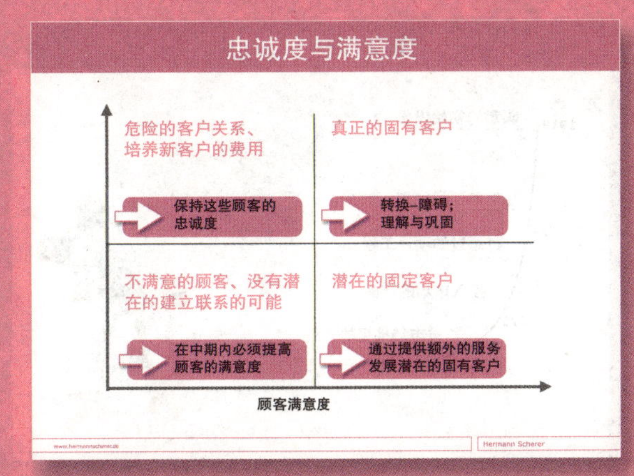

第五章　革新

为问题辩护

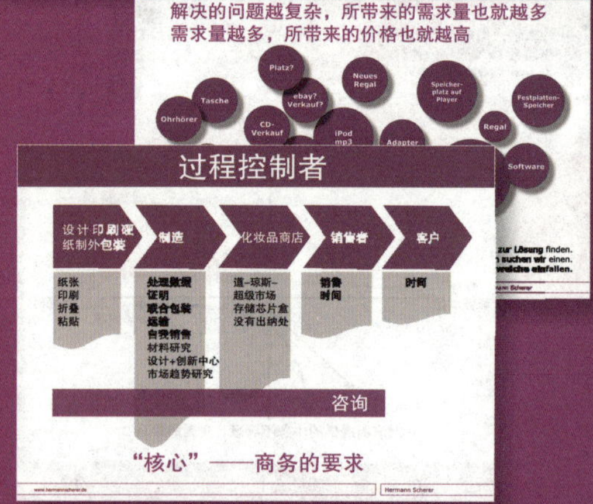

您能控制哪些程序？

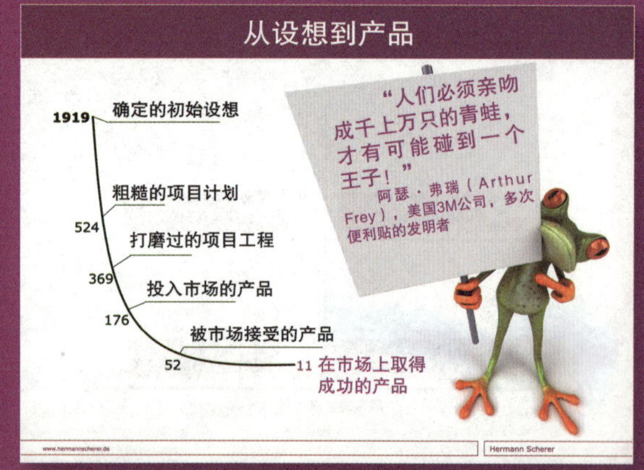

第六章　机遇—智慧

成功激活潜在的可能性

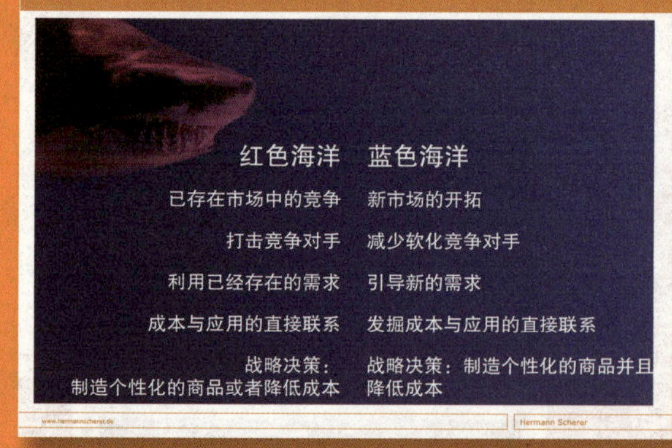

您的蓝色海洋在哪里？

第七章 从最好的地方获益

用下一个实践代替最好的实践

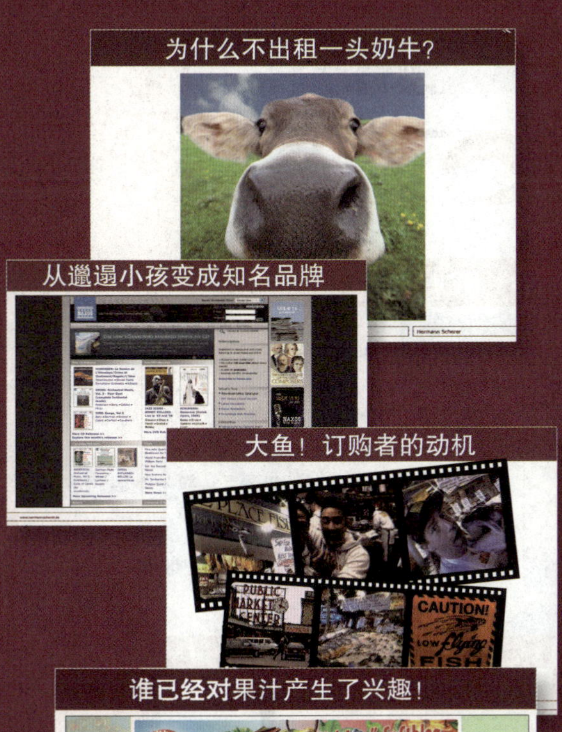

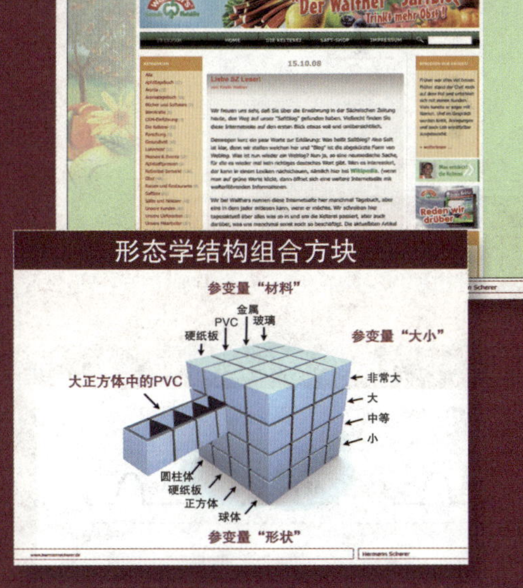

用细分产品代替失去市场

55

第八章 建立关系网

人脉是通向成功的必然之路

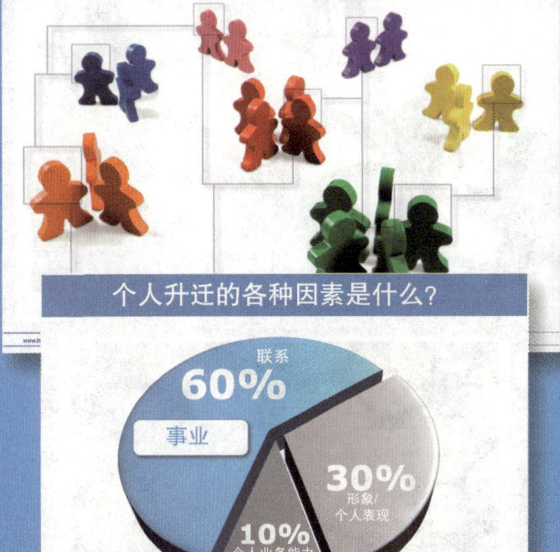

您的人际关系网有多好？

您都认识什么人？

最重要的事情是：都有什么人认识您？

69

第九章　协作

通过联络获得合约

谁是与您互补的合作者？

交叉销售

客户占有率
（同行业所有企业所拥有的客户总数）
招揽全新客户
利润潜力
渗透性招揽客户
发展与联合固定老客户
客户充分利用率
（资源共享百分比）

83

第十章　使人信服的力量

在纷繁复杂的信息中交流

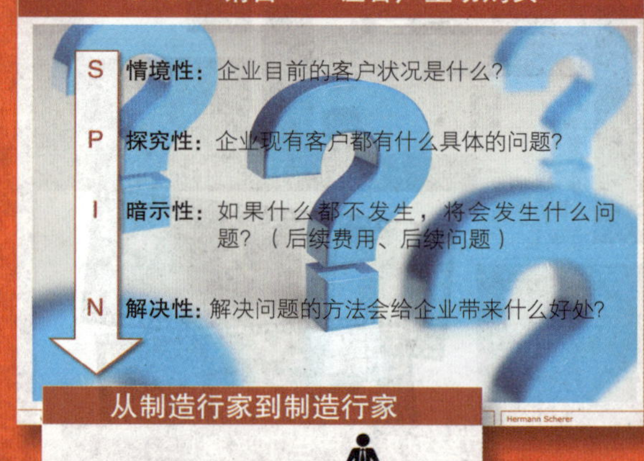

从制造行家到制造行家

应该达到的水平
企业现状
负面的潜在问题

认识问题的能力就是解决问题的能力！

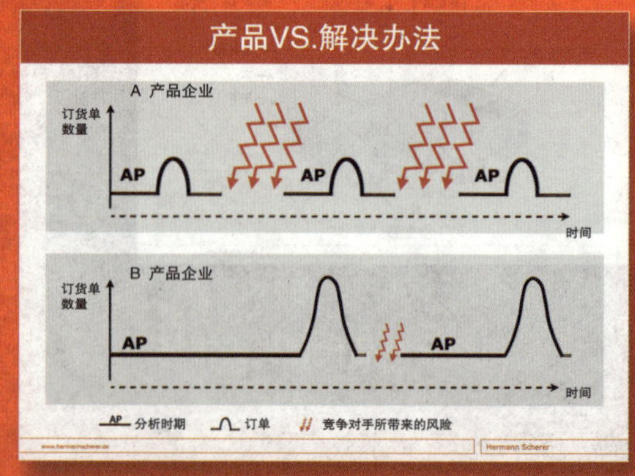

89

第十一章　优化产品

您的产品是令人无法抗拒的吗？

您的产品是真的令人无法抗拒吗？

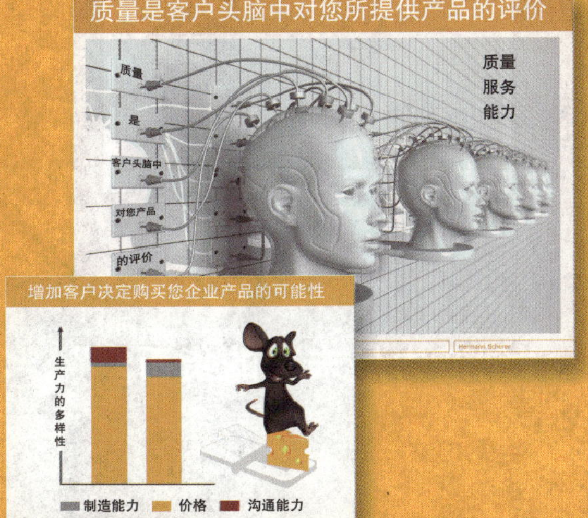

第十二章　能力的展现

如果没有人知道，优秀有什么用？

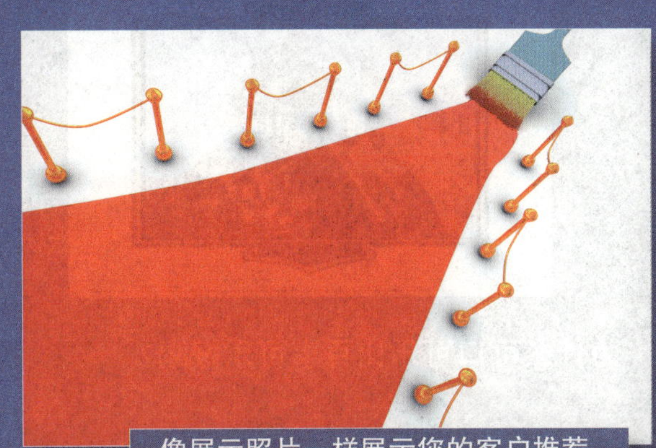

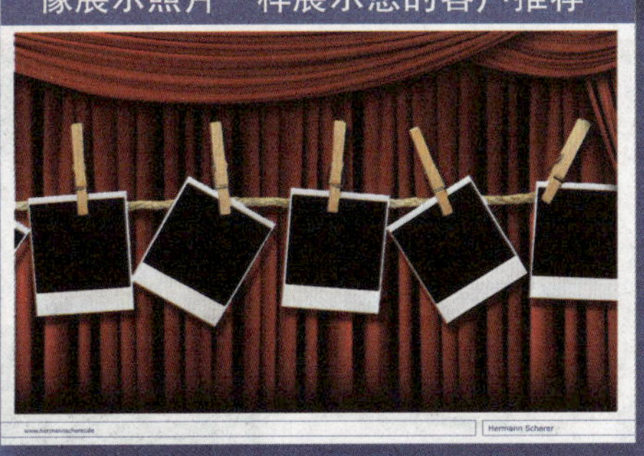

“曾经到过那里的人，决定将去到那里的人。”

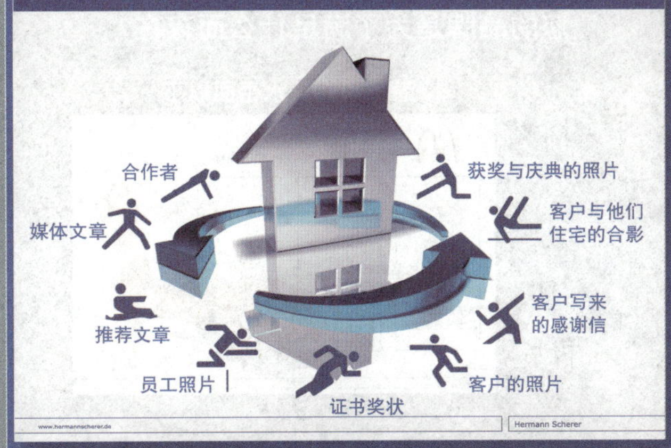

第十三章　品牌

商标+协作=品牌

用摩托车代替摇椅

为什么可口可乐比百事可乐好喝?

从原材料到生产成品

1.第一轮受检者:图片
2.第二轮受检者:
图片与商标名称的结合

结果:
在大脑中有新的区域发光

目标:
在消费者的大脑中出现一条从商标图案到商品品牌的直接通路

您的品牌是为了满足什么而存在?

潜意识——水平面以下

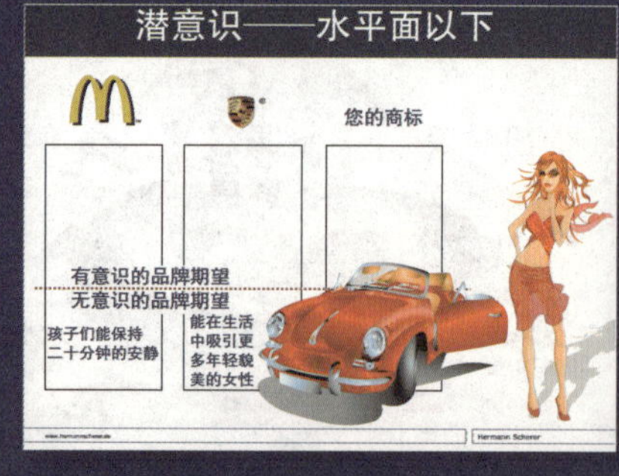

第十四章　游击队化市场营销

逆向思维与打破常规

您如何能在您的谈话中引入黄瓜这一事物?

带上您一个美丽的女朋友

"创造力是未来的货币。"

第十五章 领导

大胆的管理开拓未来的市场

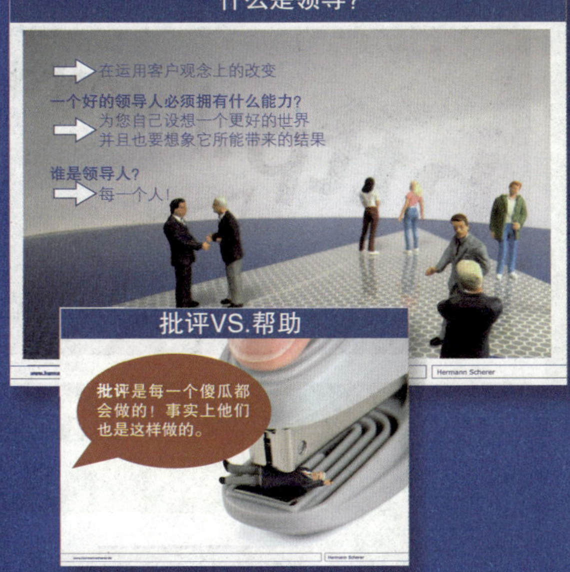

您应该做些什么，才能使您的雇员互相紧密团结——即使是感情上也要和谐融洽?

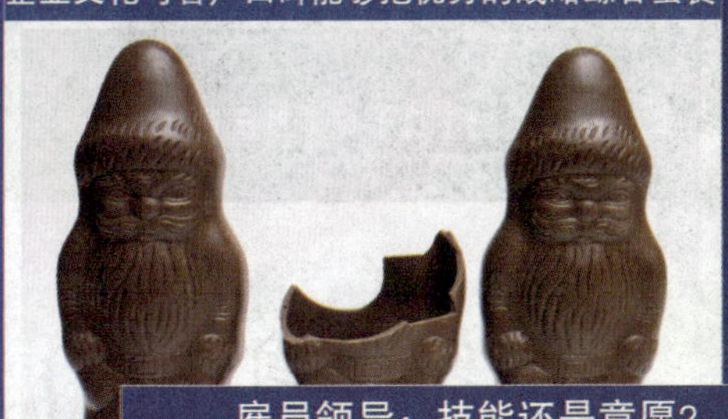

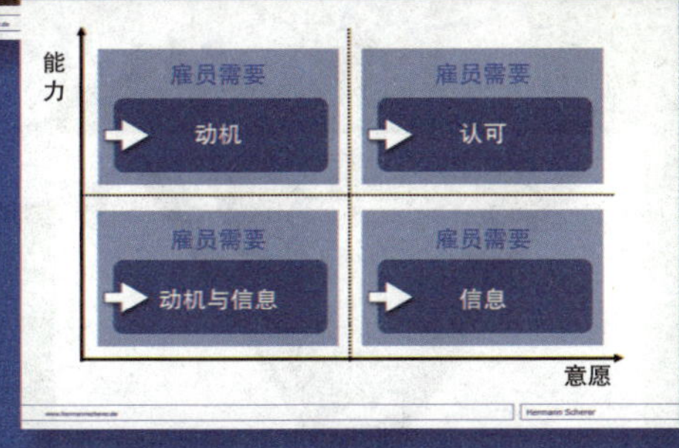

第十六章 业内专家的称号

知名度提升您在客户心中的信任度

您在过去的两年中都做了哪些能够帮助您得专家头衔的事情?

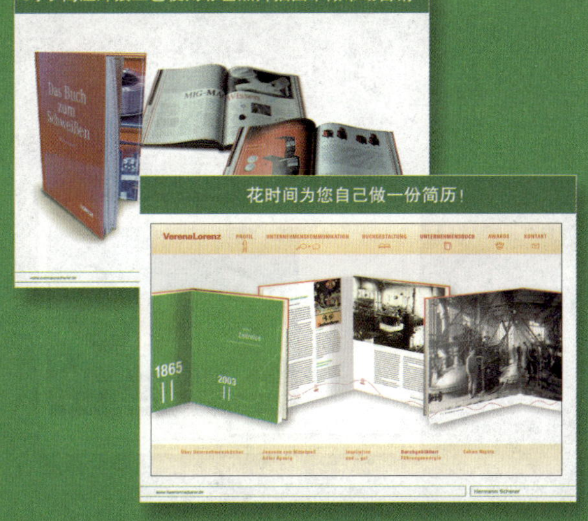

第十七章　聪明的公关

人们是如此谈论您的，即使面对媒体也是一样

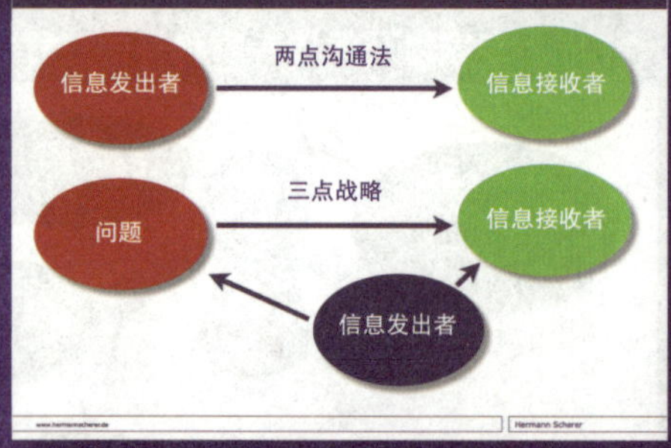

在哪些条件下，媒体会报道关于您企业的消息？

第十八章　互联网

让网络助您利润翻倍

网络上关于您的信息是最近更新的吗？

第十九章　市场中的力量

新方式带您通向新客户

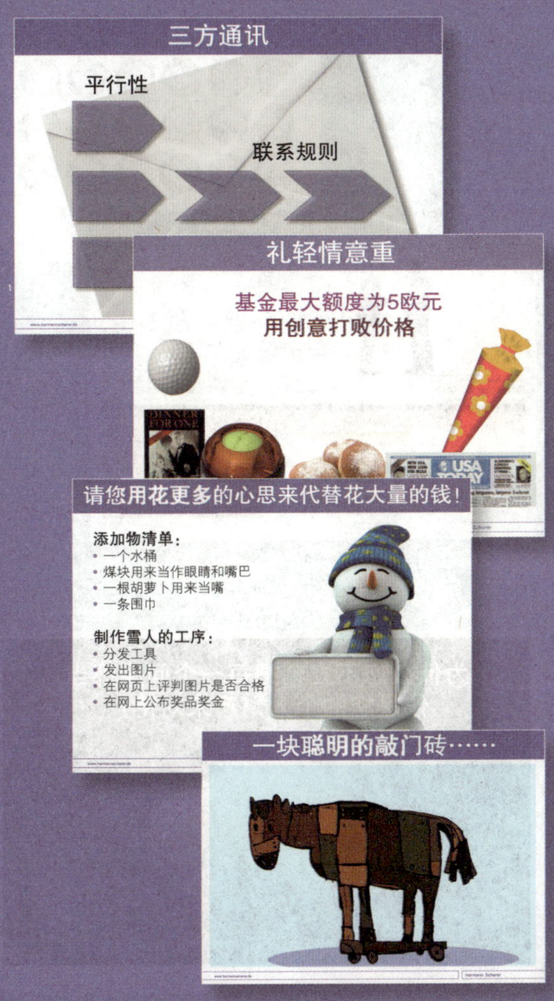

什么东西可以成为您的特洛伊木马呢？

第二十章　开发欲望

激烈竞争中的营销

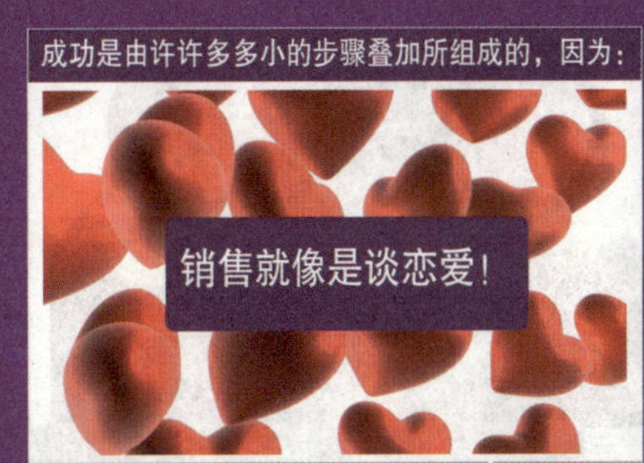

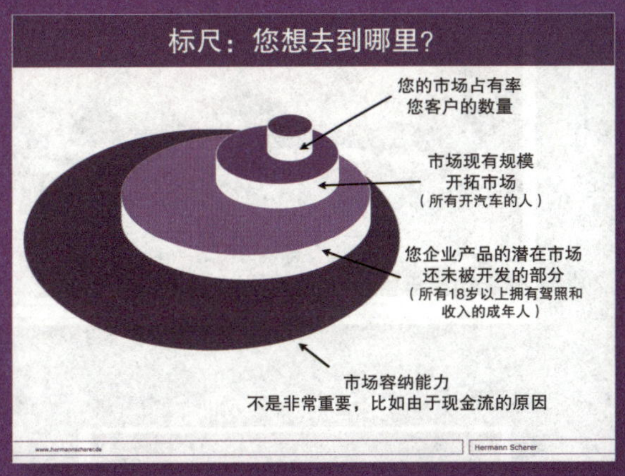

您认为市场的哪个部分最可能具备您最大优化愿望的潜能呢？

您就应该从那里开始——而且现在就应该开始！

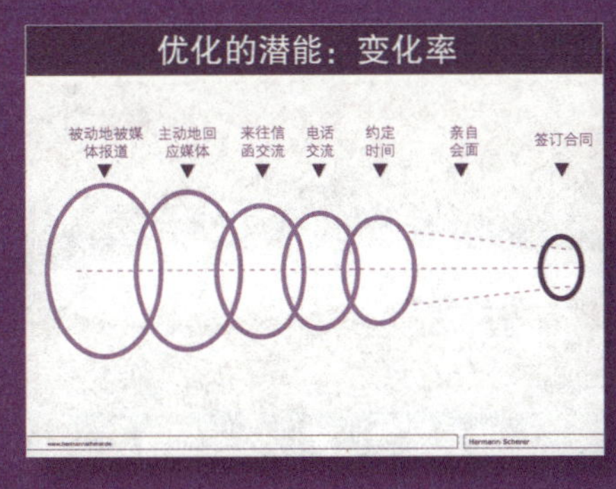

第二十一章　销售心理学

销售语言中的十二金句

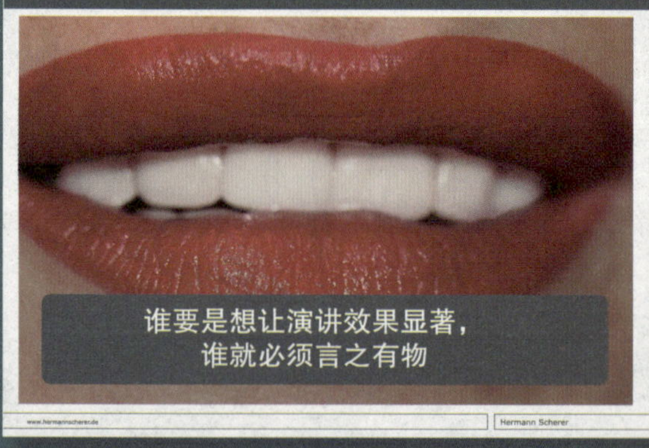

229

第二十二章　谈判

您不是得到您理应得到的东西，而是您通过谈判争取而努力得到的东西

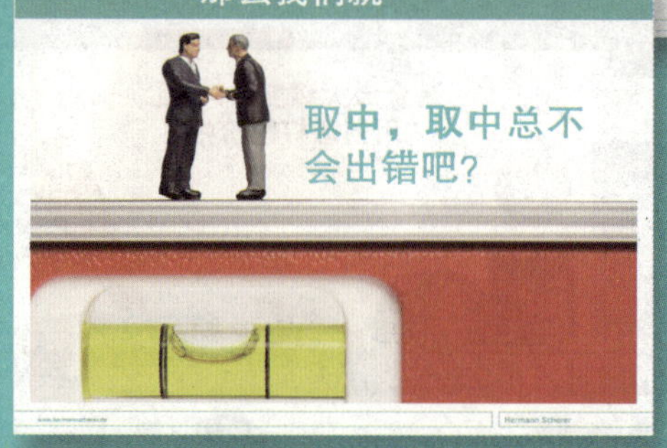

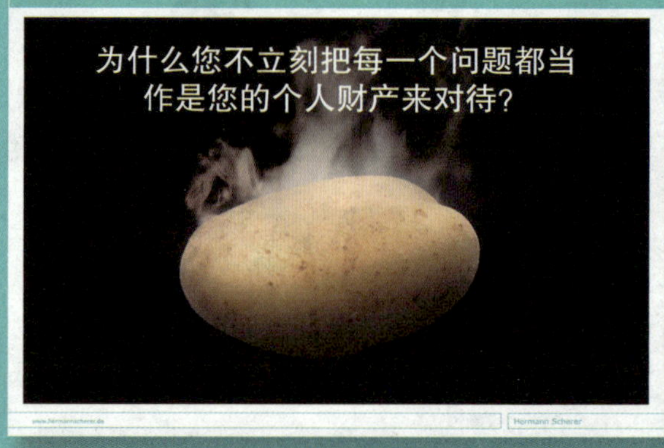

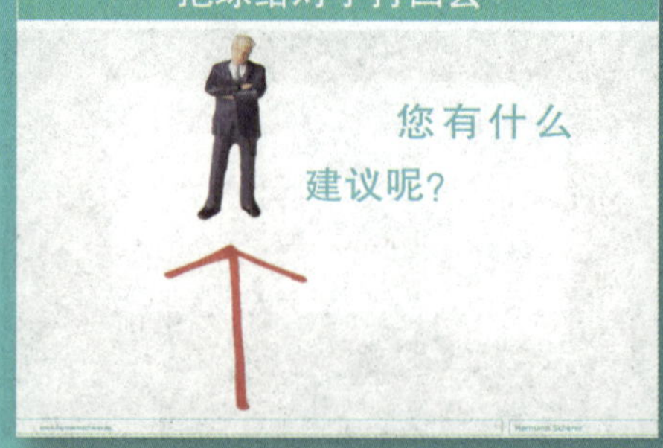

245

第二十三章　改革的洞察力

请您不要做知识上的巨人，行动上的矮子！

第二十四章　激情

不是在公司里工作，
而是为公司的未来而工作

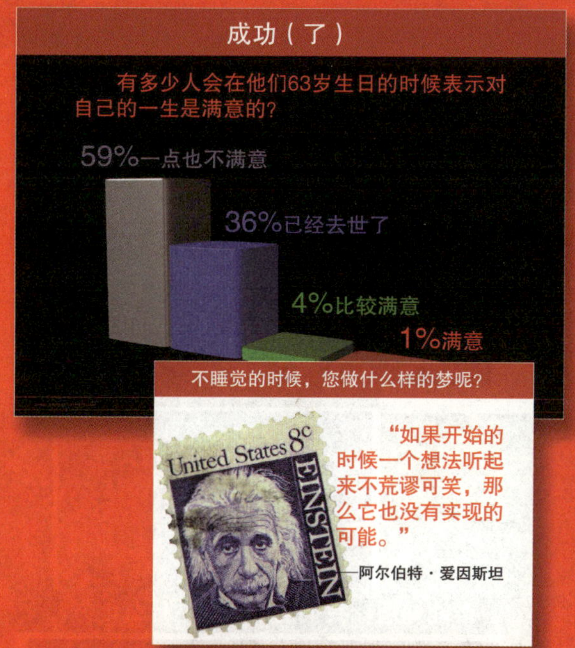

您的哪些想法是充满激情的呢？

第二十五章　动力

如此便能控制住您心中的惰性

警告！请您一定相信，在很多时候，您心中的惰性要比您自己精明狡猾得多。

请注意！

读后感

请您写下您阅读本书后的心得

赫尔曼·舍雷尔的生平简介

“他是他所从事专业领域中的佼佼者。他的演讲与训练课程被引领市场以及希望成为引领市场的各大企业所热情追捧。”

——《南德日报》

他身高**1.99米**，能将他自己的亲身经历变成生动的演讲内容

他曾在一年中就拥有超过**84000名**的听众与观众

他的著作曾在一年中就拥有**101322**本的销售量

其他相关书籍

第一章

注意力

不能被人注意到的，必将退出历史舞台

“鸭子下蛋无声无息，母鸡下蛋叫得惊天动地。”

这样的现象导致什么样的结果？

结果就是整个世界上的人都吃鸡蛋。差不多150年前亨利·福特不无嘲讽地说：“要是我们只看事实结果的话，那么鸭子可是比鸡强多了——您看那鸭蛋的个头儿比鸡蛋大多少，而且也基本上个个都比鸡蛋重。”只不过鸭子们的竞争对手——鸡，要比鸭子精明得多，它们知道怎样才能吸引客户的注意力。简而言之：在竞争激烈的市场上，如果不能广而告之，只有优秀的产品是远远不够的。这个道理早在当年就被那位美国汽车制造业大亨揭示出来了。

福特先生所说的市场原理在我们现生活的年代比当年还要更加适用。每一年市场上都要出现几千种的新产品。它们中的绝大多数（超过三分之二）很快就又从市场上消失了。因为“事实上”没有人还需要一种新的办公软件，也没有人一定需要更多一种女性时尚杂志作为穿衣打扮的参考，更没有人非得喝一种新口味的啤酒。在德国任何一个小城市里的中型超市内所提供的可购买商品的数量都是令人咋舌地多。如果一个没有心理准备的人进到里面去，都会想难道我们真的需要这么多的东西吗？我们到底应该如何在这超过两万种的商品中做出正确的选择呢？所以聪明的制造商们总是在不停向他们的客户宣传，他们的酒心巧克力糖是用正宗的皮埃蒙特超级樱桃所酿的酒灌注的，或者他们的啤酒是用烃源岩泉眼中的天然矿泉水所调配而成。事实上，没有人知道其他别的啤酒也是用烃源岩泉眼中的天然矿泉水调配而成；或者也没有人动脑子算算，倘若这些酒心巧克力真如广告中所描述的那样，那么在皮埃蒙特每年所收获的所有樱桃是否能够满足这些巧克力生产商的需求。

想在众多竞争中赢得有限客户的长期关注，绝不仅仅是通过聪明的市场营销决策所能达到的——这更多的是依靠企业与客户的沟通，即企业如何向自己的客户传达其产品对客户的重要性。无论您是眼科医生还是税务咨询师，无论您是门窗生产商还是电脑部件制造商：要想在竞争激烈的市场中求得长期的生存，就必须清楚，尽可能地让客户明确您所生产的产品的功能特性（至少要比您的同行业竞争者表达得清晰明确）。谁要是做不到这一点，那么他的产品就时时刻刻具有从市场上彻底消失的潜在危险。这就是竞争的残酷性。更不要说各产业中还存在的具有颠覆性的产品革新进程。

不过通常情况下，如果一个企业能在他的客户头脑中为自己的产品留下不可磨灭的印象的话，那么这就足够他的产品在市场上存活很长一段时间了。　举一个简单的例子：一家生产暖气的企业，为所有的使用者提供优质的维修服务，尤其是在节假日也毫不例外——但是他们却把这么重要的一条信息用小号字体印在整个广告的最后。相反，聪明的做法是将这个特殊服务项目用粗体字大大地印在整个广告的顶头一行：“我们不会让您忍受哪怕是一分钟的寒冷——即使是在圣诞节长假期间！”

这就像那个人人都听说过的笑话中所讲到的：两个露营者在加拿大的一座深山中遭遇到一头巨大的黑熊。当其中一个人还在怀疑他们是否能逃过这一劫难的时候，另一个人已经甩开大步跑远了。第一个人向逃跑的人喊：“这样做根本没有用，你不可能比一头熊跑得还快。”而逃跑的人则回过头向着第一个人喊：“没关系，我只需要比你跑得快！”

如果不能广而告之，仅仅是产品好又有什么用呢？

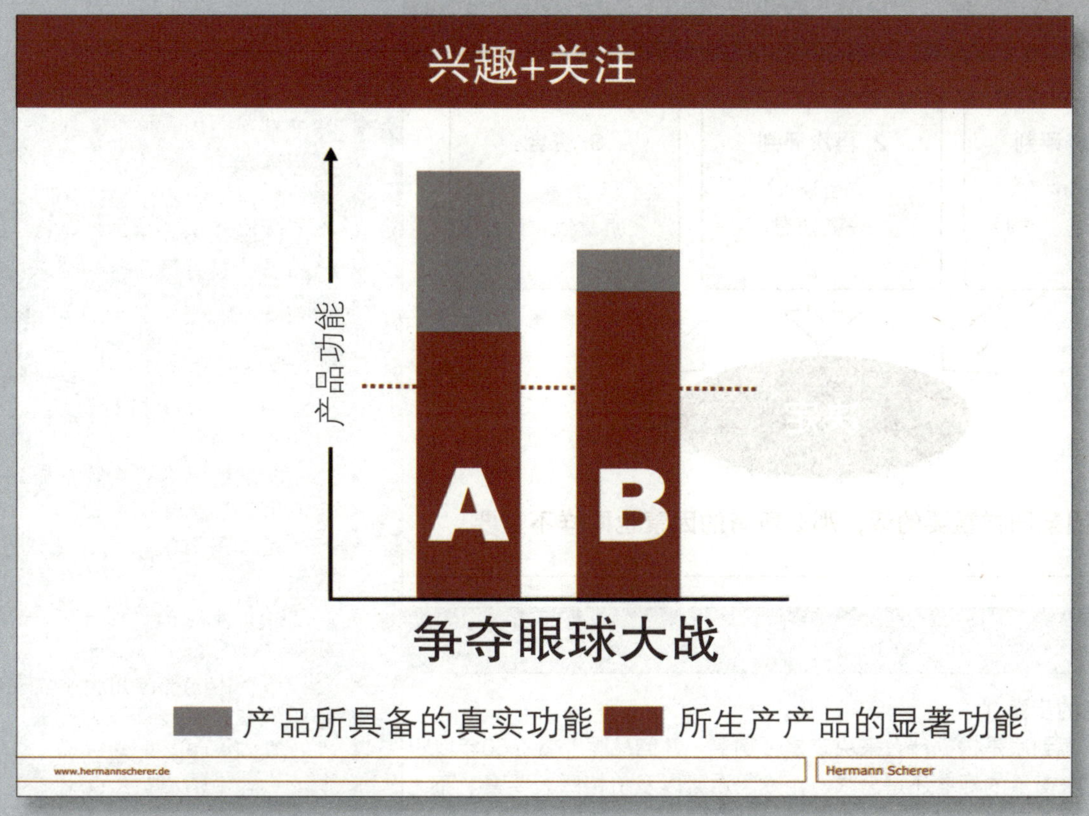

兴趣+关注 Ⅰ

假设我们有A与B两个服务提供商，两种产品，两家企业。再假设这两者对各自产品服务的标价也完全相同。但是正如我们所见，A企业所提供的服务类型要比B企业多一些。在这样的前提下，如果您是顾客，您选择买哪一家企业的产品呢？毋庸置疑，当然是A企业的产品。如果我们继续研究一下这两家企业，并且同时量化作为客户的我们对其期望的话，那么上面坐标图中，红色的虚线表示的就是客户的期望值。您将在哪里购买此类商品？理论上我们会再一次选择A企业的产品。谁都知道这个道理："付出相同的钱，能得到的越多越好。"我们再一起更深入地研究一下这两家企业：两个条状物红色的部分为两家企业，表示两家的销售者向客户所传递信息的多寡。那么，现在您会选择哪一家企业的产品呢？当然是B产品——即使事实上A产品更加优秀一些。

总结：各家企业都在进行一场双重的竞争。各自产品质量优劣的竞争——同时，向客户传递信息能力强弱的竞争。如果没有人知道您，那么即使您生产的产品再好又有什么用呢？把自己商品的质量变得更好又怎么能比得过别人的商品卖得更好呢？

很多企业的确坚信，只要他们能保证自己产品质量的上乘，那么他们迟早有一天能赢得市场。

我们为自己的产品做广告，而别人却在每天都把自己的商品"举"到人们的面前，让他们看见，让他们产生购买的欲望。只是因为海蒂·克鲁姆在广告短片中把水果软糖夹在她的脚趾间，它们的味道就会更好吗？生产商在发言之前铺设大红的地毯，发言之后与来宾们共同喝香槟庆祝，这样的举动就能使他们的产品更加好用吗？

这样的鬼话，任谁也不会相信。但是，客户的注意力，客户对产品的关注度就是您的产品是否能够从同类产品中胜出的关键因素。

赢得客户的注意力是企业竞争中的关键一环，有的时候甚至要不惜代价去争取。

推荐书目：更多关于该问题的内容请您阅读鄙人十本一套的拙作《30分钟——向那些最棒的人学习》。

"客户注意力的经济市场现状有自己的新游戏规则：它们与凭借资金与物质产品取胜的旧市场从根本上有所区别。在这里，价值是与关注度、认可度、知名度、独一无二性以及炒作这些非物质形式因素紧密相关的。

这些非物质形式因素决定了一个企业的产品是否能在该行业市场上盈利。在这里客户的注意力是一个稀有的、可贵的资源……"

做出决定的步骤

1. 初步评判
需求
附加用途、价格

2. 再次评判
用途
关键信息

3. 资金
质量
质量代言人

决定

如果所有因素同样重要的话，那么所有的因素也同样不重要！

www.hermannscherer.de　Hermann Scherer

做决定的步骤 Ⅰ

一个顾客到底是根据什么来决定是否购买一件商品呢？就在50年以前，顾客用来衡量的标准还是需求、用途、质量以及价格四大要素。不过，现在已经不再是这样了。不论是何种商品还是何种服务，其供给量在今天的市场上几乎全都趋于饱和状态。它们的质量与功能难分伯仲，价格也不相上下。比如商品测试基金会就曾公布过它们的调查结果——在最近的十年间，男士所用的剃须刀产品没有任何改进。不，不是因为技术革新者们没有尽到他们的职责，而是因为市场上所出售的剃须刀能满足男士们的所有该方面的需求（尽管有一些生产商试图使消费者相信，早晨刚长出来的胡茬如果立即被刮掉、拔掉或者揪掉的话，它们会向着皮下反方向生长）。班贝格大学实验社会学家格尔哈德·舒尔茨教授在20世纪90年代就提出过“进步的终结”这个说法。总有一天，产品的质量与功能都将达到人类不再能够完善的程度。这也就不再奇怪，为什么某些我们今天在市场上买到的剃须刀就像直接从费拉里工厂中取出来的一样，以及再新型的熨斗也不过是在外观设计上的更新而已。

消费者评价某件产品的好坏不再仅仅以其本身的质量为决定性的标准。他们对商品的评判变得越来越多元化——或许是该商品是否与他们对其的设想完全一致，也或许是广告中承诺的所有产品功能他们是否能在使用中全都体验到。专业人士喜欢讲“质量代言人”、质量替代物，尤其是在附加服务上，消费者变得尤其关注这些“不可触摸的”（非物质）方面。比如，当您去看一位新医生，他诊所的挂号台就开始给您制造评判他的各种理由。这家诊所看起来有多么现代、敞亮？这里的工作人员是不是对前来就诊的人和蔼可亲？如果您第一次来就看见您的医生穿着一件带有血渍的白大褂，那么您的心里又会有什么样的感觉？您是不是已经开始怀疑自己的选择了？话又说回来，上面所列的这些元素全都与医生的医术毫不相关。不过您发现您是如何将诊所中的这一切属于医生诊治能力之外的附属因素加之于医生自身之上的吗？这样的事实是否足够强有力地回答您心中的疑问呢？

质量代言人的优劣

- 客户的数量是否众多
- 是否便于使用
- 外观是否漂亮
- 是否具有图示操作说明
- 客户是否可以提出自己的要求
- 企业的形象设计是否统一
- 产品设计是否符合客户要求
- 企业是否以客户为本
- 企业是否支持公共事业
- 客户是否要对自己的决定承担全部后果
- 企业中的工作人员看起来是否符合客户的心理需求
- 产品的颜色是否符合客户心意
- 企业员工是否和蔼可亲
- 产品是本身真的很大还是只是看起来很大
- 产品是否是同类产品中的名牌，是否获得过什么证书
- 您在市场中的形象是否够优秀
- 企业的革新步伐是否够大
- 在互联网上是否能找到您
- 您的热线电话是否有人接听
- 企业的标志是否足够抢眼
- 企业员工是否够多
- 企业的合作者是否同样优秀
- 产品是否具有专利
- 孩子们是否也喜欢您的产品
- 您是否能理解客户的问题
- 赴约是否准时
- 其他人对您的评价如何
- 您给人的印象是否干净整洁
- 您对客户的需求是否能迅速作出回应
- 您是否能提供令人满意的服务
- 您是否热心环保事业
- 您是否属于专业行业组织
- 客户等待的时间是否过长
- 客户是否能按照您给他们的路径指示顺利地找到地点
- 您的产品是否是名牌
- 您的目标客户群是哪些人
- 谁还使用您的产品
- 谁还没有使用您的产品

什么是您的质量代言人？

纷繁冗余

纷繁混乱 |

我们生活在一个“纷繁冗余”的年代。每天都有超过3000种的商品广告在我们的眼前耳边轰炸。昔日当我们的曾祖父母每天晚上或是选择借着昏暗的烛光读书或是选择日落而息的时候，我们在今天却可以在上百个电视频道、几百种报纸杂志、几百万个网站以及无数的酒吧与文化活动中选择度过一个晚间时光的方式。网上商店全天24小时接受我们的订单，我们的信箱总是被塞满了各种各样的广告，我们还必须每天清空自己电子邮箱中的广告垃圾邮件。在这种几近疯狂的压力下，有的人选择除了生活必需品以外不再消费，而另外一些人则不断地购买各种各样的东西，直到负债累累。

压力下还能保持多重选择能力的消费者 |

每年在商品已经琳琅满目的市场上还要挤进数不清的新型产品。仅仅是想一想——有多少这样的新型产品还能赢得它们的潜在客户？研究者们早就得出结论，人类是否接受一件事物主要是由原始的期望的高低与选择可能性的多寡所决定的。曾经有人在汽车加油站的收费处做过一个非常荒诞的实验，来测试人们的接受度。收费员会在顾客付款的时候弯腰去捡掉在地上的圆珠笔。但是，这名收费员不会再出现在顾客面前，而是另外一名早就藏身于收费台后面的收费员。调查结果显示，有80%的顾客根本没有发觉他们对面的人已经“变化”成另外一个了。甚至当一名男收费员“变成”女收费员的时候，仍然只有38%的人感到惊讶，而其余的人竟然没有察觉。这样也就不难推测，为什么有些人终其一生都找不到人生伴侣……

在压力下可做多重选择的消费者

这些信息不仅仅只是关于那些被生产与被投放到市场上的产品，更是关于那些被消费与被购买的商品！

平均每家超市都有7336种商品
平均每家大型自选商场都有28290种商品
食品零售领域内每年都有24000种新产品投放市场
每周都有超过1000种新图书投放到市场
在德国现在已有超过100万种图书在市场上可被随时购买
每年有超过200种的新型芳香剂投放到市场，其中只有10%能在市场上生存超过一年的时间
每个月都会有超过170种的德国健康保险新险种出现

消费者生活在选择的重压下

www.hermannscherer.de Hermann Scherer

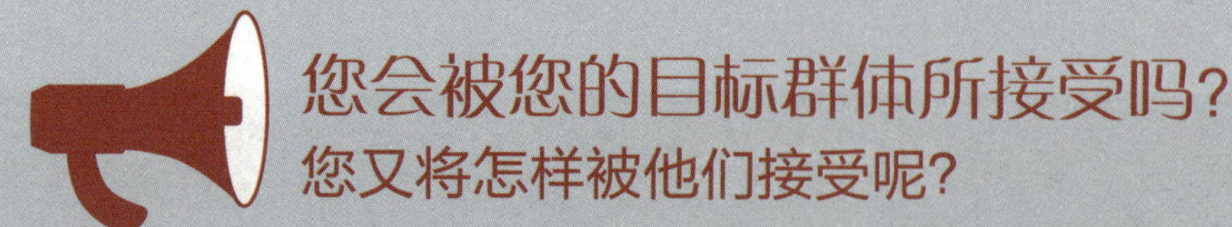

您会被您的目标群体所接受吗？
您又将怎样被他们接受呢？

区别、接受以及事实 |

请您仔细观察上面这幅足球场的模拟图，并清点所有您能看到的足球的数目。您数完了吗？我没有数过，我不知道画面上一共有多少个足球——有趣的是，很多人都没有发现，这个足球场上的两个球门是不一样大的。您能想象吗？您居然没看见那只巨大的黑猩猩！绝大多数的人自信满满地保证，这样的事情绝对不会发生在他们自己的身上。而事实证明，结果恰恰与他们的想象相反。有一个长度大约20秒钟的录像，在录像中，有一些人在玩一个球。在录像播放以前，观众们接到指示，数清楚所有穿白色T恤衫一队人中接触到球的队员的总数。而在录像的中间，有一个化妆成黑猩猩的人横穿过球场。他甚至面向摄像机双手捶打自己的前胸。在录像结束后，观众们所数出的结果完全大相径庭。但是有95%的观众在被问到时都呈现出同一种反应："一只黑猩猩？它根本没有在录像中出现过嘛！"

总结：人类的接受能力是最具有选择性的，我们在同一时间接受信息的能力是非常有限的。我们从一开始就没有期待会出现的，很可能根本就不会被我们看到。与之相反的是：谁想是刚刚新买了一辆银色敞篷汽车的话，他就会突然发现，满大街上跑得都是银色敞篷汽车。这就是我所说的接受力的选择性。

消费者将我们与我们的竞争者相比较，然后把我们归类到比我们的竞争者更好的一类或者更差的一类。这样的比较虽然并没有任何科学性，但是它所导致的结果却是毁灭性的。

——杰克·维尔西

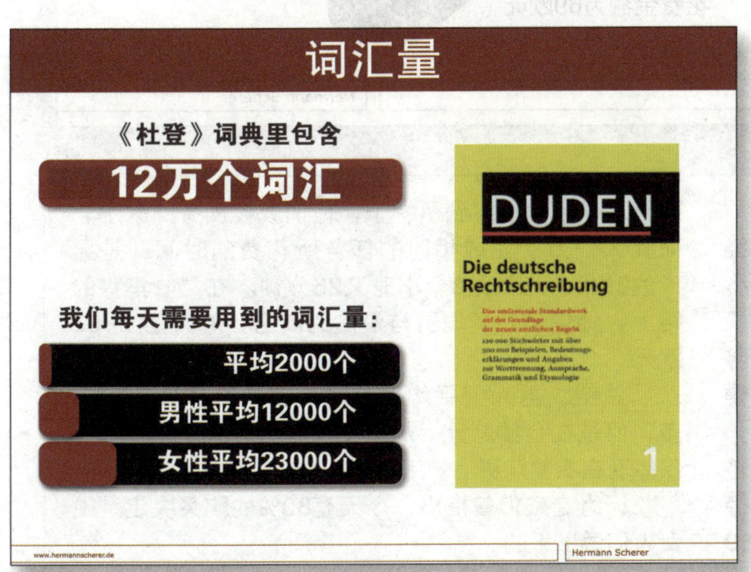

《杜登》I

语言学专家曾经调查过，《杜登》词典里所包含的12万个词汇中，我们每天所需要的平均只有2000个。女性们每天大约要说23000个词汇，是男性的两倍。

如果您现在说，对于这些基本常识根本不需要科学家来证明。毫无疑问，您是正确的。但是我们现在真的知道准确的数字吗？您从这个统计结果中发现了什么吗？

首先可以说明的是人类的大脑原来是如此令人震惊地自动自发地筛选、过滤信息，它不愿意自己太过疲劳。这种情形不仅表现在我们的接受力与注意力上，也表现在我们的沟通表达能力上。其次还说明对于男性与女性来说，他们的大脑在同一方面的能力并不是完全相同的——对于商家来说，男性与女性是两种截然不同的目标群体。

您在设计产品发展计划以及市场营销策略的时候，注意到这个问题了吗？您又是如何赢得女性消费者的注意力的？

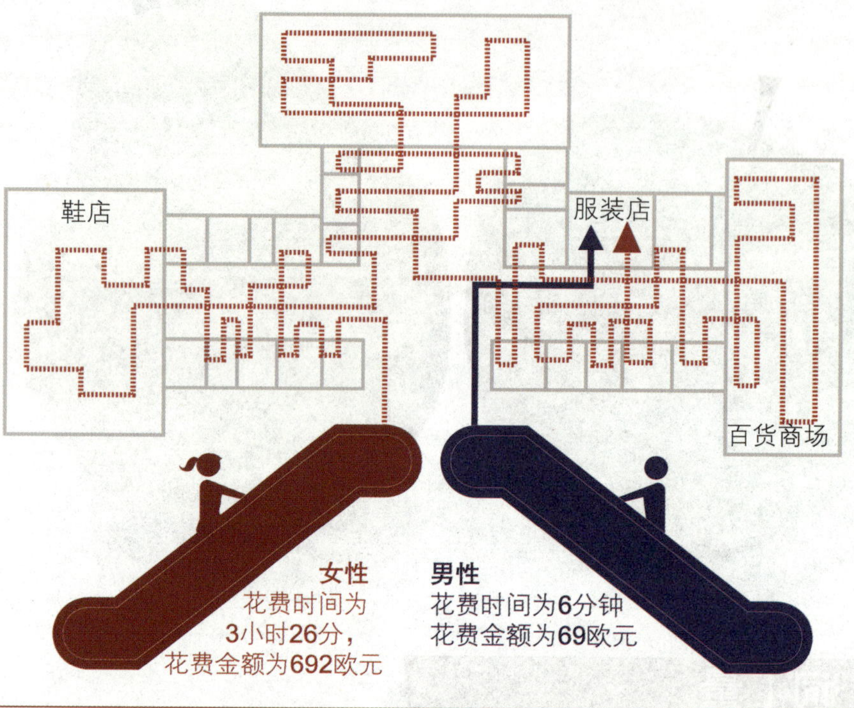

任务："去P&C买一条裤子！"！

从原始社会到今天，男女的社会职能的属性已经根植于我们的天性之中：男人是狩猎者，而女人始终是收集者。

好吧，地下室里那台生锈的机器还有阁楼上男主人们的手工制品（"这些我们总有一天会用得上……"）都算是例外。

不过在买东西时男女表现却不同，反映了一个普遍的规律。就像我们做的那个实验：去P&C买一条裤子。男人们平均只要6分钟就买到了，花费也只在69欧元。一旦他们买到了裤子，他们就会反身回家了。而女人们为了完成相同的任务所花费的时间却是男人的35倍，也就是3个小时又26分钟。在"收集"的路上，她们还逛了周围与沿途的商店，总共花了692欧元。

总结：男人们平均每分钟花钱的数额要比女人多，但是在金额总量上却比女人少。这一规律并非仅仅体现在衣物购买上。

行为专家们曾指出：今天有80%的购买决定是由女人们做出来的。

请您忘掉印度，请您忘掉中国，请您把您的尊敬献给世界上最强大的力量——**女性**！

——2006年4月英国《财经》杂志首页大标题

“世界上最强大的力量”

在所有销售过程中最重要影响因素之一便是消费者的性别。当然由此所引出的另外一个重要因素便是，销售者能根据消费者的性别选择适当的销售沟通方式。

——杰弗瑞·托比亚斯·哈特尔，《向男人推销，向女人推销》

女性消费占领市场的众多领域

美国记者法拉·瓦内尔曾经计算过，女性购买行为占全年购买行为总数的一半——消费总额为13万亿美元；这个结果写成数字的话，是这样的：13000000000000。即使这些钱不是存在女性的个人账户上的，她们也会从家庭日常支出账户中挤出每一分可以按照她们个人意志所支配的钱款。

不信，您看看您自己家里的情况：在您家里谁花钱最多？是谁决定家里必须要添置某样家具了？是谁每次开列购买清单？谁最终决定您家购买汽车的品牌型号？

就连管理大师汤姆·皮特斯也认为未来是属于女性的：她们对大多数企业的创建起着决定性的作用，她们是比男性更优秀的领导者（因为她们比男性更擅长社交），虽然缓慢，但是她们所获得的收入会渐渐超过男性。

在经济领域，人们习惯于看男性在竞争激烈的沙场拼搏厮杀，而“女性是被小看的”。

德国《焦点》杂志的文章曾以此为标题。使用这个标题的文章内容并不是描写男女之间矛盾的关系，而是针对德国汽车制造行业，分析为什么很多年以来汽车市场上的需求小于供给。今天有1/3的汽车拥有者是女性，而十年前她们还只占汽车拥有者的1/4（她们在家庭中还决定到底是买一辆还是两辆汽车）。但是德国的汽车制造商却从来没有认真地、有意识地把女性作为目标销售群体。“在汽车销售这一领域中，从未有过针对女性的销售语。”面对《焦点》杂志的采访，宝马汽车的女性代表发言人如是表达。

戴姆勒·克莱斯勒也曾表示“完全没有针对女性消费群体的广告语”。

而令人深思的是，一直到今天我还在想，恰当的、适合目标消费群体的广告语的确是优秀市场营销最为关键的一部分。

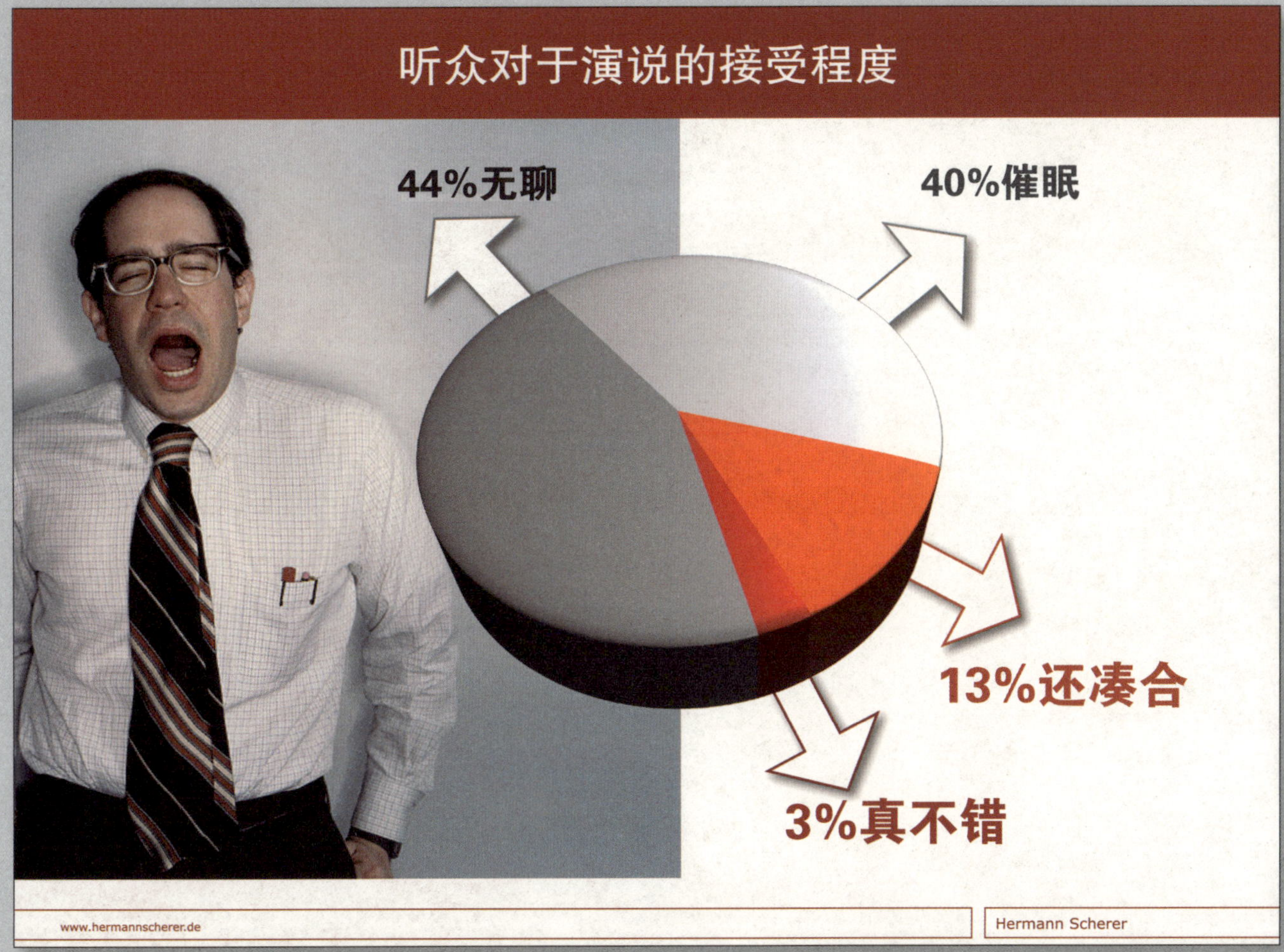

听众对于演说的接受程度 |

您在演讲中是不是真的有话可说，还是不过是照读幻灯片上的内容?

每天这世界上成百上千的演讲都按照一个既定的模式进行着：标题→内容的五个关键点→下一张幻灯片。

这也就难怪《华尔街日报》统计结果显示：有40%的演讲令听众们昏昏欲睡，有44%的演讲让听众觉得无聊至极，仅仅3%的演讲能切中要害，抓住听众们的注意力，让他们倍感兴趣。

“这个被多种冗余充满的社会是由拥有相似学历的员工、推出相似的创意、制造相似质量的产品的许许多多相似的企业所造成的冗余组合而成的。”管理创新者克耶尔·诺德施特吕姆与尤纳斯·里德斯特拉尔这样讲。

其实我们还可以再补充上一点，这些相似的创意与相似的产品还在用相似的广告语推销着。那么结果也就可想而知了，产品介绍让人昏昏欲睡；广告语与消费者的需求擦肩而过。

那些相似的产品特性以及销售策略在21世纪的市场上不再是无往而不利的了。您到底应该用什么来吸引消费者的注意力呢?

请您千万不要像这位激光眼科中心的教授一样，用90分钟或者63分钟的时间对听众们讲述激光致盲的危险。

当某位听众询问到：“致盲的几率到底有多大?”

教授回答说：“一百万分之一。不过这在我们这里还根本没有发生过。”

听众又问：“那您为什么要用一个多小时的时间来讲这个问题呢?”

教授说：“我就是想讲一下有关于此的问题嘛。”

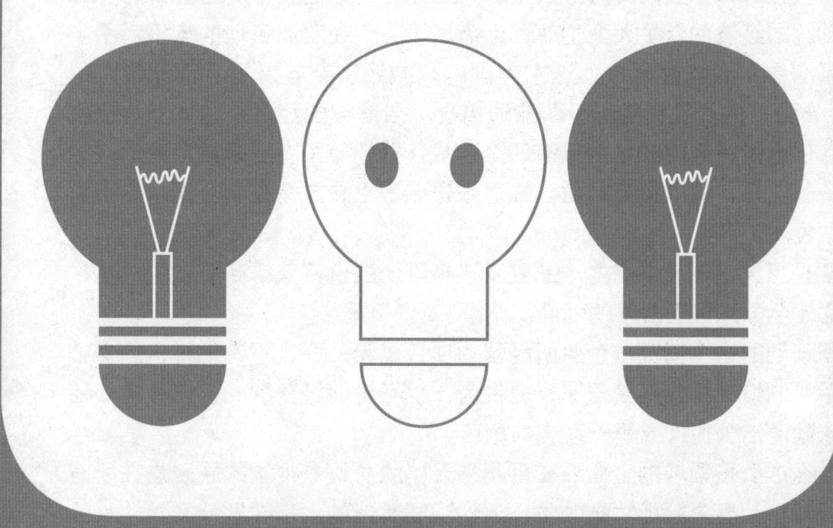

第二章

定位

不想输掉就要个性化

有一本管理杂志在它们的网页论坛上写道：

“德国企业淹没在平庸之中。”

德国曾经是欧洲经济的领头军。但是这样的成绩现在已风光不再。

在一次经济峰会上，实力排名显示德国经济实力还没有挤进欧洲的前20名。拉动德国经济的众多大型企业远远落后于它们在欧洲各地的竞争对手。在与标准普尔的合作过程中，这家美国的权威经济杂志监督了欧洲最大的350家上市公司的产品销售与股票流通情况。虽然德国经济在总体上能执欧洲牛耳，但是能跻身前50名的只有四个。最优秀的德国企业是慕尼黑的汽车制造商——宝马，它排在第21位。在这张排名表上，宝马直到今天也没有能改善它的位次。

谁要是想凭借自己平庸的产品以及不高不低的价格获得商业上的成功，那么他必定会陷入进退两难的困境。

我所谈到的这个情况与企业所经营的项目毫无关联，不论他是食品供销商还是手机制造商抑或是管理课程提供者；也不论他经营的一家健身中心还是一家家政清洁公司抑或是一家连锁旅店。

为什么这么多领域的企业陷在平庸中无以脱身？最根本的原因是在所有的市场领域中都有先验成功被效仿：人们观察其他的人都在做什么，并且努力使自己变得与该领域的成功者相同。市场观察与名牌产品导致的就是模仿与抄袭横行。然而一个仿制品在竞争中自然从来不会被消费者所列为首选目标。

消费研究者已经警告过那些“濒死中庸者”，他们的市场占有率每年都在收缩，只能通过自我毁灭的方式压低价格以求增加销售量。所售产品的同质化造成消费者选择上的无所谓。

在这样的现状下，促使他们作出选择的唯一因素便只剩价格了。

这也就不再奇怪，为什么传统的家具商店每天都只能卖出广告页上的降价促销品，而宜家家居即使不用那些小手段，诸如买家具便能获得各种各样的赠品，从咖啡机一直到iPad，也能每天卖得热火朝天。即使是那些顶尖的设计公司也要提供一系列各式各样的附赠产品和服务才能挽留住顾客，因为在这个供大于求的市场上，只有价格优势才是竞争获胜的唯一有效手段。

摆脱濒死的中庸者这个困境也只有一条路，成功的彼岸就是超越平庸的状态。而到达彼岸的路还需要您自己来发现。在探求成功之路的过程中，您需要的是想象力、勇气以及承担风险的宽容。

正如市场营销大师菲利普·库特勒尔曾经说过的：“一个市场的领头军必须学会将革新列在日常工作之中。”

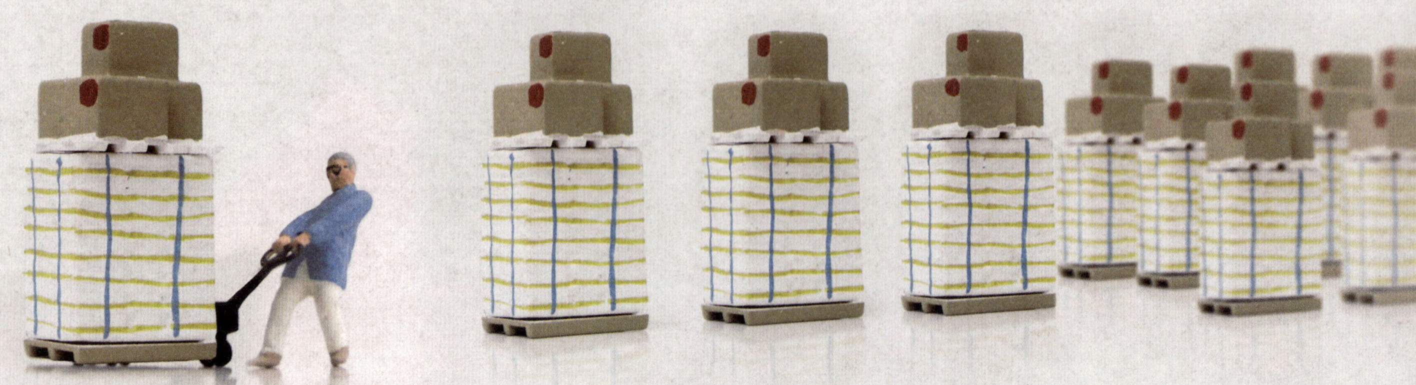

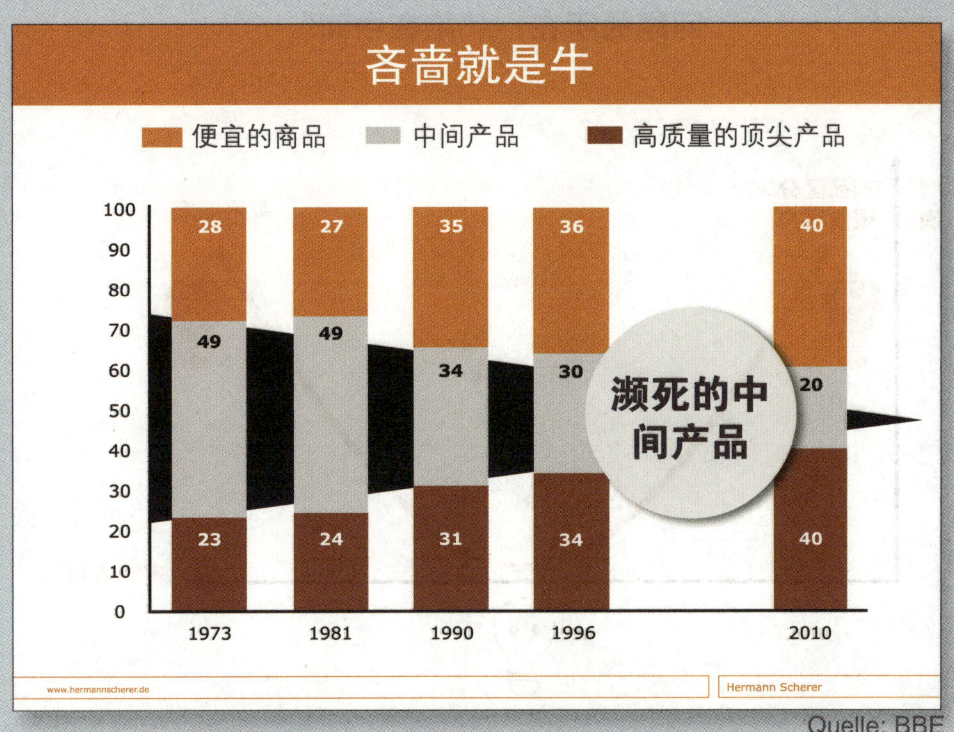

Quelle: BBE

市场的极化 Ⅰ

“濒死的中间产品”市场研究员是这样称呼那些中间价位的产品的。

最近二十年来，中等价位的中等产品的销路减少了整整一半。同时更便宜的产品与更奢侈的产品反而更加受到广大消费者的偏爱。谁要是还恪守着中庸是金的法则，那么迟早有一天他就会沉没在中庸的海洋里。

即使是顶尖管理大师托马斯·米德尔霍夫也承认，想反抗这种趋势根本就是徒劳的。唯一的可行之路就是：让您所提供给市场上的产品从这种碌碌无为的众多平庸产品中脱离，并为之选择其他的路径。

您的口号就是：要么与众不同，要么一败涂地！

市场的未来是属于那些能为他们的客户提供与众不同的产品、特别而高质量的服务以及能帮助客户省时省钱的企业。

今天的消费者的消费行为多种多样，他们从不囤积物品。同一个消费者可能在今天买打折商品而在第二天在奢侈品店挑选能展现个人特色的物件；他能选择在性价比十分高的健身中心锻炼，同时他也选择在环境优雅的地方做奢侈的休假旅行。

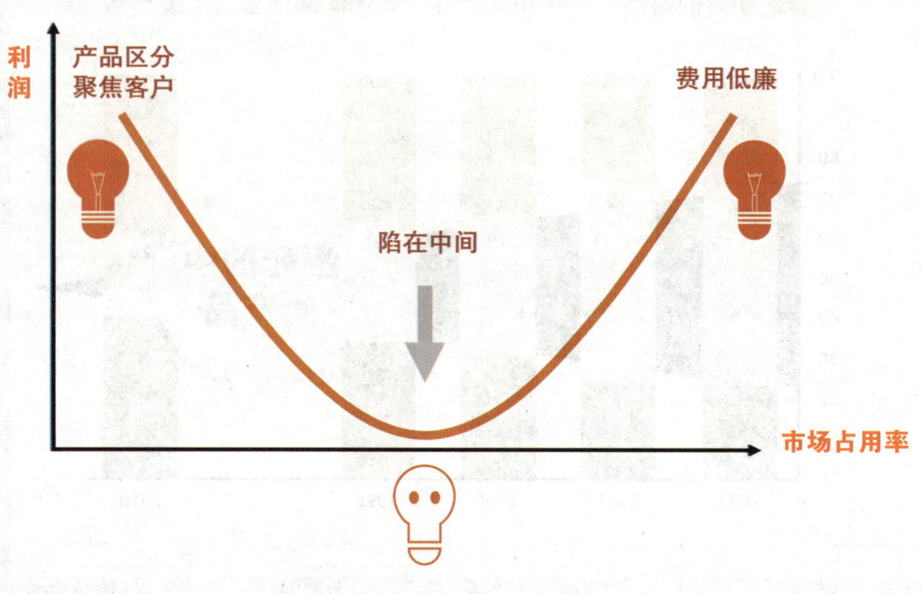

波特的竞争战略 |

迈克尔·E.波特是世界著名的管理战略大师之一，毕业于哈佛商学院。在著名的"波特曲线"中，他用一条U型曲线向大家展示了利润与市场占有率之间的联系。

通过这条曲线，他建立了自己的成功市场竞争战略的模型：产品区分、聚焦客户以及费用低廉。一个企业要么成为行业中无可代替的（结果：小份的市场占有率/高额的利润）；要么就以价格取胜（结果：占领绝大部分的市场/高额的利润回报）。

一个企业若是不能使自己的产品向着这两个方向中的一个发展，那么它的结果就是"陷在中间"不能脱身。

"每一个战略的核心都是战略两个极端中的一个，不能成为中庸者。"

"采用绝大多数人都采用的战略是错误的，那叫作模仿。"

——迈克尔·E.波特

您的战略是什么呢?

企业战略

10% 高端独特产品：如保时捷、费列罗

80% 在高端与低端之间的众多产品

10% 以价格取胜的产品：如阿迪超市、宜家家具

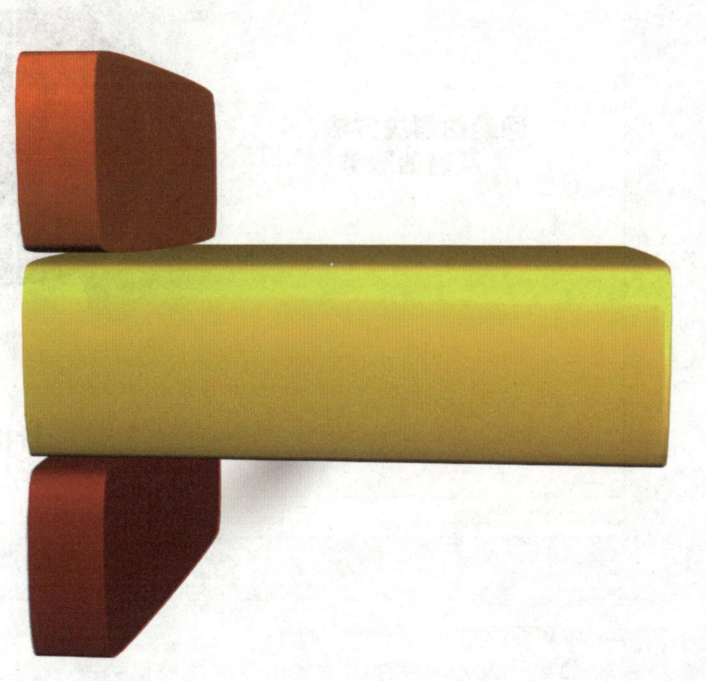

www.hermannscherer.de

Hermann Scherer

托马斯·敏册尔——葬礼筹办公司
绝对物超所值

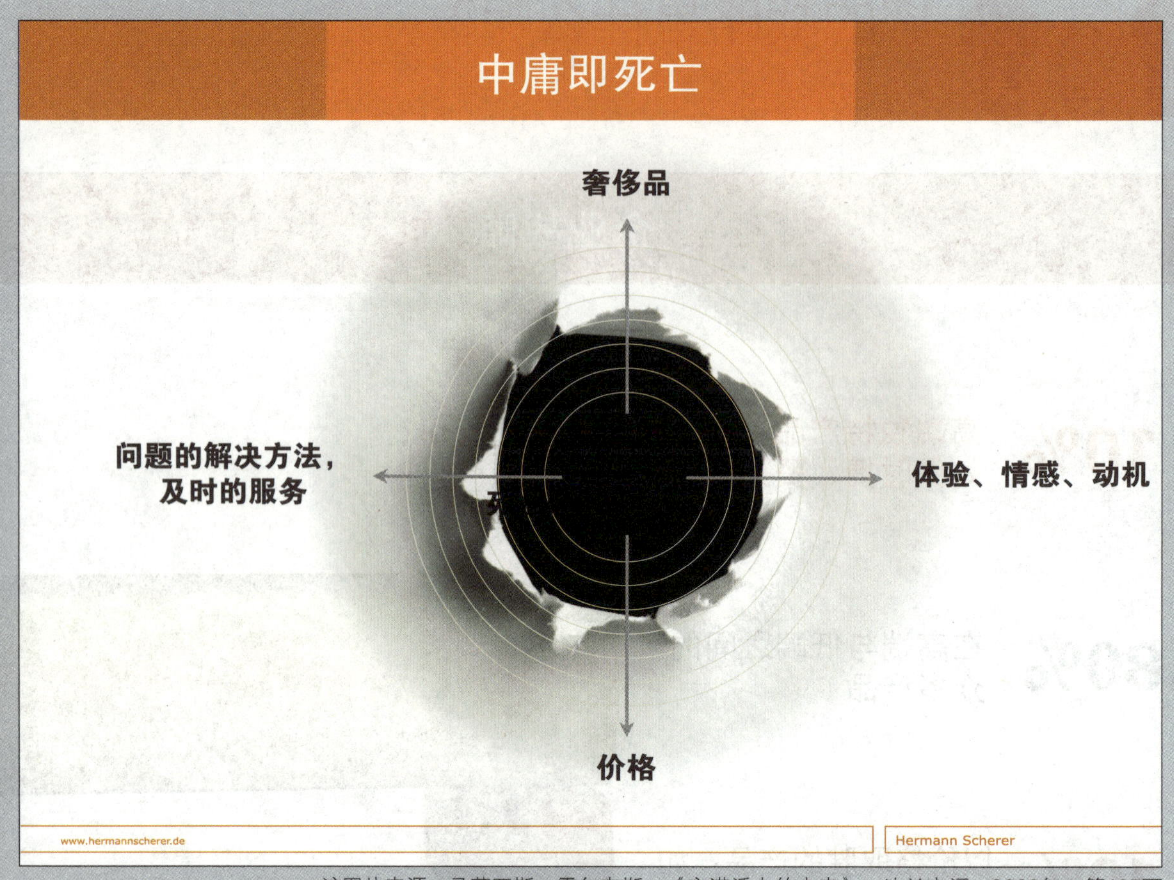

该图片来源：马蒂亚斯·霍尔克斯，《充满活力的未来》。法兰克福，2003年，第137页

中庸即死亡 |

如果一家企业只是提供其他企业也提供的产品与服务，那么它只能得到其他企业也能得到的：客户可有可无的关注；不好不坏的销售量；鸡肋一般的利润。

卓尔不凡的成功则需要抛弃大多数人所走的路，对行业规则做彻底的研究以及有勇气尝试别人没有尝试过的方法。

有一条能从“死亡中庸”的现状中逃生的路，便是价格——不可思议的低廉。不过这个方法只有在您的企业有成熟、适当的应对战略的时候才能奏效，不然您的利润将会无限地边缘化——有关走价格策略这条路的具体方法，请参考阿迪超市规则。

还有一条能逃生的路叫作服务。卓越的服务要比一个友善的微笑强上百倍，因为它代表着该企业能为客户解决他们所存在问题的能力。头脑灵活的企业甚至为客户们解决他们还没有注意到的问题。

选择这条路的企业数不胜数，从费舍尔钉子一直到iPad。客户们还可以把他们虽未遇到但是想到的问题提给企业，请他们帮助解决潜在的困难。比如，iPad的使用者们可以将他们所喜爱的音乐编辑在一起，随时都可以听。

谈及走奢侈品行业路线，威图（VERTU）手机（世界顶级奢华手机品牌）则是其中的典范。他们在早已饱和得溢出的手机市场上杀出一条血路。

即便是市场，也符合“适者生存”这条原则。只不过达尔文的这个著名论断总是被人误解，最终并不是那些最强壮的能够幸存下来，而是那些能适应环境的才会幸存下来。

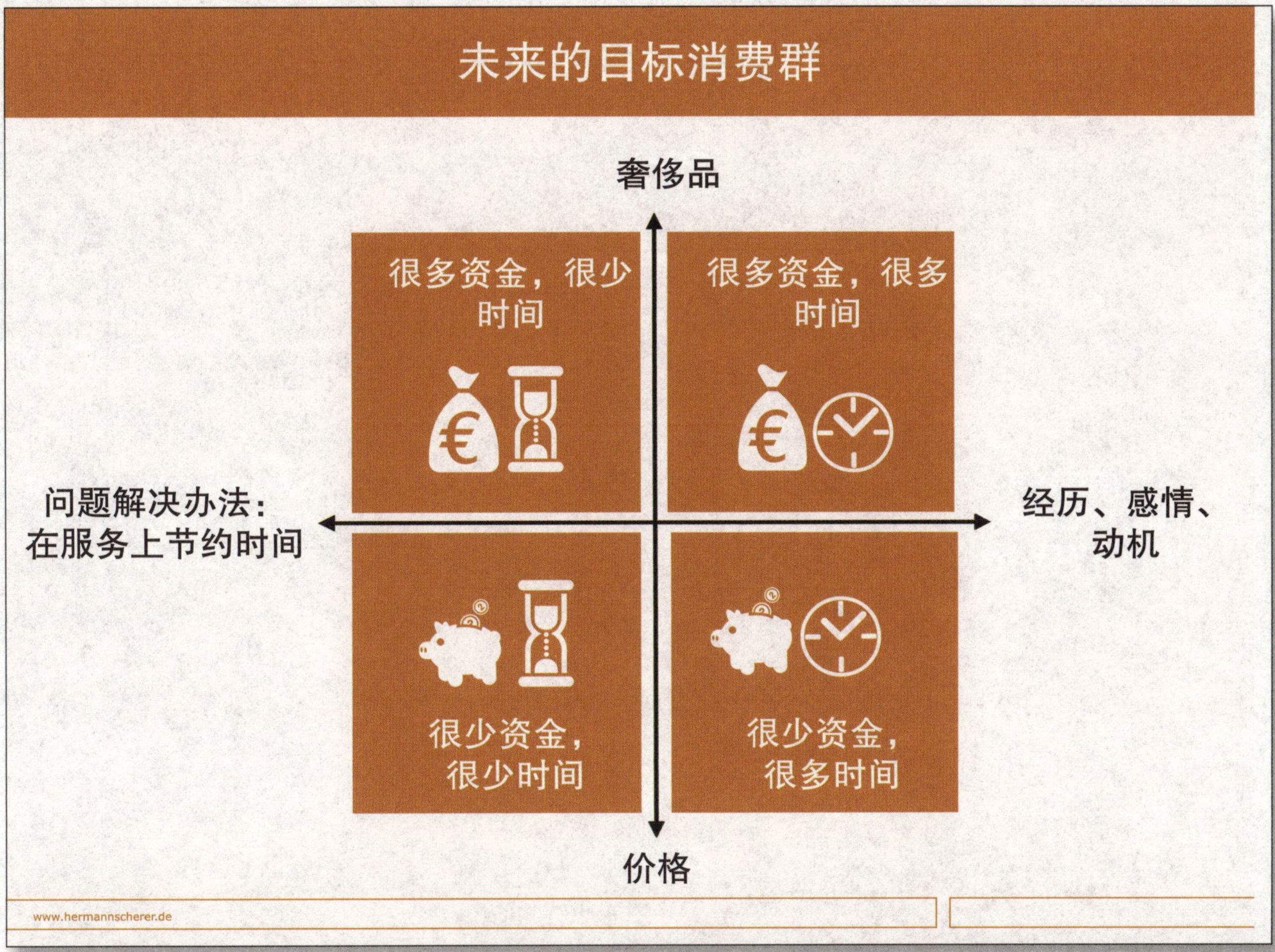

未来的目标消费群

奢侈品

很多资金，很少时间

很多资金，很多时间

问题解决办法：在服务上节约时间

经历、感情、动机

很少资金，很少时间

很少资金，很多时间

价格

www.hermannscherer.de

图片来源：马蒂亚斯·霍尔克斯，《充满活力的未来》。法兰克福，2003年，第137页

未来的目标消费群 I

趋势研究院马蒂亚斯·霍尔克斯是抛弃传统、迎难而上的专家。这个关于未来目标消费群的理论出自他的著作《充满活力的未来》。如果我们将时间与金钱当作个人的最宝贵的资源来看，那么企业将会面对何种客户动机以及该如何应对也就一目了然了。

一个简单的图示就为企业显示出在生产奢侈品给那些需要彰显身份的客户,与生产廉价商品给那些经济条件不是非常宽裕的客户，但是愿意付出时间，这两个极端群体之间还有多少种可能性。

顶尖的管理者或者成功的商业人士会为他们每年极为有限的休假日预定什么样的旅行呢？在极其有限的时间限制下，他们所希望的是高度密集的体验：为有支付能力的客户制定这样的旅行就可以是一次南极的探险之旅。不过探险之旅也可以为经济还不甚宽裕的年轻的客户们设计成在南非丛林中的野外露营。什么样的服务能使您经济状况良好的客户心跳加速？这有可能是顶级豪华套间并配以每周60小时的管家服务，也可能是完全私人化的衣物剪裁服务，从选料到上身一条龙上门服务，不过每一个客户都要在长长的等待名单里等上好久。您的时装店很可能就距离一家土耳其裁缝店几步之遥。而光顾那里的顾客都是那些手头并不是十分宽裕，只购买成衣，之后花费一点小钱来修改其不合适的部分。他们还要用省下来的钱去购买下一身衣物。

您发现了吗？未来之路的走向早已自动明确了！

“能预言未来的最好的路，是您为自己设计的路。”

——诺贝尔和平奖获得者威力·勃兰特、女作家苏菲亚·拜德福德·皮瑞丝以及获得多种奖项的计算机学家阿兰·C.凯共同写下的心声。

您想在今后更多地集中获得哪些目标客户群体？

第三章

情感营销

占领您在客户心目中的顶尖位置

“用事实说话，用故事销售。”

——美国销售界的一个真理

有些销售者偏爱向客户讲述产品的技术参数、冉冉升起的明星开发者以及那些极具说服力的产品细节，但是他们也许没有想过，这些东西也许只有专业人士才能懂得其中的价值。那些销售人员是否真的能提供这些讲述打动他们的顾客，还真是一件值得怀疑的事。

也许他们会经历类似刚刚在某家手机店一角发生的事情：一名销售人员在向一位女士口若悬河地描述某款新生代高端手机的高科技性能。而那位女士先是有点儿手足无措，然后便渐渐显得越来越不耐烦。就在他喘口气的时候，那位女士立即抓住了这个难得的机会：“但是这手机的颜色太难看了！有没有蓝色的啊？什么？没有！那，非常感谢您的介绍啊！”——飞快地说完上面这番话，她便飞也似的逃出了手机店。

对产品质量的评判是在客户的头脑中发生的。如果您想传达给客户的信息客户不能接受，那么这不是客户的问题，这是您自己的问题。您的客户会选择其他的供应商。

销售者怎样才能在客户心里留下不可磨灭的顶尖印象，人类大脑研究学者们早就得出了结论。他们获得诺贝尔奖，不仅仅是因为他们发现了人类的大脑是分为左右两个半球的，而且他们还划时代性地解释了左右大脑各自不同的分工，即“理性”记忆和“经验”记忆。我们能记住总是反复出现的的东西（比如记忆外语单词），或者那些触动我们情感的东西：让我们感动的、惊喜的、快乐的（比如说我们生命中特殊的悲伤或者快乐的经历）。

第一种情况负责记忆的是我们的理性记忆，第二种情况负责记忆的则是我们的经验记忆，经验记忆让那些触动我们心灵的瞬间变成了“永恒”。

您到底该如何在您客户的头脑中烙下深刻的记忆呢?

如果条件允许的话，您应该创造能令客户对您的产品难忘或者惊喜的瞬间。这样的话，客户会对您的产品产生更高的接受度。而您的客户回报给您的则是他们对您的产品更长久的记忆。这也就是为什么那些名牌产品都比大众货更有趣、更狂放或者更兼容并包。

大企业永远不会通过压缩富有创造性的市场拓展部来节省开支。

曾经有一个地方性的家具制造商在前几年开拓南方市场的时候，在当地发行量最大的报纸用一整版只刊登了一句话：“你已经开始居住了，还是仍然在组装家具？”在这家著名的瑞典家具商获得禁令以前，已经有几千名阅读那家报纸的读者一边微笑一边意识到，到底是谁在市场上更加具有竞争力。

在接下来的几个后续宣传之后，这个家具制造商已经在全德国打开了自己的知名度，即便是在禁令的逼迫之下保持沉默，对他们也不会造成什么影响了……

记忆的价值

信息与时间是如何保存在人类大脑里的以及是如何在很长时间里都能被人类回忆起来的？

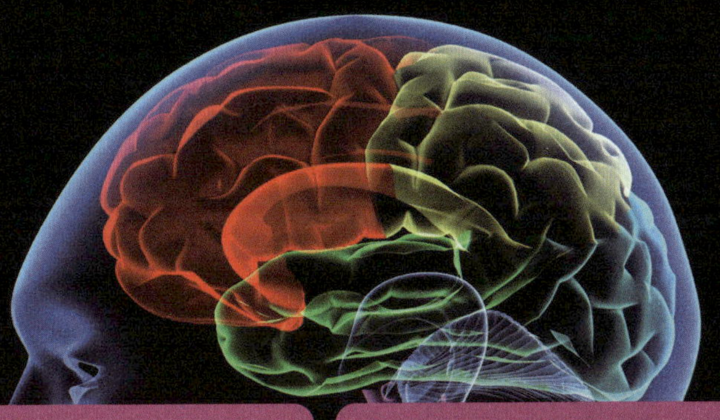

语义与数字逻辑记忆；
约会日期、数字、大小；
每次回忆的内容都是相同的

插入式记忆；
故事、事件；
每一次回忆的内容都令人惊讶的迥异

www.hermannscherer.de　　Hermann Scherer

记忆的价值 I

您在2001年9月11日那天在做什么？我确定您一定还能记得当您听到恐怖分子轰炸世贸中心双子塔这条消息的时候正在哪里，在做什么。

第二个问题是：您在前几年每年的9月11日又都做了什么事情呢？如果您对此完全没有任何记忆，那也请您千万不要焦虑。大多数人都是这样的。要知道，人类的大脑与电脑所用的芯片不同，它不是一个物理的存储器，它不能不带感情地记录所有发生的事件。

主要有两类事件会被我们的大脑长久记忆：一种是通过不断地重复而被我们记住的；另一种则是对我们的情感产生过强刺激的单次或偶然事件。第一种记忆存储在我们大脑的理性记忆区域，第二种记忆也将被长期存储在我们大脑的经验存储区域。这也就是为什么许多企业中的员工能记住那么复杂的产品序列号，因为他们每天都会不断地用到这些号码；这也就是为什么我们永远不会忘记“9·11事件”，我们的初吻，以及当年在数学考试中作弊被老师当场抓获的情景。

不同寻常的与令人惊喜的事件也会被储存在大脑的经验记忆部分中。米卡巧克力的形象代言奶牛能让所有的人过目不忘，这恰恰是因为它是紫色的。反之，一头黑白相间的奶牛就没那么容易给人留下深刻印象了。

当然我不是说您一定得做出什么惊世骇俗的事情来才能让客户记住您。一位汽车经销商可以在他所销售的新型汽车副驾驶的位子旁边放上一瓶包装精美的香槟，并且祝愿您的客户可以享受一次梦幻般的旅行。这样的宣传会令您的客户记上十几年（也许他们还会对别人不厌其烦地反复讲自己的这次经历呢！）。而是不是还能够免费从销售商那里得到赠送的脚垫，这样的事情早就被他们忘到九霄云外去了。

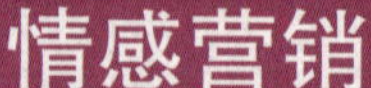

您如何在如过江之鲫般多的竞争对手中展示运作您的企业？

您合作者的描述：
头发的颜色、
最喜欢的食物、
生日日期、
电话号码

- **您如何描述自己？**
- **您有多么性感？**
- **您的个人魅力有多大？**
- **应该如何包装那些影响力巨大的因素？**

www.hermannscherer.de

Hermann Scherer

情感营销 Ⅰ

真正的品牌不是只体现在产品所自带的特性中，真正的品牌融合在有关产品的各个方面，唤醒人们的情感。

不信您想想万宝路、劳力士或者宝莹洗衣粉：说起这些品牌的时候，您想起的是什么？您还能想起什么相关的？我猜您想起来的有：牛仔、庆典；冒险、奢侈以及每个主妇所梦想的雪一般的洁白。谁要是只知道摆事实，那么谁的产品就显得苍白无力。

您可以列一张清单，请您在上面写下您爱人的名字、生日、发型和最喜欢的食物，然后把这些词语用连贯的句子表达出来。您笔下的这个人实在是不怎么性感，是不是？布里吉特，8月13日生人，及肩长发，爱吃披萨，您的听众又会被您的描述吸引多少呢？

您了解？！那为什么有那么多的企业在他们的产品广告目录册里面都是这样描述产品的呢？“我们是O.-迈耶股份有限公司，1879年8月2日由公司的奠基人奥托卡-迈耶注册成立。作为某某某产品的生产领军人，我们提供极其专业的服务。自1954年起，公司总部在某某省的某某城市落户。现在我们还拥有三辆大型货车……”

您如何才能将产品描述得感情充沛？

即使是再精确、再严肃的定义都需要一个充满感情的演绎。

即使是奔驰牌汽车也可以给人带来行驶的乐趣

即使是奔驰牌汽车也可以给人带来行驶的乐趣 |

广告要能给真正的观众带来乐趣与悬念。一位Sixt汽车租赁公司的门市老板制作了这样一幅对比强烈的有趣的广告。他在一辆橘黄色的垃圾运输车的照片上给汽车换上了奔驰的商标，并在下面添加了广告语：为什么您的垃圾都能乘坐奔驰汽车，而您自己却不能？

坚持吃凯洛格特型K麦片，所含脂肪量只有1%

www.hermannscherer.de　Hermann Scherer

坚持吃凯洛格特型K麦片，所含脂肪量只有1% |

实际上长凳上的小铁牌子上面应该刻捐助者的姓名。打赌，这位女士绝对不会在短时间里忘记这种麦片的品牌。

第四章

服务

今天的附赠就是明天顺理成章的要求

“我们是一群令人费解的人，当我们摆弄机器的时候，我们高高兴兴；可是当我们需要为跟我们一样的人类服务时，我们的微笑就消失了。”

很早以前罗马帝国的第一位君主这样表达他看到的人类奇怪的行为。事实上：我们真的是一群令人费解的人。

德国人是这样的一群人：一本书曾经以这样不知所云的句子作为标题“射射你腾朵”却能几个月地高居销量榜首位，因为显然该书所描写的对象不提供任何客户需要的服务而引起了绝大多数人的共鸣（这本书的副标题是：“虽然选择德国铁路为交通工具却仍能按计划到达目的地的全攻略”）。

德国人是这样的一群人：由于他们服务质量之差，以至于某家著名美国航空公司不得不在飞行的途中提前告知他们的旅客，要为在德国可能遇到的冷漠提前做好心理准备，如“来自美国的游客们请注意，在德国您会经常性地遇到拒人千里之外的冷漠的售货员、餐馆中以及旅店中的服务人员。这样的行为方式在德国是非常普遍的，他们并非针对您个人。”

德国人是这样一群人：他们的公共汽车司机与火车检票员按规定必须参加一个为期两天的“微笑训练课程”，这个项目在20世纪90年代专门为柏林的公务员们举行过，每一次都耗资百万。去过柏林的人可能还会在某些地方感觉到当年这个大项目所存的余韵。另外，当年给他们上微笑训练课的老师曾经透露，火车检票员在面对乘客的提问“我怎么才能去动物园”时，是不是可以以“作为什么动物”当作答案。至少有三分之一的柏林公务员觉得这个答案合情合理、十分恰当。《明镜周刊》曾经这样报道。

好的服务是由友好的微笑产生的，而卓越的服务能更多地满足客户的愿望与需求。那些在激烈的市场竞争中取得成功的企业总能满足客户所有愿望，甚至帮助他们解决连他们自己都没有发现的潜在问题。

在本章中，您将了解到一些关于如何创造性地“发现与找到问题关键”的方法。因为在服务的沙漠中还是有绿洲的存在。在客户服务中有着著名的格言：“逆水行舟，不进则退。”您明天还能做出何种超越？因为不论您做出了多么优秀的改变——您总是会立即发现自己的模仿者。今天的附赠就是明天顺理成章的要求。

进程的优化 |

出色的服务是不断思变改善的结果：您明天在哪些方面能比今天做得更好？哪些是后天能比明天更好的方面？人们常说的“这个人水平中等”是远远不够的。至少那些“食人族”的成员是这样强调的……要么使您的进程变得更好，要么使您优秀的进程变得专业。

服务 |

服务跟服务是不一样的。最简单的服务也是由美化的程序进程所组成的，从一见面就展开的友善的微笑，一直到最后的结束语“祝您有愉快的一天”。

即便是您能在这一步做到无可挑剔，您也很难仅仅通过这一步就把您客户的积极性调动起来。

第二步则是程序进程的简化——您要尽一切所能为您的客户提供一切可以为他们提供方便的事情，比如：网络在线订票。

第三步是程序进程的改变，这就意味着，开发更多的新的解决问题的方法——比如，绿色蔬菜经销商不但为客户提供货箱订购以及每周免费将时令蔬菜送货上门的服务，还要在送货的同时赠送给客户烹调这些蔬菜的菜谱以及所需另外购买调料的清单。这样的服务能为他们招揽与保留更多的客户。

削减程序进程则是指企业将所有可能发生的问题都消灭在萌芽状态。比如在B2B行销模式中为保证库存量必须消耗大量的仓库管理费用，然而若是企业能提供“及时订货送货”服务的话，那么仓库管理费用问题就不会存在了。

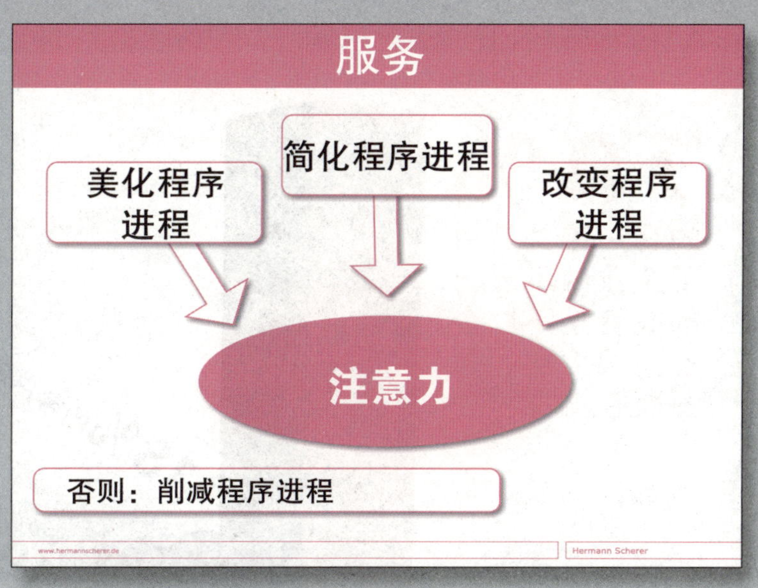

服务含义是：每天关注周围人们的生活并从中不断地学习。

德国的服务

美国西北航空为他们飞往德国旅游的乘客们所提供的小提示：

前往德国的美国旅客们请注意，在德国您会经常性地遇到拒人千里之外的冷漠的售货员、服务人员。这样的行为方式在德国是非常普遍的，他们并非针对您个人。

美国西北航空公司显示大屏幕上以及出售机票上所包含的内容。

www.hermannscherer.de Hermann Scherer

德国的服务 I

美国的航空公司提前对本国飞往德国旅游的乘客提示，应该如何看待与理解当地的服务。

当然，一定有人会说，美国人的那种友善的微笑是“戴上去的假面”。但是对于我来说，宁可要肤浅的表面化的友善，也不要个性化的不友善。

客户流失

70% 的客户流失是由于企业中不友善的或者是不以企业大局为重的雇员而造成的。

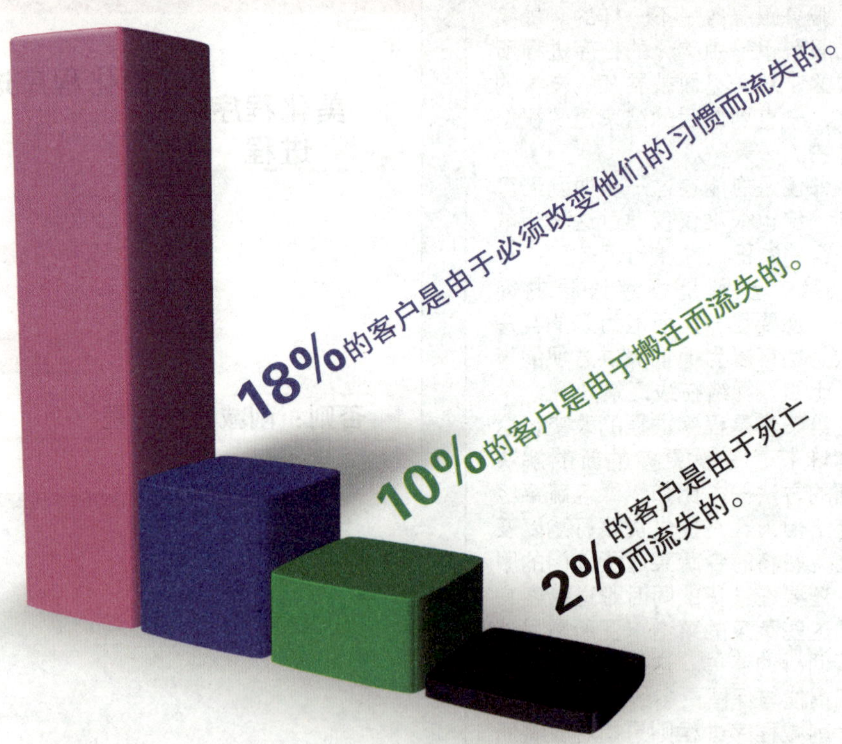

www.hermannscherer.de Hermann Scherer

数据来源：德国市场营销晴雨表

专业知识再配上适当的社交软技能将带您登上顶尖企业的宝座。

美化程序进程

www.hermannscherer.de　Hermann Scherer

美化程序进程 I

无论哪个欧洲人第一次踏进美国的餐馆，那么他一定会被那里完全不同的文化吓到的。因为，在吃早餐的地方，人们通常能看到某位女招待活力四射地走到她的顾客面前，满脸微笑地说："早上好啊，亲爱的，我爱你。"即使这个顾客完全知道，这只是他们之间的客套话，但是这样的寒暄却建立了两人之间友善的关系（特别是，当人们正孤单地从卧室走出来的时候……）。如果是晚上的话，女招待没准儿就会说："嗨，我是卡伦，我将会给你带来一个不可思议的完美夜晚"，而美国人民则早就习惯了这样热情四溢的打招呼的方式了。

笑理学——我们多久笑一次

www.hermannscherer.de　Hermann Scherer

笑理学——我们多久笑一次 I

常言道，一个笑容能将两个人之间的距离拉得很近。如果销售是一个人际关系的话，那么笑容就是最值得进行的投资。这一点研究人类笑容的科学家早就给予我们证实了（"笑理学"）：笑容能够带给我们创造力并且帮助我们与困境保持距离，这样我们就能够更轻松地客观对待这个世界。新创意将汩汩地喷涌而出；陷入困境的人际关系也会通过幽默而改变。我们学习与做起决定来也将会变得容易许多。

99.9%的服务

在美国99.9%完美的服务意味着……

每天	会有两班飞机不能安全地在芝加哥着陆
每小时	会有一万六千封信遗失 会有两万两千张支票上的金额被转入错误的账户
每周	会有五百场外科手术发生事故
每年	会有平均三万两千名美国公民心脏停止跳动

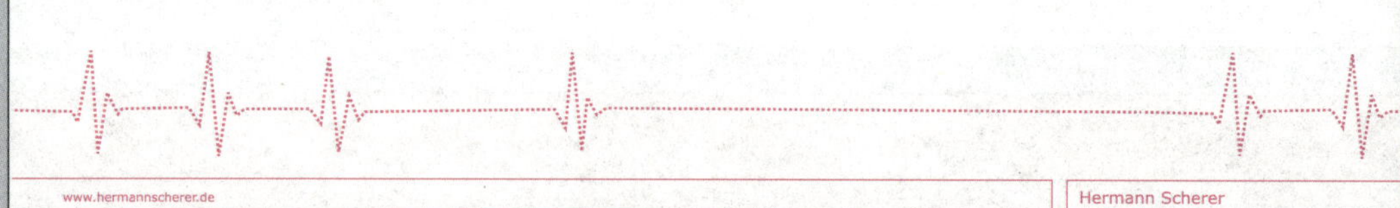

www.hermannscherer.de　Hermann Scherer

数据来源：阿道夫-库尔施格斯/3M

99.9%的服务 Ⅰ

听起来已经很不错了，但是这却是远远不够的。至少当您不幸成为这千分之一的牺牲者时，您就不会觉得不错了——如果您的账户里的钱被错误地转出；如果是您的工作合同在邮件投递中遗失；如果当您躺在外科手术台上被医生错误地摘掉一条腿上的膝盖骨时，您再想一想，您会怎么看待这样质量的服务吧。

当年任美国运通快递董事长兼首席执行官的路易斯·V.郭士纳曾经特别强调为客户提供100%优质服务的重要性，其中两句最为核心的阐述为“销售部虽然不是整个公司，但是整个公司都应该像销售部一样运转”以及“其他的企业都有一个客户服务部，美国运通整个公司就是一个客户服务部”。当这两句话在美国运通公司内部流通并作为公司格言后，就表明：公司内部的每一个成员都有义务在与每一名“客户”、“非客户”以及“潜在客户”通过电话之后，都要使他们感觉比通电话之前要舒畅。

相似的案例还有同样以为所有客户提供顶级服务为责任的马里奥特酒店。

为了达到这一目的，他们为其员工提供了多种多样的培训课程。而酒店的工作人员则被称为“问题的拥有者”，他们有责任深化自己的自觉服务意识，而且必须能用更深远的眼光看待问题。

马里奥特酒店的开创人冯·马里奥特从一开始就认识到服务这个问题的重要性，他要求每一个在这里工作的人都要具备服务头脑。马里奥特的这一理念超越了传统酒店的经营理念：“问题的拥有者”的意思是：每一个马里奥特酒店的工作人员在与客户、潜在客户以及非客户接洽的时候都要能做到把他们的问题当作自己的问题来处理。事实上这句口号描述了优质的服务所要承担的义务。

举个具体的例子来说就是：假如您在一个寒冷的冬天驱车离开马里奥特酒店去往什么地方，或者是您驱车从什么地方去往马里奥特酒店，途中汽车的电池却恰好耗光，不能继续前进。您想给当地的ADAC汽车维修站打电话，又不知道电话号码，于是您只能先致电马里奥特酒店，向他们询问。您所得到的服务应该是：他们给您不只是ADAC维修站的电话而是几个当地提供优质服务的维修站的电话，或者他们会代替您亲自致电ADAC维修站，请他们去为您检修汽车。他们应该尽一切可能，帮助您把您的问题（现在也已经变成他们自己的问题了）尽可能快、尽可能好地解决。不论是为您提供一杯热茶或者热咖啡以达到安抚情绪的目的，还是用其他什么手段或者方法，他们都必须根据实际情况作出适当的对应。

质量感知层次 |

在今天想依照著名发型杂志《发型与时尚》做一个发型只需要付10欧元。在一家中档理发厅人们也许要对同样的发型付上3～5倍的价钱，而在一家五星级的理发厅里人们却心甘情愿地为同样的发型付上至少20倍的价钱。这样的价格差距肯定不仅仅是由于结果质量的差异而形成的，即使是世界顶尖发型师们也没有魔法可以施展。

客户的质量感知有70%是从被服务的整个过程中得出来的，这是一整个经历结果产生过程（“进程质量”）；相对于此，只有20%的满意度是由该进程结果的质量所作用。客户们同样甘愿为他们的经历付钱：他们会回想是什么样的诱因促成他们购买的欲望；您是如何向他们推销介绍自己的产品；在整个过程中他们体验到了何种服务。一个非常有说服力并且也是非常成功的案例就是……

“不论您希望什么，我们都愿意回答：没问题。”

——一家爱尔兰旅店的员工自我监督责任条款

购买经验 |

美化进程有着多方面的含义——一个洗衣店可以以完全不同的面貌出现。“想想你，想想我——我们最终的目标就是让你快乐”。一家美国连锁时装洗衣店琪琪-德-蒙特帕那斯这样对他们的客户们保证。

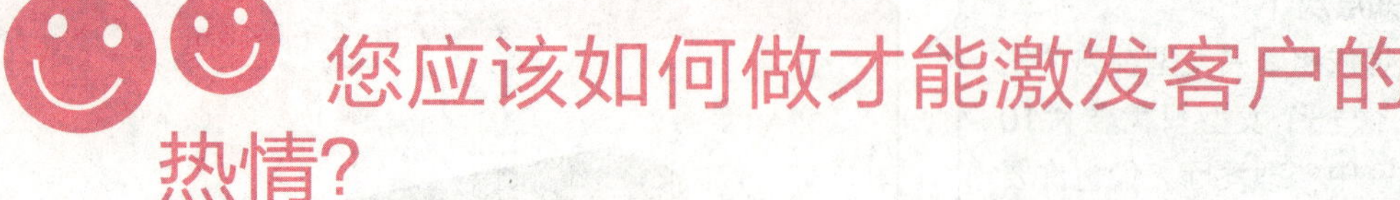

您应该如何做才能激发客户的热情?

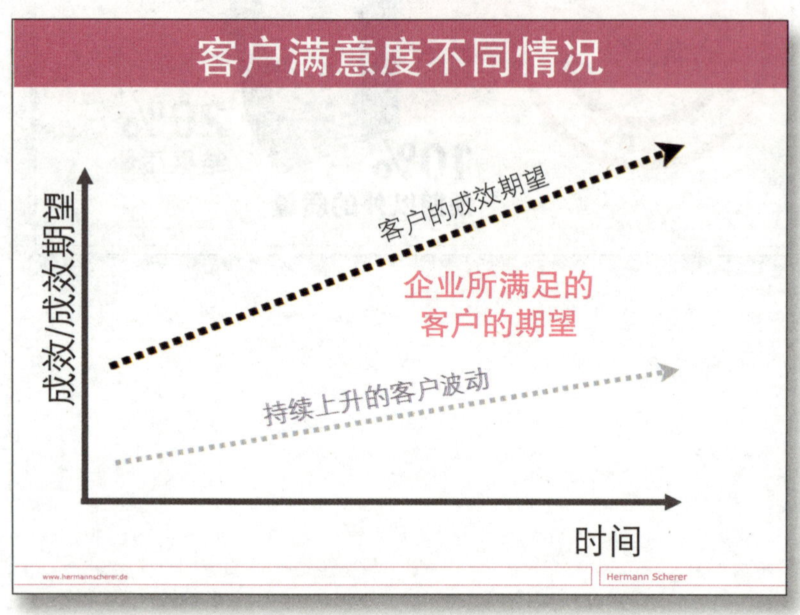

客户满意度不同情况 Ⅰ

客户的期望值是随着企业所提供服务的成效而不断上升的。在第一次为客户服务的时候给他们带来某种程度上期望以外的惊喜并不是一件很难的事情。但是您应该如何做才能让这些客户在第十次购买您所提供的服务时依就喜出望外，而不是在心里盘算看看您的同行业竞争者能提供什么预料以外的惊喜呢?

所以说，这并不奇怪，尽管您每天都在想方设法提高您的服务质量，却依旧在不断失去您的客户，因为客户的期望值提高得更快!

几个关于服务的问题:

- 您还提供什么额外的服务?
- 我们还能为客户优化哪些方面的进程?
- 我们还能为客户简化哪些方面的进程?
- 企业所展示的友善如何能被客户更大程度地接收?
- 我们还能为客户提供哪些更舒适的服务?
- 怎样做能帮助客户节省他们宝贵的时间?
- 哪些问题我们能从一开始就解决在萌芽状态?
- 哪些问题是客户们能在其他地方解决的?
- 什么是“附加”问题?

几个需要您向客户提出的问题:

- 对您来说哪些服务是十分重要的?
- 您还希望获得什么额外的服务吗?
- 您在选择不同的服务供应商时，最看重的是哪些方面?
- 您最看重所选择的供应商的哪个方面?
- 哪些品牌会成为您的首选考虑对象?
- 您是从哪里了解到这些信息的?（没有任何了解来源/通过某些渠道）
- 为什么您选择这个品牌?（社会根源）
- 您还购买该产品的附属配件吗?

除此以外，SIXT汽车租赁公司定期邀请他们的客户来参加“愿望花园”聚会。在这个聚会中，客户们会被要求向公司表达他们对公司服务项目的期望。比如：某个经常出差的人是否可以一下飞机就能拿到他订租的车辆?如果能有一名“世界小姐”站在登机门前为需要领车的客户做出正确有效的指引就好了。最好车里面还依照客户的喜好播放着他最爱听的音乐，他需要到达的地址已经输入在导航系统中，车厢里还放着他最喜欢的饮料以及最经常阅读的报纸和杂志。您也看到了，并不是所有客户愿望的满足难易度都是相同的，仅仅“世界小姐”这一项实现起来就有一定的难度——但是某些愿望确实是一定要帮助客户实现的!

“我们为我们的目标客户解决他们自己还没有注意到的问题。”

——固定器械制造商费舍尔工厂的座右铭

购买邀请 |

精明的销售者不必自己销售——他们发布购买邀请。

下面举一个某花店的例子：谁要是在线将自己重要的周年纪念日、重大庆典日期以及其他所有重要的日期输入到该花店的数据库中，就会得到由花店及时发给您的提醒短信。当然您也可以直接为那些重要的日期在该花店订购鲜花。

请您从别的地方寻找问题 |

“这个世界正在一步一步摆脱袜子焦虑”，黑袜任务组织这样表达他们自己的观点。

企业前进的一小步，事实上是人类社会前进的一大步。至少是对人类社会的一半组成者——男性而言。他们终于不用再每天清晨都在自己的抽屉里找啊找，花上好长时间，才能找到一对能配成双的袜子。年轻的咨询师、黑袜任务组织奠基者之一萨米·李驰缇需要在一次商务会议的最后为某个项目剪彩，日本的东道主则邀请他们参加一次茶道庆典，而传统的茶道庆典则意味着脱掉鞋子。而这次经历则是促使他产生创建这个任务组织的动因。所有加入这个组织的成员都可以订制他们每年希望获得“送袜上门”服务的次数，无论是每年两次、三次，还是四次、六次，他们都能得到与预期相符的服务品质。所有被配送的袜子都是黑色的，长度从到脚踝的短袜一直到及膝的长袜。随着企业的不断发展，这家瑞士公司也开始为客户们提供T恤以及内衣的送货上门服务。

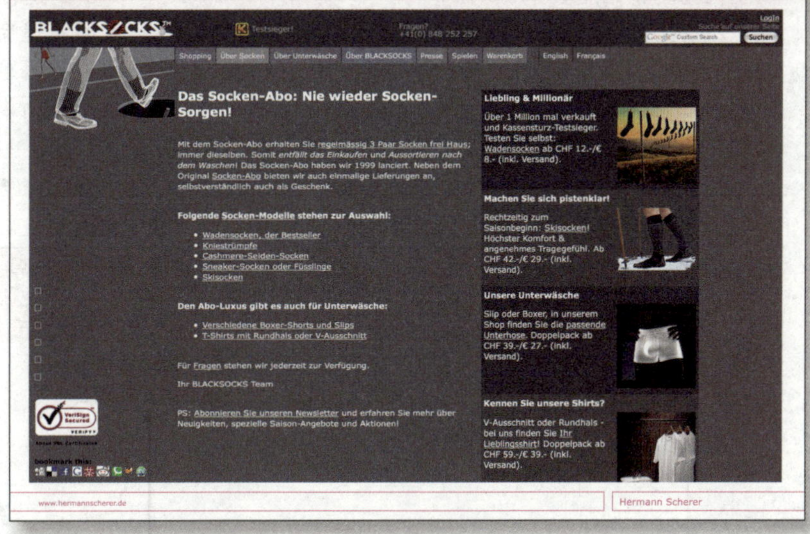

螺丝生产商沃尔特也是通过从别的地方发现问题才成为第一个制造出螺丝分类箱的人。事情的起因是他发现绝大多数的工厂居然胡乱地将并不相互匹配的各种型号的螺丝卖给客户。还有一位移民——李维施·特劳斯——拒绝加入那些跑到美洲大陆上淘金者的行列，而是用制造帐篷的帆布为淘金者们缝制耐磨又耐用的帆布裤子。

这样的事实证明，作为淘金者还有其他形式，因为直到今天李维斯的牛仔裤依然在市场上大卖。著名固定器械生产商费舍尔机械为客户提供帮助他们固定沉重表面与墙壁的功效卓著的膨胀螺钉。

您能为您的客户解决什么其他方面的问题？

服务业的改革 I

聪明的服务改革是以客户的期望为基础发展起来的。有些服务项目一旦缺失，客户就会开始抱怨；而若是向他们提供了，却也不会得到感激。相反，有些服务项目若是能让客户享受到，那么他们一定会对您大赞特赞；然而若是缺失了，也没有人会提出什么不满的意见。只不过在第二种情况下，您可以在客户的心目中树立自己与众不同的形象。

卡农模型将质量等级分成5个：

1.基本要求，这是所有评判标准中最为基础的部分，也是客户最为自然的要求，倘若您不能在这些方面满足客户的要求，您会立即得到客户不满的反馈（暗含的期望）。客户的基本要求若是不被满足，那么客户会对您产生不满；但若是他们的基本要求被满足的话，却不能增加他们对您的满意度！企图用满足客户的基本要求来与同行业的竞争对手一较高下几乎是不可能的事。例如：汽车行业中的安全性与防锈措施。

2.成就特点是客户能体会到的服务类型。您能通过这一类特殊的服务满足客户所抱有的某些特定期望。倘若您满足了他们的这些期望，那么您就能消除他们的不满，并能与您的付出成正比地增加客户对您的满意度。例如：汽车行业中的行驶特性、加速器以及汽车本身的使用寿命。

3.令客户激动的部分与产品使用必须具备的特性不同，它属于产品加分项，客户不一定在选择商品的最初就对其有所期望。但是这些特性能使您的产品区别于其他竞争对手的产品，在客户心目中建立起良好的口碑。您的产品在该方面服务的提升能导致超过预期的客户满意度。也就是说，如果您能在您的产品中添加一点令客户激动的服务项目，那么在客户心目中您所超过您竞争对手的距离是完全不可估量的。例如：汽车行业中的个性化设计、与同类产品不同的设计。

4.不相干的部分是指您的产品中虽然包含但是客户却不关心的部分。通过这些特性，您不能在客户心中增添对您企业产品的满意度，但是若您的产品不具备这些特性，客户也不会对您产生不满。例如：汽车行业中的只为极少数特定客户群制造的驱动装置。

5.倒退性部分导致客户对您现有的产品产生不满；但若是您的产品不具备这些特性，也不会增加您客户的满意度。例如：汽车行业中只是为某些特定客户群所设计的品牌、外观、结构、驱动能源，等等。

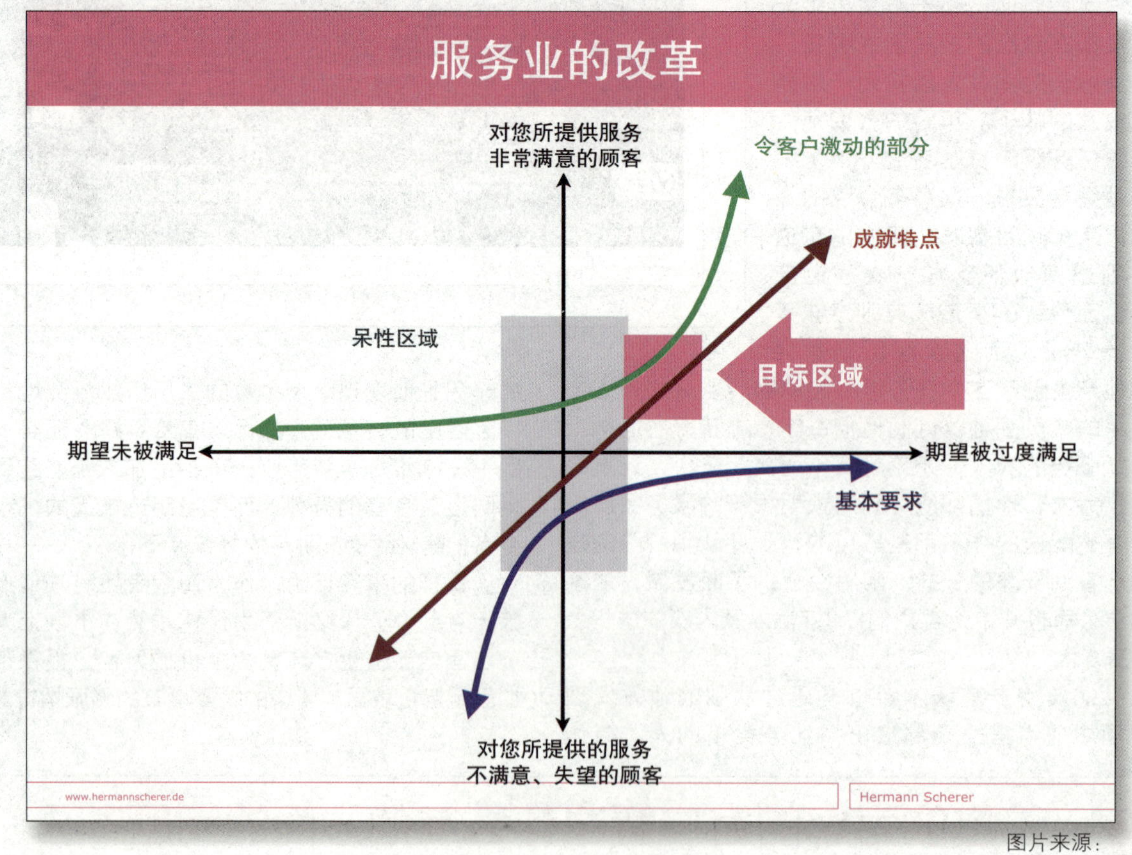

图片来源：

企业员工以客户为本的程度

以客户为本的行为

把以客户为本过度僵硬使用的人

以客户为本的人

总是对以客户为本理念发牢骚的人

对以客户为本光说不干的人

以客户为本的调节

www.hermannscherer.de

Hermann Scherer

企业员工以客户为本的程度 |

您企业中有多少雇员真正属于顶级的以客户为本的领域范围内？您应当加强对那些对以客户为本光说不干的人的职业培训，并将那些总是对以客户为本理念发牢骚的人与其他的员工分开。这两类人都会损害您企业的利益。

忠诚度与满意度 |

您现在已经有多少对您的企业十分满意并且忠诚度相对较高的客户？通过哪些附加服务您可以吸引更多的客户成为您企业的固定客户？危险的客户关系是：您的客户之所以选择您，是因为他们没有其他的同类可选。这样的状态可以在一瞬间改变，只要有聪明的同行业竞争者出现。

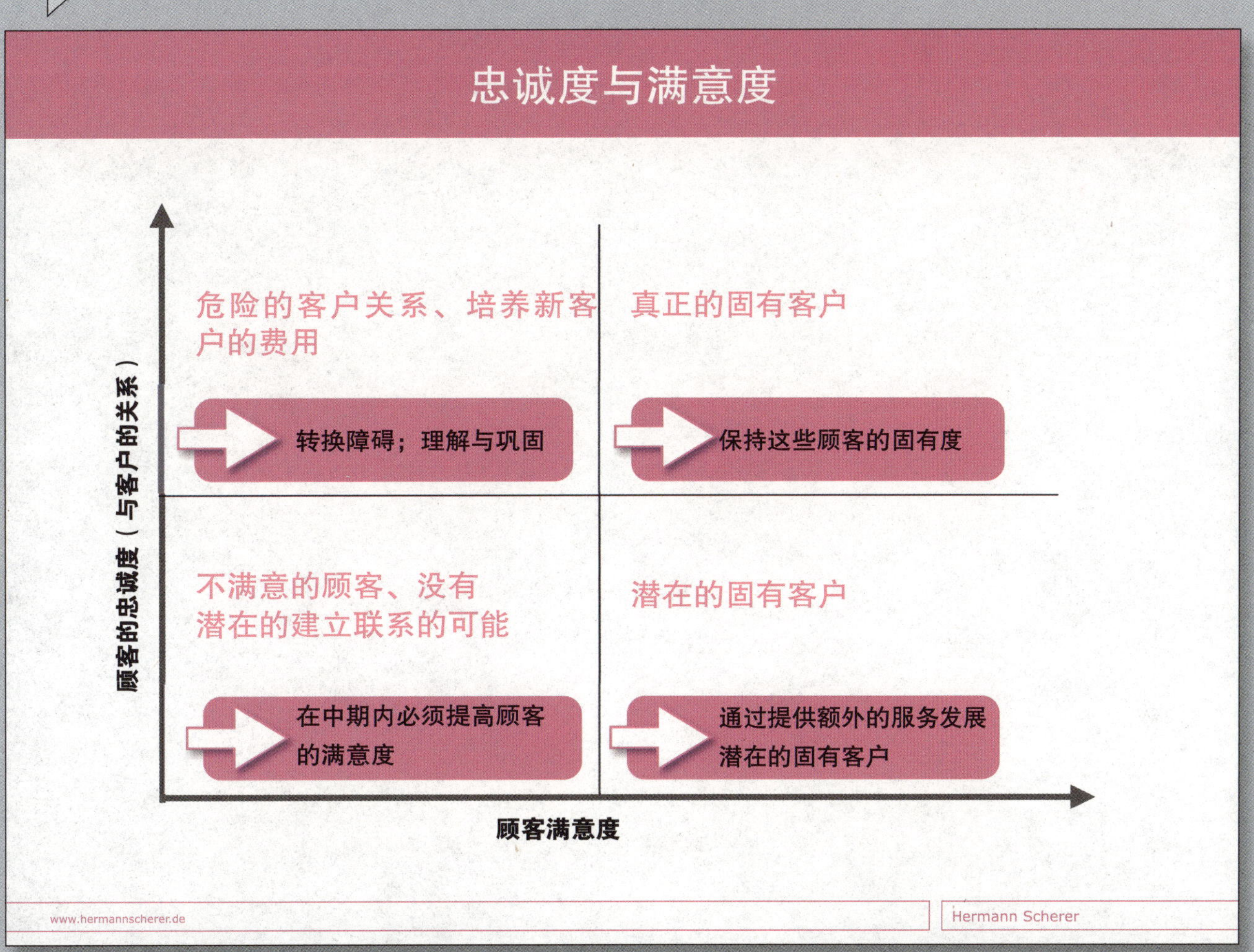

第五章

革新

为问题辩护

“我的个人观点是，也许全世界的市场只能容纳5台电脑。”

在IT行业里的例子基本上可以分成两类。一类是革新，市场的改革通常能解决绝大部分客户还未能发现的问题。在今天，如果我们的个人电脑、手机突然死机，或者突然没有网络移动数据连接，那么对于个人来说，这就是一个非常严重的问题。这就意味着连接我们与这个世界的脐带被斩断了——我们再不能向别人发邮件或者信息，我们再不能订购各种车票，我们再不能使用网上银行的各种功能，我们再也查找不到所需要的信息，所有的这一切需求就会在瞬间变得劳心劳力又复杂无比。不可思议的是，仅仅在数年前，我们还处在根本不需要这些技术也能每天丝毫不受影响地快乐度日的情形。另一类则是，刚好在某一领域有专家或者精通该问题的人，他们却也恰好是那些令人难以置信地看不清楚状况的人。每一次革新都是一次打破现有规则的过程。谁要是能超凡卓越地掌握这些规则（或者这些规则甚至是他自己创造出来的），那么通常来讲他更愿意待在自己舒适与熟识的角落，而丝毫不愿意换一种眼光去看待新生的事物。

相较于尝试全新的方法，事实上大多数的企业更倾向于在旧的方法上缝缝补补。他们优化已经存在的产品、美化包装设计、简化生产流程。从一方面来说，这种做法是可以理解的，因为许多客户的期望是可以通过这种改变而实现的。不过，从另一个方面来说，这种改变却又是危险的，因为它能直接把企业拉到破产的地步。按照这个逻辑，客户不期望的，企业也不会期望——比如：互联网与个人终端设备。由此我们可以得出结论：倘若市场领军企业过分看重固有客户的需求的话，那么他们同时也会失去革新的能力。我知道这听起来相当荒谬，但是历史告诉我们，如果企业错过时代赋予的机遇的话，那么它所做的所有改良只会让它走向灭亡。本书接下来的这一章可以说是一篇各种问题的辩护词——那些已经在您掌握之中的问题，可以为那些成功的企业提供巧妙的解决办法；那些我们直到今天根本没有意识到的问题，可以为那些更加成功的企业提供发现它们的机会。总而言之，革新意味着解决问题的能力。您就期待着一个真正能解决“问题”的方法吧。正是因为存在问题，企业才能生存。

问题是不会自己说话的 |

维基百科把问题定义为“必须克服的障碍”。可事实上，还原问题才是解决问题过程中你最应该倾注精力的！这不仅是因为我们能在发现问题的过程中成长，更重要的是只有把可能出现的问题扼杀在摇篮中我们才能从经济上最大限度地减少成本。越是需要花多的时间去解决的问题，其本身所蕴含的经济价值也就越高，所以从这个角度来说，我希望您的问题越多越好！

每个解决方法都带来新的问题 |

“在电脑出现以前，编程根本不是一个问题。当出现一些性能较低的电脑之后，在编程这件事情上，人们就要费一些脑筋解决某些小问题了。而今天，我们生活中所需要电脑实现的功能已经遍及生活的方方面面，同时编程也变成了一件非常棘手的事情。从这个层面上来讲，电子工业实际上并没有通过他们的自身发展让问题的数量变少，反而是使其大大增加了”，著名荷兰计算机学家艾兹赫尔·戴克斯特拉由于创立了分布计算机原理而获得1972年由计算机协会设立的图灵奖时这样说。一直到今天，计算机行业都发展得十分顺畅：从事该行业的人们通过不断创造新的问题而每年获得几十亿的利润。这样看起来，人们把这些东西叫作“问题”而不是“反问题”是有一定的道理的，即使在我们的头脑里，问题固有的形象都是负面的。每一个解决方法都是新问题生长的温床这个现象推动了无数产品的更新换代。谁要是拥有一部iPod，那么他还需要口袋跟耳机与之相配。与此同时，CD唱片就开始（迅速地）退出历史舞台，即使人们已经在家里购置了CD架和CD机。每一种新媒体形式的问世都将是否能继续生存下去的问题抛向已经存在的媒体，这些问题使得转换器成为必须，而且随着数据量存储的迅速增大，更大的存储空间以及新软件也成为发展的必须。目前还有一个问题是，我们一直还在使用的手机移动设备，n多年后还会存在吗？

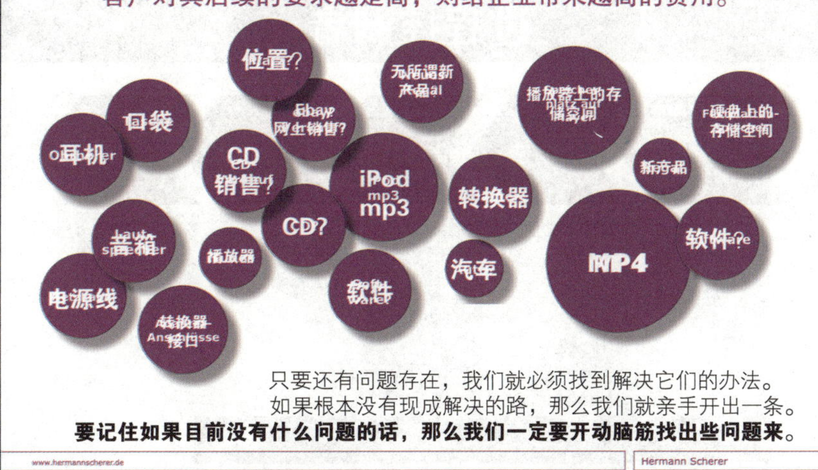

“发现一个问题要远比发现一个解决方法有价值得多，因为在一个问题中所包含的实质要比一个答案所能包含的多得多。”

——瓦尔特·拉特瑙，德国实业家（AGE）以及德国外交部长

寻找问题者/发明问题者

一个包装就能解决非常多的问题……

- 两秒钟内准备一个装礼物的盒子
- 各种装饰的可能性以及最后的收尾工作——一个美丽的蝴蝶结
- 谁都能上手的可能性，不论是否具备该方面的知识或者训练
- 在狭小的空间也可保存
- 漂亮的外观设计

谁要是能明显更优秀地解决行业中的某些问题，那么他就会在这一行业中成为制定规则的人，而一旦成为制定规则的人，那么他在成功的路上将不可阻挡！

www.hermannscherer.de　Hermann Scherer

寻找问题者/发明问题者 |

怎样才能让客户心甘情愿地为一个礼品的包装整整付上6.8欧元？当然是通过购买这个包装的方法。

在这个案例中，该问题出现在一家香水连锁销售商的身上。为了给卖出的香水配上精美的包装，往往要消耗销售过程中的大量时间，而时间在销售中却是非常宝贵的。香水市场上的世界领军人发明了一种带有折痕的硬纸制外包装代替传统的单纯彩色礼品包装纸。这种带有折痕的硬纸制外包装可以由任何一个人——甚至是没有受过包装训练的人，在短短几秒内折叠成一个小盒子；再配上为该种纸盒所特别定制的华丽的蝴蝶结——同样，这个蝴蝶结也可以被任何人在几秒钟之内在盒子上粘好，整个包装过程总共也不过是几秒钟。

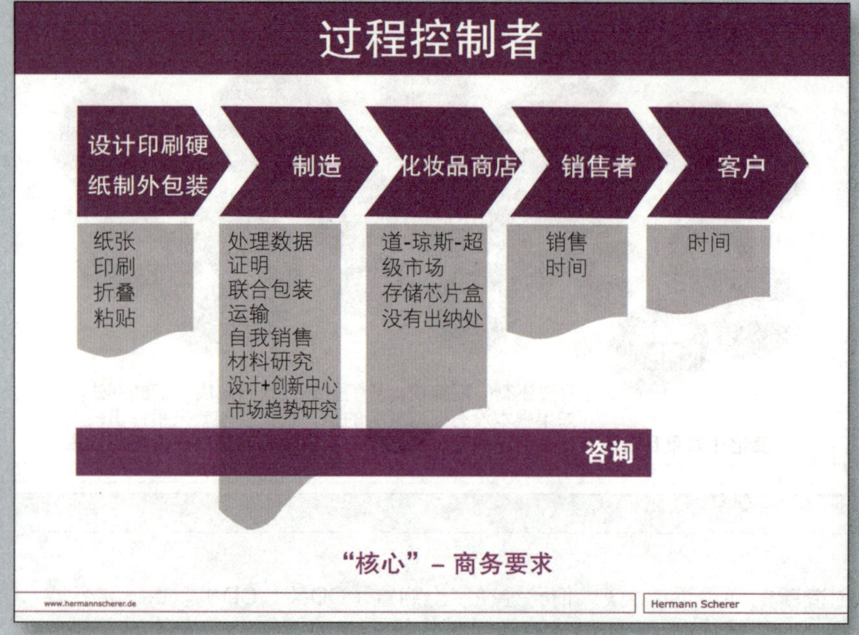

过程控制者 |

有创造力的解决问题者所想出的解决问题的方法总是以客户为本。他们并不会让自己企业主要生产的产品蒙蔽双眼，阻碍发散性的思维。

正如我们上面所举的关于香水包装的例子，香水制造商通过生产带有巨大盈利潜力的简易方便的礼品包装盒为客户们提供方便又难忘的服务，为销售者们赢得了更多的时间去卖出更多的产品，而不是将宝贵的时间都浪费在包装一个已经卖出的商品上，当然最终也为客户们赢得了他们个人的宝贵时间。

您可以控制生产过程中的哪些步骤？您能解决或者发现客户要面对的哪些问题？

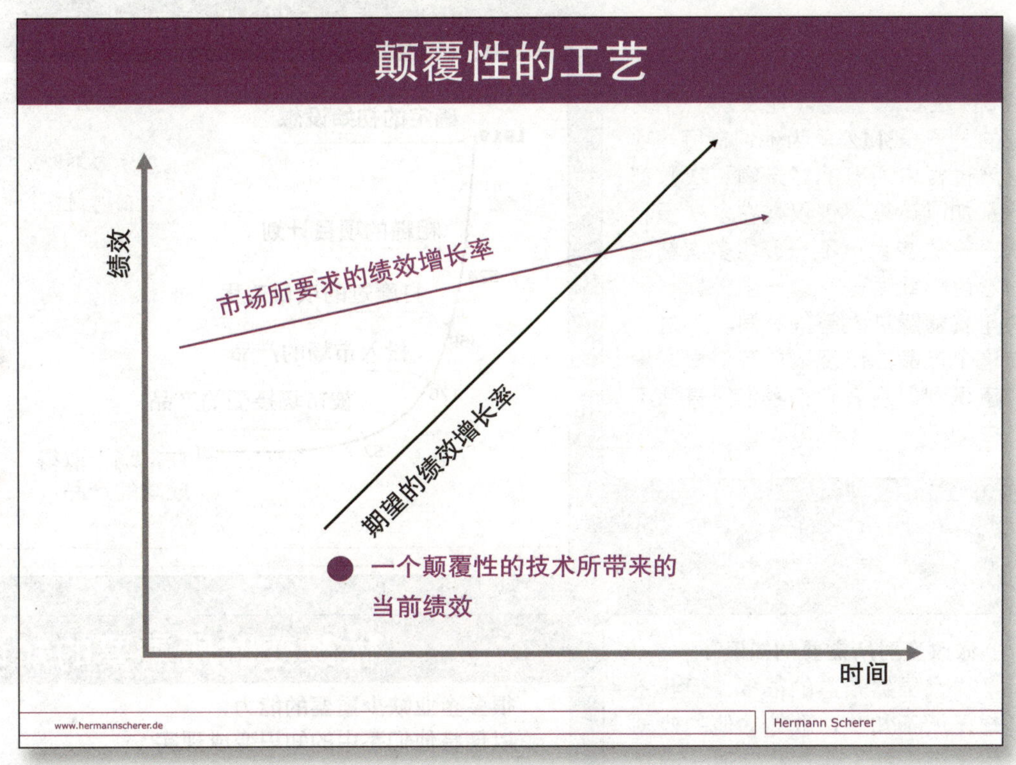

颠覆性的工艺 I

颠覆性的工艺是技术的革新，摒弃目前所常见的产品或者服务。这样的革新通常分布在现有市场的边缘与新的市场中，因为市场的普遍规律是新兴的产品总是在各种产品分布的最底层。

传统工艺的绩效很容易就会被大多数的客户所认可，理解并接受。通常情况下，颠覆性改革的工艺很难一下子就让大多数客户认可并接受，尤其是它们在刚一出现的时候，其质量都不能尽如人意。您回想一下当年等离子或者液晶屏幕刚刚上市的情形吧，价格贵得离谱，而且质量还不好。又或者是第一代苹果手机，虽然样子看起来很新潮，使用起来也很方便，但是质量测评的结果是，比其他所有手机都昂贵并且比它们质量都差。而苹果手机的后续不断更新就改变了整个的手机市场。

客户类型：

客户们对于不同革新产品所给出的反应是不同的。

美国社会学家艾佛尔瑞特・M.罗杰斯将客户类型分成以下几种：

1. **革新型**（大约占民众的2.5%，其中绝大部分是年轻人或者是具有巨大购买能力的人）。
2. **早期接受型**（大约占民众的13.5%，他们不像革新性客户那么勇于冒险，但却是对大多数人有影响力的人）。
3. **先行一步的大多数**（大约占民众的34%，他们都是行事比较谨慎的人）。
4. **后来才跟上的大多数**（大约占民众的34%，他们大多对革新持怀疑的态度）。
5. **犹豫的人**（大约占民众的16%，他们更信任传统的工艺，是保守型的客户）。

您能够推动哪些方面的革新呢？

人们需要亲吻很多青蛙丨——

平均看起来新产品的开发在175件左右——，才能发现一个真正的王子。3M公司为他们在每一项生产过程中所有的“亲吻”次数都分别加以计算。仅仅是在多次便利贴——这些大小不一、能多次粘贴的彩色小纸片——这一项上，他们每年就能赚进大笔的利润。不过，在这个产品的出现以前我们根本没有意识到，没有它们我们简直活不下去。

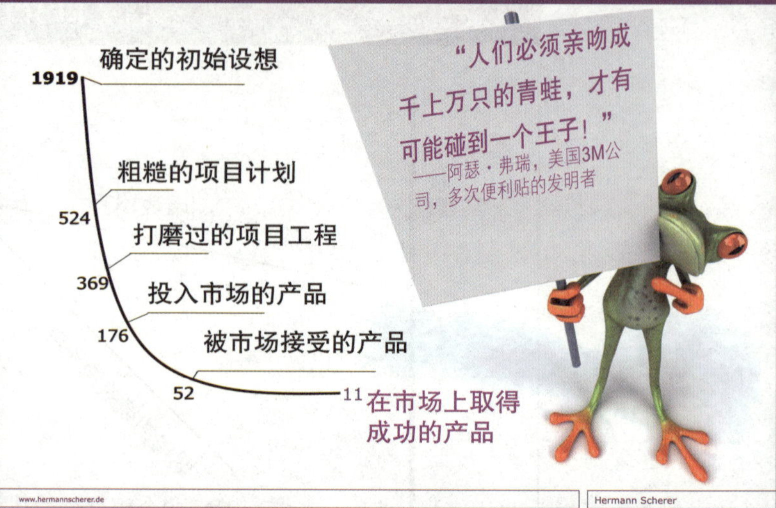

数据来源：其恩鲍姆模型

做改变时所需要的知识丨

“我虽然知道的很多，但我还是想无所不知”，歌德在他的戏剧名作《浮士德》中这样写道。而在这个魔鬼之后，许多企业以及研究部门也在经历着同样的煎熬。

一言以蔽之，在德国，企业看重的主要不是优秀的创意，反而是一个目标明确、贯彻始终的改变过程。即使是行业专家，他们也非常强调个人所具备的软技能，他们看重的是一个人的整体价值：他是否具备从设计到实现的能力。

做改变时所需要的知识

很多企业缺少重要的能力，以便将他们手中的知识变成现实

专家提出的问题：十个重要的能力

级别	能力	能力所属范围
1	决断能力	社会能力
2	沟通交流能力	社会能力
3	说服能力、执行能力、处理矛盾的能力	社会能力
4	分析辩证的思维能力	方法能力
5	将专业知识运用到实际操作中的能力	专业能力
6	变革中的管理能力	方法能力
7	合作与代表的能力	社会能力
8	深化专业知识内容的能力	专业能力
9	判断、评价以及选择解决方法的能力	方法能力
10	更新专业知识的能力	专业能力

www.hermannscherer.de Hermann Scherer

数据来源：2004年埃森哲数据

德国的发明——其他国家的成功丨

“德国是一个对出现的问题十分有兴趣的国家，但是非常可惜的是，它并不是一个擅长解决问题的国家”，这是几年前迁居德国的夏威夷人埃里克·T.韩森在他的著作《德意志星球》中这样描述道。他的观察点非常有趣而且观察得非常仔细，在将寻找错误与计划未来这两件事情完全割裂开来处理方面，德国是一个“优秀得无可比拟的国家”，而在韩森的家乡则是完全相反的情形，“如果你没有好点子的话，那么就请你闭嘴，让我们来完成这些工作”。这两种截然不同的处理方法所导致的结果请您参见右边的图表。

德国的发明——其他国家或地区的成功

在德国发明的技术…… **……但是产品在其他国家或地区获得市场上的成功**

- 电报（赫尔于1929年发明）→ 日本
- 电脑（楚泽于1941年发明）→ 美国/日本
- 转子发动机（汪克尔于1957年发明）→ 日本
- 电动时钟驱动（迪尔于1964年发明）→ 日本/中国香港
- 视频2000（格鲁恩迪西于1969年发明）→ 日本
- 微处理器（奥林匹亚于1974年发明）→ 日本
- CD光碟（菲利普斯/格鲁恩迪西于1973年发明）→ 日本
- 抵抗癌症药剂“干扰素”（碧欧芬公司于1983年发明）→ 美国
- MP3 标准（弗劳恩霍夫IIS于1998年发明制定）→ 法国/日本

革新创意的评价方法与革新本身必须既包含技术又包含经济的评判，只是不能太过谨慎。

www.hermannscherer.de Hermann Scherer

数据来源：亨茨勒尔/施拜特，为德国倒计时

“德国人在内心深处相信爱发牢骚是多思智者的一种表现形式。”

埃里克·T.韩森，美国记者，在他的著作《德意志星球》中写道。

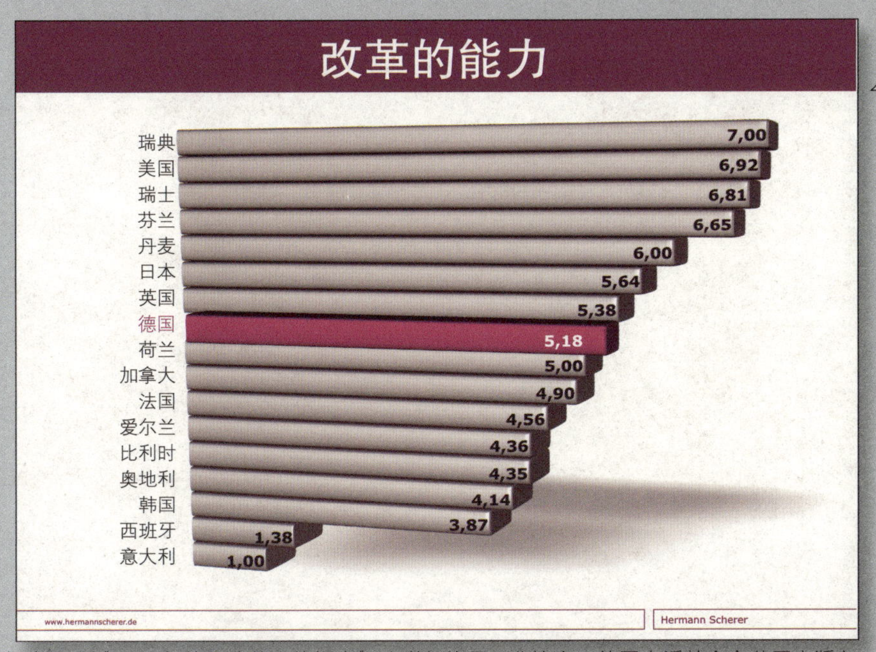

数据来源：《2007年德国改革现状报告》（联邦德国工业协会、德国电话基金会共同出版）

改革的能力 I

自2005年起，由联邦德国工业协会与德国电话基金会共同请求德国经济研究所每年发表德国改革现状报告。平庸也表现在这个方面——德国的改革魄力只是位列于所调查国家的正中间。

研究将德国定位为“改革能力及其羸弱的国家，相较于其他在此方面成绩卓越的国家来看，德国的法律与政府并没有对给予企业风险资本的保障，而且推动企业与国民行为方式改革的手段也少之又少。”瑞典人、瑞士人以及美国人对改革这件事的友善及接纳程度要远远超过德国人。

德国需要更多的企业家

1. 爱尔兰 韩国 7,00
2. 韩国 美国 6,69
3. 美国 加拿大 6,30
4. 加拿大 爱尔兰 5,49
5. 西班牙 瑞士 5,10
6. 日本 英国 5,01
7. 英国 奥地利 4,53
8. 意大利 丹麦 3,74
9. 法国 西班牙 3,74
10. 荷兰 荷兰 3,54
11. 瑞士 德国 3,40
12. 芬兰 芬兰 3,37
13. 瑞典 法国 2,67
14. 丹麦 瑞典 2,33
15. 比利时 意大利 1,97
16. 德国 比利时 1,17
17. 奥地利 日本 1,00

www.hermannscherer.de
Hermann Scherer

数据来源：《2007年德国改革现状报告》（联邦德国工业协会、德国电话基金会共同出版）

德国需要更多的企业家 I

“急寻创建人”，经济研究学者这样标注德国现在的改革情况，并警告说：“实施改革就意味着不惧怕改变。所有成功的企业都具备这个特点：您抓住机会，是为了能推出新的产品、新的服务或者是新的企业理念。但是遗憾的是在德国的企业中没有这样强势的灵魂领军人物……”我们的邻居——奥地利看起来也不比我们强，不过另外的一个邻居瑞士，其国民却明显地要比我们在对待改革这个问题上更加宽容。现在是急需改变我们自己思想观念的时刻了！

“我们需要的正是一些疯狂的人。你们看看你们自己，平凡的条条框框已经把我们带到何处去了。”

——萧伯纳，爱尔兰戏剧家文学家诺贝尔奖章获得者

第六章

机遇——智慧

成功激活潜在的可能性

“天才是百分之一的灵感再加上百分之九十九的努力。”

这是天才的发明家、成功的企业家托马斯·阿尔瓦·爱迪生给那些模仿他的人以及那些企图模仿他的人的忠告。即使这样的忠告听起来似乎意味着：很多很多的工作，即便是没有任何一种神奇的天赋，也能达到成功的彼岸。当然，有时候我们的确需要那百分之一的天赋去发现我们的机会并且准确地抓住它。我喜欢把这种能力叫作“机遇智慧”。

我们的一生中能遇到多少次机会？每个人得到的都同样多吗？到底有没有扫帚星和幸运星？还是说，人们更需要的是抓住出现的机会，然后竭尽全力地工作，把提出的创意完善，把项目实现。人类幸福心理研究者为我们揭开天生扫帚星的神秘面纱，他们认为有关于此的说法不过都是无知老太太用来骗人的。英国心理学家理查德·威斯曼博士曾在八年中跟踪观察了400人的生活。这些人都是从小便获得要么是福星贵人要么是丧门星的称号。他总结到：从小被想象成为福星贵人的人大都不拒绝新的体验；他们拥有一个非常庞大的人际关系网；他们更相信灵感的力量；对待人生积极乐观向上；即使身处逆境也相信运用自己的力量能解决眼下的各种问题。当然，我们也可以说，福星贵人对于生活中所遇到的事情与可选择的可能性能更智慧地处理。

机遇智商的第一层含义便是发现机遇的能力；第二层含义是利用机遇的能力；第三层含义是获得机遇的能力。至少在商务活动中，这三种能力的重要性与在个人生活中同等重要。成功的秘籍在于：第一，对于新体验与不同的可能性保持宽容接纳的心态；第二，一个可以信赖的评判系统。因为并非每一个“方便的机会”都是一次真正的机遇，它们中有些并不值得我们下本钱、花精力。请您千万不要被生命中所出现的那些特别优惠分散您的注意力，仅仅是因为它们来得特别容易或者是看起来好像挺有意思，但是却不能给您带来实际的效益。机遇智商所需要的前提是对目标的明确。对于越来越细分，竞争者越来越多的市场来说，这种能力则显得加倍重要：机遇智商高的企业家具有开拓新市场的能力，并且能对已经存在的市场划分进行合理规避。著名英士国际商学院的两个教授打了一个非常好的比喻“蓝海战略”。谁要是敢于向着市场上新的处女地（“蓝色”）挺进，谁就可以成功避开著名（“红色”）海域中的残酷厮杀。

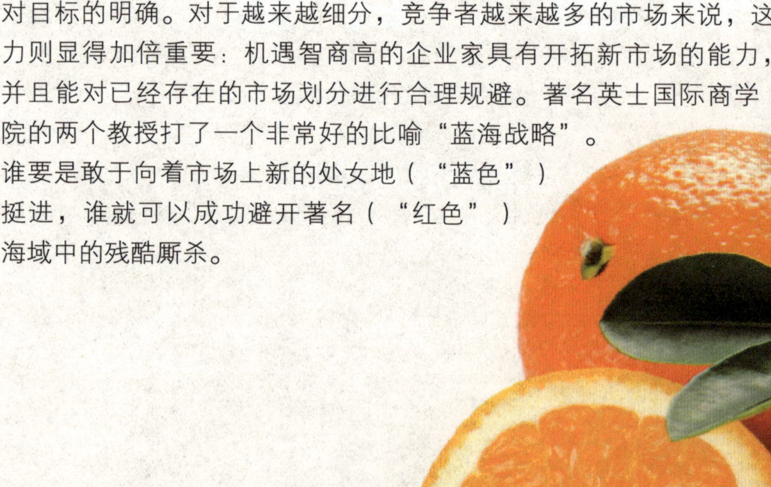

CQ–机遇智商 Ⅰ

请您想象剥一个橙子，大概一共会有十二瓣。这十二瓣橙子就代表我们一生中会遇到机遇的次数。这里我所说的不是所有机会的总数，而是那些您有可能抓住并能利用上的机会数量。如果您错过其中的九个，那么您依然有可能利用上另外三个。这三个就是我们在那十二个中能意识到的机遇。即使您再在这三个中的两个上犯了错误，那么您手中依然还有一个能把握的机遇。而这一个就是您生命中真正能把握利用，对您产生好的影响的机遇。

事实情况是，对于生命中的绝大多数机遇我们都是视而不见的，或者是虽然看到了但是却不把它们当作机遇。即便是那些我们能意识到的机遇，我们能利用的部分也只是其中非常少的一部分。很多人都喜欢这样抱怨：“我的生活中从来就没有出现过机遇！”然而这到底是不是真实的情况，我们还真是不好轻易评判：他们是真的没有遇到机遇，还是他们没有看到出现在眼前的机遇？他们中的很多人只是一门心思地冲过自己的整个人生，根本没有看到他们错过的那一个又一个的闪着金光的机遇，就像那些只见树木不见森林的人。还有一种可能就是，这些人虽然看到了他们面前的机遇，但是他们在机遇面前却做出了错误的决定，这样的事情也会时不时地发生在我们任何一个人的身上。这样的结果就是我们为计划中的结果所做的所有努力都将付之东流。因为机遇只是一个契机，要收获理想的成功还需要人们通过自己的辛勤努力才可以获得；机遇不是一个自动附带成功结果的礼物。成功的公式是下面这样的：

成功=机遇+对机遇所做的努力

即便有些人真的是不被命运之神所眷顾，他们几乎没有获得过什么机遇，那么我们还是可以问一个问题，您给自己“创造”过多少机会呢？那么我们再把刚才那个橙子拿在手上，看看刚才有哪些部分没有看到吧。它们代表的则是那些没有放在银光闪闪的托盘里，被人用双手捧到我们面前的机遇；它们代表的是那些需要我们自己努力才能获得的机遇。

您对新生事物能采取包容接纳的态度，能认清抓住机遇吗？

带有吸引力的目标还是值得质疑的……

www.hermannscherer.de　　Hermann Scherer

带有吸引力的目标｜

目标是我们生命中的指南针。不论是什么时候，每当我们具体设计实现我们目标或者远景的可能性时，我们都不得不将它们重新定位或者重新考量——因为有时候，甚至是经常在一些关键的步骤上不是难关重重，就是一定会有绊脚石让我们摔倒。而我们最终能否达到目标的决定性因素则在于我们是否被这些困难吓跑。于是我们现在又回到了最初的问题上：我们目标是不是带有巨大的“吸引力”？有人问了：我们的目标真的有那么大的吸引力，能将我们从好逸恶劳的旁路上拉回来吗？如果我们不惜一切代价一定要达到某个地方的时候，我们个人实现目标的意志力是绝对足够强大的。

事实上我们每个人的生命中都有足够的“特惠供给”。请您想想，您在购买食品时经常发生的事情吧。您总能看到商家在搞促销活动。所有的“特惠供给”都有一些相同的特点。首先，它们都很便宜（在这里我是有意识地说它们便宜，而不是“实惠”）；其次，特惠商品的作用是招揽顾客前来购买，而最终他们在收银处所付的钱却比他们实际计划花费的要多，而心里却认为自己通过购买特惠商品节省了开支。我根本不想统计，到底有多少的“特惠商品专购员”，他们每天开着车满城转悠，就为了能省下这两欧元。与此同时，他们却完全想不到在寻找的过程中他们浪费了多少的时间与汽油。这样的行为所带来的不过是多方面的消耗，以及麻烦无比的购买过程。

我常常能看到一些人，他们的人生目标是如此的不明确，这种情形所导致的结果就是他们的目标也不能像磁铁一样吸引他们径直向前。他们的注意力总是会被那些特惠供给品吸引过去——那些看起来“实惠”的机遇其实并不能帮助他们在达到目标的路上前进得更远。在眼花缭乱的“特惠供给”面前，您其实根本看不清到底哪个才是能帮助您实现人生目标的机遇。甚至在职业的选择上也会常常出现这种完全不知所措的情况。

太多的人根本不是去向他们实际上真心想去的地方，而是去向有“特惠品”的地方。这样的话，他们经历的特惠品可能今天是炒锅，明天是股票，而后天又变成了完全不同的什么东西。当然这些特惠品也可以甚至每一样都是“实惠”的，但是由于品种繁复多样，特性各不相同，所以它们并不能形成一股统一的力量，将我们的生命（企业）向着我们最初的目标拉近。

您的目标是什么呢？我指的是那个能发挥指南针作用，能将您的生命（或者您的企业）向着正确的方向牵引的目标。

“蓝海战略”

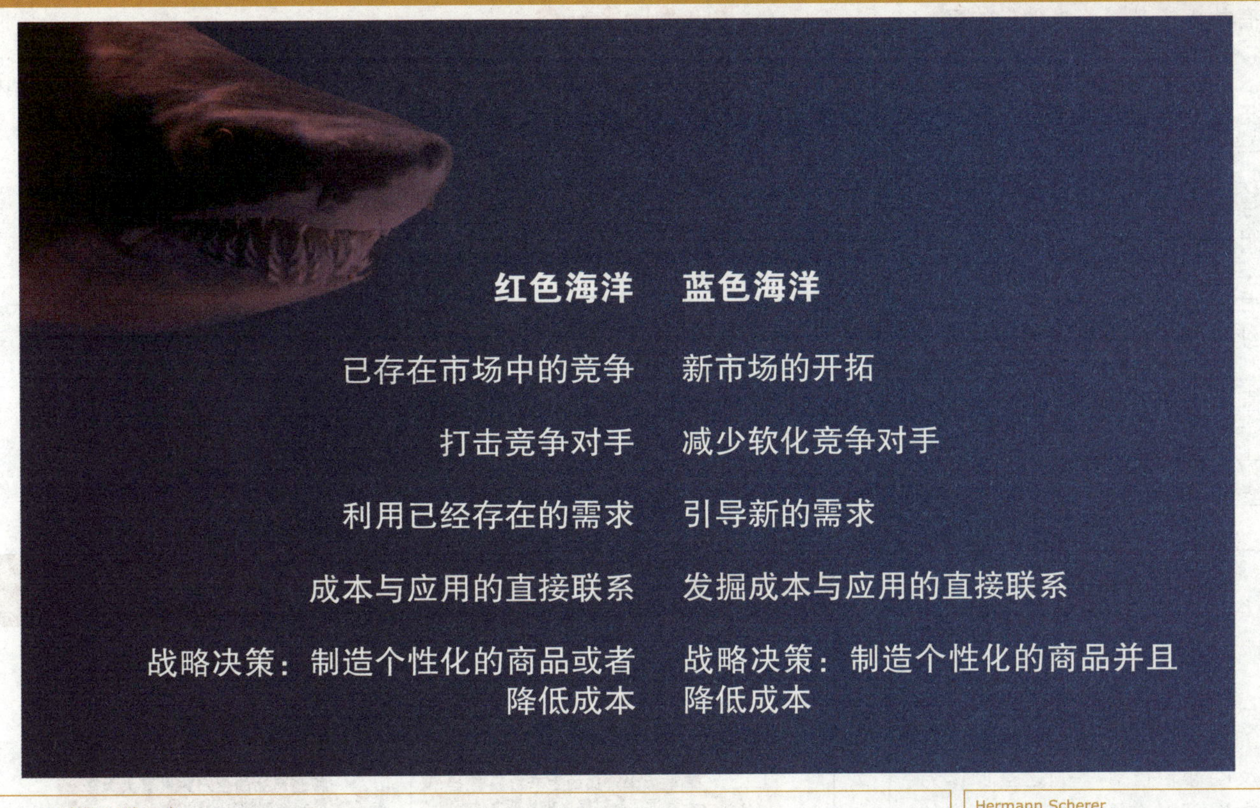

蓝海战略 |

著名英士国际商学院的两名教授W.陈金与瑞内·毛伯格娜在枫丹白露发表了他们的研究成果：“您的竞争对手只用一种方法就可以将您打倒：即通过人们听从他们的建议，尝试他们的产品。”您的战略则是：开拓新的市场领域，以避免卷入已经几乎波及所有已存在市场领域的激烈残酷竞争。那些“红色海洋”区域就是已经存在的市场领域，它们就像充满鲨鱼的鱼缸，谁要是纵身而入的话，那么只有被吃掉的下场。谁要是在还没有被开发的“蓝色海洋”区域大展身手的话，那么他就能获得大量的需求，稳定的产品以及许许多多的同类产品开发者。那么他就利用了一个别人都没有看到的机会。

阅读建议：《蓝海战略》，W.陈金，瑞内毛伯·格娜，英格里德·普洛斯·吉尔。

Der BLAUE OZEAN als STRATEGIE

“悲观主义者在每一个机会面前都只是看到困难；乐观主义者在每一个困难面前都能发现机会。”

——劳伦斯·皮尔萨·杰克斯，英国哲学家、牧师以及大学教授

杜塞雷马戏团：应用曲线的比较 |

一家加拿大企业接下一个项目——“重新打造”马戏团。著名的杜塞雷马戏团的确具有许多与其他同类竞争对手完全不同之处：他们没有很多表演明星，也没有大量的动物，更没有那些传统的杂技表演。与此相反的是，他们所有的表演都是像戏剧表演一样，具有故事情节，而且他们的表演场地也布置得非常吸引观众。通过这些因素，这个马戏团把他们的观众群定位在与普通马戏观众完全不同的一群人上：与那些拖家带口去看动物表演的观众不同，他们有能力支付价格高昂的入场券。

他们的战略指导路线是：当其他的马戏团还在为是否能继续生存下去而残酷竞争的时候，他们早已在1984年将自己的经典剧目《流水线上的童话》在世界范围内表演了无数场，他们拥有四千名雇员，并把他的创建者——古埃拉·里布特从一个街头艺术家变成一名百万富翁。虽然这家马戏团在某些方面所提供的可能性比它的同类竞争者要少得多！

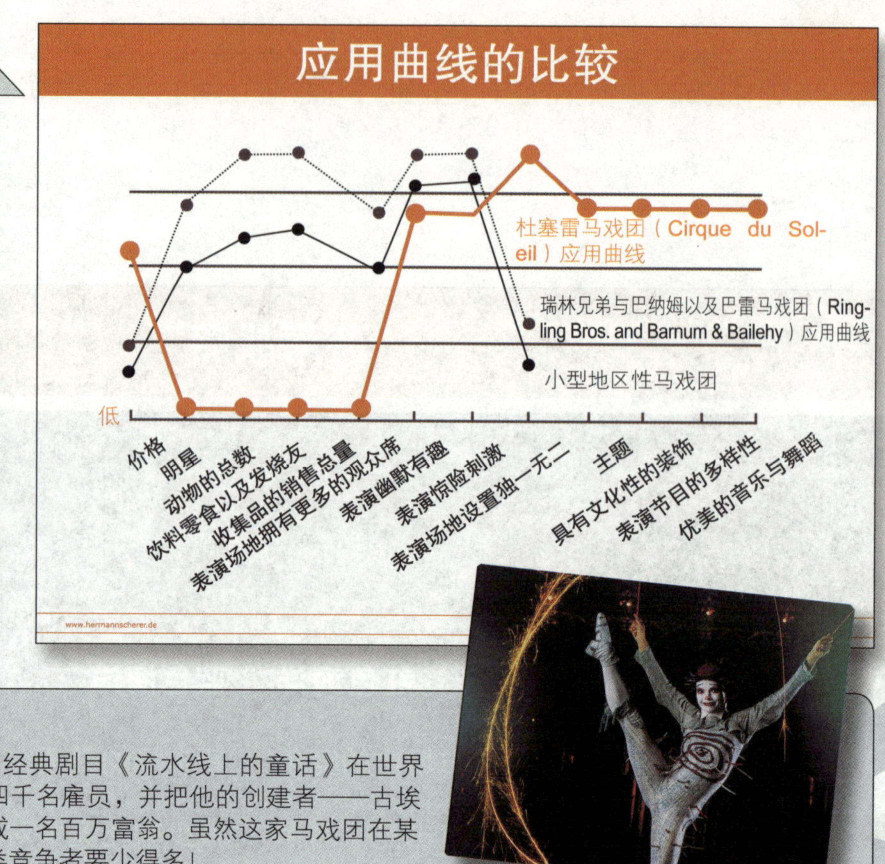

图片来源：《蓝海战略》，W. 陈金，瑞内·毛伯格娜，英格里德·普洛斯·吉尔

新市场：四个决策领域范围 |

手工业者的工具人人都能使用，您应该舍弃全能的机器，应该占领新型的市场领域：请您将您的企业按照产品特点拆分，并且反问您自己，下列这些操作方法中您可以选取哪些应用于您的产品……

- 继续推行/上升？
- 舍弃/忽略？
- 限制/减少？
- 重新发明/应用到生产？

例如苹果公司就总是能不断地用新奇的产品外观设计以及颠覆性的科技手段在激烈竞争的传统电子产品市场上赢得大量的客户，而且他们产品的价格永远属于高得离谱的那一类（请您想想iPhone以及他们的超薄笔记本电脑吧）。关于另一个改变战略的企业案例请您阅读右边页面中的内容。

哪里是您的蓝色海洋？

在您产品的市场领域中，哪些因素是可以由您改变，以便为您自己创造出一个尚没有竞争对手存在的市场细分领域？

如此这般提高您的机遇智商！

1. 与有趣的人建立交往——有意识地与那些与您“不同”的人，从事完全不同工作的人，看待这个世界与您截然相反的人建立交往。
2. 时常将目光投向您所从事行业以外的领域：其他地方的那些人都在做什么？
3. 向那些对您的企业“完全没有概念”的人询问他们的观点。很可能他们能为您带来巨大的惊喜。
4. 像海绵吸水一样吸收各个领域的信息：从互联网上，从书本上，从报纸杂志上，从各种讲座上，从各种培训课上……这样您将保持头脑清醒并且不会与时代脱节。
5. 畅想一下您的“蓝图”：如果怎么怎么样，我将怎么怎么样。（例如：如果这三个愿望能够实现，那么……；如果您能没有风险地投资一百万欧元，那么……；如果……）如果您本人更属于一个清醒思考的人，那么就为您自己寻找一名勇于创新的实践伙伴吧。
6. 偶尔尝试一下那些您还“从未”尝试过的事情。
7. 请您将那些句子，诸如“这根本就不可能”，从您的经典语录中划去吧。请您最好再想想，这是否真的根本不可行。
8. 更经常性地给您自己一个小小的创新时间——让您自己的思维无所顾忌地天马行空吧。在装宠物老鼠的小金笼子里是产生不出什么绝妙的好点子的。
9. 如果在您的头脑中有灵感闪现：请您马上把它写下来！立即！因为也许明天早晨您就会把它忘掉的。

成功企业 | 成功企业获得成功的主要因素：

- **上升**：通过精英演讲者——例如：乌尔里希·维克特、萨米·莫尔授或者汉斯·欧拉夫·汉高——企业能获得更多优秀的企业中层领导。而这些中层领导人是所有投入中价格最为低廉的投资。
- **忽略**：对于昂贵的投资项目应该干脆放弃（比如：性价比不高的固定表演节目、给人留下深刻印象的入场程序、参与者所得到的写有名字的胸牌以及演讲的书面材料）。谁要是能有一张（可以转手的）入场券，那么谁就能尽情享受所有精彩的演讲。这里的规则被叫作“既快捷又便利”。
- **减少**：对于参与者数量的传统高要求必须应该下降。我们所举办的演讲不应该只允许那几个与此有特殊关联的人参加，而是越成功的企业自然会拥有越多的听众。因为不论是两万、两百人参加的演讲，还是五百人参加，如果您的演讲本身没有用处，无论如何限制参会人，您的演讲都没有价值。
- **形式**：成功企业还发明了“知识订阅”这个形式，这个无论在任何市场区域都是新鲜事物。就像剧院也会推出演出年票一样，客户一次就预定十次聆听演讲的入场券。

即便是成功企业也会在某些方面比他们的同行业竞争者表现得好像要“差”一些：听众群不够专业，其中的某些部分看起来不那么精致。但是，成功企业却会在那些具有决定性的因素上做得比同行业的其他企业都出色，比如说：演讲者的知名度以及提供价格合理的入场券。请您放弃要在每一方面都做得比其他人好的不切实际的想法！如果要更加直白地说，那就是：战略决策是优秀的，企业就很难不好！

成功企业

应用曲线“成功企业股份有限公司”VS.行业

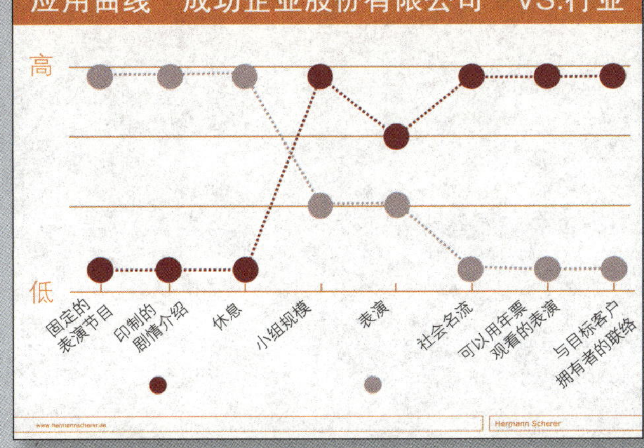

第七章

从最好的地方获益

用下一个实践代替最好的实践

“我们的习惯是一条绳索。我们每天都在向里面添加一根新线，而最后我们就再也挣脱不开这条绳索了。”

诺贝尔文学奖获得者托马斯·曼曾这样说过。不过法国作家让·谷克多则发表过更加刻薄的评论：“大多数人都生活在他们自己的习惯里。”在很多企业中，人们也多是舒服地将自己安置在经年形成的习惯大网中不思进取。“这我们早就在做呢”，“这我们还从来没做过呢”，“这根本行不通的”——人们总是这样把革新者的新创意武断地干脆拒绝掉。相对于对彻底的革新的接受，我们更倾向于一再地改良、优化现有的或者正在应用的。让它运转得再快一些，让它再省钱一些，让它再多节省一些时间。但是，最关键的是不能改变现有的规则。只是您有没有想过，这样做却越来越难打败您行业范围之内的全球竞争对手了。

用下一个实践代替最好的实践是企业竞争的黄金定律。这就意味着对创造性的感知力和对新可能性的开发以及走出旧有习惯的魄力。只有拥有改革的魄力，才能大步地向前迈进。迪克·福斯贝里以自身的经历一字一句地向人们证明了这个道理。福斯贝里通过所创造的一种全新的跳高技术——弯曲背跃式（“福斯贝里跳”）刷新了跳高的世界纪录。在此之前他受到过各种各样来自多方的阻力，大家都建议他接受箭跃式或者跨越式。“叛逆者”在最开始总是缺少同盟与战友的：他的教练曾经建议他不如去马戏团试试身手；他的竞争对手们也肆无忌惮地嘲笑他，直到福斯贝里不久之后先是在奥运会刷新世界纪录继而又在墨西哥城再次夺金。这绝对是下一个实践的经典案例。您看，今天，所有的跳高运动员都采用福斯贝里的跳法。

有时候关掉您的汽车自动导航仪，尝试一下陌生的道路会别有一番景象。“转换惯有程序”，改变管理专家皮特·克鲁斯教授这样定义，而且他还劝告大家说，当您被问起关于改革风险性问题的事情，您也不该回避。幸运的是，把创新当作企业之宝而非威胁的企业家也如雨后春笋，他们对有关于此的讲座与新技术也展示出了极大的热情。当然，这些革新技术是否都是明智的，当然可以接受众人的质疑。著名心理学家、“心理流”理论的提出者米哈里·契克森米哈的观点是：首先，创新能力是以个人能力为先决条件的；其次，创新者是需要一个宽容的创造环境的；第三，创新行为是一个个人行为满足感的体验过程。概括讲就是，创新需要的是真正的人才以及人才所需要的自由的空间。我将在本书下面的一章中向您介绍一些具有创新思想的人。这里面有一些人将给我们展示出多种综合创新能力，而这些创新能力综合在一起的结果将让我们领略到该如何在企业中推动下一个实践。

战略方法之一：

保持幽默！

为什么不出租一头奶牛？

在一些餐馆所有者的推动下餐馆服务的内容这些年发生了巨大的改变：每一位瑞士阿尔卑斯山农人联合会的成员都可以从150头奶牛中借一头。不过阿尔卑斯奶酪商却会从“他们”所拥有的奶牛身上获得额外的收入。（具体请参见战略方法七：从其他行业借鉴！）

您愿意坐着这只奇怪的大鸟飞行吗？

仅在2007年一年中就有超过十亿的乘客被美国国内航空线路以低廉的价格以及幽默的服务所牢牢地吸引。当西南航空的航班发生严重误点时，该次航班的乘客们所得到的不是一张免费就餐的餐券，而是获得一次参加“看谁的照片最丑”的比赛。他们可以将自己驾照或者护照上的照片交给航空公司，获得最丑头等奖的乘客可以获得一张免费搭乘西南航空的机会，而其他的那些乘客则因此获得好心情。

称赞……

直到今天我还一直奇怪，为什么那一百多个没有获得免费机票好处的乘客不但毫不生气，而且仍然能那么兴致勃勃地在候机大厅争论到底谁的照片最难看。面对这样的现象，柏林洪堡大学展开了一个“飞机延误娱乐”的研究项目。

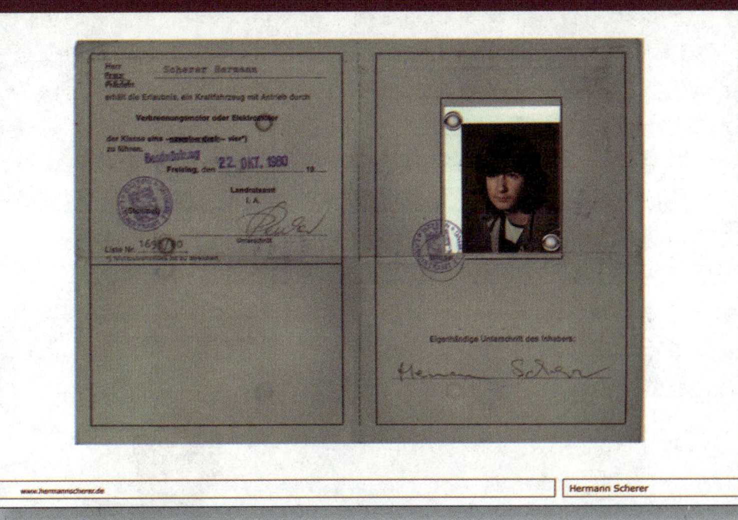

战略方法之二：

一定要独一无二！

请您光临世界上独一无二的米歇尔大米饭商店！ |

“我们来过，我们看过了，我们做过饭了。”米歇尔大米饭商店的店主这样自豪地对大家宣布，因为他的企业经营得非常成功，即使在他那里人们“只能”吃到一种食物，即：米歇尔大米饭。米歇尔大米饭商店提供几十种大米饭的形式，不仅可以堂食还可以外卖。难道人们只有成为纽约人，才有可能获得他那样疯狂的创意灵感吗？

请您光临世界上独一无二的米歇尔大米饭商店！

巧克力，别把它仅仅当作是巧克力…… |

有一家叫作马克思·勃兰登纳尔的巧克力餐馆，这家餐馆也是一家经营成功的独一无二的餐馆。而这家店的分店也遍布全球。不仅是在纽约的百老汇，而且在澳大利亚、新加坡以及以色列人们都可以找到。

巧克力，别把它仅仅当作是巧克力……

成功的创新者

许多获奖者在企业发展的过程中都变成了各自行业中的重头人物，比如冈瑟·费尔曼，他一早就认识到了眼镜行业的潜在危险；再比如瑞安航空的首席执行官迈克尔奥·利瑞，他所提供的低廉价格机票是任何一家航空公司都不能比拟的；或者还比如阿道夫·默克尔通过他的拉缔欧药厂在制药行业上发起的革新，由此他最终成为制药行业的众人争相模仿的对象。“那些在发展策略上具有进攻性的企业对市场的经济发展是作出了巨大贡献的，”《经济周刊》曾这样写道，“就像安装了极其敏锐的接收天线，他们总是知道如何掌握需求与供给的平衡……几乎每一个有攻击力的革新者都能提炼出精华的战略决策，并且能使别人为他们自己企业的良好运转付出代价。”

去他的平庸！哪里满满的都是人，哪里就再没什么可以获得的东西了。

战略方法之三：

制定行业中的价格规则！

从邋遢鬼到名牌产品 |

当纳克索斯古典音乐乐团开始启动的时候，整个行业都不看好他们。它的创建者克劳斯·海曼既不请明星演奏家，也不组织管弦乐队。他们只是录制与出售古典音乐的低价音乐品，而后来风靡世界60多个国家，人们都称纳克索斯古典音乐乐团为“世界最优秀的古典乐团”。

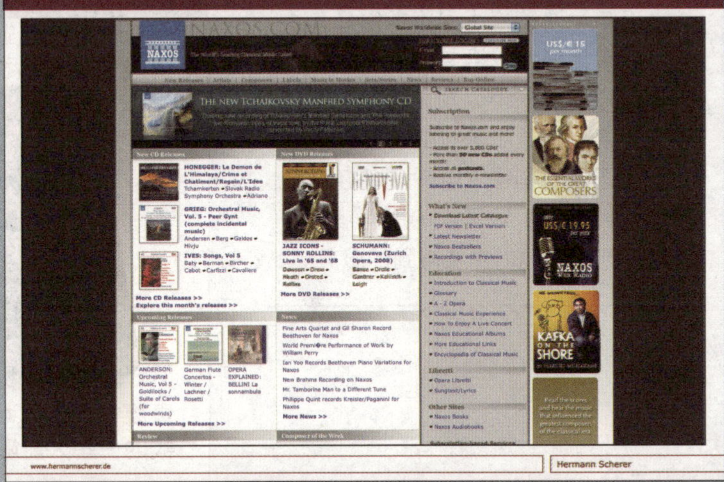

一条艺术牛仔裤到底可以多么便宜…… |

“名牌与廉价”，经济杂志《激情》曾经写过一篇标题为此报道。报道所描写的对象是一个瑞典新兴品牌，叫作廉价星期一的艺术牛仔裤。这个牌子的嬉皮牛仔裤每一条的售价在40～50欧元之间不等，仅是同类产品售价的十分之一。在该公司创建的第一年，他们就售出了8000条，两年之后，他们就已经售出了150万条。

……那么有没有物美价廉的艺术品呢？ |

斯蒂芬妮·哈利希与马克·乌尔里希两个人不顾艺术市场上不成文规定，一起以大多数人可以接受的价格出售艺术照片。他们的经营理念是：“让充满激情的艺术原作以照片的形式与合理的价格让更多的人能够拥有。”这两个人成功的秘诀是：每一件艺术品的照片数量都是有限制的，不过又比先前的惯例多上那么一些。他们的经营战略就是通过薄利多销来保持企业的顺利发展。

而现今从柏林到纽约再到苏黎世，全球已经有12家卢马思艺术画廊开业。

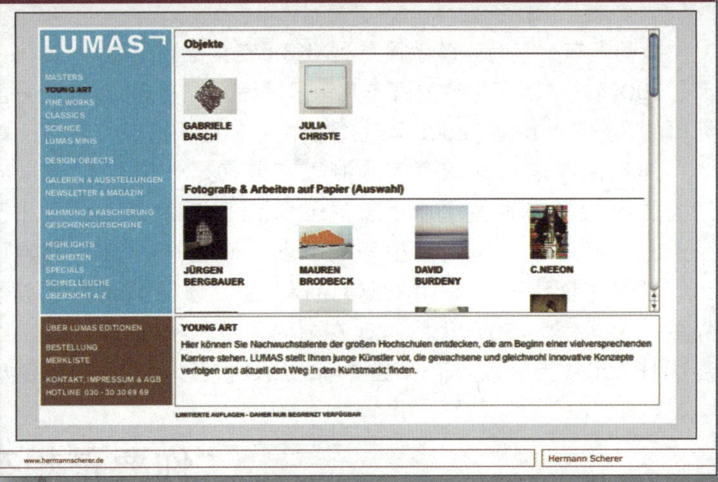

战略方法之四：

让您的产品成为稀缺品！

纯粹的排他性…… ｜

美国运通的黑卡是不能够任由客户自由申请的：只有具有非凡购买能力的客户才能获得公司总裁的亲自邀请，并亲手把这张象征着身份与尊贵的卡片送到他们手上。对于每年四位数的服务费用，该黑卡的所有者几乎能享受到所有他们想要得到的服务。

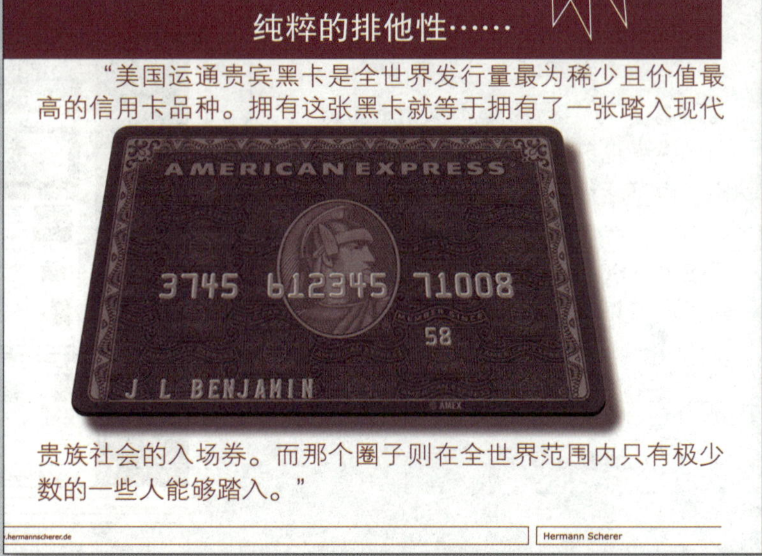

……让客户与其他人相比具有排他的特性 ｜

“并非为每一个人”这是一个纺织品公司为其产品所做的宣传语。他们生产的男士内衣让每一位穿着它的客户具有一种文化气息。不过这家公司的杀手锏是其产品的有限性：每30天才有一种供发烧友收集的新款式推出——公司网站首页的广告语就是“最后一款可能是再也不推出的内衣”。除此以外，公司还为每一款内衣都配上各种各样的故事并且在太空以及深海检验其内衣的舒适度

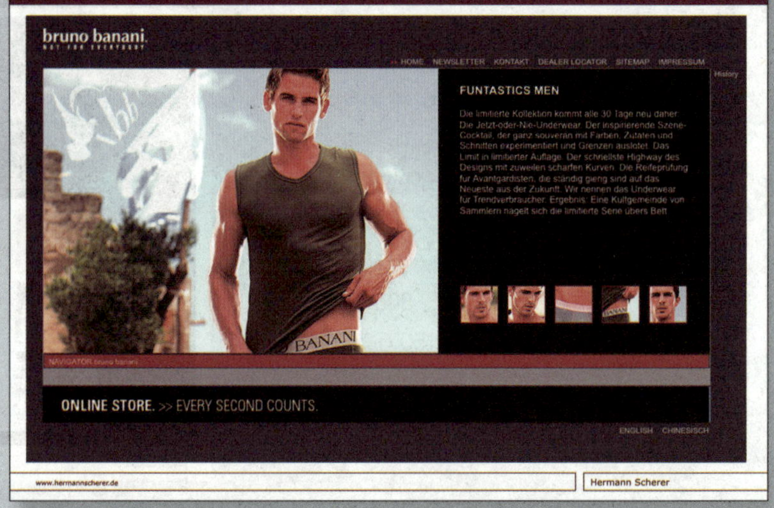

稀缺性是可以行得通的……

捷豹汽车： 其特别款敞篷系列XK3.5在全世界只生产了300辆。“所有生产的汽车几乎只够满足提前递交订单的客户”，n-tv在2008年9月的新闻中如此报道。

沛纳海手表： 这家意大利制表商最初是一家专门为国家战斗潜水员生产手表的公司。他们每年只生产为数不多的一些特别型号的手表，而这样的行为则激起了全球手表迷们的热情追捧。总产量为150只的“鲁米那1950八天”款，在国内售价居然已经高达16900欧元一只；而仅在一年之后，该公司继而推出的“索斯拜”型号的售价则上升到了72800欧元一只。

帕尼尼集藏贴纸： “德国人都在哪里？”《南德日报》在2006年女足世界杯前这样发问。这个问题其实问出了所有球迷贴纸集藏者的心声，因为每个球迷都希望自己的集藏册中能有一张德国球员的贴纸。这样的小手腕连甜食制造商费列罗也一直在使用。您想想，您到底已经多少次因为您的孩子想收集惊喜巧克力蛋里面的集藏小物件而摇晃过（或者购买过）它们？

“你要是想有成效，那么就让你稀缺！”

——古老的销售真理

战略方法之五：

请您讲一个不为人知的故事！

如何将笔记本卖到12欧元一个？

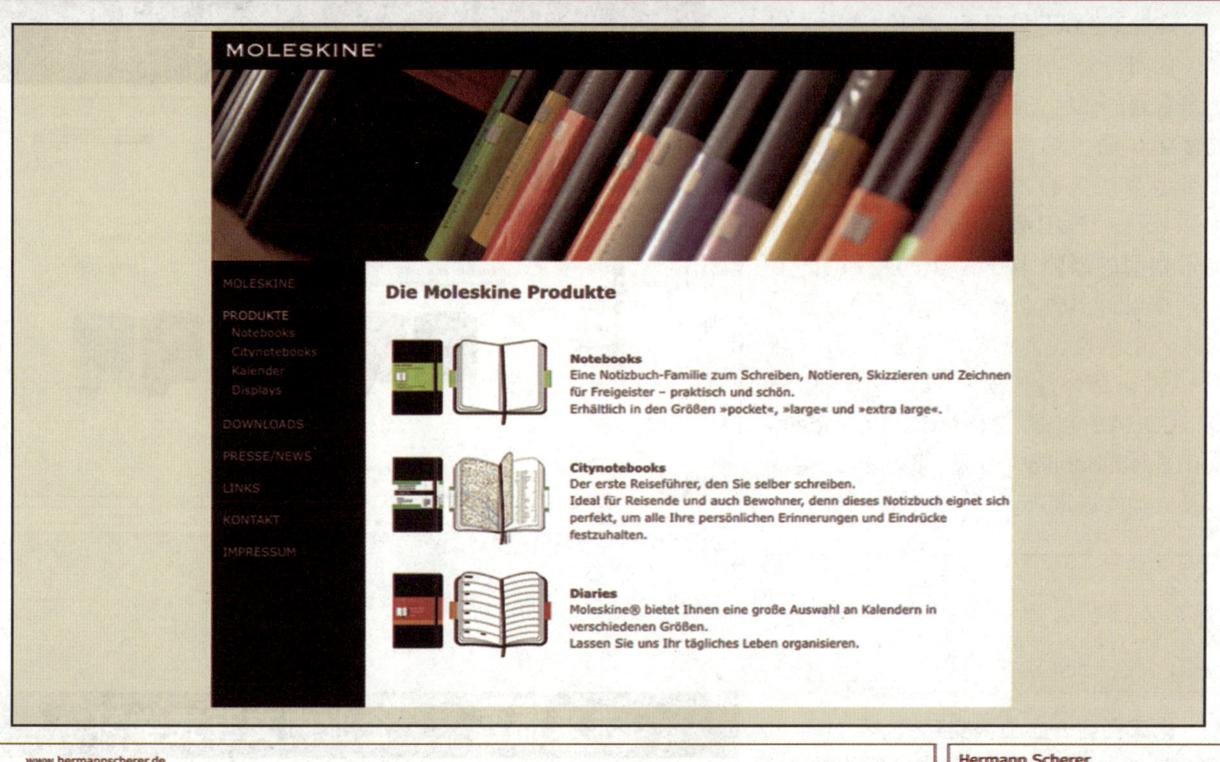

如何将笔记本卖到12欧元一个？|

很多有随时记笔记习惯的艺术家和知识分子都知道这个牌子的笔记本：意大利Modo&Modo公司在被法国公司Moleskin接手以后人们在博物馆的纪念品商店、书店以及艺术设计品商店都可以找到这个牌子的笔记本。为什么人们会愿意为一个几乎没有机会在外人面前显示的笔记本花费超过10欧元呢？这正是因为Moleskin出产的笔记本并非一般硬壳封皮的笔记本，而是作为一种艺术家与知识分子“传奇笔记本”而推出的。从梵高到毕加索，从美国作家海明威到英国作家查特文，众多极具代表性的人物，他们的很多手稿、笔记、构思都是写在Moleskine笔记本上的。旅行作家布鲁斯·查特文甚至将这个笔记本写进了他的小说之中。在他全世界范围销量巨大的小说《梦的轨迹》中曾经描述到他是如何年复一年地为一家巴黎纸业公司所生产的笔记本所痴迷。直到1986年该笔记本在图尔不幸停产。“从此世上再也没有Moleskine笔记本了”，这位巴黎文具制造商以如此充满戏剧性的语调向世界宣布。通常情况下，人们只有在伟大的诗人或者思想家逝世的时候才会这样沉痛宣布。 1998年一个米兰的出版商将这种笔记本赋予了一个有诗意的名字之后又让它成功复活了。具有这样与众不同传统的笔记本，延续着查特文的经历，Moleskine笔记本作为必备之品又开始了它新的旅程。这个故事具有一切生产商所必须的能够留住客户的因素：有名的主人公、具有戏剧性的转变、一位智慧勇敢又富有爱心让传奇得以延续的英雄，当然还有公司与各大艺术家以及博物馆的合作。一个由该公司注册的网络论坛每天的访问量都高达5000次。Moleskine笔记本让人们相信，谁要是不够杰出卓越的话，那么他的思想就不配写在这样传奇的笔记本上……

战略方法之六：

让您的产品变成潮流的引导者！

谁说卫生纸只能是无聊的单一白色？ |

西班牙造纸厂Renova生产的卫生纸不是普通的白色，而是各种各样十分流行的颜色。通过这个创意，他们生产的卫生纸成为顶尖的艺术设计产品。另一家美国公司——创意方法联合公司选择的也是相同的战略路线。他们所生产的清洁剂在设计的理念上兼顾了环保人士的需求，也就是说他们的产品是：设计+环保+卫生。因为他们领导“LOHAS”的潮流。LOHAS 就是“Lifestyles of Health and Sustainability”之意，这是未来生活以及人类发展潮流。

未来播客—企业内交互式学习 |

是谁说的，企业中的进修行为只能是单向发生的？林格纳尔咨询公司是“未来沟通”的专家。这种沟通咨询将企业引导到一个2.0——多层交互式沟通的层面并且让这些沟通的结果能满足企业的需求。我在这里举一个例子：欧宝汽车的销售是以客户为中心的典范，林格纳尔咨询公司的史蒂芬-马格努斯与V-max KG为他们开发了一种可行的交流模式——播客，通过播客这个平台使用者可以实时地沟通。播客是怎么工作的呢？简单来说播客就是一个对话平台。在工作日，客户所发出的信息会直接传递到对应的销售员的手里，而这一分发传递工作都是由电脑程序自动决定的。而反馈功能则是为了每隔一段固定时间统计播客用户们所讨论的问题以及收集大家提出的优秀建议。同时在公司内部则形成了一个有价值的讨论氛围：从上级到下级，从下级到上级——横向、斜向与纵向，多方向的信息流。这种设计的成功之处在于：在测试期结束后，统计表明每一条所发布的广播都有超过94%的用户收听过，还有超过三分之一的用户表示在整个试用的过程中销售量增加了。

未来播客——企业内交互式学习

参与
销售
市场营销
反馈
进修
企业领导
客户
信任
自主组织
LINGNER CONSULTING NEW MEDIA
www.lingner.com
www.hermannscherer.de
Hermann Scherer

战略方法之七：

借鉴其他行业的战略！

律师从花展上学习到的！

餐馆、花店、健身中心，不论任何形式的企业都有他们所特有的经营方法。那么为什么律师事务所或者法律咨询顾问不需要有自己的经营战略决策呢？这个问题是雷吉塔斯法律事务服务中心的创建人提给自己的。

这个由律师联合组织的服务中心不仅提供给那些从事自由职业的律师一个可以群体踏上社会的机会，还为他们提供一个自由的交换经验的场所。还有上文中所提到过的奶牛租借的案例。这个企业的创建人也是看到其他行业的经营行为才想出这个好主意的：既然人们可以租一辆汽车，那么人们为什么不能租赁一头奶牛呢？

派克农贸市场，鲜鱼市场：鱼贩子为您提供精彩的超级秀！

谁要是来西雅图观光，那么绝对不能错过派克农贸市场。这个鲜鱼市场可不是您在生活中常见的那种普通鱼市，而是一个即兴表演的演出场地。那些鱼贩子看起来都是受过专业表演训练的，他们可以拿鱼市的人开玩笑，可以把手里的鱼耍得漫天翻飞，可以大声叫着喊出他们的要求。更多关于这座“世界上最著名的鱼贩剧场”的现场表演信息您可以参阅：www.pikeplacefish.com/webcam.html。

阅读提示：《鱼！》这本描述派克鲜鱼市场的书已经在全世界销售量超过一百万。从这个鱼市上节目表演的效果我们可以借鉴到的是如何在您的企业中激发雇员（个人的）积极性。如果人人都能即使在任务的重压下依旧寻找到自己充满乐趣的“鱼市”，那么拥有一间气氛轻松愉快的办公室将不再是梦想。

您能从那些与您同行企业和其他行业的企业分别学到什么？

战略决策之八：

维护旧的传统！

纯手工制作的夹心巧克力糖 |

“请您与我们一起体验发现纯手工制作、新鲜的夹心巧克力糖的世界吧！您要享受不同寻常的高质量生活吗？这些价格不高的新鲜巧克力夹心糖将带您踏入享受的圣殿。”巧克力夹心糖俱乐部是如此宣传他们的产品的。这家俱乐部是由一位电气工程师与一位企业销售员联合创立的——只有能天马行空思考的人才能像黑马一样横空出世。

在裁缝那里您就像皇帝一般…… |

“不论是晚装还是西装全部都为您量身定做”，多尔茨这家价格高昂的裁缝店通过他们的优质产品以及无可挑剔的服务把自己的分店从汉堡开到了慕尼黑。在这家店里，他们的经营理念也是用旧的传统来制造新的机遇：不是从成衣店买与大多数人“一模一样的成衣”，而是为自己量身定做一身独一无二的衣服。再举另外一个实际中的例子。在其他一些行业中也有用旧传统打开新局面的例子。比如：手工缝制的鞋子、手工制作的首饰、手工烹制的精品美食。“在我们这个年代，手工制作的产品带来文艺复兴的气息”，经济杂志《激情》曾这样写到。

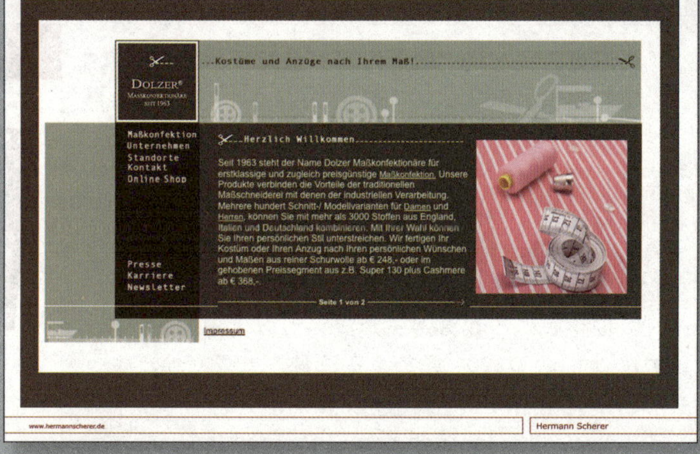

从硬纸板获得的创意灵感 |

“1970年的时候，发生了最后一次手提袋的革命。我认为那是一个彻头彻尾以革新为目的的为提东西人着想的革新。”罗伯特·帕彻尔这样评价。这位奥地利人在2005年创建了全世界第一家也是唯一一家专门以硬纸板为原材料生产手拉小车的公司。这种新型的运输工具主要是针对那些需要在展会上来回运送宣传产品而设计的。他们的客户除了那些大型葡萄酒生产商以外还有Agfa（爱克发·吉华集团，主要业务为印刷科技影像、医疗和材料科技）、ABB（ABB是电力和自动化技术的全球领导厂商）或者科隆国际展会。

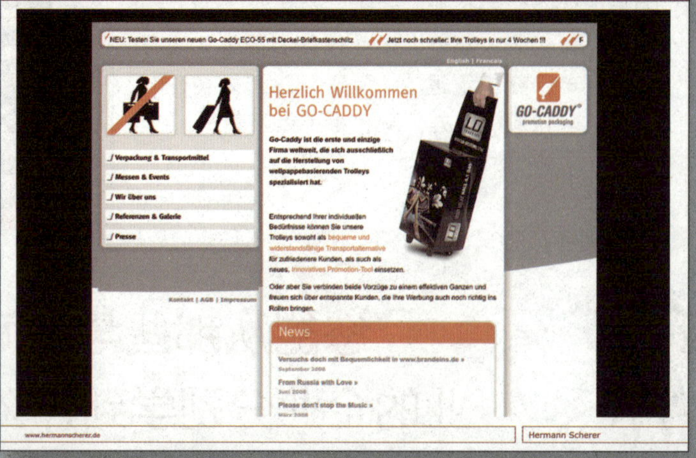

战略决策之九：

创造一切新东西！

有系统地获得新创意（后继步骤之一）

本小节中向您所介绍的所有战略决策论其本质都是根植于创新能力的。创新绝少是灵机一动或者是在毫无准备的情况下突如其来的。一个非常好的，有组织、有计划创新的例子便是位于斯图加特的世界著名企业——博世。他们生产的汽车配件排位世界第一，他们生产的建筑工具排位世界第二。从可以灵活运动的机械手臂到第一次可以实现系列更新换代的ABS系统，博世公司以其不计其数的大量新发明而获得大量利润，最终使自己成为斯瓦比亚最有钱的企业。科学专业记者哈拉德·维纶布洛克通过研究得出并非仅仅适合大型企业的结论。下面是他所总结出的规律：

1. 系统化

博世公司拥有一个“点子仓库”，那里有1300名点子创意工作人员。他们被允许提出短期内可以实现的创新点子。请您不断地开发新点子，并将其继续发展。

2. 可持续性

博世公司能够耐心等待创新人员的实验。您的第一个创新就能立即在生产实践中获得成功。

3. 实用主义

博世公司只跟踪那些能为他们带来实际收益的创新。请您一定要不断地询问自己，您的计划是否能为您带来更多的客户。

4.勇气

博世公司敢于冒险，他们不惧怕尝试那些在实践前期没有成功保障的创新。没有冒险就没有乐趣。

5. 想象力

博世公司让不同部门的员工一起参加讨论会，为他们制造共同创造不可思议的新创意的机会。请您给那些必将随着创新所产生的混乱一个有固定的空间。

6. 幸运

博世公司跟踪实验大量的创新一有很多时候，正确的创新便出现在正确的时间。防抱死刹车—ABS系统便是从一个边缘性技术一跃成为最新的汽车保险标准的—那头不幸的被“测试的麋鹿”出现得是多么及时。熟能生巧。您越是能积极实践您的新创意，您就越是能掌握抓住正确时机的能力，要掌握抓住偶然事件的能力。

7. 结果

博世公司拥有一位乐于并且勇于创新的革新经理（定量分配资源，营造积极面对失败的企业文化，其主要任务是创新专家）。几乎全公司8%的利润都投入到研究与开发之中。新创意需要自由的环境以及资金的支持。

有系统地获得新创意（后继步骤之二）

创新这项企业行为是包含着几个必不可少的因素的——勇气、专业能力、持久性——这些我们已经在前一页中做了一定的介绍了。在这里我们必须要感谢为我们开发了如何更有效地发展新创意方法、20世纪非常有创建的瑞士天体物理学家弗里茨·茨威奇，以及他以形态学理论为基础所设计的立方体模型。这个模型将人们遇到的问题拆分成许多微小的单一因素，并为每一个微小的单一因素罗列可能的解决方法。以此为辅助手法，通过我们将立方体上不同的“抽屉”拉开的方式（具体方法请参考下文的详述），我们可以系统地检查以不同组合形式出现问题的可能性。一个简单的矩阵也可以在两维空间内分析问题。

形态学结构组合方块

参变量“材料”
金属
PVC
玻璃
硬纸板
参变量“大小”
非常大
大
中等
小
可供选择的解决方案：
大、正方体、PVC
参变量“形状”
圆柱体
硬纸板
正方体
球体

www.hermannscherer.de
Hermann Scherer

形态学结构组合方块 |
请您想象一下，在您的面前有一个巨大的聚氯乙烯立方体，而它能帮助您思考产品组合的可能性。对于一个产品非常重要的基本参数分别为：“材料”、“大小”以及“形状”。对于每一个参量都有不同的组合数据可供参考：对于形状来说有：圆柱形、四方形或者球形；对于材料来说则有：玻璃、金属或者硬纸板。其中很多的组合可能都会由于各种各样的因素（比如：费用、技术等）被自然否决掉了；与此同时，人们可以将注意力更加专注到另外一些组合可能性上。而这些可能性中的某一些可能在没有形态学结构组合方块的帮助下，是不容易被想到的。

形态学方阵

	某联合会年度会议计划							日期：	页数：
参数（什么？）	解决办法（如何？）								
会议主题	信任的文化	决策方法	更换领导	危机时期的领导能力	处理矛盾的能力	客户网络	自我管理能力	知识管理	网络学习
活动的形式	传统报告式	国际咖啡厅	会议加后续讨论	讨论平台	鱼缸式讨论	露天场地	活动	全球化，跨国主义和治理的结构	
会议活动月份	一月	二月	五月	六月	九月	十月	十一月		
会议活动地点	德累斯顿	柏林	慕尼黑	汉堡	汉诺威	科隆	魏玛	哈梅恩	雷根斯堡
会议场所	会议酒店	高校	公司内部进修场所	体育学校	工会组织	会议中心	协会	青少年业余活动中心	
所提供的服务	信息中心	书籍展览桌	参会人员须知	交流可能性	商务中心	放松场地	与会公司的报告	大型投影屏幕	食品质量
与会人员得到的服务质量	会议场所	附近的旅馆设施	食品服务	无服务					
开幕致辞	协会主席	组织	历任退休主席	手工业协会主席	州长	科学家	大学校长	市长	上级联合会
基本安排计划	城市观光	参观博物馆	乘坐观光火车	艺术之夜	乘汽车环城旅行	看小剧场戏剧	舞蹈之夜	听音乐会	网上学习

www.hermannscherer.de
Hermann Scherer

形态学方阵 |
这种矩阵方式是将参数与解决的可能性放在一个两维的表格中横纵联合考虑其组合的可能性。这里的例子便是如何一个组织会议活动。在这里，组织者需要决定的是：会议的主题、活动的形式、举办地点，等等细节。当收集了所有的建议以后，组织者便可以一目了然地评价各种可能性的优劣之处，并且能找到一个系统而有条理的解决方法——正如在例子中所显示的：一个在柏林的露天场地举办的关于“危机时期的领导能力”的会议。

“创造力就是从混乱中找到出路的能力。”

——从事机械工程相关业务的跨国公司福伊特主席海尔穆特·阔尔曼。（福伊特公司在全世界拥有三万四千名员工，以及平均每年高达四百项，至今总共一万项的发明专利。）

战略决策之十：

个性化！

专为葡萄干迷所制造！

“在互联网上，用户们早已实现自己订购所需内容——但是这并不包括他们的早餐内容。”三个来自帕绍的德国大学生这样抱怨，由此，他们创建了“我的燕麦片”这家网店。仅仅在两个星期之后，他们的第一批产品就销售一空。客户可以从他们网店里所提供的56600不同种类的燕麦片组合中选出自己想要尝试的购买决定。这个充满想象力的团队获得德国金融时报当年所颁发的“最优秀创建人奖”、联邦德国经济部所颁发的“多媒体企业创建人奖”，并且被选为明星企业，电视上全都是他们的广告。第二年他们的小商店就在以“急速膨胀”的趋势占领整个欧洲市场。

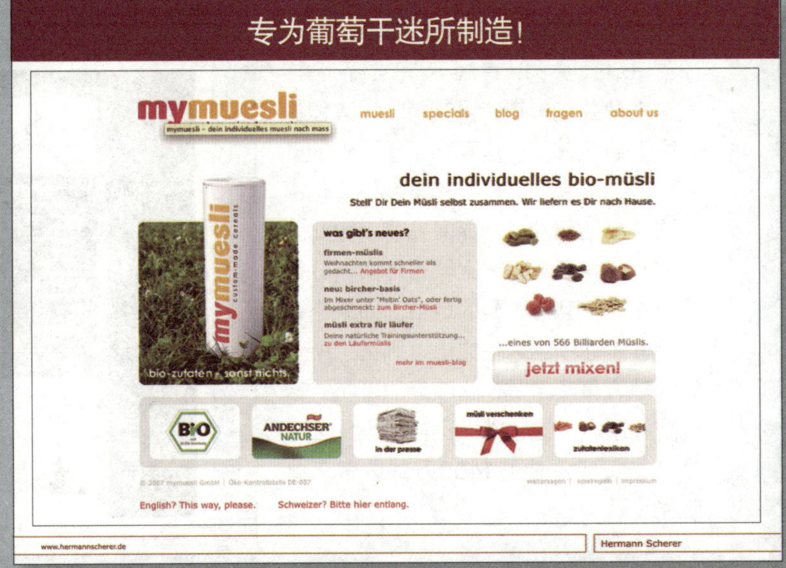

您想要家庭式祖传名牌吗？

“制造属于您自己的啤酒、葡萄酒或者水”——如果您是布莱乌托皮亚公司的客户那就完全不成问题。布莱乌托皮亚是一家美国饮料供应商：人们可以用几分钟的时间在网上订购所需的饮料并且自己设计喜欢的商标图案，而这一系列服务不但完全没有最少订购量或者必须要支付的费用，而且还包含“100%现金返还保证”。

定制

人们把商家将某一系列产品按照客户本人不同的要求分别生产的行为称为定制。这一服务行为在汽车制造业或者软件制造业已经非常普遍了。不过像上文所提及的麦片制造与饮料设计不仅还没有同行业中第二家公司与他们争雄，而且在其他行业领域也还没有类似的案例。在我们现在这个越来越多产品批量生产的时代中，个性化的需要也在随之增加。

对此您能作出何种应对呢？

战略决策之十一：

提供多种多样的场所！

一家拥有特别氛围的书店！

书籍也可以看起来完全不一样呢！在荷兰的马斯特里赫特市，人们将一家书店建在了一座有八百年历史的多米尼卡纳教堂中。马斯特里赫特市也由于这座书店教堂而世界闻名了。除此之外还有一家酒店与一家城市档案馆分别建造在完全意想不到的地方。如果您在克鲁舍尔恩酒店入住的话，那么您所下榻的地方事实上是一座废弃的哥特式修道院。所以，这也就怪不得，为什么这座城市每年都能有1400万的游客来此观光了。

一家拥有特别氛围的书店

"创意其实在最开始！

在一个能容得下想象与创造的地方"，七号机库的运营商在萨尔斯堡飞机场这样讲道。除了一家艺术品展览中心（HangArt）和一家咖啡店，这里还有一家叫作伊卡璐斯的餐馆。除了埃卡德·维茨格曼以外，这家餐馆每个月都会有一位国际知名的厨师来担任客座主厨。

创意其实在最开始

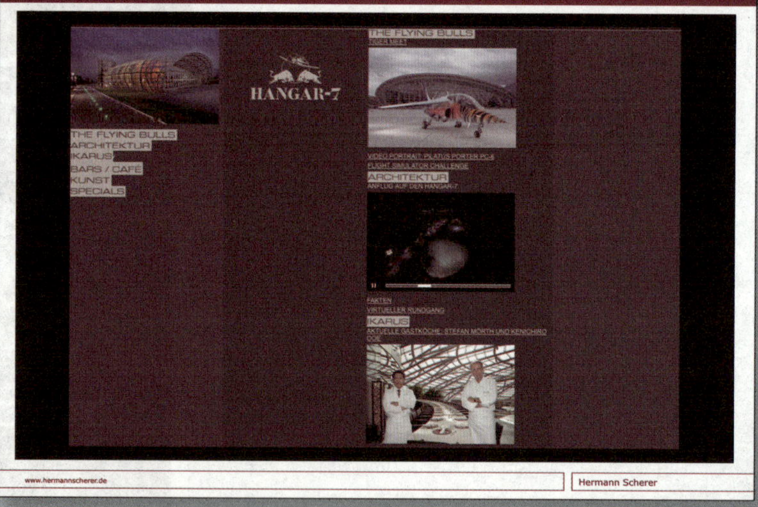

您想要一个适合自己的战略决策？请您参考下面几点来评估您的下一个实践：创意是否足够新颖，是否能凭借该创意为您开创新的市场领域，这个创意还有再继续发展的潜力吗？我对您创意的发展十分感兴趣，请您给我写信讲述您的非凡经历吧：H.Scherer@hermannscherer.de

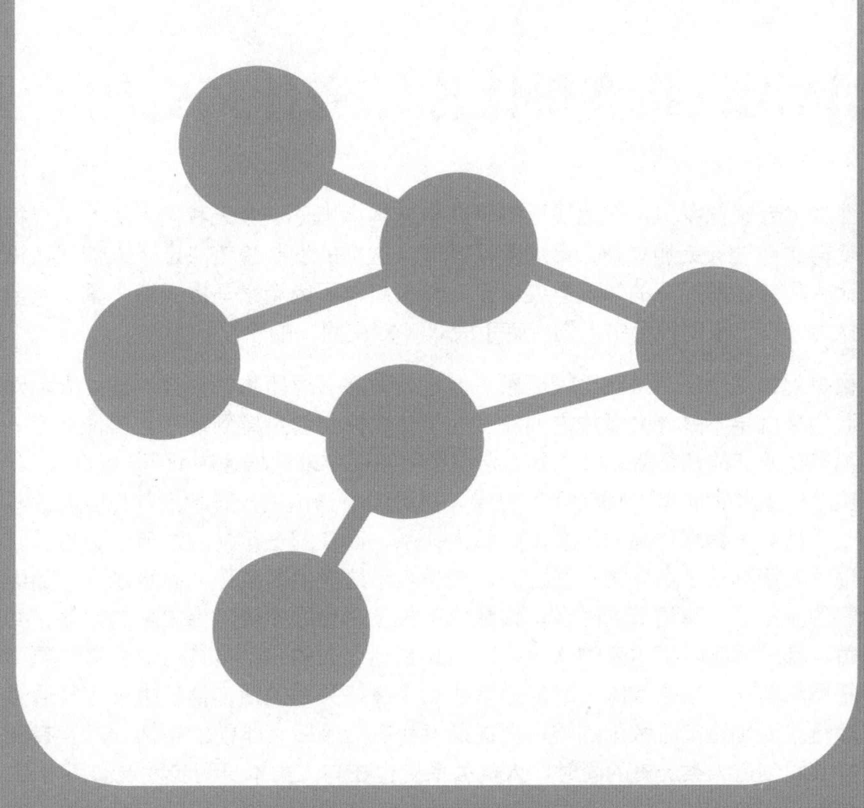

第八章

建立关系网

人脉是通向成功的必然之路

“你认识谁将变得比你知道什么更加重要。”

企业咨询专家德罗伊特在他最近的研究中这样指出——今天我们生活的世界每天都在变得比前一天更加复杂、更加盘根错节。这样的发展趋势决定了人们所认识的人要比人们自己所拥有的知识重要得多。未来趋势研究专家马提亚斯·霍尔克斯也这样认为：在未来的社会中人们生存手段是“社交网”的建立。

上面提到的这个观点虽然比较新颖，但是就像您心里所想的一样，建立人际网络对于我们来说早不是什么爆炸性的新发现了。也许您曾经感到疑惑，为什么每一年的慕尼黑啤酒节的开幕剪彩仪式都固定在授腾哈梅尔家的帐篷中举行？

事实上答案非常简单：1950年的时候，机灵的小酒馆主授腾哈梅尔与当时的慕尼黑市长托马斯·魏默尔建立了亲密的私人关系，而在那一年的啤酒节上，市长就亲自来他的帐篷拜访了。一番品尝之后，市长表示这里的酒菜是他有生以来所品尝过的最好的。第二年啤酒节的时候，魏默尔市长又来光顾授腾哈梅尔家的帐篷，并表示说每年都来授腾哈梅尔家的帐篷品尝酒菜是他个人的一个传统习惯。当年要不是冯·托恩与塔克西斯家族跟当时的皇室建立了良好关系的话，他们也不可能通过垄断邮政行业而创造富可敌国的神话。这是发生在距今四百年前的事情。其实在亚当与夏娃共同创造人类历史的同时，人类关系史也在与人类本身同步发展。

据估计，在今天的美国，至少有70%的人的工作是通过熟人介绍而获得的。在德国也是同样的局面，因为又有谁愿意花费大量的时间和金钱为某一职位合适的人选而阅读数以万计的简历呢？所以说：通过熟人介绍而获得机会的成功率要远远高于凭借个人本领而争取得来的。

我们每个人都或多或少有一些人际关系网。科学家们曾经做过统计，每个德国人通过他们的熟人关系网平均都能与1900个人建立联系——这张网中所包括的人从街角面包店的店员到前同事再到一起打高尔夫的俱乐部成员。我们面临的问题是，我们如何才能有目的地将这些人际关系在企业日常经营中合理地维护并有效地利用。每当两个供应商在价格、产品质量以及服务各个方面极为相似的时候，人际关系将成为谁最终能成为中选的那一个——也许是在一个企业联合会的成员，也许是某位经营伙伴的推荐，也许是在某次会议中与其交谈过的人。

您在为您的企业寻找建筑队、税务咨询或者法律顾问吗？您是更愿意在电话号码簿上查找他们的联系方式呢，还是更愿意通过熟人获得更可靠的信息呢？

就像大家都说的那样：关系网只会伤害那些不拥有它的人。不过我们书中所指的关系网是那种与整个企业运作系统所建立的，不是为了个人利益或者霸王营销而建立的一心求私利的关系网。我们所说的关系网是一种双赢的企业间的合作关系。就像您所看到的，打开任何一个网页就可以发现无数新的可能性。当然建立关系网的核心关键还是每个人的个人兴趣与关系发展所带来的潜在发展趋势：到底是做一个网页或者建立一个公众号更能吸引客户的青睐还是受到市长本人的推荐更能得到客户的信任呢？

为什么需要建立人际关系网络？

简单地说是为了与别人建立联系……

……带来源源不断的合作意向

+减少风险

+建立新的合作

+平衡个人财政赤字

+保留工作职位

+帮助招募（顶级）人才

+弥补自己企业产品与服务的缺陷

=增强自己企业在市场中的竞争力，同时保障企业在市场中的生存

在企业的日常运营中，人际关系网的建立既可以推动企业发展又可以广泛交友。不过不论怎样都是为了相互借别人的一臂之力，以及在日后能有机会取得双赢的结果。您会在本书中看到企业间的人际关系网并不是我们通常偏见中所认为的那样是为了一己之私利，通过本书，读者将会以科学的视角了解到人际关系网的作用。

“一位经理人最终能走多远也在于他的人际关系网有多大——只是几乎没有人愿意承认这一点。”

——《职业经理人杂志》

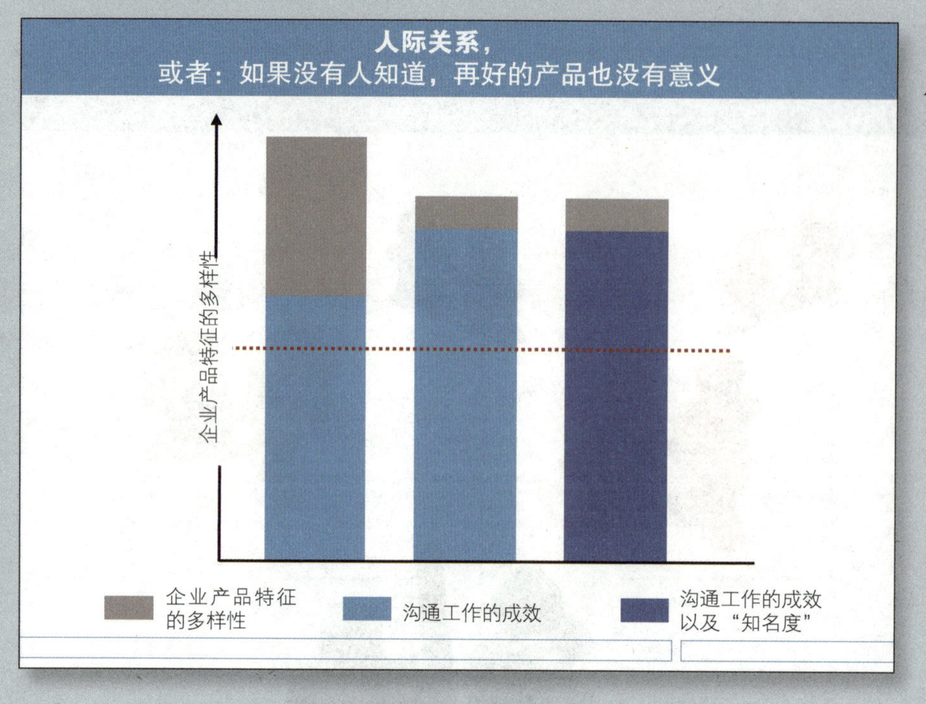

人际关系，或者：如果没有人知道，再好的产品也没有意义 |

您是否也曾为这样的结果而惊讶：一个所提供的产品并不如您企业所提供的竞争者反而将您取而代之，获得了您也想得到的重要合同？

其实很可能这只是因为您的竞争者比您拥有更好的人际关系网络。常常是人际关系网络或者是某些关键人物的亲自推荐在各种竞争中起到了至关重要的作用，而企业产品自身的多种特性只是其次的考虑因素。在左边的图中您可以看到，产品C在三种产品中被最多的人所接受，获得了最多的销售合同，即使产品A在这三者中的客观质量“更好”。

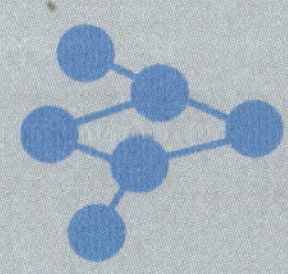

您的人际关系网有多大？您都认识什么人？哦，最关键的是：都有什么人认识您？

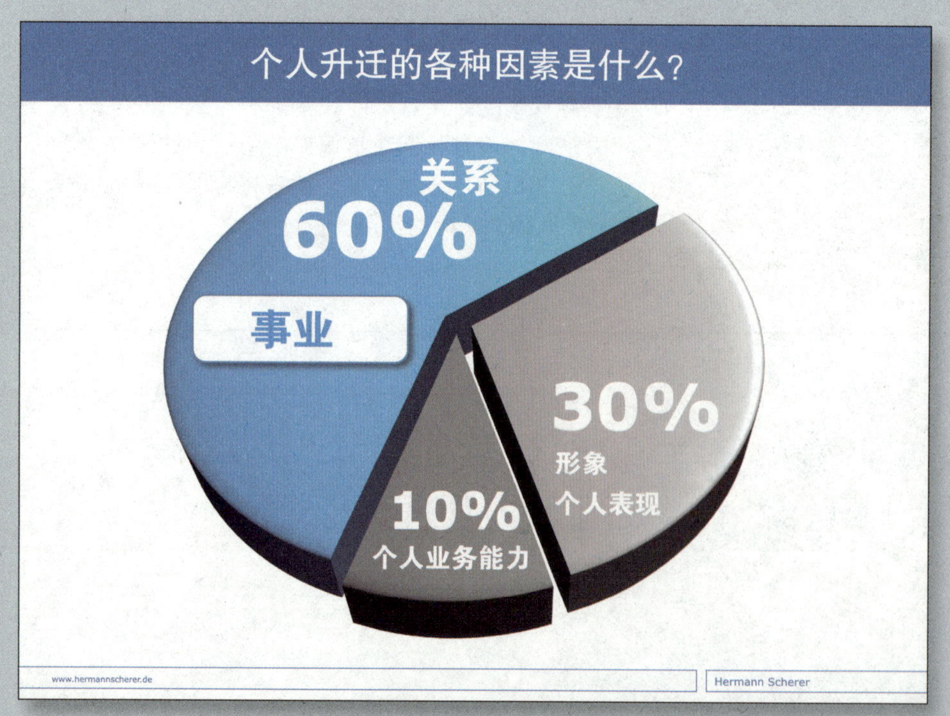

图片来源：IBM公司

个人升迁的各种因素是什么？ |

关于这个问题IBM的企业领导们已经追问了很多年。从调查结果来看，个人专业知识能力在事业成功的全部因素中只占10%。一个有效的自我包装与自我营销要比专业知识能力更重要些，占全部因素的30%。而所有因素中最为重要的，影响力最大的（占所有因素的60%）则是关系。就像本章开篇时即提到的：“你知道什么并不重要，关键的是你认识谁……”

社交网络的几何增长——一个巨大的人际关系网络 I

您有兴趣跟我们一起做个小实验吗？如果有的话，那么请您拿一张A4大小的白纸来，再把它反复折叠50次。也许您会在折第七次的时候就放弃，因为那个时候您所需要折叠纸张的厚度是128张叠放在一起的纸。想要折叠如此厚的纸张可是得需要有非常大的力气。在第八次折叠的时候，您需要一次折256张叠放在一起的纸。理论上，一直折下去的话，就会呈现几何级数增加。在人际关系网络建立上，能与您建立联系的人数也是与此相似可以呈几何级数增长的。正是由于这个原因我才会说“社交网络的几何增长”。“世界真小”这样的印象的确是一件让人不可思议的事情——请见下文！

社交网络的循序渐进——一个巨大的人际关系网络

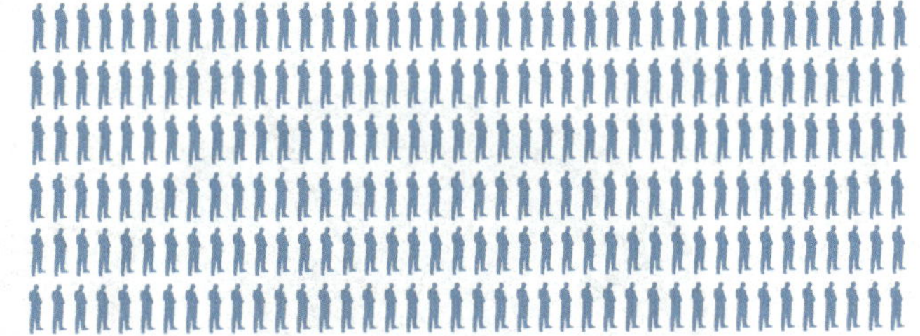

世界人口纯增长：世界上的人口每年的平均增长量保持在八千万左右。

www.hermannscherer.de　Hermann Scherer

您认识他吗?

www.hermannscherer.de　Hermann Scherer

您认识他吗？ I

这是非常可能的事情，虽然可能要通过几个中间人。因为我们生活的这个世界确实十分小：每一个人只需要通过最多六个人就能认识其他所有的人。这个实验是一位美国的社会学家发起的，而通过电子邮件参与实验的61168人分别来自166个国家。通过这个方法在美国纽约的哥伦比亚大学教授度坎·J.瓦特斯终于证明了早已在社会学领域存在了60多年的“世界真小”的假设，并且还得出了具体的数据。另外一位社会心理学家斯坦利·米尔格兰姆在稍晚一些的时候用他的研究成果补充更加令人震惊的数据：地球上的每两个人都能最多通过六个人而相识。

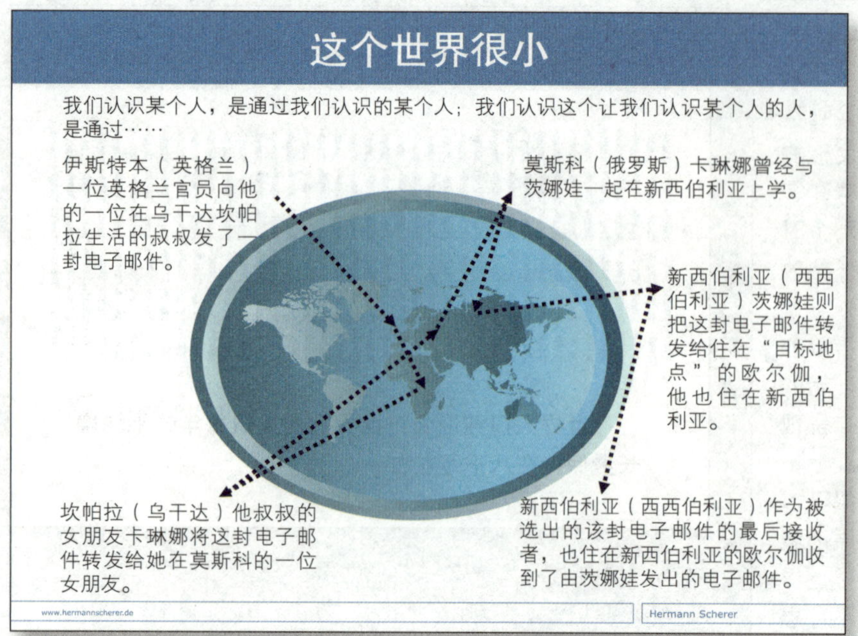

这个世界很小 Ⅰ

度坎·J.瓦特斯所设计的新实验是请所有参加者将一封电子邮件在熟人中尽可能地转发，直到它被18个接收人收到，并经过13个不同的国家。所有接收人的个人信息（比如：姓名、职业、家庭住址）是公开的。从左边的图中箭头所表示的路径上，您可以看到一个身处英格兰的公务员是如何通过熟人的熟人与一位身处西西伯利亚的新西伯利亚居民取得联系的。

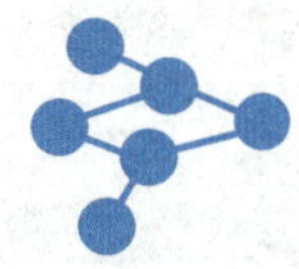

您该如何使用互联网来查找呢？

网络中的网络

互联网中的“XING”网站是目前在欧洲成长速度最快的网站。在2008年底，这家著名的企业网站已经有600万的注册用户了。这些用户又在世界范围内自行分散成19000个以不同职业为依据的专家小组。我敢和您打赌，您所从事的职业在“XING”网站上一定已经有建立好的专家小组了，只要您也加入，那么您就会获得许多您专业领域中有价值的联系方式了。很长时间以来“XING”网站都被各行业内的专业人士们当作联络资源查找数据库来应用——不仅仅是个大公司企业的人力资源部门或者是职业猎头，而是业内人士的招聘工具。下面让我来为您举三个有关的例子：

1. 一个依据不同行业划分而成的大型的公司企业“XING”数据库建立后，任何一家企业都可以通过该网站筛选所有该行业中的企业领导人。除此以外，他们还可以随时了解到该圈子中的注册用户随时更新的信息以及新近加入的成员。人们可以通过简单随意的“欢迎您的加入”或者“我们真高兴您也加入我们了”来建立他们与别人的第一个联系。矛盾的是，很多在“XING”网站上互相认识的人之间的关系也不会比那些在街上散步时认识的人或者是一起在大学中上大课时认识的人关系更加紧密。这样的网站与我们现实中社交网络的运作原理是一样的（据估计，类似于此的社交网站有大约5999999个……）

2. 新改革的企业管理学校圣伽伦学习开始提供职业经理人课程。人们在那里读一个MBA课程需要缴纳将近3万欧元的学费，但是读一个职业经理人课程则需要缴纳超过5千欧元的学费。在课程毕业之后，60%以上的学员都会在“XING”网站上注册，参加该课程的“毕业生社交圈”，在这个圈子里，他们会收到各期学员们的消息。

3. 一家舞蹈学校的经营者在我的一次报告之后这样对我说：“谢尔勒先生，B2B的经营模式有它不可替代的长处。但是如果我想在一家舞蹈学校中开设多种课程的话，那么这种模式对于我来说却没有任何帮助作用。”接下来我和他一起在“XING”网站上做了一番查找工作，谁在曼海姆居住，并且爱好跳舞。在通过鼠标的几次点击之后，这位听我演讲的舞蹈学校经营者卖出了90个舞蹈课程——这可是在几分钟的时间内就搞定了他往后三个月的收入啊。

www.xing.com

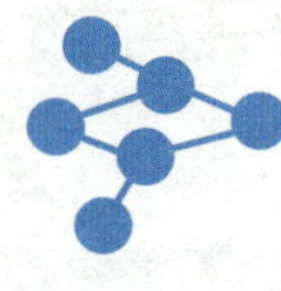

您可以加入并应用哪些网络上的人际关系网？

用XING沟通，更无障碍 | 谁与谁相识（一个交友网站）上形成的网络伙伴关系和交际网络已经被事实证明对实际的商业活动是有推动作用的。

网聚世界 | 随着职场交际网站的数量不断增多，不同软件使用体验上的差异也越发明显了，举三个例子：在XING上你可以随意注册登录；linkedin就需要有人推荐，你才能注册使用；而spock网站则会在注册成功前收集一大堆你的个人资料，这难免让有些人觉得不太舒服。

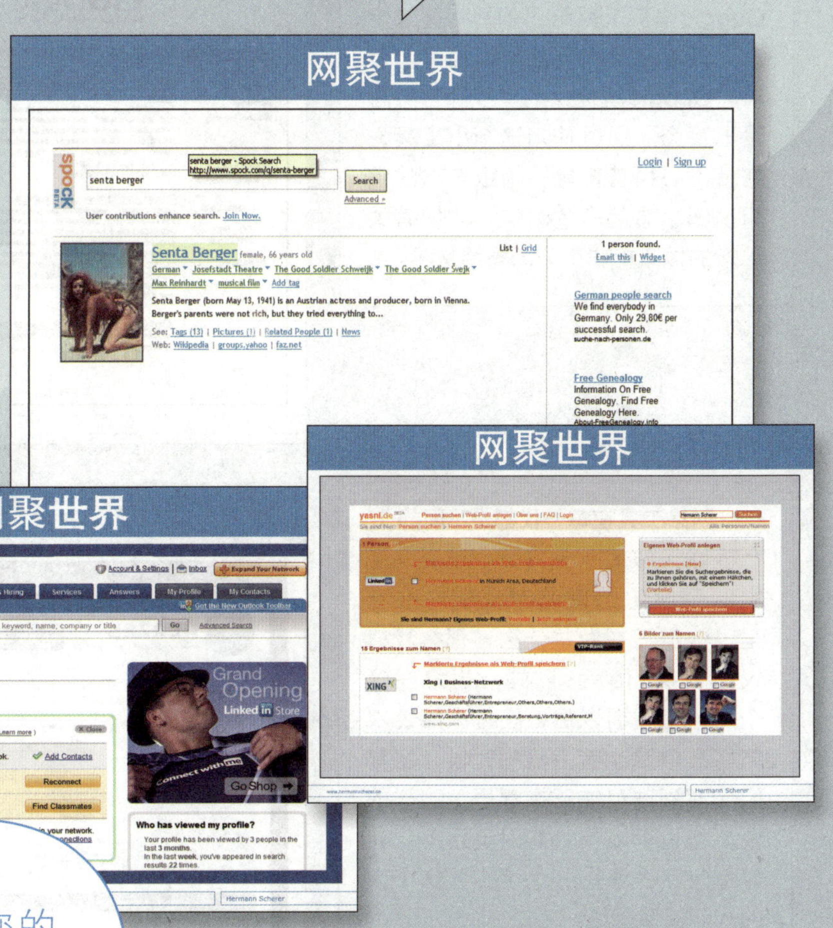

请将我加入您的联系人名单

世界上最优秀的间谍 I

——而且还是免费的。您知道Google快讯功能吗？它能向您发送您需要的最新实时消息。这个操作简便的小工具能在第一时间向您发送您所定制的信息，不论是关于您的竞争对手、企业客户还是合作伙伴。您只需在网络上给出查找关键词——比如竞争对手的企业名称——那么，只要这要这家企业的名字在互联网上任何一个地方被提及，那么您就能立即在您的电子邮箱中收到这条报道。当然这个快讯功能也不会忽略您企业的名字，只要有任何媒体在网络上报道您的消息。

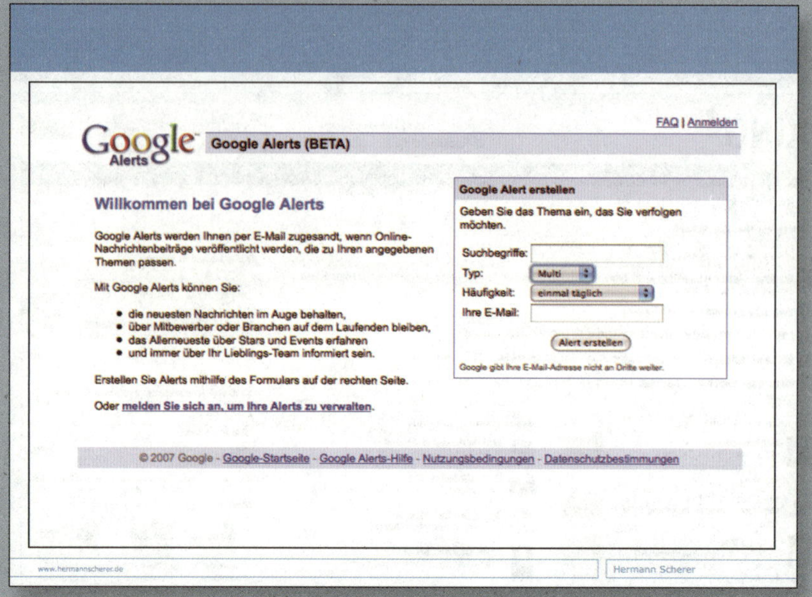

有目的地了解最新情况 I

Google还提供有另外一项查找功能——即，人们可以通过Google网页上所给出的严格筛选定义，订阅自己需要的新闻报道。目前，Google所提供的查找源已经超过七百个。通过使用这个小工具，您就不必再苦苦等待报纸杂志的编辑在偶尔想起来的时候，才把有关于您的报道剪辑下来邮寄给您了。

网络工具在每一代都是不同的 I

昨天您们才见过面。谁要是想实时了解您的联络对象现在在哪里，他们正在做些什么，那么我建议您使用Plazes网站。当您在这个网站上注册以后，在未来每一次您打开电脑或者手机的时候，您都能了解到谁现在正在哪里。这样的话，您也可以更加实时灵活（“让好运气尽在掌握”）地完善您个人的人际关系网络。

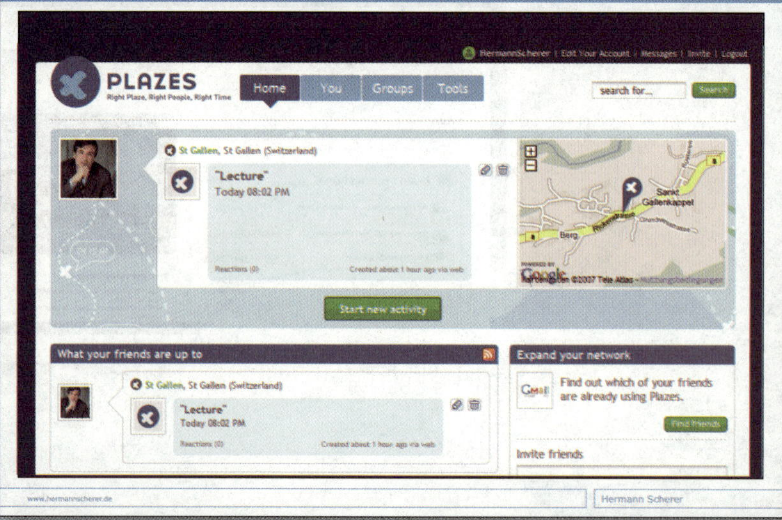

与他人建立联系需要有创造性

谁要是能灵活地运用互联网，那么他就能比别人获得更多的信息，并且也可以巧妙地与他人建立联系。比如说：您需要联系的人是一个非常喜爱打高尔夫球的人。而这个消息是您从他在某个网页上填写的资料中获得的。这条信息就是您可以善加利用的关键信息。您可以每周都想一个办法送给他一个高尔夫球。我向您保证，不用很长的时间，这个高尔夫球爱好者就会自己找您来询问送给他礼物的原因了。除此以外我们还有其他的方法也能帮助您达到相同的效果。详情请见下面的例子：

不必害怕体型巨大的动物

你是怎么变成CEO的？这个问题是一个科隆的女中学毕业生提给德国的63位企业领导者的问题。其中有35位给她写了回信，这其中的绝大多数人甚至是亲自提笔写的，极少数是请他们的助理或者是宣传部门的工作人员代笔。从各位老总的回信中，这位女学生得到了多家公司的实习邀请。法兰克福证券公司的老总甚至邀请她到他的公司来，并表达了希望可以认识她本人的愿望。保时捷汽车的老总韦德金送给了她一辆保时捷汽车的模型，别看虽然只是模型，但是却表达了老总对她的认可。通过这个故事我要向您说的是，一位18岁的孩子就是这样与超过30位的顶级公司企业的老总建立了联系。

这位女学生所收到回信中的两封：

迪特·阿姆尔，奇宝咖啡CEO：“作为一名经理人，必须要会倾听，还要具备决断力。当然这还包括要有勇气尝试新的、未知的路径。最重要的是人们必须要真的有兴趣做这些事情，并且保持对其他人的尊重。人们并不能计划一个持续上升的事业。人们只能在正确的时间，正确的地点遇到正确的人。而我恰恰多拥有了几次这样的幸运。”

迪特·尼尔施，途易集团人力资源总经理：“不论在什么时候，接受扎实的教育培训是必不可少的。这当然不一定非得是大学教育，但是必须是能够开发你全局思维以及分析能力的教育。除此以外还要有良好的社交能力、宽容度、可以使人信服的能力、坚持贯彻决定的能力以及对各种文化的接纳能力和强大的表达能力。”

尊敬的贝尔诺塔特先生：

我是一位住在科隆的18岁女孩。我的理想是将来可以成为一名职业经理人。虽然我现在才刚刚中学毕业，但是我觉得在以后的职业生涯中如果可以承担许多责任以及有做决定的权力将是一件非常有意思的事情。比如我的父亲就是一位医院的主任医师，当然他的工作职责除了治病救人以外还包括许多领导性的事物。

我还在RTL电视台的领导部门有过一次实习经历，当然由于这个经历更加坚定了我对实现自己愿望以及设想的信念。所以我想，也许您能给我一些有意思的建议，关于一个优秀的职业经理人应该具有的素质与能力。

如果您能花上一点儿时间来回答我下面提出的问题，我将不胜感激：

一个优秀的职业经理人应该具有什么样的素质与能力？

我该怎样做才能为将来从事这项工作做出最好的准备？

为了成为一名优秀的CEO，我必须学习什么知识，阅读什么书籍？

有没有一件什么事情是在您成为职业经理人或者获得今天的位置必须完成的？如果有的话，是什么事情？您当年是如何看到这件事情的重要性的呢？

如果您能给我一些建议的话，我将非常非常地感谢。

再一次非常感谢您能够抽出您宝贵的时间回答我的问题，您一定有很多事情需要完成。

此致

敬礼

阿丽萨·米夏艾拉·寇克斯

信息来源：《经济周刊》，2004年9月23日第40期

小对话研究

斯坦福商学院曾经做过一个有趣的调查，他们统计了所有从该校毕业的学员在通过学校考试的十年后各自处在什么样的位置。调查结果明确显示：最终考试成绩完全不能作为这些学员日后是否能够成功的衡量尺度。而决定成功的因素反而是他们是否能够与他人展开对话的能力。与他人展开小对话的能力，也即通过一个“日常的小话题”，将两个人的对话自然引入到他们实际对话的目的。有关于此的书您可以阅读黛伯拉·范所写的《开展小对话的精巧艺术》。

为您的人际关系网做一次盘点！

- 我已经认识谁了？（心智图）
- 我还想认识谁？为什么？
- 谁能有效地充实我的人际关系网络？
- 我能为这些人做什么正确的事情？
- 我能提供给我潜在的人际关系网络中的成员们什么他们需要的东西？
- 这些人能为我做什么事情？
- 我能（在哪里以及）如何结识这些人？或者：谁能认识这些人？

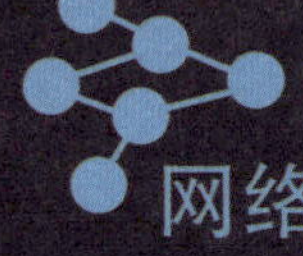

哪些现实中的人际关系网络是您能够利用的？

人际关系网络建立的十三黄金定律：

1）请您首先找出哪些人应该被您网罗到您的关系网中。
2）请您尽早与他们取得联系。
3）请您尽量多地随身携带自己的名片。
4）请培养您自己一些恰当的爱好。
5）请您尽量多地记住人名，并在日常生活中运用它们。
6）请您不要在与别人的谈话中抽烟、喝酒水以及吃东西。
7）请您不要将时间浪费在对您不感兴趣或者您对其不感兴趣的人身上。
8）请您保持活力四射、积极乐观的形象。
9）请您在聚会开始或者结束的时候尽量站在进出口的附近。
10）请您将三分之二的交流时间留给那些您不认识的人。
11）请您在对您的对话伙伴作出判断之前更多地客观了解他的情况。
12）请您为自己准备一份优秀的宣传材料，但是不要在这上面做过度营销。
13）请您立即在您收到的名片背面写下对方的重要信息。

您应该说些什么……

1）名字
2）公司
3）职位
4）责任范围
5）您目前所接手的任务
6）当下的经济趋势对您企业的影响
7）如何获得参加本次活动的机会
8）正在争取的客户群体
9）对您企业简单的介绍以及一部“三十秒的迷你广告短片”
10）“如果有我能为您效力的事情，请您随时给我电话！”

什么是一部30秒钟的迷你广告短片？

营销专家们称这种能力为“电梯演讲”：请您想象一下，您与您梦想中的大客户一起搭乘一部电梯，而您只有30秒钟的时间与其谈话。为了给您的客户留下一个深刻的印象，您应该对他讲些什么？我们的建议如下：

- 请您以“客户为中心”思考：您对面的那个人对什么最感兴趣？
- 请您用一句话唤醒客户对您的兴趣：可以借助一张图片或者一个例子。
- 请您表现出自身的与众不同：您与您竞争者之间的差别是什么？
- 请您画一张图画：案例与故事总是能比具体数据以及少有人理解的专业术语更能为他人留下深刻的印象。
- 请您用一个请求结束您的演讲：请您告诉我，您是如何促成您的收益以及您想达到什么目标！

建立人际关系网络的策略

请您定期离开您的办公桌！

因为与他人联系的建立是比勤奋与专业知识重要得多。

请您维护已经存在的联系！

帮助对方回忆起您与他相识的记忆。比如通过“今天是我们相识一百天纪念日”的微信。

保持您的兴趣！

请您通过讲述扣人心弦的故事吊起对方继续往下听的胃口。要学会灵活运用《一千零一夜》的讲故事技巧。

请您询问与您对话的人，有什么事情是您可以为他做的……

……请您千万要记住，不是您与对方的对话能为您自己带来什么好处。

请您重视“请你认识我”这条准则……

……除了成为勇于开拓型的企业以外，令您的产品更有说服力也是让别人认识您的聪明选择。

请您运用舞台！

请您寻找合适的机会演讲（比如：在地方性的企业联合会上），请您组织进修课程以及研讨会（比如：为您的客户）。

请您在各种联络网与俱乐部中承担一定的职务！

请您通过您对各项活动的积极参与将众人的注意力吸引到自己身上吧（比如：在区域性经济联合会中或者是在企业网络组织中）。

请您将其他的人组织到一起来！

通过于此您将成为在这个关系网中一个正面的有影响力的核心人物。

出让您的一些利益！

在您企业允许的范围内，您可以将一些小利益出让给那些您希望与其保持联系的人们（->详情请参见本书第19章）。

请您向专家寻求建议！

比如您可以通过为某本书组织一场采访或者专家研讨会（->详情请参见本书第19章）。

请您组织一场“大型的活动”……

……这样的话，您将获得媒体的关注与报道，以及与某些人的联络，这样的结果是很难用金钱来衡量的。正是通过这样的手段，直到今天我依旧是那个“把比尔·克林顿带到德国来的人”（->详情请参见本书第24章）。

请您一定要相信，您的慷慨是会有所回报的！

请您不要总是算计来算计去，您为对方做了什么事情，而对方又为您做了什么事情。请您不要怀疑，在宏观上您的付出与获得是收支平衡的。

《一千零一夜》这本书中所讲的故事：相传古代印度与中国之间有一萨桑国，国王山鲁亚尔生性残暴嫉妒，因王后行为不端，将其杀死，此后每日娶一少女，翌日晨即杀掉，以示报复。宰相的女儿山鲁佐德为拯救无辜的女子，自愿嫁给国王，用讲述故事方法吸引国王，每夜讲到最精彩处，天刚好亮了，使国王不忍心杀她，允她下一夜继续讲。她的故事一直讲了一千零一夜，国王终于被感动，与她白首偕老。这样公主用一千零一个夜晚的时间讲述了两百个故事。

建立人际关系网时千万不能做的事情

- 说第三方不在场人的坏话
- 在建立与他人的联系前的铺垫过于仓促（您这样的表现到底是有兴趣还是没有兴趣）
- 不好的举止以及态度
- 耗尽您与对方的友谊（太早、太多、太频繁……）
- 忽视对方的底线
- 团体中所属成员名单随手交给外人
- 对待关系网中的同事没有对待陌生人热情友善
- 摇摆不定的联络（“先是有一搭无一搭，后来是步步紧逼……”）
- 激怒人际关系网络中的伙伴
- 促销（具有攻击性的自我推销手段）
- 错误的持久性（“再好的东西也是有时有会儿的”）

人际关系网的建立是一个中、长期的投入过程，世上没有能在很短时间内就建立起来的稳固的互助关系。一个稳固的关系的建立是需要双方相互付出并且从而赢得对方信任的过程，最终达到共同合作的目的。谁要是急于求成，并且不注意自己的礼仪的话，那么他将得不到自己的同盟。

关系账户

要是什么人想从他的人际关系账户中取用什么的话，那么他在此之前必须已经存入资产

借　　人际关系账目平衡　　贷

不会因为有期望就会实现
欺骗、占便宜

对别人的理解诚恳致歉的姿态
对职责的恪守、赞同与许可
对期望的明确、运用，个人的聪明才智

取用

存入

www.hermannscherer.de　　Hermann Scherer

关系账户 |

正如您在图中所看到的，在“关系账户”中的借贷双方都是非物质的价值。——所有能建立信任的行为——都是账户中存入的价值。谁要是令对方失去信任，那么他可就要小心了，因为他的账户中的价值马上就会成为负债。

成功的标志是赢得回头客——而不是您的产品有多么高的价值。

成功的生产过程是很容易被别人学习走的，而别人学习不到的是一家企业的文化，以及这家企业的雇员是如何对待他们的客户的。

内向的人该如何建立人际关系

- 害羞是可以克服的习惯，消除你的性格障碍吧！
- 多从好的方面评价你的性格：很多人认为谦虚是美德！
- 为您自己制定一个循序渐进的学习计划——从最简单的情况到具有挑战性的困境！
- 在一个小型团队中承担一些责任！
- 请您不要因为小小的挫折而失去前进的勇气（即使是最会与人交往的人也不是每一次都能够成功）！
- 请您亲自体验与其他人在一起能令自己多么快乐与充满成就感！

www.hermannscherer.de　　Hermann Scherer

内向的人该如何建立人际关系｜

很多总是站在公众关注焦点上的人——电影演员、喜剧明星、主持人——评价他们自己最重要的性格特点却是“害羞”。他们就是能向您表明害羞是可以克服的活生生的例子。

一些附加的小建议：

- 您不必从一开始就改变您的观点，您可以先改变您的行为方式，去到人群中。
- 请您停止将自己的恐惧（害怕被拒绝、害怕被否定，等等等等）归结到别人身上。
- 请您更多地注意您的外表：穿着合适的衣服，努力给别人留下一个良好的第一印象。这样也可以让您更有自信。
- 请注意您的个人观点。谁要是认为没有人喜欢他，他待人接物的方式就会由于此心理投射而发生改变（自我实现预言）。
- 在您的弱势方面训练您自己。假如失误没有如期而至的话，那么您会感到如释重负的。
- 注意您的思维方式，立即停止对自己灌输消极的想法。
- 报名参加一个“小对话”的训练班。在那里您可以和许多同您一样不擅长此道的人们一起练习这项技能。
- 请您写下您成功的经验。最好您可以将每一个成功都写在一本专门的成功日记上。

现在该您上场了

现在该您上场了｜

不必多问有条理的人际关系网耗费时间，甚至是耗费非常大量的时间。当然您不可能每一次都能像授腾哈梅尔家的啤酒节帐篷一样获得如此大的影响力——即不只授腾哈梅尔酒馆利用市长先生为自己做了宣传，而且自1950年起直到今天，每一年慕尼黑啤酒节都会在授腾哈梅尔家的帐篷举行开幕式，这一行为甚至已经变成了慕尼黑啤酒节的传统。而且我还能向您保证的是，您对于您自己人际关系网络的投入一定会有回报的——虽然常常这些回报出现得比较出人意料，也许是在您并没有抱任何希望的时候。“运气”，哲学家与文学家们这样称呼这些突如其来、无心插柳柳成荫的幸运事件。事实上这样的例子确实存在很多，比如伦琴射线的发现。人们找到的是他们一开始完全没有计划寻找的——只是，不论是找得到还是找不到，无论找到什么，人们必须要做的是踏上寻找之旅。

第九章

协作

通过联络获得合约

“独自工作的人得到叠加的结果，懂得合作的人得到翻倍的结果。”

这是一条古老的东方箴言。这条真理现在也在公司企业中慢慢渗透，即使他们不会在内部团队协作中想起它，也会在企业间的外部联合上引用。当然退而求其次的企业战略则是通过产品的革新、通过有创造力的市场推广或者是通过聪明的产品定位超过您企业的同类竞争者。这就是说，您的企业要在没有外援的协助下，独自凭借一己之力登上该领域的制高点。

若是企业间能实现聪明的纵横联合，那么他们将能取长补短，达到共同利益的最大化。其中的好处很容易想到，比如：客户数量的最大化、费用大幅减少、市场覆盖面积的增长。在自然界中这种双赢生存关系其实是随处可见的——在迈耶百科全书中有这样的描述“不同物种间通过互相利用的生存方式达到各自存活的目的”。所以海葵们通过自己身上的触手保护小丑鱼不受其天敌的攻击，而小丑鱼也会将海葵的天敌从其身边除去。在植物种群中也是相同的情况，不同种群的生活环境中总是有不同的昆虫门类伴随。

即便是您没有长期合作的打算，个别尝试性的协作联合也是非常值得的。合作能为您带来所有合作伙伴的强项，同时却又不会影响到您个人的决策主动权。这样看起来，企业公司间的协作联合就相当于以企业或者公司为单位的人际关系网络的建立。

每一个可以良性运转的合作关系都是建立在双方之间互相信任、能为共同的目标贡献力量以及开诚布公的沟通之上的。若是双方互相不能信任对方，或者是双方缺乏合作的基础，实现双赢的目的的确是痴人说梦。

不过，成功的合作形式具体来看又是多种多样的。即使是彼此互为竞争对手的公司企业也可以实现利益互惠的协作联合，最著名的例子便是各大航空公司所组成的“星空联盟”。德国汉莎航空公司通过其所提供的“飞行里程积累”服务与其他相关企业之间的协作联合包括：汉莎的客户可以通过从在加盟旅店入住一直到使用加盟银行的信用卡积攒里程积分，而各加盟企业公司也会通过这一共同项目拓展各自的市场营销影响范围。

我举这个例子并不是想说明这样的协作联合只适合于大型的公司企业；事实上，各种小型企业，甚至是居民住宅区内的面包店、肉店、副食店都可以通过灵活的纵横联合实现利润的增加。

您何不亲自尝试一下，感受协作联合的巨大魅力呢！

通过联络获得合约

所有成功合作企业的格言都是让利用达到最大化。如果合作企业之间能相互将对方的强项加以利用，那么将会产生1+1＞2 的结果。企业间合作的形式多种多样。以下提供五种供参考：

1. 最优化地满足客户需求

要是有谁订了一张飞机票的话，那么他通常也需要在目的地租一辆车的；要是有谁在度假酒店登记入住的话，那么他也会对当地所提供的旅游项目感兴趣。精明的企业会通过企业间的联合增加自己的利润。所以人们可以经常看到这样的情况，一家职业咨询公司常常会与不同专业的律师事务所、个人形象咨询师以及专业摄影工作室相互协作，为那些正处在职业寻找或转型的客户提供一条龙的服务。

2. 赢得新的客户

您的合作者为他的既定目标客户群提供与您完全不同的服务项目，但是您也可以借助您合作者所提供的平台展示您的服务与产品。这样的合作比如说，当一个家具商店在所展示的样板间中使用与其合作的电器产品生产商所制造的灯具；或者在一本经济学杂志中附加一张内容有实际意义的二维码，这样那本杂志与那位二维码内容的咨询专家会互相借助对方的客户群为自己发展新的客户。

3. 弥补自己的弱项

不必事事都自己完成，您可以寻找一位能与您互相取长补短的合作者。“企业的成功之道”的系列讲座不仅仅由各位著名的演讲者所组成，还有各大宣传媒体的鼎力相助。传媒的优势在于它们不仅能吸引新的客户，还能与老客户之间建立起稳固的联系，而且人们还可以根据它们的不同读者分辨出不同读者的职业范畴与职位高低。

4. 创造新产品

在这里，我指的是两个或两个以上的生产商共同研发生产一种新产品——从一个咖啡机制造商专为新出的产品咖啡垫生产某种新型咖啡机（比如飞利浦电器公司与萨拉·李食品公司联手生产的“Senseo”咖啡产品系列），到专业口腔冲洗器公司欧-B与德国博朗电器公司以及迪斯尼公司所授权的生动可爱的卡通人物形象三家公司共同联合生产的儿童电动牙刷，对了，为这款电动牙刷提供特制电池的是美国金霸王电池公司。

5. 通过品牌联合改变企业形象

当两个品牌联合的时候，最好两个品牌都可以将各自的长处带给新的品牌，从而也能由新的品牌获得新的形象。这其中最成功的例子莫过于百年灵腕表与宾利汽车的双B联合了。两家企业强强联合的结果不仅使百年灵手表拥有了宾利精确的表盘技术，而且还获得了宾利低调高贵的外观设计。类似的例子还有众多的针织品企业与设计公司的联合。不过，必须承认的是，这样的联合会有将奢侈品品牌拉到地摊货的风险。

阅读建议：更多有关于此的书籍请您阅读《我是如何将比尔·克林顿带到德国的——人际网络建立续集》，赫尔曼·舍雷尔。

谁是您企业相辅相成的合作伙伴……
……为了提高营销联络目标的数量？
……为了提高产品的质量？

相辅相成的合作伙伴

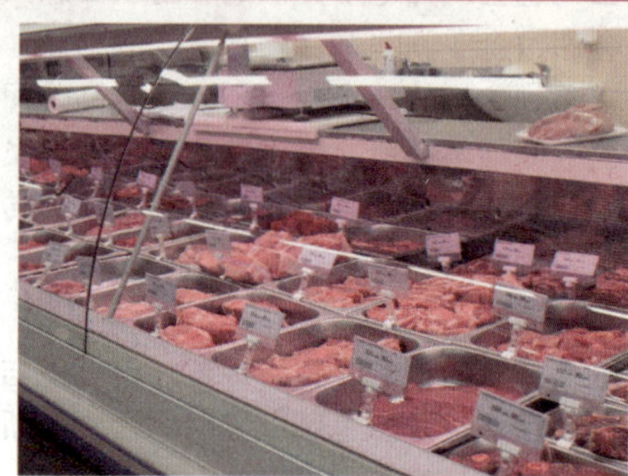

www.hermannscherer.de

Hermann Scherer

相辅相成的合作伙伴 I

在美国流行一种“主客两益”的企业间合作模式。作为“主”的企业则肩负作为“客”的企业的市场拓展功能。当这种拓展也能在“主”“客”关系互换的情形下同样成立的话，那么我们就说这两家合作的企业是相辅相成的理想合作伙伴。下面我来举一个例子：面包商A向他的所有客户寄去一封致谢信。信上明确指出，他认为自己的面包若是能配以香肠生产商B所生产的香肠或者火腿一起食用的话，那么味道简直是无与伦比了。在这封信中还附有面值两欧元的香肠购买代金券。而香肠生产商B用相同的手段向他的客户也寄出内容相似的信，并在信中附上面值两欧元的的面包代金券。最终的结果想必我不说您也能猜到：两家企业的利润都得到了相应的上涨。原因当然是他们各自的顾客同时也光顾另外一家商店，更不用提还有顾客之间的口口相传的隐性推广了。

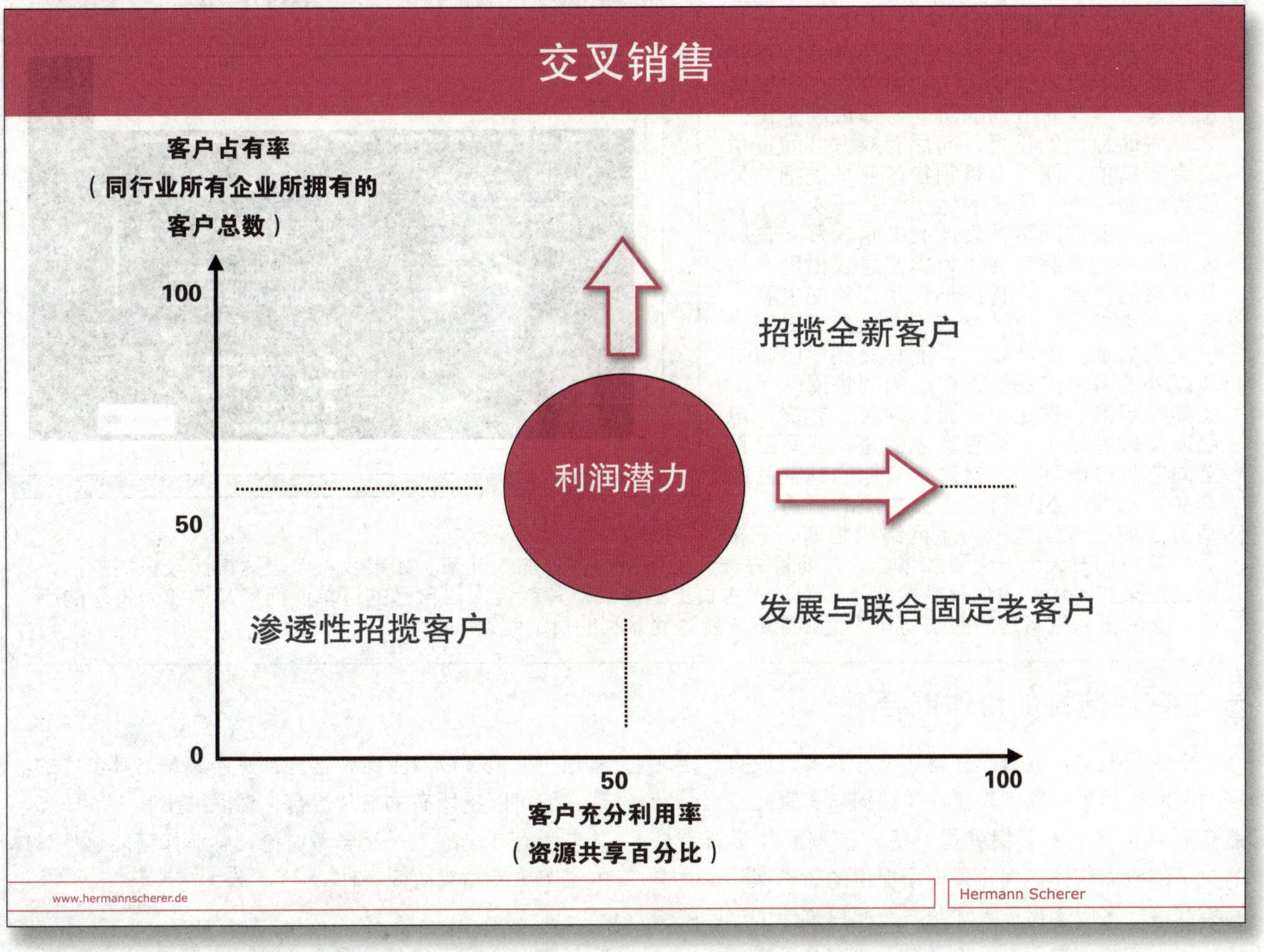
交叉销售
客户占有率
（同行业所有企业所拥有的
客户总数）
100
50
0
招揽全新客户
利润潜力
渗透性招揽客户
发展与联合固定老客户
50
100
客户充分利用率
（资源共享百分比）
www.hermannscherer.de
Hermann Scherer

交叉销售 |

意思是针对已经固定的客户群在传统的销售过程中辅以自己企业所提供的额外产品或者服务：汽车销售店为客户准备适合的冬季轮胎；银行不仅有各种账户类型，还提供各类融资功能。这种横向销售是联系客户以及增加利润的重要手段。而公司、企业间的联合则增大了这种附加产品形式以及战略决策的可能性：当企业需要拓展新客户群的时候，最常使用的手段便是交叉销售。在阿迪超市人们可以买到价格低廉的笔记本电脑，或者是在花园工具销售点也可以看到各出版社所推出的私人花园爱好者咨询指南一类的书籍，他们遵循的都是交叉销售这个定律。

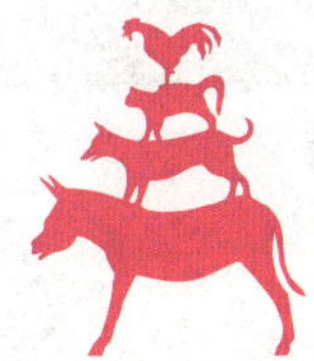

通过哪些协同合作可以使您企业的客户数量大幅增加，并且与营销伙伴共同实现利润双赢或者产品设计创意得到实现？

Druckerei
Transportunterneh-
men
Webdesigner
Schokoladen-
fabrik
Bäckerei
Schuster
Metzgerei
Putzmittel
Partyservice
Möbelbauer

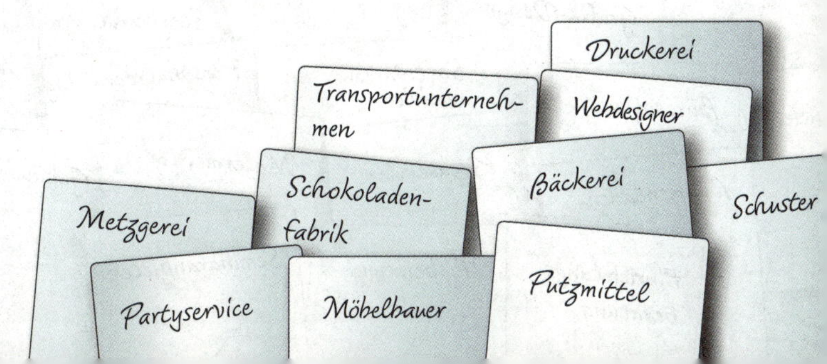

另一个交叉销售的例子！

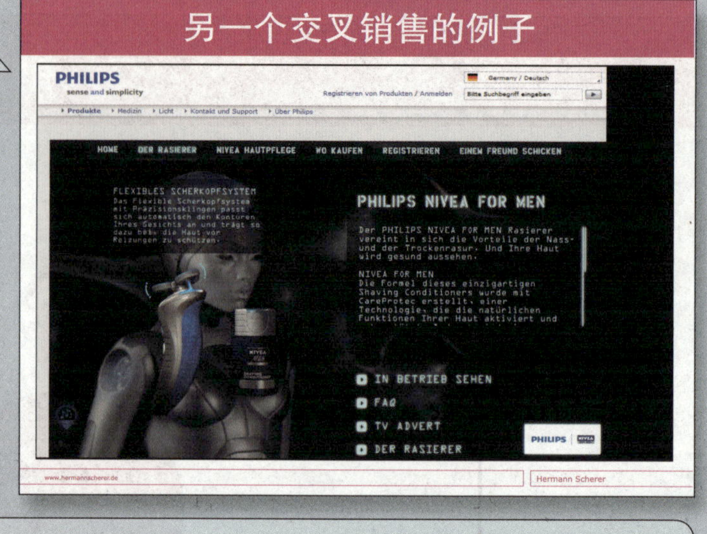

飞利浦建议妮维雅生产男用产品，不过也可能是妮维雅建议跟飞利浦合作——或者都不是。有些企业间的协同合作最初是由一方单方面提出的设想，而后有双方共同提供资金支持的。网络书籍销售商亚马逊把交叉销售做到了几乎完美的地步：每一次不论客户在亚马逊的网页搜索什么书籍，那些与其内容相关的书籍都会作为卖家建议出现在搜索结果的页面上，甚至不仅是相关的书籍，还有有声书籍、电子书等相产品都会出现在搜索页面上。除此以外，亚马逊还早已将书籍以外的各种产品引入自己的销售网站了（比如：玩具、家用小电器、钟表、首饰、电脑以及软件等）。更有意思的是，亚马逊甚至向它的终端客户提供来自其他的销售商的产品，从而节约了自己企业物流的费用。亚马逊是如此成功地成为了网络销售商，它的旧有客户们一天比一天更加依赖它，而且每一天还有新的客户加入进来。如果我可以表达得比较极端的话，那么在某些时候，人们只需要看一眼亚马逊主页上的商品照片就会发出自己的订单。而您又该如何将您的产品、您的讯息或者您的网站向其他企业推广才能达到盈利的目的呢？

参与有创造性的协作联合

企业间的协作联合模式与可能性其实是没有一定之规的。您能想象一家保险公司该如何与一家儿童服装制造商联合生产吗？答案就是：每一位购买儿童背带裤的孩子都自动获得该保险公司所提供的磕碰保险。儿童服装制造商可以通过此附加服务大幅提高他们产品的价格，因为家长们是不在乎为了孩子的安全多支付一点儿小钱的。与此同时，保险公司则为自己赢得了年轻的家庭作为长期参保客户。

如果您已经独自对某个协作联合方式有自己的构想了，又不希望该构想在实施中很快（也许出于任何原因不得不被废弃）受制于这样或者那样的原因，那么我建议您最好与同事们做一次头脑风暴。倘若所有人一起动脑思考，那三个臭皮匠总能顶一个诸葛亮，这时候您所能预先想到的因素会更加全面：

1. 联合愿望模式

请您在一张纸上写下您的产品、服务以及行业范围。再请您在另外一系列纸上写下与您企业一切关联的其他行业范围以及企业，这些都是您愿意与其合作的。现在您可以把所有的卡片混合，然后抽出其中的一张，并与所有在场的人一起思考讨论，企业如何能够从具体的细节出发与其协同合作。

2. 计划一个超乎常规的联合模式

请您再次在一张卡片上描述您的企业所处的市场范围、可提供的产品以及服务。这一次请您在另一些卡片上写下那些您想到的并且希望与其合作的市场范围、产品以及服务类型。与上次一样，在混合这些卡片之后，请按不同分类从每一类各抽出其中的一张卡片，然后考虑怎样才可以将它们联合在一起。

3. 冲开传统的藩篱

请您继续使用在第二组中使用过的卡片，并在其中添加一些描述您企业所处的市场范围、每一种产品以及服务的详细描述卡片。现在您可以再次混合所有的卡片，然后每次抽出其中的两张，接下来的工作就是任您的想象力驰骋了。

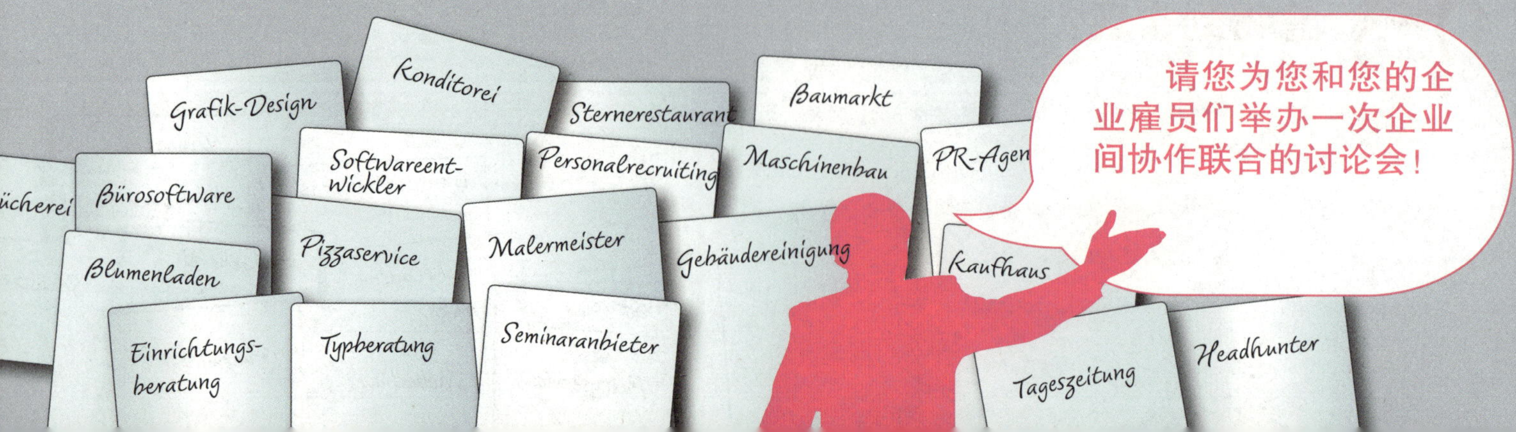

第十章

使人信服的力量

在纷繁复杂的信息中交流

“高智商、低情商的专家郁闷死客户”，这是一条著名的营销规则。

这句格言差不多每个人都知道，但是若要将其运用到实际工作中则对大多数人来说是比较困难的。当您的客户怀有对您产品的强烈兴趣或者当您认为您的客户怀有对您产品的强烈兴趣而开始用复杂数据与专业依据对其展开激烈的全方位论证轰炸时，您是否还抱有希望，也即，这些聆听过您长篇大论的客户们有朝一日是否会购买您的商品呢？心理动机学证明这是一条死胡同。通常情况下人们是不喜欢被其他人拉着当白痴一样说教。您不喜欢，我不喜欢，您的客户肯定也不喜欢。每一个由客户自己发现的购买的理由都比销售人员告诉他们的所有理由的总和重要一百倍。更适得其反的是，销售人员越是用他们自认为的专业的、优美的销售语言向客户兜售，他们这种变相的施压行为就越是引起客户的逆反心理：我们常说的那句话是什么来着？劝人一万句，不如让他们自己找到一个好理由。是的，心理学研究者在这一点上给予了我们肯定的证明。现实中出现的例子是，当一个从来烟不离手的老烟民接到医生发出的第二天截肢的通知时，居然从收到通知的那一刻起一直到第二天截肢前一根烟也没有吸。

从上面的论述我们可以得出如下的结论：一个最成功的营销策略是能够在销售的过程中引导客户自己发现自己的需求，并将其告知销售人员——在该过程中客户会在销售人员的启发而非推销中自己意识到：若是没有该产品他们无法获得的益处。这也就是所谓的：如果什么都没有发生，那么会发生什么？在下面的文章中我将为您解释目前非常流行、有效的SPIN营销法。这种营销手法的有效之处在于，它使客户产生信服力的手段不是通过大量有说服力的证明，而是通过提出正确的关键问题。可以说，在整个营销过程中是客户自己说服自己去购买该产品，销售者起到的则是“引导”客户认识他们的潜在需求。SPIN营销法同时也避免了在传统销售过程中常见的信息丢失。多方面的迹象表明，我们今天一名销售人员与一位客户之间所展开的营销对话实际上进行的是B2B的营销，而这种营销从营销对话到客户企业最终作出购买决定还需要经过很多环节。常常在一连串的比较下来，让客户作出最终决定的关键因素或者是唯一理由就是产品的价格。

这样的情形在我们的个人生活中其实也是别无二致的。我们来打一个比方，您希望通过跑步健身减肥，并且开始着手寻找您附近最好的健身中心。健身中心的教练向您详细地介绍了他们所拥有的每一种器械的专业功能，还让您参观了健身中心新建的桑拿浴室，以及经过全国技术质量监督所检测过的、能最大程度减少紫外线伤害的阳光沐浴设备。在您回到家中之后，健身中心教练对您介绍的内容您已经忘了其中的80%甚至是90%。不过当您把您的决定告诉给您妻子的时候，她则满脸露出不信任的神色，问了一句：“那么为了得到这一堆好处你到底要付多少钱呢？”在这之后，我估计您与您妻子接下来的讨论决定只会围绕着价格这一件事情展开了，去健身中心锻炼这件事到底值不值得花钱。但是，如果健身中心的教练这样向您强调在那里健身的重要性：他询问您现在所穿衣服的尺码，并帮助您计算，若您在接下来的十二个月内不做任何改变的话，那么您将会穿多大尺码的衣服——我打赌这样的计算过程与结果会给您留下更具冲击力的印象，同样您也可以在家里向您的妻子更有理有据地证明锻炼的重要性了。

信息的丢失 |

您小时候也玩过“传话”这个游戏吧？如果有人不知道这个游戏的话，那么我先简单地介绍一下：第一个人在第二个人的耳边小声地说一句话，第二个人再将这句话按照同样的方法传递给第三个人，然后依次向下传递，而排在最后的一个游戏参与者则必须大声说出他所听到的句子。大笑是一定会发生的，因为最后被说出来的句子几乎没有可能与第一个人所说的句子是一样的。我们让营销者在培训中重温这个游戏的目的是让他们明白在营销的过程中，您向参与营销对话的客户所传递的信息最终也会以类似这个游戏的结果一样传递到决策者的耳朵里。

而这样误会的事件每一天都在重复不断地发生着：绝大多数销售者都是出色的产品专家，不过您一定要记住的是，在销售对话过程中您的所有专业知识最多只能有10%被用在对话的内容之中。而与您对话的客户代表也只能理解并且记住这10%中的一部分。等到他可以与该项目的决策者沟通时，他从您那里得到的所有信息中已经有90%丢失了。在最后所有剩余的信息中——虽然说起来并不能令人愉快，但事实却是不争的——只有价格还能保持明确。所有的决策者只能从已知的信息作决定，这样最后留给他们可供作决定时参考的依据也就只剩下价格这唯一的因素了。

我们可以对抗别人灌输给我们的东西。我们对自己告诉自己的东西却束手无策！

您如何能确保在整个销售过程中，客户决策者能在产品价格以外获得更多的有关产品本身的信息呢？

从制造行家到制造行家 Ⅰ

一个客户想要购买的并不是一个钻孔机，他要购买的是一个可以在什么地方打孔的可能性，以便他最终能在墙上挂一幅画或者是将柜子组装起来或者是把窗帘杆架起来。这是我们反复强调的。可是在绝大多数的销售过程中，销售者还是会依照老方法不断地向客户强调他们钻孔机卓越的技术数据，而完全不理会客户到底为什么需要购买一个打孔机。简而言之：平庸的销售者介绍他们的产品；卓越的销售者讲述如何解决客户的问题。

阅读建议：更多有关于此的内容请您阅读我的拙作《三十分钟掌握有目的地提出问题》。

从制造行家到制造行家

应具备的含义

本身的含义

消极的含义

www.hermannscherer.de

Hermann Scherer

认识问题的能力同时也表明了解决问题的能力！

SPIN—销售——让客户主动购买

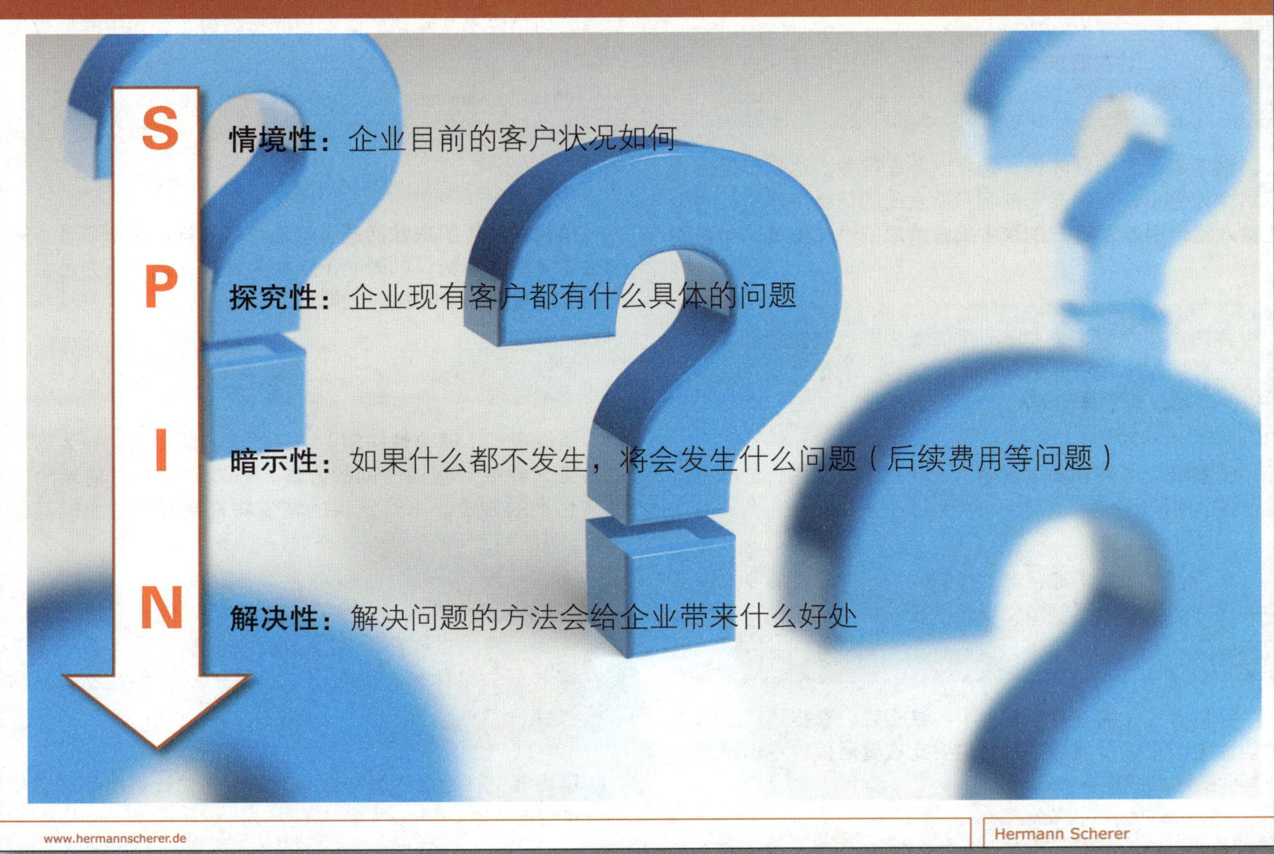

SPIN销售法——让客户主动购买 Ⅰ

"SPIN"是"情境性"、"探究性"、"暗示性"以及"解决性"四个词的英文首字母缩写。这个被实践证明非常有效的销售战略是由位于美国德克萨斯州阿灵顿市的夯史维特研究所研发并实验的。在实验统计中，有超过35000次运用该战略的销售对话获得了巨大的成功。尼尔·雷克汉姆对该组实验的结果发出惊人之语：顶尖的销售者与他的同行所存在的最大区别是，他们会提出另外的问题。这里所说的另外的问题所包含的意义要远远比您能想到的开放性问题或是选择性问题多得多：

情境性……利用情境性问题来了解客户的现有状况以建立背景资料库，销售者透过资料的搜集，方能进一步导入正确的需求分析。此外，为避免客户产生厌烦与反感，情境性问题必须适可而止地发问。成功的销售者只问很少几个情境性的问题。

探究性……销售者会以难题性问题来探索客户隐藏的需求，使客户透露出所面临的问题、困难与不满足，由技巧性的接触来引起准客户的兴趣，进而营造主导权使客户发现明确的需求。成功的销售者会有目的地多问几个探究性的问题。

暗示性……销售者会转问隐喻性问题使客户感受到隐藏性需求的重要与急迫性，由从业人员列出各种线索以维持准客户的兴趣，并刺激其购买欲望。您认为没能解决的问题有可能通过什么方法来解决呢？只有顶尖销售者能够将这种问题灵活而不留痕迹地运用。

解决性……一旦客户认同需求的严重性与急迫性，且必须立即采取行动时，成功的从业人员便会提出需求，让客户产生明确的需求，以鼓励客户将重点放在解决方案上，并明了解决问题的好处与购买利益。顶尖销售者会把这一类问题用不同种的方式多次提出。

SPIN销售法的核心在于，不是以销售者的论据打动客户，激发起他们的购买欲望，而是由销售者引导客户，让他们自己为自己建立购买理由。换句话来说就是：顶级销售者不推销商品，他们让客户自己来买。

一个运用SPIN销售法的案例对话

销售者：（询问问题所在）“您有很多输入错误？”

客户：（潜在需求）“有一些吧。不比其他人的多，但是比我可以容忍得多。”

销售者：“您刚才说，您可以容忍得多。这是不是就表示到今天为止，在您向您的客户所发出的信函中您所犯过某些输入错误引起了客户的误会或者给您的产品造成了不好的影响？”

客户：“我想这是非常有可能发生的情况，但是发生的可能性极其微小。您知道，所有发给客户的重要信件在被寄出以前我都是要亲自检查的。”

销售者：（潜在需求问题）“我想这项工作一定会占用您很多的时间吧？”

客户：“当然，非常非常多的时间。但是这总要比给客户寄出一封含有错误的信件要强得多——尤其是，当这封信的内容是关于产品数据的。”

销售者：（潜在需求问题）“这么说，在描述产品数据的信件中出现错误所导致的结果要比在普通信件中出现错误所导致的结果严重得多？”

客户：“那是当然了。如果我们在给客户的报价上出现错误的话，那么这与实际价格之间的差价就要我们自己来承担了——或者给客户留下我们行为邋遢、办事不可靠的印象。人们评判我们就是依据这些表面上能够看到的小细节。所以我认为每天抽出两个小时的时间检查我们所要发出的文件是值得的，即使我还有许多其他的事情需要完成。”

销售者：（解决性问题）“假如您能在以后的工作中每天这两个小时检查文件的时间节省出来，那么您准备如何利用它呢？”

客户：“那我可以用来培训我们公司的员工了。”

销售者：（解决性问题）“培训公司的员工会提高您雇员的工作积极性吗？”

客户：“当然是可以大大地提高了。您看，目前我的雇员中还有根本不清楚我们生产的是什么机器设备的，比如我们的最新绘图仪器产品。这些员工必须等待，等到我完成手头的任务，才能有时间给他培训。”

销售者：（潜在需求问题）“这也就是说，那些您用来检查公司信件书写正误的时间也间接妨碍了公司中其他员工的工作。”

客户：“是啊，可以这么说。而且我自己也被这项工作搞得筋疲力尽。”

销售者：（解决性问题）“这也就是说，您所节省下来的检查文件书写错误的时间不仅能为您个人减轻压力还会为您的员工增加生产创造的积极性。”

客户：“是的。”

销售者：（解决性问题）“好的。我明白了，能为您节省检查文件书写错误时间的方法，可以说就是目前能为您提高生产的方法。书写错误的减少将直接影响企业的其他方面。”

客户：“没错。对于雇员来说，反复检查书写错误也是十分费时费力的工作。从这方面来讲，如果能够减少他们在这方面的工作量，那么也应该是一个非常有效的激励方法。”

销售者：“检查书写错误时间的节省估计也能帮助您减少一些生产成本。”

客户：“是的是的。这样时间上的浪费确实是我们部门眼下的问题所在。”

销售者：（总结）“好了。这就是说，现在这些输入错误不但对于您的企业来说太过昂贵而且还会影响其他雇员的工作积极性。如果输入错误的数据到达客户手中，就会给您的企业直接造成利润上的损失。所以您现在每天花上至少两个小时检查要发给客户的文件。只不过这个行为却从另一方面限制您员工的生产积极性。从这样的现状您认为花时间在员工的培训与培养上是非常值得的。”

客户：“这样看来，检查校对文件对于我们来说确实是一项非常大的支出。我们不能再继续忽略这个问题了，现在是做些什么来改变这种现状的时候了。”

销售者：（解决方法）“好的。那么请您允许我为您演示我们所生产的文章监视软件是如何在输入的同时检查输入错误以及更正这些错误的吧……”

总结：通过有目的的启发，让客户自己从眼下的问题发现潜在性的需求。SPIN销售法的中心思想就是：客户会在销售过程中自己发现问题解决的重要性与紧迫性。解决性的问题是客户将自己的眼光从他之所以选择目前状况的原因引开，从而转向问题的严重性——而销售者最终则会向客户提供解决问题的方法。

所承受的压力同样也会起作用

不但心理学理论证明过，而且通过个人经验我们都知道——消极的潜意识影响我们的行为。

当人们想回避某些事情的时候，他们的反应是可靠的。

人们参加一个口头表达训练班 → 是为了让他自己在会议中不会因为当众发言而出丑。

人们努力戒烟 → 是因为他们不想因此而生病。

人们不断革新电子设备 → 是为了预防可能出现的技术困难。

人们购买您的产品 → 是为了什么呢?

客户哪些潜在的问题可以通过运用您生产的产品，享受您提供的服务而避免呢?

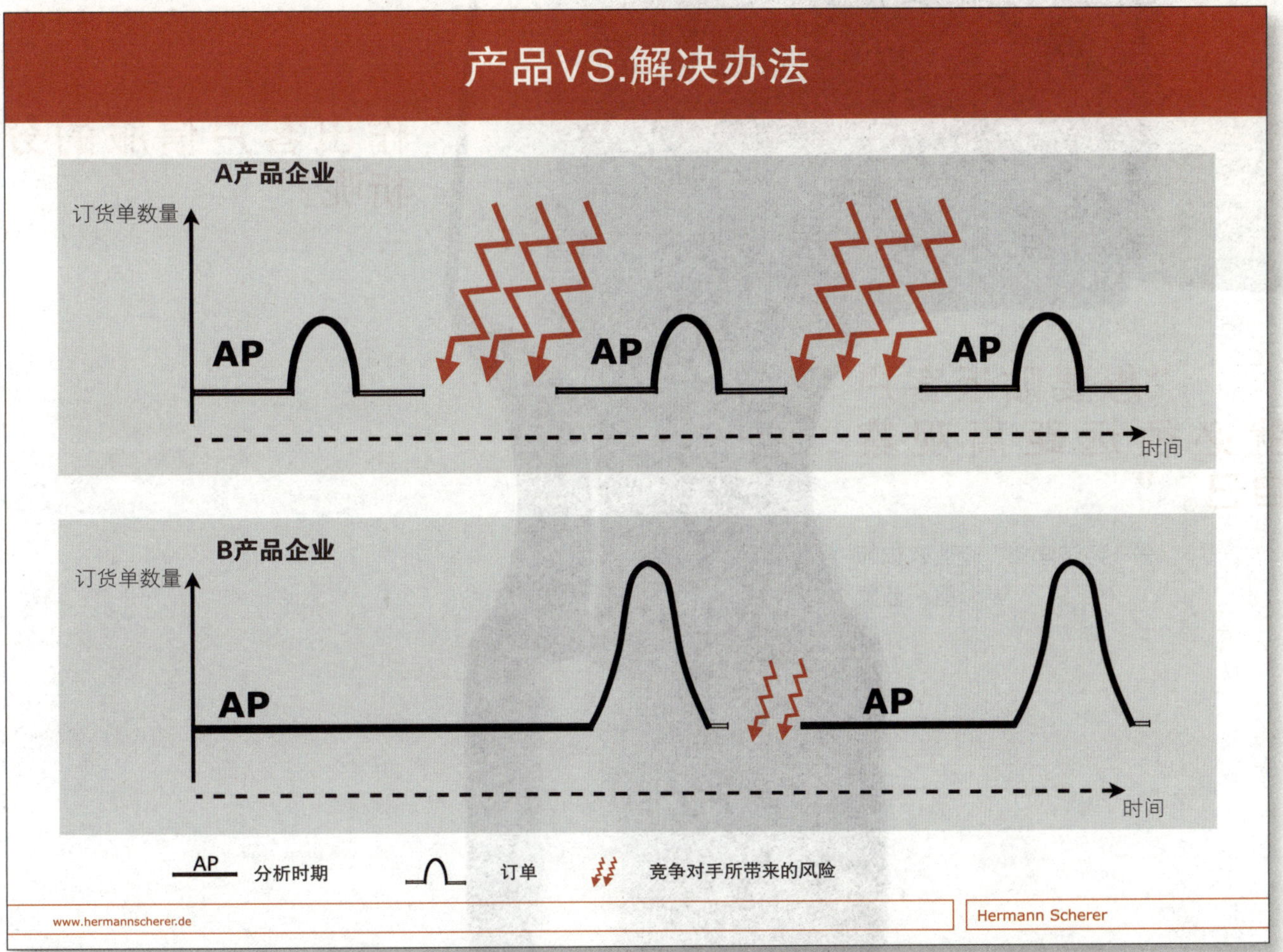

产品VS.解决办法

A产品企业

订货单数量

AP　AP　AP

时间

B产品企业

订货单数量

AP　AP

时间

AP 分析时期　订单　竞争对手所带来的风险

www.hermannscherer.de　Hermann Scherer

产品VS.解决办法 I

一个提供解决方法而不是简单产品的销售者会花费更多的时间来进行分析工作。他会与他的客户一起将客户所遇到的问题摆开揉碎。是什么让客户夜不能寐？是什么成为他鞋子中的小石子？这样的问题将会给客户带来短期内什么样的后果、中期内什么样的后果以及长期内什么样的后果（潜在需求）？这位客户一定有一个眼下解决这个问题的办法，只不过效果是拆了东墙补西墙。这样的解决办法只会降低客户对其的满意度以及积极性，这将导致客户向其他同类竞争企业转换。我们就用IT行业来举一个例子。一个普通的产品推销者会说："我们生产的这种新型服务器兼备以下技术优势：1，……2，……3，……"而一个问题解决性销售者会说："您有被病毒困扰的问题吗？"

总结：问题解决性销售者很少会受到同类产品竞争对手的毁灭性打击，他们总是能通过帮助客户分析自身潜在的问题提高自己销售的可能性。

您的销售为客户提供什么样的可能性呢？

您应该在什么方面做准备才能作出客户信服的分析呢？

“想要贴近客户就必须远距离观察自己。”

——经济学家、企业咨询师
赫尔曼·西蒙

产品销售		解决办法销售
价格永远都是第一被考虑的优势	⟷	是否能解决问题是第一被考虑的因素
客户见到的是销售者	⟷	客户见到的是咨询师
销售者必须向客户“乞求”购买合同	⟷	必不可少的解决办法唤醒客户的需求
产品是第一位的	⟷	客户是第一位的
销售过程首先需要优秀的口才	⟷	销售过程首先需要优秀的分析能力
一次谈话销售	⟷	多次谈话销售
普遍上来讲决策由在场的销售者来做	⟷	决策通常是由许多不在场的销售者共同制定的
产品的“关键特性”在谈话之后通常已经被客户忘得差不多了	⟷	客户会在相当长的时间内都明确自身的潜在需求
很小的出错率	⟷	较大的出错率
对客户产生很小的影响	⟷	对客户产生很大的影响
客户需求发展得快	⟷	客户需求发展得慢
……理论上只与客户个人有关	⟷	……会对同类的其他客户也产生影响
……销售成功与否与当时双方的情绪很有关系	⟷	……情绪影响因素很小
销售过程为一个产品介绍过程	⟷	销售过程是一个分析咨询过程
客户很容易转向其他供应商	⟷	客户基本不会转换供应商
在介绍的过程中产品、系统、配件以及服务都会被介绍到	⟷	在介绍过程中该解决办法取代眼下解决办法的优越性以及产品、系统、配件与服务都会被介绍到
在介绍的过程中产品的功能、系统、配件以及服务都会被介绍到	⟷	在介绍过程中只有解决问题的过程会被介绍到
价格为最终决定因素	⟷	用途为最终决定因素
在销售过程中产品生产企业也会被介绍到	⟷	在销售过程中客户会表达他们对解决问题过程的理解
存在着客户虽有问题但是并不向该销售者提出而是直接转向其他的供应商，而这种情况发生的可能性不在少数	⟷	客户如果存在问题，往往会直接向该销售者提出，他们突然改变主意转向其他供应商的可能性较小
销售成功的可能性不大	⟷	理论上，销售成功的可能性比较大

第十一章

优化产品

您的产品是令人无法抗拒的吗?

“能向人们证明一件事情是远远不够的。有时候我们还需要能迷惑那些投奔我们而来的人。”

哲学家尼采这样强调。而这条黄金定律却并没有在整个营销过程中得以贯彻。因为大多数企业都在市场推广与广告上投入了太多的金钱，与此同时，营销人员们还被公司不遗余力地花大价钱来培养，最终他们所做的却是浪费大量的时间在单个客户问题咨询上——常常在面对面的咨询之后客户还是会加上一句：“听起来真是不错，不过还是请您最好能给我一份书面的产品介绍吧！”如果是这样的话，那么是不是可以开发一种计算机软件，其程序可以根据编码与缩写选择出正确的组合，然后直接把结果打印在纸张上面。这整个的过程就像一个惩罚性的任务一样，因为不论营销人员如何费劲口舌那些抱着怀疑态度的客户总是会在决定购买之前前思后想好一阵子，琢磨现在花钱买这个东西到底值不值得。而代表企业来购买的客户反正只是交给最终决策者一大堆产品数据罢了。

鉴于对产品详尽的细节数据描述会给企业的同类市场竞争者以可乘之机，以及大多数客户在作决策的时候都是只看重产品价格这一事实，只要您的产品不是最便宜的那一种，那么您就只能将销售的机会拱手让给其他企业了。更加遗憾的是，您的价格只距离最便宜的价格一步之遥，可还是会被最便宜的价格打败。

谁要是想打败竞争对手，谁就不能把宝都押在最后一注上。花时间与精力为每一位客户量身定制一份书面产品介绍是值得一做的事情，因为在这份介绍中您可以有理有据地撰写客户使用该产品的理由。这样做的话可以令客户在阅读的同时坚定他们的购买决心。如果企业营销人员能够合理并且能够组织充满诱惑力的产品营销过程，那么您的产品完全可以比某些同类产品贵一些，您甚至还能与客户签订产品的续约合同或者更多份的购买合同。而最便宜的价格只在那些除了价格对其他因素都不关心的客户的眼里才是最终决定的加分项。

产品质量的好坏实际上是由客户说了算！您可以在产品说明书中非常专业地讲解您产品的每一个细节，您的产品当然也有可能确实是在每一个细节上都做得异常出色——但是如果您的客户根本就跳过说明书中的这个部分，或者是虽然没有跳过，但根本没有读懂其中的内容，这也就是说您在说明书中所做的说明都是白费，即使是您在细节方面非常“专业”。在这里我想说的是：摆事实讲道理虽然可以唤醒人们的理智，但是在营销中，主导客户作出最终决定的还是感情因素，这一论断是心理学与神经学的专家们共同认可的。换句话说：您应该在您的营销过程中——正如尼采所说——令您的客户对您所提供的产品“痴狂”。让您的营销过程少一些理智的陈述，多一些能唤起对方情绪的激情吧。在本章接下来的内容里您将会看到一些实际中的例子。

“纯粹”地诱惑客户 |

高贵的手表经营商尤威里尔之家即使是在互联网上也会为他的客户专门铺一条红色的地毯。他会邀请客户到卡地亚公司参加“发现之旅”，并向他们讲解人生中最名贵首饰莫过于眼前这“珍贵的时刻”。当营销活动在一个古老宫殿般的大厅中举办，而且受邀的客户都像是古代的王公贵族般被接待的时候，产品的价格也就不再那么重要了。

成功营销的反例 |

老实说，在课程中教给学员们诱惑客户的技能比在实际中让我自己去销售一件昂贵的手势要困难许多。也许您要问了，难道在营销中必须抓住客户的心吗？“……下列产品为我公司的最新产品，请您依照我公司的规章制度选择您所需要的产品。”我想问您，难道您真的不在乎即使是会导致不良的结果也一定要把自己的公司放在这样一个主导的地位上来表达吗？“倘若我们的产品在细节上的数据不符合您的实际需求，我们可以为您量身定制，只不过具体的更改，如屈光度的设置，需要另外附加费用。”请您设想一下，如果客户读到这样的表述，他们还会相信您在信末所说的“衷心地期待与您合作”吗？

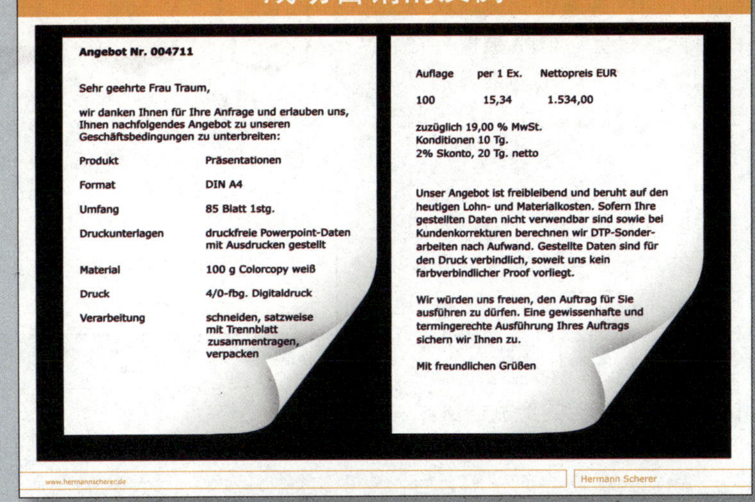
成功营销的反例

Angebot Nr. 004711

Sehr geehrte Frau Traum,

wir danken Ihnen für Ihre Anfrage und erlauben uns, Ihnen nachfolgendes Angebot zu unseren Geschäftsbedingungen zu unterbreiten:

Produkt	Präsentationen
Format	DIN A4
Umfang	85 Blatt 1stg.
Druckunterlagen	druckfreie Powerpoint-Daten mit Ausdrucken gestellt
Material	100 g Colorcopy weiß
Druck	4/0-fbg. Digitaldruck
Verarbeitung	schneiden, satzweise mit Trennblatt zusammentragen, verpacken

Auflage	per 1 Ex.	Nettopreis EUR
100	15,34	1.534,00

zuzüglich 19,00 % MwSt.
Konditionen 10 Tg.
2% Skonto, 20 Tg. netto

Unser Angebot ist freibleibend und beruht auf den heutigen Lohn- und Materialkosten. Sofern Ihre gestellten Daten nicht verwendbar sind sowie bei Kundenkorrekturen berechnen wir DTP-Sonderarbeiten nach Aufwand. Gestellte Daten sind für den Druck verbindlich, soweit uns kein farbverbindlicher Proof vorliegt.

Wir würden uns freuen, den Auftrag für Sie ausführen zu dürfen. Eine gewissenhafte und termingerechte Ausführung Ihres Auftrags sichern wir Ihnen zu.

Mit freundlichen Grüßen

www.hermannscherer.de Hermann Scherer

事实上，这种在营销中谁都看得出来的没有任何意义的口水话根本不会起到任何赢得客户的作用。这也就不奇怪为什么客户会毫不犹豫地选择那些价格最为便宜的商品了。当然，价格最为便宜的商品很可能并不是同类产品中质量最为上乘的，但是它们至少能满足客户的大部分需求。还有如果您能在新产品的介绍手册最后添上诸如此类的句子“我们还将为所有购买该款新产品的客户提供免费的使用培训课程，在课程中您会亲身体验到该款新产品的卓越之处”，这样，企业就能更进一步地赢得客户的信任。

营销中信息传递的模型 |

该图所展示的是企业对企业营销时的典型信息传递模型：一个优秀的营销人员寄产品清单给客户、向客户致电介绍企业新产品、详细阐述新产品的性能、告诉客户企业负责人员购买该产品的好处，并且在最后还不忘记留下自己的联系方式。这已经是最完美的营销过程了，是不是？

广告以及使用信息

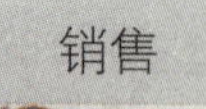

写信
电话
企业简介
产品样品
登门拜访
产品演示
用途介绍
性能描述
个性化建议
服务

对方负责人员

www.hermannscherer.de　Hermann Scherer

信息丢失 |

日本有句古老的谚语叫作“百闻不如一见”。而现代人脑研究则证实了这个说法。我们人类越是多地参与到一个事件当中，该事件在我们的脑海里所留下的印象也就越是深刻。那些我们只是通过阅读而获得的信息，只会有10%被保存在我们的记忆中。那些被我们自己说出的信息，则会相对于前者被我们的记忆更多地保存下一些。而那些我们亲耳听到过又亲眼看到过的信息通过双重感官的加工则会有50%被大脑保存下来。乐观地估计，每一个前来咨询的客户在营销人员的介绍之后平均都会在头脑中记住30%~40%的产品信息。

信息丢失

在我们脑中所能留下的……

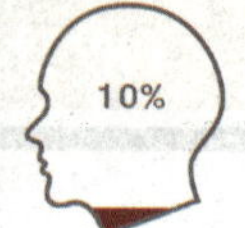

……那些我们阅读过的信息

20%

……那些我们亲耳听到过的信息

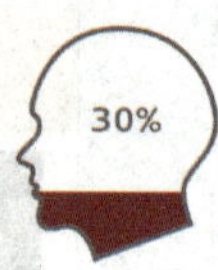

……那些我们亲眼看到过的信息

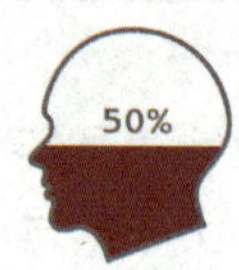

……那些我们既亲耳听到又亲眼看到过的信息

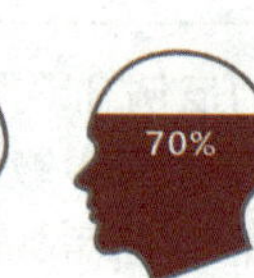

……那些我们亲口说出过的信息

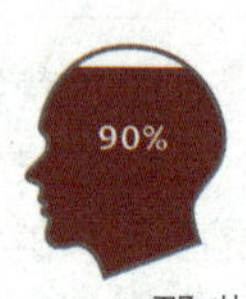

……那些我们亲自做的事情

www.hermannscherer.de　Hermann Scherer

心理学家赫尔曼·艾宾豪斯所画的记忆曲线为我们展示了我们的大脑会在多短的时间内就忘记我们经历或者学到的事情。而一周之后，对于在前一周内存入大脑的信息，则会再度减少20%。简短地说，营销人员在销售过程中所说的所有话中，在很短的时间内客户就至少会忘掉其中的80%。

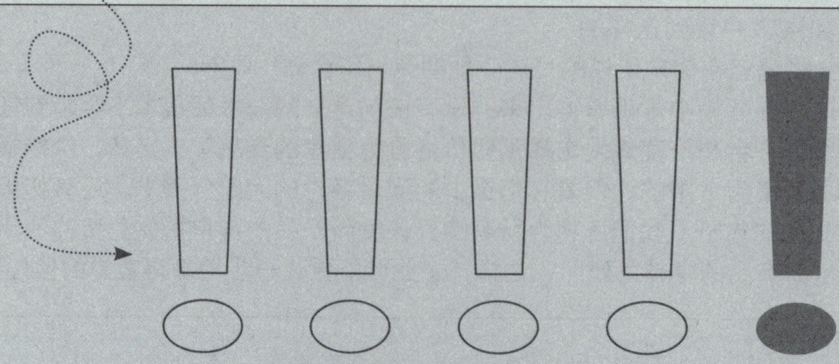

信息丢失：决策者最终得到的是什么

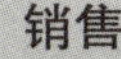

信息流1

企业推广与客户需求信息

信息流2
信息丢失？

价格制定信息

销售

写信
电话
企业简介
产品样品
登门拜访
产品演示
用途介绍
性能描述
个性化建议
服务

对方负责人员

决策人员

www.hermannscherer.de

Hermann Scherer

信息丢失：决策者最终得到的是什么！

营销人员寄出一份产品介绍，最坏的情况是他的这份介绍用无数的数据堆砌而成。而这份介绍则被企业采购员转交给该企业的购买决策者。可是这位决策者每天要处理的事情是如此之多，几乎不可能阅读与研究产品介绍中繁多的名词缩写、数据以及专业术语。所以，他所作出决策的依据则是那些简单易懂的部分，比如：产品的价格。就算这位决策者还会亲自与企业采购员就这一问题交换意见，那最多也不过是他希望再一次证实自己决定的正确性。如果您不想掉进这个价格的陷阱，那么您就必须得撰写一份可以代替您说话的产品介绍！具体来说就是：一份能深入浅出地表明购买理由的介绍，最好还能针对每一位客户的不同情况，以及每一位有可能读到它的不同的人（企业采购员、产品最终使用者、企业决策者、企业咨询师）都能一下子找到他们所感兴趣的信息，并且能够读懂这些信息。

深入阅读建议：赫尔曼·舍雷尔2006年在法兰克福出版的《具有说服力的产品：如此这般您便能战胜您所有的同类竞争者》一书。在该书中您能读到更多的内容翔实的案例，以及对您介绍企业产品实用、有效的建议。

您的产品能为自己说话吗？它也能为您的企业说话吗？

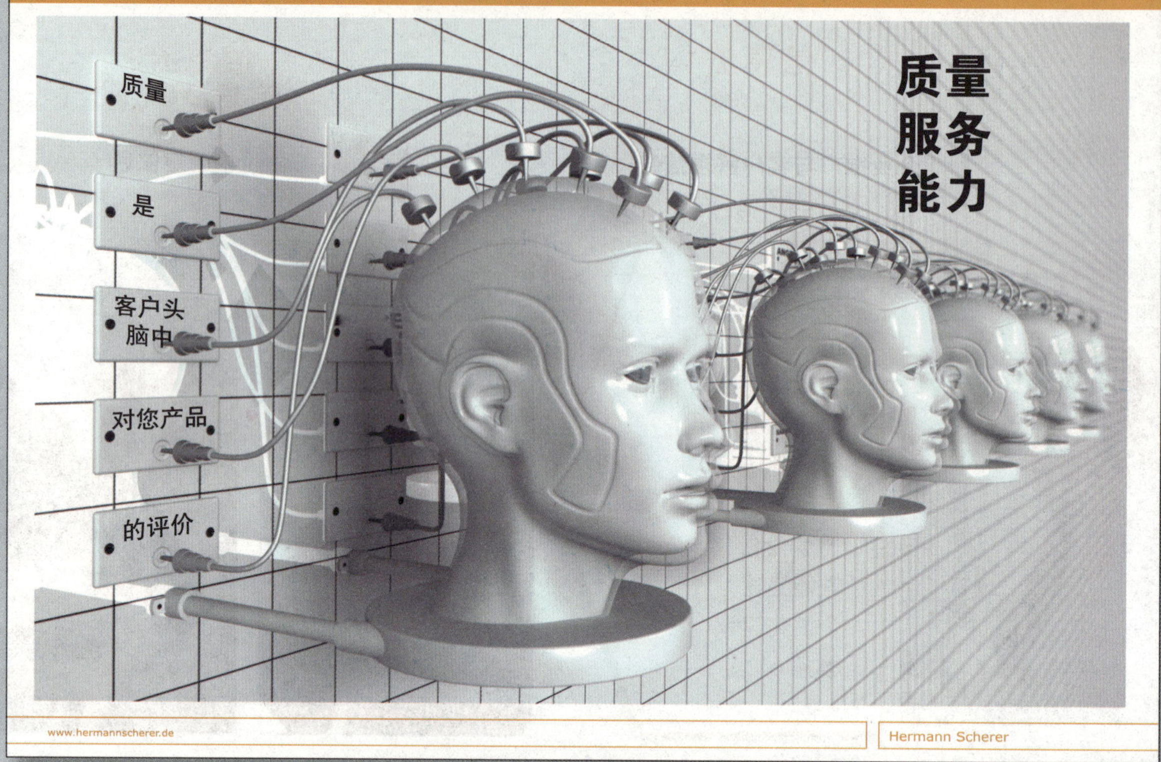

质量是客户头脑中对您所提供产品的评价 |

QSK的意思是质量、服务、能力。这三者是经典“三剑客”，每一家企业都会向他们的客户对其产品的这三点作出保证。一家培训机构曾在1998～2000年三年间针对领导能力这个主题做过调查问卷，并从问卷中得出相应的结论。对于问题产品使用以及厂家服务，超过半数的人都不约而同地写上了这经典三剑客作为自己满意的答案。而对于到底什么是“QSF”，我想说的是：您企业产品所具有的特性并非您产品的特点，您产品的特点是客户头脑中所能记得的部分！

IDEE IDEE IDEE
IDEE IDEE IDEE
IDEE IDEE IDEE
IDEE DIE IDEE
IDEE IDEE IDEE

创意 |

“全靠技术的革新”（阿迪超市），“飞得高远，价格低廉”（德国之翼），或是“好，更好，宝拉纳尔”（宝拉纳尔啤酒酿造厂）——太令人惊讶了，优秀的广告策划者居然能钻到客户的头脑中，倾听他们的想法。

事实上，这些讨人喜欢的广告语的背后是广告人辛勤工作的结晶。在广告界工作的人都说，一般可以通过的创意平均出现在所有创意中的第71个前后，以及消耗掉的无数杯咖啡与不计其数的失败的实验。所以，我想说的是，您不要期望您为您客户所准备的超凡卓越的产品介绍能在弹指一挥间就平地起高楼，您需要修改、修改、再修改……

“客户永远正确。”

——戈登·赛费尔吉斯（美国推销员，赛费尔吉斯公司创始人）

通过心智图判断什么是您应该为客户选择的使用理由 I

经一家杂志的要求，销售专家伊雷娜·格吕克那·福尔莫列出了一个为什么要以顾客为本的理由清单：

- 50%的客户“看不到产品的使用理由”并且同时认为“不能给客户足够信服的购买理由”为销售者的最大致命错误；
- 49%的客户认为销售者总是说得过多，至少是他们过多地描述他们个人以及他们所推销的产品，太少关心产品是否能为客户带来福利；
- 82.8%的企业并不清楚为什么客户不选择购买他们的产品。

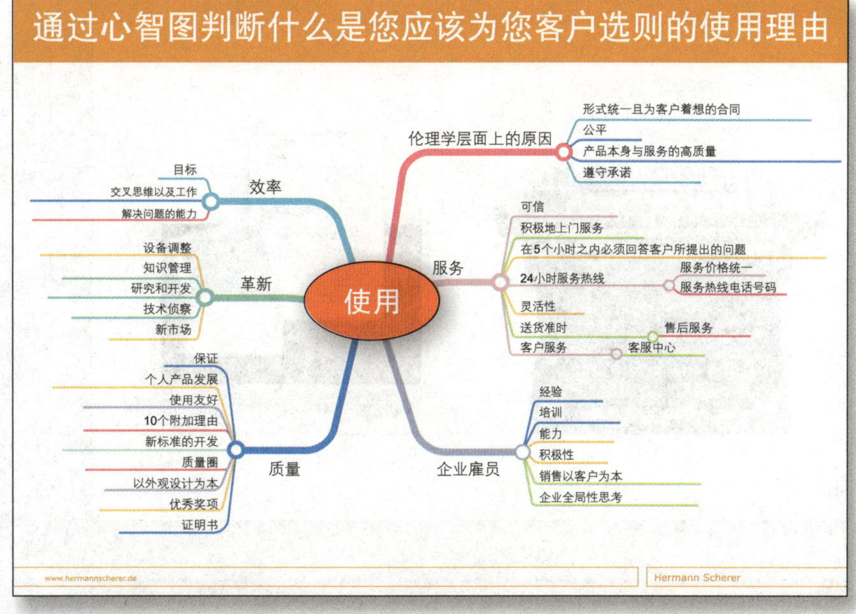

我建议，您可以通过心智图的辅助来将上文提到的黄金三剑客“质量”、“服务”以及“服务”具体地转化为为您的客户量身设置的使用理由。对于您来说，什么意味着“服务”？比如：特快的送货、现场安装等；而您的客户可以从中获得哪些好处？比如：免费特快送货。如果您所能列出的客户购买理由少于80条的话，那么您还得继续努力。您必须在面对客户之前准备好足够的供您选择的有说服力的理由。

记忆的艺术：助记符—记忆技术 I

记忆的艺术：助记符—记忆技术

后视镜：生产费用要牢记心中

车锁：卡片即可锁定

车窗：透明的消费清单

车轮：购买车轮

Hermann Scherer

如果决策者在作决定的时候，他不再记得您企业的产品了，那么您即使撰写过再好的使用理由也起不到任何作用。请您选用顶尖的专业技术，以突出支持您的核心观点。为了保证销售人员在一天的工作中不论遇到什么情况都能够时刻拥有随机应变的可能性，美国的公司培训其销售员掌握所有产品的每一个细节以及数十个有趣的故事作为营销过程中可选用的令客户信服的素材。我自己曾经在一家美国企业工作过，从我个人的经历来看，通常我们惯用的借口，比如：“实在抱歉，我是新员工，对情况还不熟悉。”是根本不会被任何人接受的！

同样您还可以使用助记符—记忆技术帮助您的客户回忆您为他所提供的使用理由。在与阿尔拉咸海石油公司共同举办的一次研讨会上，我们一起探讨了通过什么方法才能使阿尔拉加油卡能够相较于埃索与壳牌两大石油公司对于潜在的客户更加具有诱惑力。最终我们还是想到了一个超级棒的点子，我们所提供的服务可以通过一辆玩具加油车来帮助客户唤起他们大脑中的记忆。凭借这张阿尔拉客户卡，客户还可以在车轮的购买上获得优惠（>玩具汽车上的轮子）；该卡还可以保证客户的专人专用，不会被他人盗用（>玩具汽车上的安全保险车门锁）；客户的所有历史消费记录都可以存储在这张卡片上（>玩具汽车上的观后镜）以及检测并防止公车私用的功能，等等。通过这个借助玩具展示企业产品的营销过程，该石油公司取得了市场上的巨大成功。

还有一些优秀的软技能训练师，他们也提供强化记忆力的方法。

第一印象非常重要

www.hermannscherer.de　Hermann Scherer

第一印象非常重要 |

这个定律对您企业的产品同样适用。您所带给客户的产品介绍是随随便便地印在一张皱皱巴巴的纸上，还是设计华丽地印在一份纸张精美的小册子上？印制产品说明这件事情到底应该花费多少钱？以及多大规模地印制？

简单地说，一份内容翔实、印制精美的产品介绍可以为您企业的产品增加正面的影响力。给客户留下第一印象的不仅仅是您产品本身，还有您如何以及在哪里介绍您的产品的艺术。世界知名缆车生产商施莱鹏利夫特总是会在上午的时候邀请客户企业的决策者来他们的公司观看一部产品介绍的电影，而在观看电影的时候每一位观众还会得到一大包爆米花。

美化您的书面产品介绍

www.hermannscherer.de　Hermann Scherer

美化您的书面产品介绍 |

至于如何能既美观又廉价地制作您的产品介绍，其实有很多种不同的方法。所需要的产品您可以在办公用品商店找到或者直接在网上订购。

在今天，许多打印服务商们除了提供传统形式的活页文件夹以外，还愿意接受客户的个性订制。有鉴于此，您完全可以将您企业产品介绍按照您所希望的样子加入精巧的创意，以便给客户留下深刻的第一印象，最终达到销售的目的。

迷你广告短片

www.hermannscherer.de　Hermann Scherer

迷你广告短片 |

请您设想一下，您正坐在飞往美国一架客机的商务舱中，就快到达目的地时，您旁边坐着的那个人睡醒了，通过短暂的介绍，您发现原来他就是您梦寐以求的客户——某某公司的中高层决策者。现在他正在问您：“那么您的职业是什么呢？”谁要是想唤起对方的兴趣，在这个时候就必须想出一句简短但是有力的概括语。我个人比较偏好的说法是：“我们所做的是增加您的利润，通常情况下大概在20%左右，如果您有意愿的话，我们可以建立书面协定。”

您又是如何准备您的那一句话的呢？如果您的那一句介绍语起作用的话，您邻座的乘客一定会再继续追问：“那么您可以告诉我，您将如何实现这个目标呢？”这个时候，您要注意的是，您的回答既要能立即取得询问者的信任，又不能超过30秒钟。

只有语言？

谁要是认为一只高贵的西格皮包“太贵了”，那么他一定会被生产商好好地教育一通。直到今天我想所有的营销人员大概都问过客户这样一句话：“您想为此出多高的价格呢？”从今天开始，也许您可以换一种比较委婉的说法：“您希望为此投资多少呢？”营销过程其实是一个展示人类语言魅力以及威力的过程，它可以吸引对方也可以吓退对方；它可以唤起对方的注意力也可以让对方无聊至死；它可以鼓动对方摩拳擦掌也可以令对方心生怀疑。

请您在对您的客户开口前一定要反复掂量！

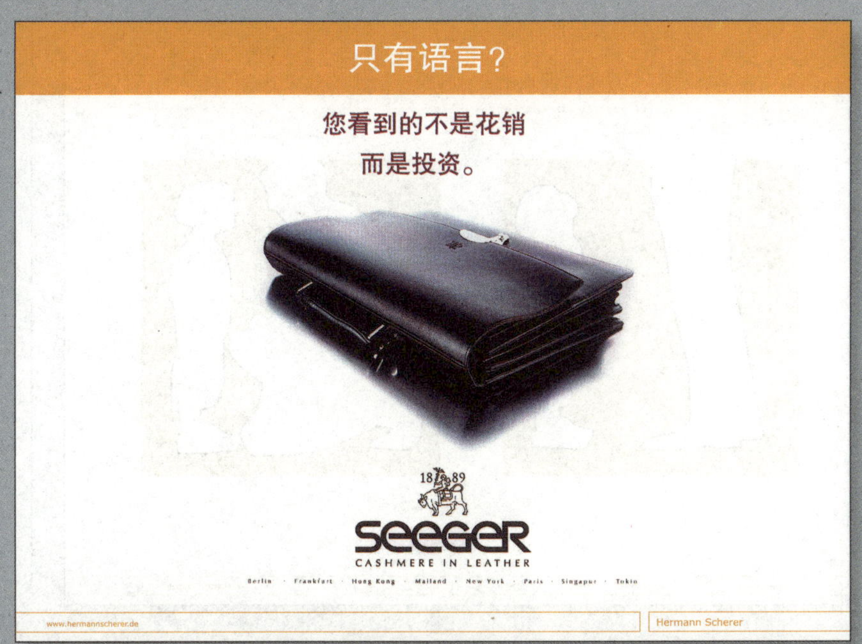

有力的表达方式

您能通过一些词语激发出您客户的积极性，与他们建立稳定的联系；然而也有另一些词语，他们会令您的客户远离您。右图是我为您总结的一个小小的概览。

请您务必将“人们”这个词从您的字典中划去，因为它给人的感觉太过笼统，并且与营销心理学中所要遵守的规则背道而驰。

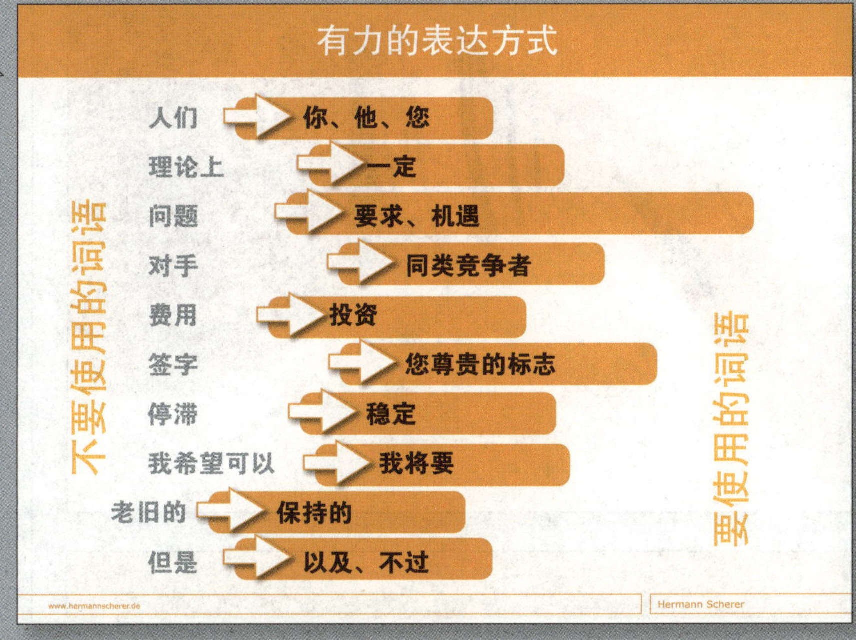

与之相反，有效的词语是您能对客户公司中的代表以“您、我、你”相称，或者您也可以用名字称呼与您对话的客户代表。那么客户就会更强烈地感到这个营销过程其实是针对他的。如果您（与那些营销专家一样）能够“多重个人化”地组织您的语言：“通过这种设备，您能够打印您的文件，传真您的文件，当然还有扫描与复印您的文件。”

还有“理论上”或者“通常情况下”这样的词语同样会弱化您的表达。因为当客户听到这样的词语时，他们的心里会想，啊哈，原来还是有某些问题是他们处理不了的。除此以外，您还需要避免使用负面意义的词语，诸如“问题”或者“对手”。请您对下面的句子做一下比较：“这是一种老旧的系统，只需花费很少的一些费用。”与“这是一种稳定的系统，就此来说，这是一种非常划算的投资。”

还有虚拟语气也不可以在营销过程中使用，比如“可能、也许将会、相信应该”，这样的表达只会弱化客户对您产品质量的评判。“但是”是一个否定您之前所说的一切的词语。“这样非常好，您能在之前就已经对此做出如此细致详尽的研究，亲爱的客户，但是，我将要向您推荐的是……”您不认为这样的说法实际上是在否定您的客户吗？“这样非常好，您之前就已经对此做出如此细致详尽的研究，亲爱的客户，下面是我对您的建议……”

同样的意思，不同的表达方式，所产生的效果也是完全不同的。请您一定检查您所写的产品介绍中所有的用词方式。

产品语言=客户语言

产品语言=客户语言 |

如果有一个以客户为本的成功营销模板的话，那么它应该包含如下的内容：在与客户对话的时候要与对方的眼睛保持平视；您应该使用您的客户可以理解的表达方式，并且将客户感兴趣的方面作为介绍的重点。作为营销人员，您必须抛弃您已经惯用的外星语一样的行业缩略语、让人不知所云的大量数据罗列以及空泛无意义的客套话。每一份产品说明都应该写得能让完全与此无关的第三方人士（咨询师、企业领导、律师）可以毫无困难地理解。

关键词—销售 |

这也是一个十分简单却十分有效的战略：请您在向您的客户介绍产品时，有目的地重复那些关键词语。如果某位客户在订购整体厨房时一直强调的是“有品位的设计”以及“气氛的营造”，那么他就应该能在您为他所撰写的产品介绍上准确无误地多次看到这两个词语。当然，客户能得到这样一份产品说明的前提是，您确实用心倾听过他的需求，并且确实专门按照这位客户的需求为其撰写量身定制的产品介绍——这样的投入是值得的，因为收到该产品说明的客户会感到自己的意图被制造商最大限度地理解，他所剩下的唯一的反应便是——购买！在某些国家，法律甚至对于营销表达语更加宽容：例如，您在果汁瓶子上看到的不是“请于此日期前饮用”，而是“在此日期之前您都可以享受该果汁为您带来的乐趣”。

阅读尝试

请您飞快地阅读下面所示的文章，不必在每个词上停留很长时间，之后您会感到非常惊讶！

一国英所学大经曾过通验实明证每个一词单的中母字序顺否是确正不并响影者读解理篇整章文的意思。每个一单只词要需第个一与后最个一母字是确正的，其的余母字在则者读的息信收接并上有没影响。这因是为们我在读阅时不并每是母个字都予给同相的意注的，我们到看一单个词首的位母字会时然想自联个整单词。

真荒是谬！不这过却真是的！

阅读尝试 |

在亲自尝试这个测试之前，读者们并不会相信，他们到底是以什么样的速度以及多么依赖先验经验阅读每天放在他们眼前的文章。如果他们看到的信息并不能简单地一眼扫过的话，他们会将原因归咎到某些不常见的元素上。给您的建议请您阅读本章的下一页内容！

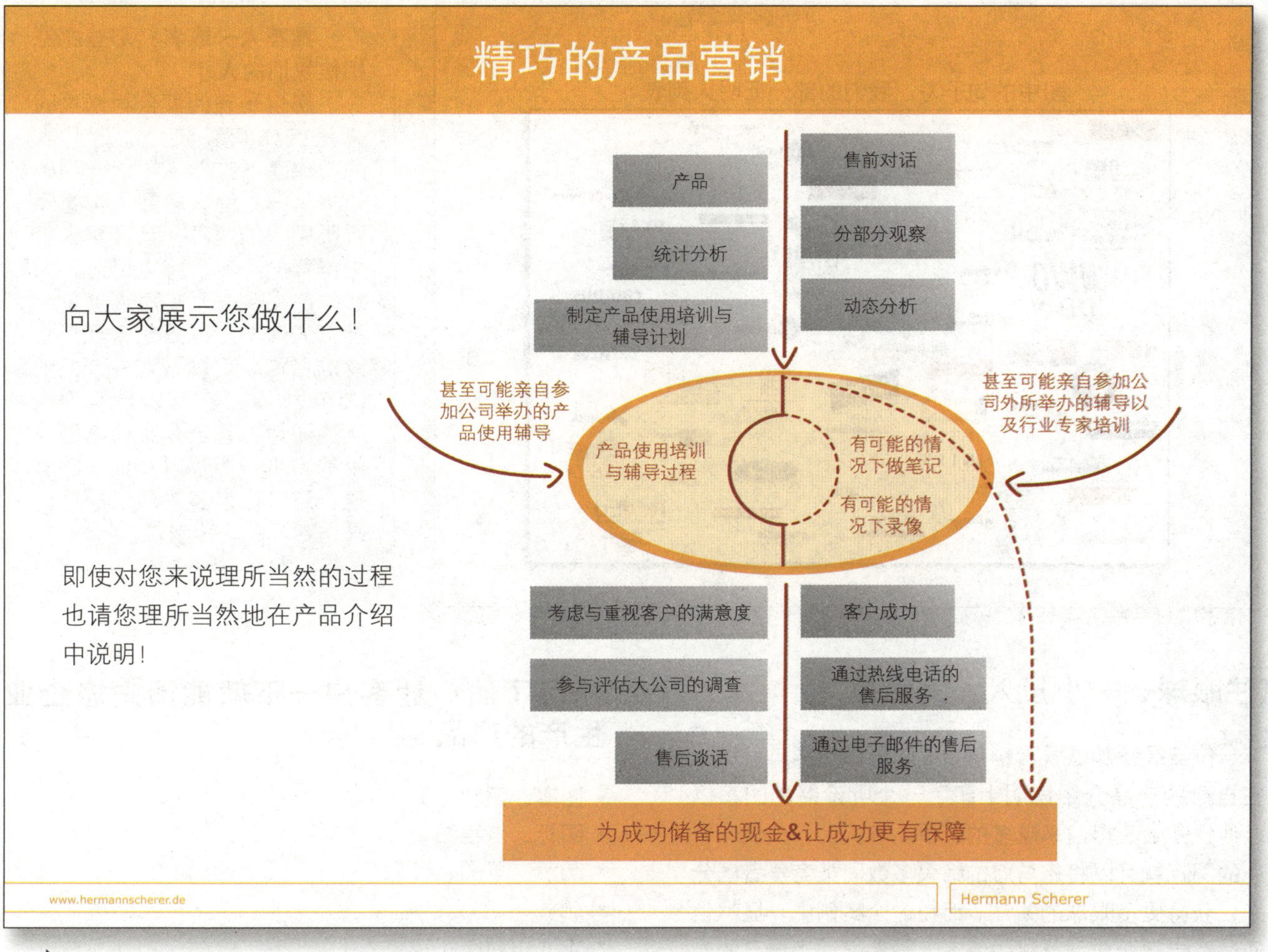

精巧的产品营销

向大家展示您做什么！

产品
统计分析
制定产品使用培训与辅导计划
售前对话
分部分观察
动态分析
甚至可能亲自参加公司举办的产品使用辅导
产品使用培训与辅导过程
有可能的情况下做笔记
有可能的情况下录像
甚至可能亲自参加公司外所举办的辅导以及行业专家培训
考虑与重视客户的满意度
参与评估大公司的调查
售后谈话
客户成功
通过热线电话的售后服务
通过电子邮件的售后服务
为成功储备的现金&让成功更有保障

即使对您来说理所当然的过程也请您理所当然地在产品介绍中说明！

www.hermannscherer.de　　Hermann Scherer

精巧的产品营销 |

人类既是视觉动物也是没有什么耐心的读者，这两种特性也许您在自己的生活经历中已经有所发现。那么就想方设法让您的产品在视觉上无可挑剔吧！上图中所示的是一家培训公司所制作的营销流程图。这样的流程图看起来大都带有规定之嫌，不过若是确实能按照其规定尝试的话，您会发现它会给您每天的营销带来“非常大的”改观。我们更倾向于为客户撰写一份形式统一的关于整个产品每一项费用的描述，当然所有的描述都是以事实为依据的。这样的话，费用这个问题就很少再会被客户提出来了。附加效果：这个结构清晰的流程图可以使企业个性化地、高质量地运用，这样它不但能够规范您企业中的营销过程，而且还能帮助营销人员找到更多的营销理由。

我们曾经为一位来自中国的客户按照这个相同的方法撰写过一份专利的营销过程。她所提供给客户的特别的珍珠选择过程，按照大小、光泽、颜色、产地等等，被我们用她自己的名字总结命名而成一份《CL<柳橙>十七步筛选法》珍珠筛选说明书，而且这份说明书最终还获得了专利局所颁发的专利。自从她的珍珠筛选法获得专利的消息不胫而走后，她销售的利润则呈直线上升趋势。这个专利的获得使得她从其他众多的珍珠销售者中脱颖而出。

您的独特销售主张，您所拥有的专利，是您销售过程中不容忽视的一部分吗？

证明人——或者：那些愿意相信我们的人

图中的句子为：我们的部分证明人列表

推荐人一或者：那些愿意相信我们的人 |

您也是在阅读公司网页时总是首先查看该企业的“客户”或者“推荐人”这一项的一类人吗？绝大多数人都愿意听听别人的推荐，而证明人就是推荐的一种。综上所述，为您的产品列一个推荐人清单！推荐人清单可以只包含客户企业的名称、可以是客户企业的Logo标志、也可以是客户企业的图片，甚至是某些高层人物的名字、照片以及他们的职位，还可以是客户所说的话、采访客户的一段录像。

抓住眼球——小投入，大回报

一位曾经参加过我营销辅导课的药品推销员，自从他在自己的产品介绍说明上印了一个听诊器的图案以后，他便开始获得越来越多的订单。事实上，仅仅一个小小的图标就可以将您与您的绝大多数同类竞争者区分开来，获得更多眼球的关注。而在这个案例中，显然他是通过医疗行业典型器械的图案无声地强调了自己的专业性。

即便您的客户只是随手翻翻，而并不会真正阅读您的产品说明：请您在您的产品介绍中增加一些能给人留下深刻印象的材料，并在您的产品网页上添加一些与之相关的网络链接。

一目了然：让客户一下就能清楚您企业生产的产品

- 图案、照片
- 图标、流程图
- 图示、草图、计划
- 统计
- 企业组织图（负责人）
- 分公司一览表、维修以及服务网点
- 质量检验合格证书、检测结果
- 推荐客户名单、所获各种奖项清单、参与生产专家清单
- 媒体报道清单
- 客户感谢信
- 作为行业领头人的描述
- 展望、海报
- 现状与之前/之后的比较
- 优势与劣势的比较
- 盈利计算清单
- 样品、模型
- 试用
- 3D立体模型
- DVD短片、录像片段

您准备如何展示您的推荐人呢？

信任模型 |

您一定要相信您的客户在第一次见到您之前就已经对您企业或者您的服务抱有想法了——他们这些先入为主的观念是通过以前的个人经历、通过媒体上对该行业的报道，以及通过同事或者熟人的讲述所得来的。当我说“建筑工人在房子中”的时候，您脑海中想到的是什么呢？如果您脑海中浮现出的是灰土、噪音以及贵重物品所受到的损坏的话，那么我猜您正是这个巨大行业中的一员。

其他的信任模式：

- 财务服务行业的工作人员考察的首先是您是否只在乎个人的服务中介费用；
- 企业咨询师考察的首先是您所提供的是否是适用性广泛的解决方法；
- 培训机构的教师考察的首先是您企业所提供的培训课程是否适合日后的实践……

倘若您能在您的产品营销过程中巧妙地避开这些偏见的话，那么您成功的可能性就会大幅度地提高。若是某个工程承包公司能向它的客户“承诺清洁少噪”的话，那么它一定能成为行业中的翘楚。为了能够抓住赢得客户信任的关键，服务提供专家萨宾娜·胡伯纳尔建议，各大企业制作一张“客户思维图”悬挂。在这张图上企业工作人员可以随时添加那些能给客户带来好印象的方法以及营销人员该如何赢得客户信任的实践经验。

价格起决定性作用吗？ |

在今天的招标过程中，即便是价格最便宜的生产商也不再能得到优先被选择的机会了，倘若有人对支持总额质疑的话，那么人们就可以用图中报纸上的标题来回敬那些提问题的人。因为那些“便宜的”产品或者只是一个开始，在短时间之后，使用者便会发现它们的缺陷，而在此之后的弥补式投入就会大幅度增加。“便宜”代表的意思并非“物美价廉”！不论是企业对企业的营销还是企业对个人的营销：折扣并非是客户购买的理由！只有当营销人员为客户所提示的购买理由不能被客户注意到时，价格才会变成重要的决定因素。所以说，只有当价格与产品性能质量紧密相连时，它才会成为一个重要的决定性因素。关于价格的格言是：价格不仅应该按实际的数字衡量（这正是众多中小型企业所不可避免的行为），并且应该将其价值显示在产品的品质中，让客户自己去判断。

价有所值？购买所有权的费用 |

您是不是觉得花两欧元买一瓶只含有一半容积的面粉、白糖、粉状鸡蛋以及葡萄糖浆太贵了？不是？这也正是这类产品多少年来一直强调的：人们只需要再在这种混合粉末中加入牛奶，那么它就是铁锅蛋饼的生蛋面浆了。如果人们将传统制作生蛋面浆的所有步骤需要的花费相加的话：从原材料的采购到收拾厨房再到厨具清洁都一起计算，那么也许您会看到不一样的计算结果呢。为客户展示一次这种总花费计算比较（选择您企业所提供产品或是服务需要的花费与放弃这种选择另作他想的解决方法所需要的总花费）往往是十分具有说服力的购买理由。

购买一个的费用VS.购买所有权的费用

1. 购买面粉
2. 购买鸡蛋
3. 购买牛奶
4. 购买食用盐
5. 购买行为的辅助花销
6. 工作支出
7. 存储支出
8. 制作
9. 制作所需其他材料
10. 碗
11. 打蛋器
12. 清洁花费

www.hermannscherer.de　Hermann Scherer

总支出比较 |

在企业对企业营销中：产品制造商或者用手工制作产品或者用机器，被节省下来的人工费用可以使得机器制造的商品相对显得价格低廉。不过，我也请您能在单纯比较两种产品的价格时将思维从分分厘厘的价格计算中暂时抽离，考虑一下比如：外观、舒适度以及清洁程度，等等方面的问题。

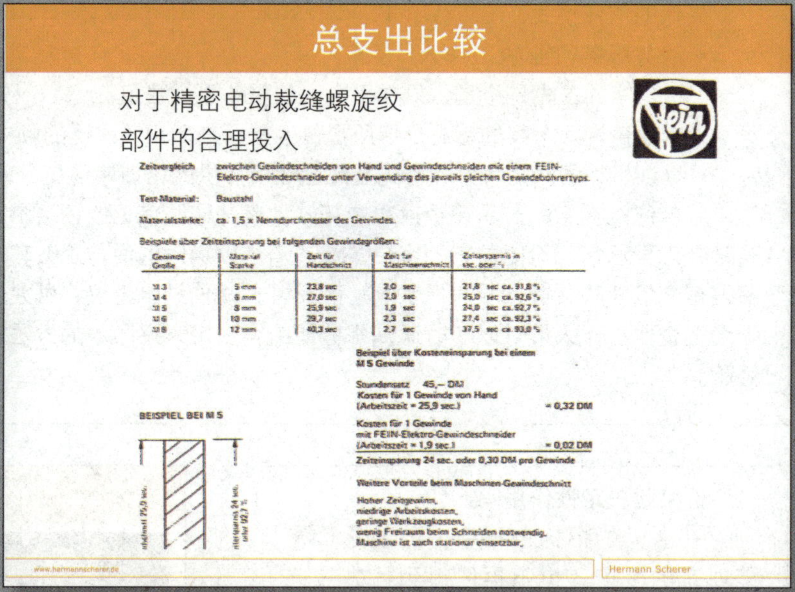

总支出比较

对于精密电动裁缝螺旋纹

部件的合理投入

Zeitvergleich　zwischen Gewindeschneiden von Hand und Gewindeschneiden mit einem FEIN-Elektro-Gewindeschneider unter Verwendung des jeweils gleichen Gewindebohrertyps.

Test-Material:　Baustahl

Materialstärke:　ca. 1,5 x Nenndurchmesser des Gewindes.

Beispiele über Zeiteinsparung bei folgenden Gewindegrößen:

Gewinde Größe	Material Stärke	Zeit für Handschnitt	Zeit für Maschinenschnitt	Zeitersparnis in sec. oder %
M 3	5 mm	23,8 sec	2,0 sec	21,8 sec ca. 91,8 %
M 4	6 mm	27,0 sec	2,0 sec	25,0 sec ca. 92,6 %
M 5	8 mm	25,9 sec	1,9 sec	24,0 sec ca. 92,7 %
M 6	10 mm	29,7 sec	2,3 sec	27,4 sec ca. 92,3 %
M 8	12 mm	40,3 sec	2,7 sec	37,5 sec ca. 93,0 %

BEISPIEL BEI M 5

Beispiel über Kosteneinsparung bei einem M 5 Gewinde

Stundensatz　45,– DM

Kosten für 1 Gewinde von Hand (Arbeitszeit = 25,9 sec.)　= 0,32 DM

Kosten für 1 Gewinde mit FEIN-Elektro-Gewindeschneider (Arbeitszeit = 1,9 sec.)　= 0,02 DM

Zeiteinsparung 24 sec. oder 0,30 DM pro Gewinde

Weitere Vorteile beim Maschinen-Gewindeschnitt

Hoher Zeitgewinn,
niedrige Arbeitskosten,
geringe Werkzeugkosten,
wenig Freiraum beim Schneiden notwendig.
Maschine ist auch stationar einsetzbar.

www.hermannscherer.de　Hermann Scherer

费用比较—隐藏费用 |

请您一定要确保您的客户在产品价格比较中是否在用苹果的价格与梨子的价格作比较。购买一种看来“便宜”的商品，还是购买一种显得很贵的商品，需要客户能够看到不同商品间后续费用的不同。右图中的两个不同软件推销商在卖出软件本身后，所需客户做的后续消费用冰山这个图示表现出来。请您千万不要以为您的客户能够“自己”作出这样的计算与比较：绝大多数客户根本没有想到在购买一件商品之后还有后续消费这件事情。

费用比较——隐藏费用

避免广告中客户关系软件所导致的隐藏费用

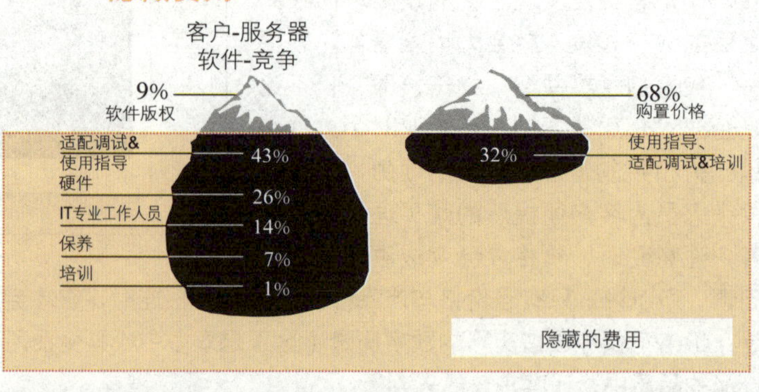

www.hermannscherer.de　Hermann Scherer

采取行动 |

企业生产的每一个产品都应该被介绍给客户，除此以外，您还必须为客户们提供一个贴心的答疑解惑的可能性。我们还可以帮助客户预约一个电话答疑时间（“请您允许我们在下周三的时候继续就这个问题探讨，我很高兴能为您服务。”），友善、明确通常能赢得客户的心。接下来，您要做的就是在书面上确认您与客户所达成的口头协议，而一份小小的惊喜礼物也会让客户对您青睐有加。

数量先于质量 |

没有错，您读得十分正确。您也总是关注质量吗？对于客户来说一个非常大的诱惑是：将您产品身上各种各样的强项都在介绍中展示给客户。噢，不不不，我的意思并不是，您在产品介绍的时候将所有的使用特性、媒体报道、企业信息、案例、模型计算、现状与理想之比较以及背景资料逐一为客户宣读。也许您可以把这些重要的信息总结在产品介绍的第一页上。在此之后，那些“剩余的”项目自然会起到它们该起到的作用。

产品介绍组成一览：

您愿意尝试通过一个显得高档的包装以及一个条理清晰的产品介绍从众多竞争对手中胜出，从而打动您的客户吗？那么您的产品介绍应该包含以下方面：

- 书面申请
- 为每个客户专门准备的介绍册封面
- 内容简介
- 前言
- 企业介绍
- 依照不同客户的不同需求而选择产品不同部分着重介绍
- 该产品特别的与众不同的地方或者保修
- “视觉效果”，提供诸如照片、模型一类的图片
- 为客户公司的决策者提供总结语或者是前面详细介绍的经典摘录
- 负责人的名片
- 专业行为规范以及方便快捷的回答问题方式（比如：通过传真订购、订购表格或者回邮邮资已付的信封）
- 显示品位高档的产品介绍封面

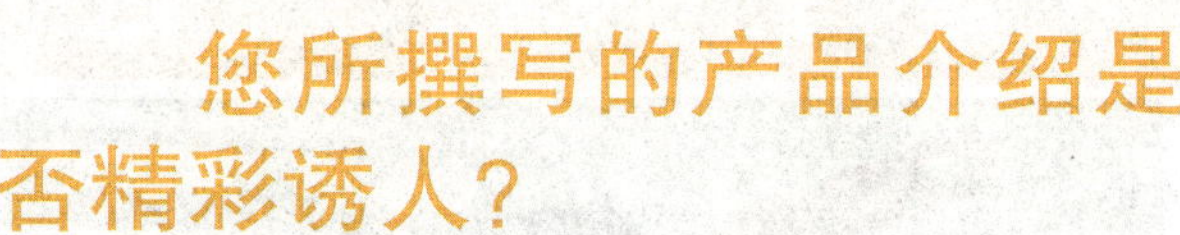

这里请您一定要注意的是您所撰写的产品介绍一定要与客户的需求有所呼应：不论您经营的是绿色环保酒店还是银行，您所撰写的介绍必须向客户展现出您所提供产品的最优秀的一面。

您所撰写的产品介绍真的是精彩诱人吗？——在视觉上，在形式上也和在内容上一样吗？请您不要简单地相信自己的直觉，最好还是多问问一些人的意见！

增加客户决定购买您企业产品的可能性

生产力的多样性

制造能力　价格　沟通能力

www.hermannscherer.de　Hermann Scherer

增加客户决定购买您企业产品的可能性｜

客户对您的产品做出购买决定之前，都会寻找您所提供的产品比其他产品更能吸引他们的地方。因为客户们都是手中同时有几个在选之列的供应商作为互为比较的对象的，所以一个优秀的产品并不只是被客户选择的保障，它也必须是您超过同行业竞争者的保障。特别是在当您的产品A要比同行业某竞争者所提供的相似产品B在价格上要高的时候，这样的要求尤为重要——所以说，一旦出现这样的情况，您就必须与您的客户沟通，让他们在价格这个看得到的因素之外，还能了解到那些看不到的——但是，同样能支持他们为您的产品做出购买决定的理由。

纺织业知识以及不满意包退换的保障

LANDS' END

规则一，我们全力打造质量。我们不仅能完善制造原材料并且同时注重那些常常被别人忽略的传统细节的添加。我们从不会为了能够提供价格更加便宜的产品而忽略了在质量上的追求。

规则二，我们诚实公平计算产品价格。我们从不会受同行业中其他供应商产品的价格所影响，为了利润先是哄抬价格，而后打着“剩余产品清仓处理”的旗号再压低本来虚假的高价。

规则三，我们随时接受客户以任何理由基于我们的反馈意见以及建议。不贬低客户，不与客户扯皮。我们所说的都是严肃认真的、毫无虚假成分。

www.hermannscherer.de　Hermann Scherer

纺织业知识以及不满意包退换的保障｜

Lands’ End服装公司对它的客户有一个很特别的保证：任何一件售出的衣服可以在任何时间毫无任何理由地被退回。您可别以为Lands’ End服装公司的客户会利用这个保证把他们穿旧的衣服再送回店里“换回”购买它时所花的钱。恰恰相反，这么多年来，被退回的衣物占所卖出的全部衣物数量的百分比远远低于1%。

要知道，这个退回保障令公司所承担的代价要远远低于它给公司带来的利润，因为它给了客户一个选择Lands’ End牌衣服的理由！

建造装修手工业服务以及清洁施工地点的保障

我们的十个加分点：

- 我们会在地面上铺满防尘塑料布
- 我们进来的时候会穿上鞋套
- 我们总是穿干净的工作服
- 我们总是使用清洁干净的工具
- 我们会随身带着我们的清洁工具箱
- 我们乘坐干净的汽车
- 我们在每一个工种中都有不吸烟的工作人员，他们随时准备为您服务
- 我们会为您把每一处地方打扫得如同崭新的一样
- 我们会为您处理我们在工程中产生的垃圾，确保您周围的环境不会受到污染
- 我们会为您清洁每一处您要求我们清洁的地方

www.hermannscherer.de　Hermann Scherer

建造装修手工业服务以及清洁施工地点的保障｜

图中所列的“清洁保证十做到”是一家烤箱生产商向他们客户所作出的郑重承诺。这样就避免了客户被头脑中早已形成的对生产商或者服务提供商的偏见所左右（比如“那些工人总是把到处都弄得脏兮兮的”）。

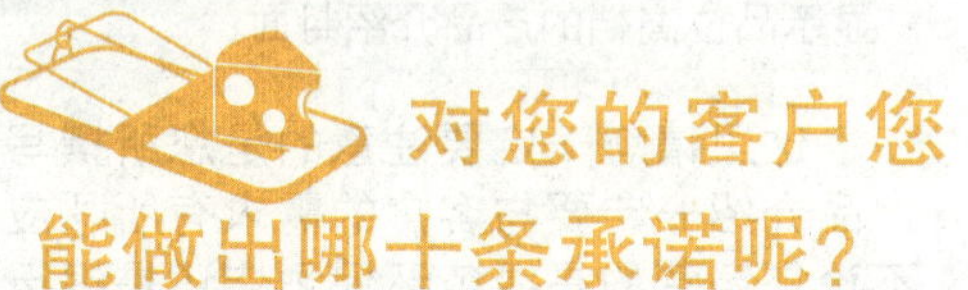

对您的客户您能做出哪十条承诺呢？

聪明选购您的厨房！|

仅仅是这样一枚金色的"基准—质量印章"以及与其相关联的一系列保障，从"可选择的送货安装日期"承诺到"立即使用"承诺，所有这些都使得该生产商的利润在不改变所生产的产品基础上直线上涨，或者他们也可以用高昂的价格向客户证明自己产品与服务的卓越质量。这就是一个向您证明客户为何会选择您的产品，同时还会激起客户放弃同类产品竞争企业的经典案例。

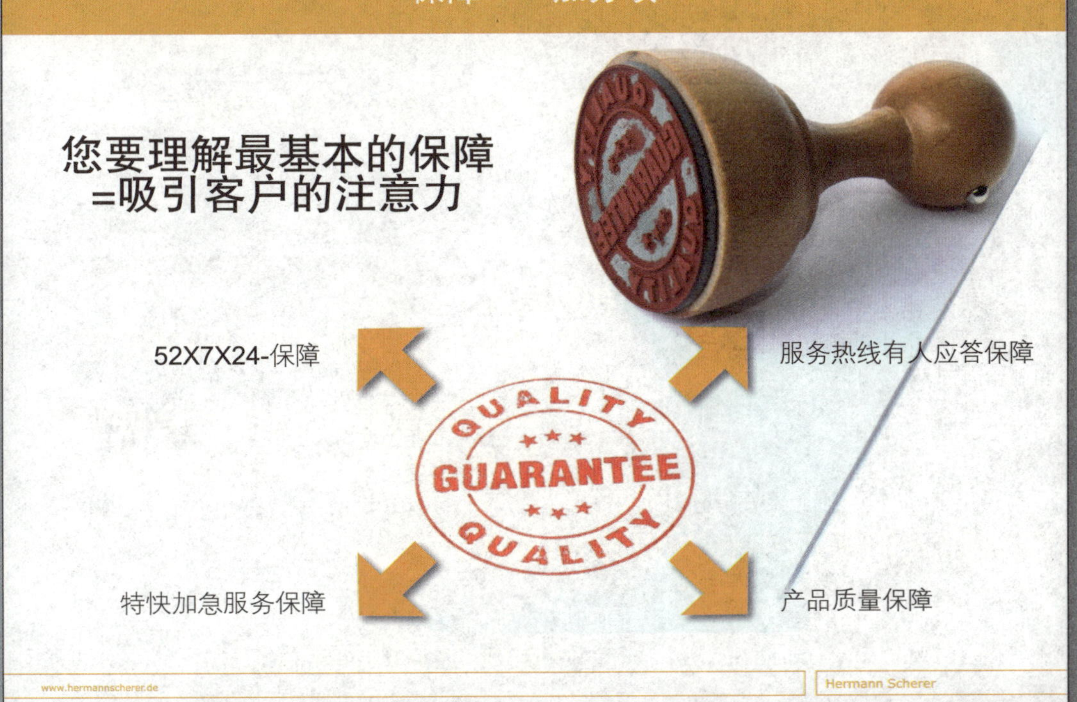

保障—加分项 |

上图中的例子向您展示了：您不必每一次都必须发明出什么最新型的产品才能保证您所生产的产品在市场竞争中保有强大的竞争力、吸引众多客户的注意力。您完全可以尝试从确保客户们所有权享受的最基本的服务项目开始。比如"52×7×24-保障"是向客户确保您随时都能为他们服务。当然，您的同行业竞争者可以模仿您也保证提供"24小时无休全方位服务"；但是如果他没有把这项保障用黑体大字印刷在他们的产品说明书上的话，那么这项保障在客户看起来几乎等同于没有。现在的问题是，您到底应该在产品介绍手册的哪个位置添加产品的加分项或者说是您企业所承诺的服务保障呢？

不论如何，选择最显眼的位置永远是一个最直接有效的办法。具体来说就是诸如：介绍手册的封面、特别为这两者所添加的附件、作为产品介绍的最后一部分抑或是在价格总额的旁边。

如果您选择最后一种可行的位置，那么这样您就将您对客户所作出的承诺作为产品加分项直接帮助客户计算在他们能看到的价格中了，同时您所生产的产品的价值中也包括了您所承诺提供保障的价值。

时机都不够好吗？

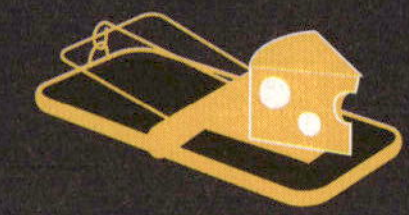

您（还）能如何向客户更好地展现您的附加价值？

不论如何，永远有一些企业，它们总是能逆着当时经济萧条的市场条件独自繁荣昌盛。而且对于这样的成功他们并没有投入大量的人力物力到市场推广中去，他们所投入的是优秀的服务，以及将该服务向客户清晰明确的传达。那家中型烤箱生产安装企业用他们的“清洁保证十做到”为我们做了一个非常好的榜样。

我们承诺：

1.52X7X24-加分项：我们全天候为您服务：每年52周、每周七天、每天24小时。→请将该内容改写成您个性化的表达方式。

2.及时性-加分项：我们向您承诺：在您给我们打电话后，最多30分钟，我们就在去往您处的路上。→请您将自己与您的客户换位思考。

3.质量-加分项：根据我们的统计，当地超过90%以上的企业选择购买我们的产品。→直接向客户指出您的推荐者。

4. 库存-加分项：我们能够立即开始，在我们超过500平方米的大型仓库中，有超过4000种的商品任您随时选购。→您想要具体说明吗？那么请您用数字说话！

5. 连续性-加分项：根据我们的经验，我们企业内部的工作人员平均年龄在37岁，平均在企业内工作的时间为12年。您将会享受一个整齐划一、忠诚可靠、效率至上并且卓尔不凡的团队的全方位服务——在这个团队中没有临时工也没有初学者！→谁是您企业中的员工？这同样也将影响到客户的决定。

6. 展示-加分项：我们运用先进的技术，比如在一个由30辆机动车所组成的车队中，包括高空作业平台、装配平台、大货车以及起重机。→采用高精尖的技术会使您的产品处于该行业的领先地位。

7. 守时-加分项：我们不接受任何借口，我们遵守每一个与客户的约定。坚决保证。→请您消除人们头脑中长久以来的成见。

8. 授权证明-加分项：我们接受任何人的检验，我们是整个德国西北部地区唯一一家受到西门子公司授权的TSK-交换机生产厂商。→展示您的质量保证！

9. 记录-加分项：我们会特别记录整个过程中我们所做的每一个步骤，让每一件事都有据可循，从电线的布置图到工程最终检测，每一个步骤我们都会100%详细记录在案。您的好处：大量地节省时间。后续添加的要求将无需再花费大量的时间准备，而故障也会被在第一时间被排查——绝不会是在大多数情况下的“只有去找，才能发现问题”。→请您也要动脑筋思考那些您的客户目前还没有想到的事情。

10. 承诺-加分项：我们可以确保产品以及服务的质量，您所购买的产品上的每一个零部件均含有两年的产品质量保证，其他部分则有五年（对于那些更为耐用的部分）。→请您不要忘记那些理所当然的部分（一定要避免这样的情况发生）。

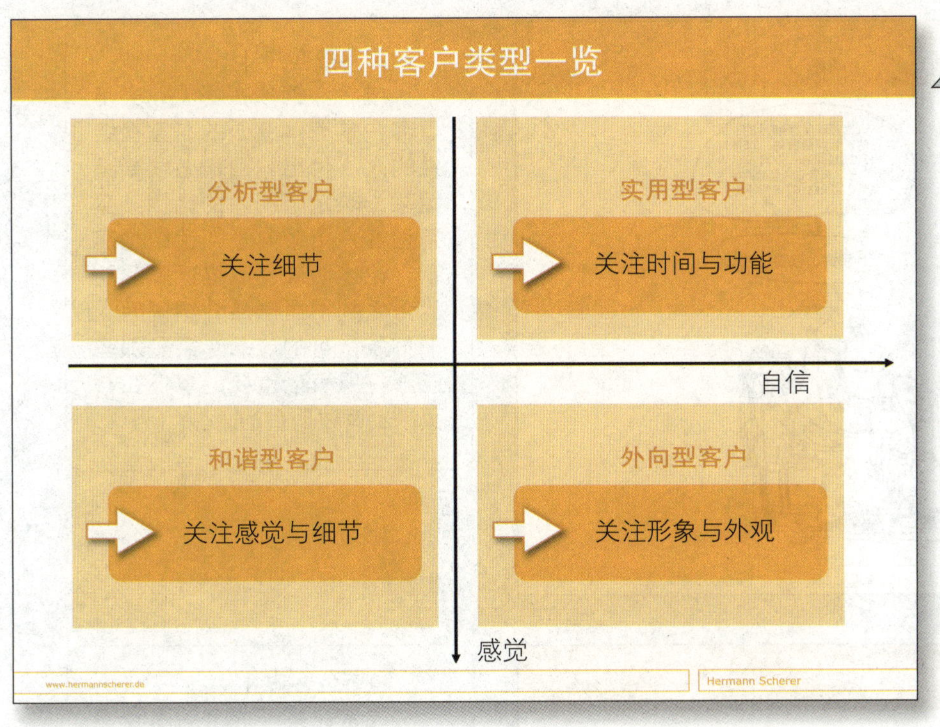

四种客户类型一览 |

客户和客户都是一样的吗？人与人是完全不同的，这个道理我们都知道。从这里我们可以知道：客户也有各种各样的类型。他们也希望被用他们习惯的方式与您交谈——当然也包括书面文件的风格。成功的营销者都不会忘记这一点。从心理学的层面上学习了解这四类人是如何思考、行为的，绝对会对您的营销计划起到极大的帮助，即使是世界上没有人是单纯属于这四类中的任何单一一类的。

您能针对不同类型的客户运用不同的营销手段吗？

分析型客户 |

或者：您能提供您产品的每一项详细的技术参数吗？分析型客户是理性的、知识型的人。如果他们有足够的时间，那么他们非常愿意研究所接触的任何一件事情的所有微小细节。

对于他们来说，最有说服力的莫过于事实上的论据，因为那些“看起来很美”的理由在他们面前都是不能成立的。

所以，在这类客户的面前，请您一定要用事实说话，并且耐心回答他们提出的任何一个有关细节的问题，最重要的一点就是：您一定要在向他们介绍细节的时候不仅运用数据与图表，而且还要配以自信满满的微笑。

您所有的营销计划都应该按照与您洽谈的负责人喜好与习惯专门设计，最好您也能将所涉及的客户企业中所有对购买决策有影响的人考虑进您的营销计划中去（如：决策者、产品使用者、采购者、咨询专人）。

实用型客户

这件西装有48号的、棕色的、针脚细密的、75%纯棉且25%纯麻、双排扣、内外双兜、适合在大型公共场合穿着、可以立即取货不必定制的吗?

有的

那好，我要一件。

Hermann Scherer

实用型客户 |

或者：钢琴在哪里？实用型客户是有事业心的、重视结果的人。付出与回报必须要满足某一既定范围内的比例。实用型客户更倾向于阅读结构清晰、论述明确、以描述产品功能为主的书面产品介绍说明。他们所认可的产品专家是那些能够将所有最重要的事情在一页纸上阐述明白的人。

和谐型客户 |

或者：关于这个问题我们必须要静下心来从全局的角度来考虑。和谐型客户最为重视的是人与人之间的关系。所有的人都应该感觉愉快，没有人需要为了成全别人而委屈自己。让他们作出决定的最重要因素往往就是费用。他们不喜欢您给他们过大的压力或者过于灵活。与此类客户打交道，您只需在面谈的过程中逐一确认您所交给他们的书面上的产品介绍说明，并且给他们您的个人联系方式：请您选择温柔的语调——给他们建议，给他们时间，让他们在需要的时候随时可以联系到您。

外向型客户 |

或者：他们整体看起来有多么性感！外向型的客户更喜欢那些能外观好看并且能满足增强他们自己个人存在价值的产品。一个惊艳的产品包装、一个美丽的图案、一个专业的设计都能为您所介绍销售的产品在外向型客户心中增加分数。

第十二章

能力的展现

如果没有人知道，优秀有什么用?

“为了能给这个世界带来什么新的东西，人们必须这样做，就好像他们真的给世界带来了什么新的东西一样。”

上面这句话是17世纪的法国道德家、作家弗朗索瓦·德·拉罗什富科对他的那个时代所做出的评价，而这句名言也常常被我们今天的公共关系咨询师们所引用。如果企业或者供应商们能够将他们真实的产品与服务在眼前重点突出地展示的话，那么他们其实就已经在营销上赢得了客户。

事实上每一位客户都希望在咨询的时候销售员能够全方面地阐述他们产品的特性的，这样不但减轻了客户作（购买）决定时的困难，也能帮助他们在选择您的产品时为自己找到更多的理由。所以说，营销人员应该在营销过程中向客户传递这类证据！

谁要是不能清楚明白地让客户了解他们的产品，那么在客户改变主意选择其他同类供应商时，也就不要心生奇怪。

请您千万不要误会我的意思：为了能使产品在市场上长期保持优势，获得一个不可动摇的地位，这种情况确实必须首先基于产品本身优秀超群的质量。可是，产品仅凭质量好、实用性高便可以在市场拔得头筹的时代毕竟已经过去了。现在的市场竞争，重要的是，商家必须在激烈的市场竞争中、在第一次与客户接触时就给他们留下良好的印象，令他们对商家产生坚定的信心；如果有可能的话，最好在客户与商家第一次会面之前就能产生上述的效果。一个良好的名声就像商家在客户的头脑中先入为主生成的加分项，而这所产生的最直接的结果就是大大地提高销售的可能性。

事实上，与其守株待兔地坐等产品自己在客户的使用中展示其优秀的质量或者卓越的功能，不如您在营销的过程中就应用适当的方式方法，让客户对您的产品从心里产生一种信任感。营销人员将自己打造成专家的形象当然也属于该范畴之内（详情请见第十六种模式），不过，通过许许多多的短小的、实用的方法，如：他人推荐或者他人褒奖，也是同样行得通的。

很多年前，我曾经与一位非常著名的音乐人一起合作编写一本书，那个时候我是自己作为联系人的，就是在那次工作中，我显示出来在多领域中的不同专长的。有一次在我去见我可能的未来合作伙伴时，在与他本人见面之前，他的秘书小姐递给我一杯饮料，又指了指旁边的电视机后说：“某某先生马上来，您可以先看一会儿电视节目。”然后她就走开了。在接下来的19分钟里，为我的合伙人量身定制了各种成功的可能，日后一一实现：某某先生曾经赢得过大奖赛的奖牌；某某先生曾经担当过大型流行音乐会的制作人；某某先生经常被媒体报道而且还曾经被托马斯·戈特沙尔克所主持的著名谈话节目邀请为座上宾；某某先生曾经作为导演指导在某大型足球场馆里举办的大型文化活动。就是这样，我就已经在我们见面之前已经将我们的合作可能性“买下来了”。

电话号码—多样性 |

您觉得这个办法怎么样，您的客户得到的不是一个任意的电话号码组合，而是，如“0700—法律顾问”或者是“0700—专家热线”数字与字符混搭的电话号码？将电话键盘上添加字母在今天已经是可行的了：您只要在德国联邦网络代理处加上62.5欧元就可以申请这项个性电话号码的业务。即便“多样性”这个词给您的感觉更多的是多余，但是若是您能够使用这样个性化的电话号码的话，那么客户们将能更容易地找到他们“真正”需要的服务人员（法律部、公共关系部等等）。这样可以轻易让人区分的标识性比您的名字还要强烈得多。

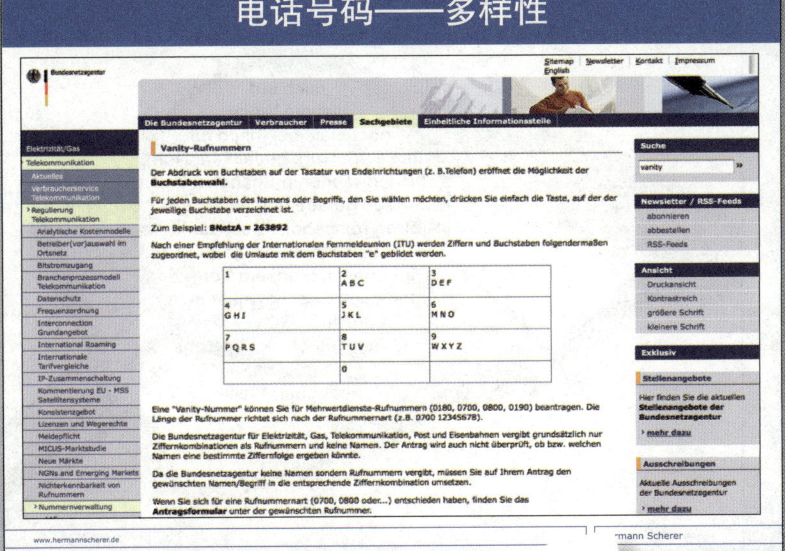

确认与客户所约定的时间

请您一定要检查客户给的联系方式，以及您是否能通过这些方式联系到他们。即便仅仅是与客户确定一次所约定的时间，您也是需要这些联系方式的。请您不要给一位习惯简洁明确的客户寄上一份冗长、非常详细的说明；其实您可以事先印刷好一些约会便条，就像牙医总是会为他们的患者准备的那种，您只需在口头确定约会的时间、地点后填好该便条，再交给您的客户即可。

右边的例子向您展示了一封内容具有说服力、承诺结果（“完全提升不同”）以及包括老客户的推荐的信件。我想顺便说一句的是：事实上这些联系方式很少会被用到——但是一旦您用了它们，那么您就会给您的客户留下不可磨灭的良好印象！

尊敬的客户：

我非常高兴能与您在8月14日在您的办公室中见面。

我们将在会面中谈到如下的问题：

产品功能的全方面介绍以及我们公司的重点生产项目

我们产品的客户所可能拥有的售后服务项目

您在与我们第一次的会谈中就会立刻明确地体会到我们公司所提供的产品以及我们为客户所提供的服务是多种多样的。

为方便您能在我们见面以前就能大概了解我们到底是如何工作的，我们向您提供三位公司的老客户，您可以向他们致电进行进一步的咨询与了解。

汉斯·胡伯，马克斯图尔股份邮箱，威登，089-3265663

约瑟夫·梅耶，工具租赁上，汉堡，040-948493893

马尔塔·永德，特劳克公司，特劳姆奥尔特，089-5463985

我们的这三位老客户都事先都同意了我将他们的联系方式给您，他们非常高兴能够为您解答您的疑问。

在我们30分钟的会面中，您不仅将会听到我对公司产品的介绍，还会了解到公司为客户提供的其他一些产品与服务，以及我们将如何帮助您优化您的现状……此致

敬礼

请您自己反思每一次与客户接触的形式：我公司的形象是否能说明我公司的实力？这个问题既包含经典的企业市场营销方式，从印刷品的统一格式到网页设计，又包含公司所处的地理位置与整体空间性的利用，以及推荐人与信函的行文质量。

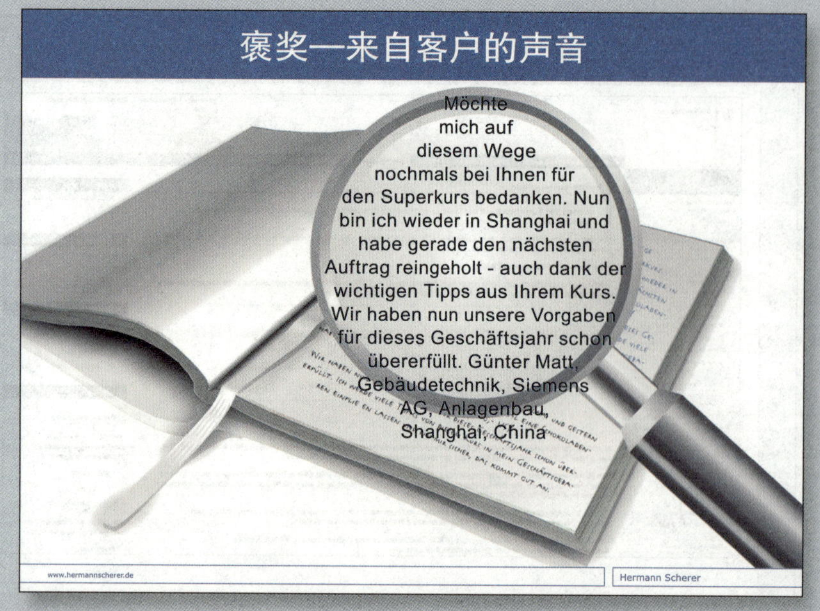

褒奖——来自客户的声音 |

如果您的客户能为您的产品说话的话，那么他们所说的话将产生不可估量的结果。一个客户给您的评价在其他的人看来是具有权威性并且甚至能比花大价钱做广告产生更有效的影响力。所以说，如果客户曾经对您的服务表示满意，那么您可以在此基础上向他们询问，比如：他们是否能将自己口头上对您的褒奖变成书面形式。或者，您可以在公司的等待室中放置一本“意见簿”，并用图片向客户示意，请在这里写下些什么。

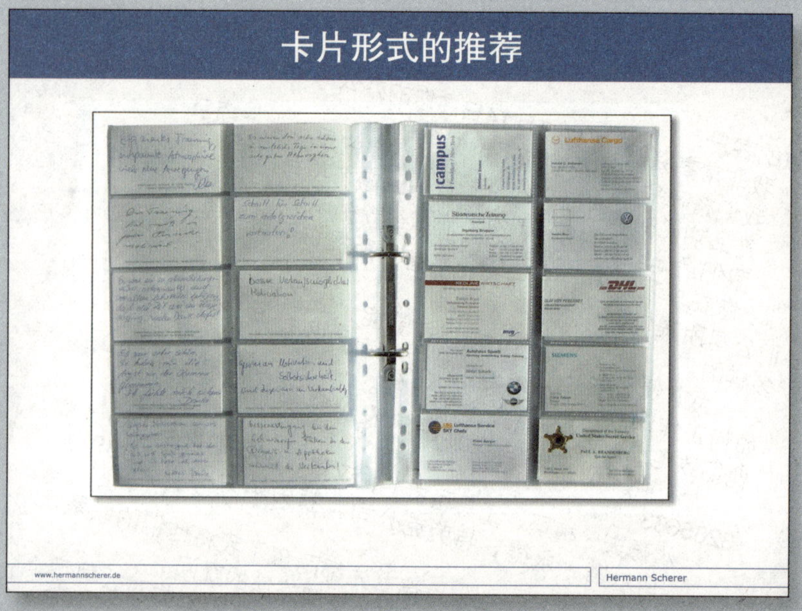

卡片形式的推荐 |

谁要是能规律性地邀请客户在他们的名牌背后为自己的产品与服务质量写上几个关键词评价的话，那么现在，他就会有一本非常可观的客户推荐册了。即便只是那些客户企业的Logo标志，放在一起看的话，也是令人叹为观止的。

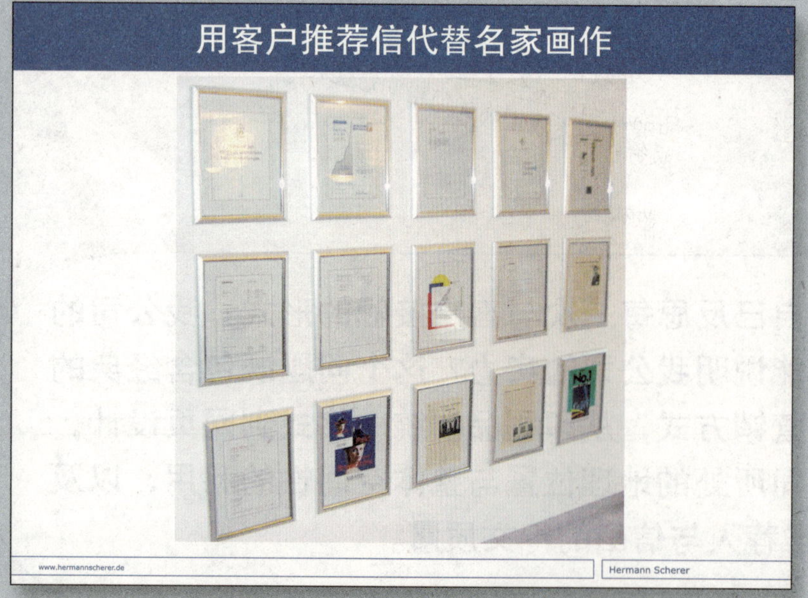

用客户推荐信代替名家画作 |

为什么公司的会议室里、办公室里或者大厅的接待处都要悬挂名家画作，从塞尚到米罗充当装饰品呢？为什么不为自己举办一个客户推荐信以及表扬信的小型展览？

客户等待室则是举办这个展览最理想的场所,让客户在等待的时间里阅读这些可比让他们胡乱翻一些个人并不感兴趣的杂志要有意义得多。

像展示照片一样展示您的客户推荐！

我想您一定还记得这句话："一图胜过千言。"我建议您不如让图片自己说话，您完全可以利用现代人的接受习惯，即"与阅读文字相比较起来更愿意看图"。请您还要记得，在每一次媒体见面会、演讲、公司开放日、研讨、重大商务会议等类似活动的时候，一定要有专业人士为活动摄影！

"曾经到过那里的人决定将去到那里的人。"

——某古老的营销真理

经典的推荐

如何利用客户为您撰写经典推荐，从而让他们对您或您的企业产生更大的正面效应呢？这里要讲的是一些最基本的方面。

重要的是，他们对您能力的"描述"应该是正确的，并且是能令人信服的。在这方面照片比文字更有说服力。如果公司允许的话，您还可以做使用前后的对比记录（比如：在前后两张对比的照片下加上如下的说明文字，加工前的游泳池是这个样子的，而经过我们加工后的游泳池则又变得闪亮如新了！）。

同样的道理，您也可以将自己的产品与同行业竞争产品作比较，在客户使用您的产品后与使用别的产品后的两张照片下面分别加上如下的说明文字："这是使用传统产品后的结果——这是使用过我们的产品后的结果"。

除此以外，适当的自我描述也能起到非常好的作用：谁要是为"市场上最有实力的十个纸张制造商"提供技术服务支持，或者谁要是有大量的上市企业作为客户的话，那么这样的事实完全可以打消任何一个对您企业产品或者服务的怀疑。

这里我还有一个建议：虽然在普遍意义上推荐都会明确指出是谁推荐谁，但是实际情况也不尽然。一位参加过我辅导课的学员曾经写道："我非常愿意向别人推荐您的培训，不过前提是我们不是直接的竞争对手！"

所以，你看，有时候匿名的推荐也并非不是件好事情。

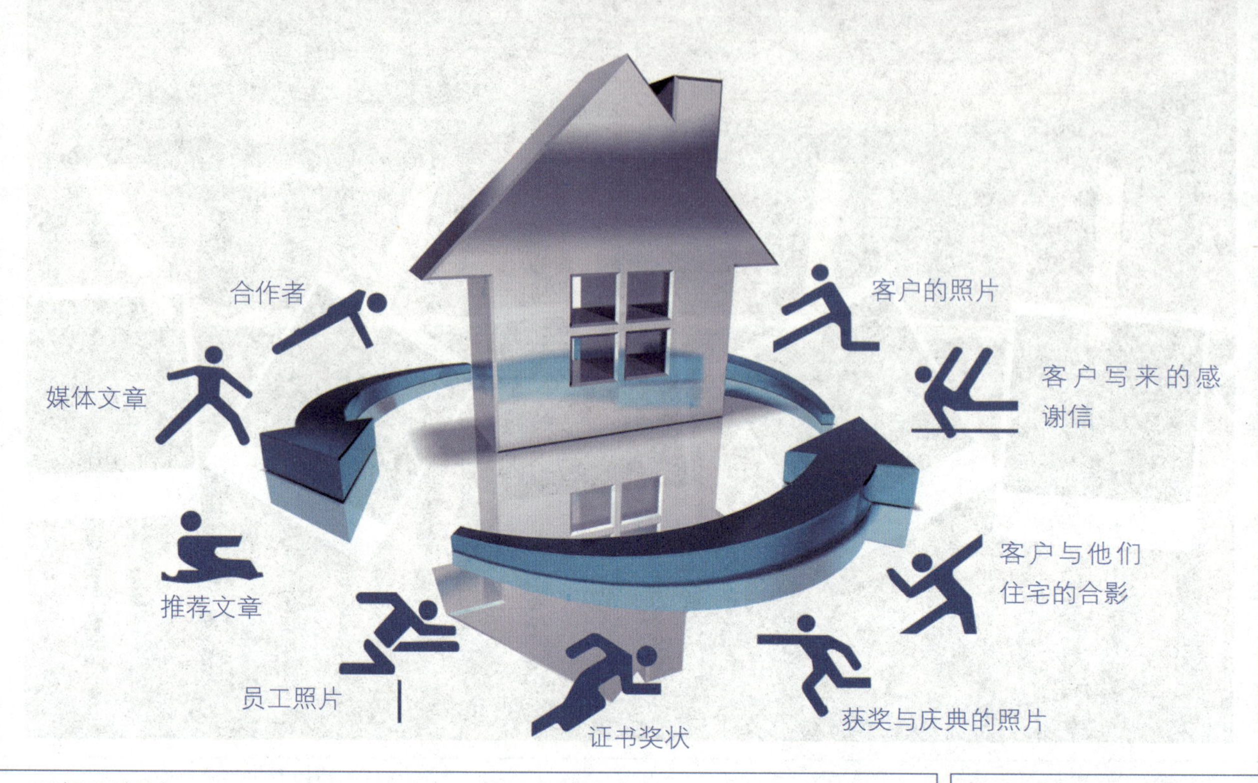

展示能力的方法：全方位介绍您的产品 |

我曾经在一位房屋建造商那里见过一份可以称得上是设计完美的全方位能力展示：有意向建造房子的客户们均可以在他们的公司得到一系列关于他们建造各种房屋能力的细节展示。与大多数的房屋建造商一样，他将所有由自己公司承担建筑的房子都拍了照片，当作记录。当然这是远远不够的。接下来他还会带领客户们沿着一道长长的照片墙一路走一路介绍墙上所悬挂的照片的来历："这里都是我们所建造房子的草图，这些都是我们的客户在房屋落成典礼上与他们新房子的合影。

这里是我们收到的客户在入住之后寄给我们的感谢信。还有这里，您看到了吗？他们都是我的客户们在搬进新房子以后生的孩子们。我们则总是能得到这些孩子们成长过程中各种各样的照片。而这里是在房屋建造过程中与我们合作的企业的Logo标志。"最后，还有一个时长为90秒钟的Power Point幻灯展示，客户们将在这个展示中了解到一幢梦想之屋具体是如何被建造的。

如此介绍的结果就是：大多数其实只想来打听一下的客户们已经在询问，他们是不是也"可以"将他们新房子的照片挂在那面照片墙上了。倘若您也想为您自己的产品或者是您所提供的服务设计一种完美的展示方法的话，请您务必要考虑一下，您是否能将它们的整个生命周期都在介绍中展示出来。

能力展示检验清单

- 您将自己的能力与经验向您面前的客户展示得足够清晰吗？
- 在您展示自己的能力的过程中，是否使用了足够的不同形式的辅助工具，即便是那些并不是十分常见的（比如：PPT演说报告、录像、展示工序图、支票夹）？
- 您是否注意到，每一个客户联系方式都是一种能展现您不同方面能力的途径——即便是一封"简单"的约会确认信。
- 您也运用照片吗？您在那些能够提升您个人声誉的由您所举办的重要活动、出席的各种场合或者大大小小的会议上用照相机为您的经历做过记录吗？
- 您是条理清晰地收集那些客户对您的评价吗（比如所有的表扬信感谢信或者是写在名牌背面的关键语句）？

关于未来成绩的支票簿｜

这里还有一种方式可以帮助您向您的客户展示您的能力。通过这种方式您可以向您的客户展示，若是他们选择了您的产品或者服务，那么他们还将获得什么样的附加服务。

这里我们以一家在这方面做得十分出色的健身中心为例，他们通过赠品形式，让客户尝试他们所提供的各种各样的服务，与此同时使客户自动打消选择其他健身中心的念头。这家健身中心在第一次向对健身感兴趣的人介绍他们中心以及展示他们所有健身设备时，就送给那些潜在客户一本包含各种服务的代金券，从一个饮水瓶到训练咨询再到桑拿。当客户们在正式注册的时候，便可以用这个模板代金券册兑换一本"真正"的代金券册。这样的行为所带来的心理学上的效应是：即便其他的健身中心也提供同样的服务，但是在这里，客户们得到的不止是承诺，而更加是一件实物，而且是以代金券的形式，而代金券总是会让人感到使用起来的结果简直是物超所值。这家健身中心新会员的增加速度正与他们的期望相吻合。而这种方式，人们也可以在其他的行业模仿学习。

您如何更好地向客户介绍您所提供的产品功能以及您所提供的服务包含哪些内容？

让您的想象天马行空——更多的能力展示方法

除了传统的能力展示方式，比如：表扬信、感谢信或者是评价留言作为展示对象以外还有很多各种各样的其他的方式。只要能使您的客户满意，什么形式您都可以运用。这里是我的一些建议：

- 对您的产品以及服务满意的客户的照片（在他们的房子前、在他们的新车前）。
- 专业的PowerPoint报告。比如一个时长90秒的纪录片，内容为您企业最成功的一次经历。在报告中，您表现得越是幽默，就越是容易获得客户的信任，而其所产生的效果也会出乎意料地加倍地好。
- 专家的证明，比如：德国技术监督协会所提供的优秀质量证明、质量检测协会所颁发的勋章或者是另外一些什么勋章、行业专家协会的评价，以及ISO的证书。
- 真实产品的某一部分或者产品的模型，从被修复师所修复一新的沙发到由网页设计师所设计的企业新网站。
- 为对您所提供的产品或者服务满意的客户所摄制的录像（DVD或者是录像带）。
- 统计数据或者是其他的能够展示您企业实力的数据，比如："满意"课程参加者数量的百分比与"非常满意"课程参加者数量的百分比、成功的比例、平均利润率、机器的使用寿命，等等。
- 各种奖项、奖杯以及（培训）证书。
- 随同报告一起发放的内涵能力证明的宣传册、客户评价、客户名单、媒体报道，等等。
- 个人发表的文章（书籍、报纸杂志上的文章）。
- 媒体上对您的证明报道、客户的评价以及赞美。
- 您在某些著名协会或者专业同行会的会员身份。

一个不被介绍的服务项目等同于一个不存在的服务项目！

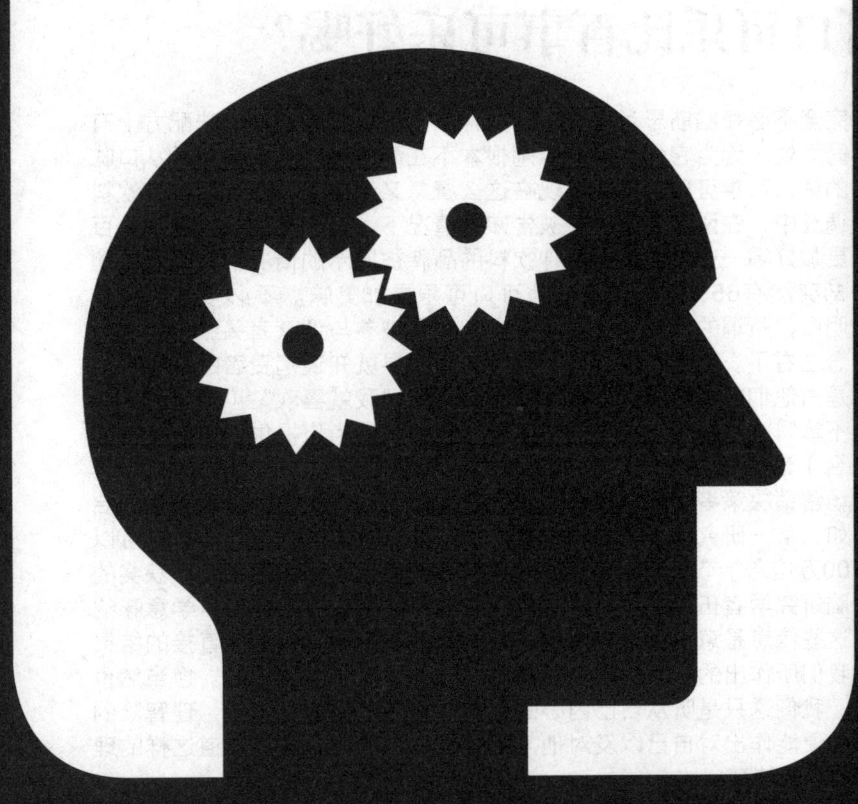

第十三章

品牌

商标+协作=品牌

为什么可口可乐比百事可乐好喝?

您完全不必费脑筋思考比较，这两种品牌的饮料到底在口味配方上有什么不同之处：因为它们之间的区别根本不在配方上。若要真能单从口味定胜负的话，百事可乐也不会像现在这么着急又无奈了。在这两种软饮料的比较调查中，在两者的商标不被告知的情况下，有**51%**的品尝者认为百事可乐更加好喝一些；但是当两种饮料的品牌被明示的情况下，同一群测试者中却突然有**65%**的人转而认为可口可乐更加美味。不必多加探究，也可以明白，所谓的口味调查的结果实际上是被参与调查者头脑中先入为主的观念左右了。完全正确。市场营销专家们早就知道消费者的购买行为更多地是由他们的情感而非理智所决定。除了“我就喜欢”（麦当劳），“我又不笨”（媒地亚电子市场）以及“我们乐意为您提供娱乐”（德国第七电台）这些响当当的广告语外，您还能想起哪些？在过去的几十年里，市场营销决策者从人类神经学研究者的研究成果中得到越来越多的启发，比如，某一研究结果曾强调人类的大脑在无意识的状态下每秒钟可以加工**1100**万信息字节——但是其中只有**40**信息字节会被人意识到。获奖的人类大脑研究学者伍尔夫·吉格尔教授曾经对此事实作出充满哲学意味的结论：这些信息是意识存在自由的表现。而该事实所导致的最直接的结果就是：我们所作出的所有决定中有**70%~80%**是完全无意识的。您当然也可以说：我们这只是听从自己内心的召唤，并且遵循潜意识中“理智”的声音，以便能作出对自己以及对他人都是最适合的决定。要知道这样的理智被称作事后诸葛。

大型商品品牌的游戏规则都是相同的：他们控制同类产品的联合会，唤醒消费者的情感，再成功地让他们感受到自己的情感，并最终将这种情感化为行动——也即购买。这也就是为什么女人们不惜花费大量的金钱，只为了能从地球另一端的国家购得某一种特定品牌的一小盒擦脸油；即使是产品研究者已经通过研究得出结论，那些大牌的擦脸油的效果与每一个街角的日常用品商店所出售的无名产品效果毫无二致，然而女人们却依旧还是完全无视这种科学的研究结果。事实上，女人们购买的并非是那一小盒擦脸油本身，她们购买的是生产商在广告语中所承诺的“永远年轻”，而这个承诺才是产品的全部价值所在。也正是同样的原因，才会是人们觉得驾驶一辆哈雷·戴维森摩托车是在本质上与驾驶其他交通工具完全不同的事情，因为它代表了一种生活态度。

这也就不奇怪，为什么一个成功的品牌要比一块黄金本身要更有价值：**2007**年美国明略行市场调研公司曾经通过调研表明美国的最顶尖的十大品牌市场总价值为**1.94**万亿美元。从市场每年的表现、客户评价以及革新程度各方面综合来看，谷歌这个品牌市值**8610**万美元，排列当年品牌榜第一的位置。现在请您思考一下，当您听到“谷歌”这个名字的时候，您的脑海中想到的是什么？而当您听到“雅虎”这个名字的时候，您的脑海中想到的又是什么？——现在您可以理解，为什么雅虎在同一个排名榜上只位列第**62**了吧。

品牌领导市场是一个非常复杂的问题，在这里我们只能挂一漏万地向您阐述。最重要的是神经学家们表示：在消费者的头脑里并没有一个“开关”，商家们只要一按，消费者们就会乖乖地去购买。而事实上，没有一家生产商能够例外，没有一家生厂商在忽略消费者的情感、不与他人建立联合协作关系的情况下，还能为自己树立品牌口碑。

“在工厂里我们生产化妆用品，在商店里我们贩卖人生的希望。”

——查尔斯·瑞沃伦

商标+协作=品牌 |

您正在笑吗？在您看到快餐业巨头麦当劳与奢侈品大亨普拉达两家联合所生产的这款“混血”产品之后。两者各自的Logo标志与品牌名称字体均保持原有的样子，以便客户仍旧能够一眼认出该产品的价值。不过这个例子的可笑之处并不在它的包装设计，而是这联合在一起的两家生产商显得过于风马牛不相及了。

用摩托车代替摇椅 |

管理大师汤姆·皮特森在他的畅销书《重整——想象！》一书中说道：“哈雷·戴维森卖的不是摩托车，星巴克卖的不是咖啡，Club Med经营的也并非是度假村。同样，健力士卖的也不是啤酒。请您再仔细地想一想。”为什么会是这样的呢？我们依旧还是请您看右边胜过千言的图。

品牌的享受特性

一辆哈雷摩托车为其驾驶者所带来的绝对超过“驾驶的乐趣”，它们的广告语向消费者保证的是自由与冒险的心理感受。在哈雷摩托车的首席执行官理查德·缇尔林科的英明决策下，哈雷摩托车不但成功打入市场，而且还为公司带来了数十亿的利润。在2007年的世界一百强公司排名中，哈雷摩托甚至排在了古奇、卡地亚以及摩托罗拉的前面。

“我们所出售的是一种可能性。这种可能性可以使一位已经43岁的会计能够再度拥有穿上紧身黑皮夹克、横穿某个小村庄，并且让所有看到他的人都心生敬畏的一种可能性。”

——哈雷·戴维森公司主席

从原材料到生产成品 |

这里举一个咖啡销售的例子。随着咖啡本身享受特征显著性的提高，其售价以及利润也会相应增加。当咖啡生产商能够通过咖啡原材料以及销售商能够通过其产品（例如：500克咖啡）卓有成效地获得利润，那么光临咖啡店的消费者也可以从更多的方面享受他们在这里所喝的这一杯咖啡，比如优美的环境、麦森瓷器商生产的咖啡套杯，而这就是我们所说的对于成品的多方面享受。

“理智与情感两者最重要的区别在于，情感驱使人们去行动，而理智则帮助人们去判断。”

——唐纳德·凯讷（神经学家）

品牌与大脑 |

最新的市场营销趋势被称作“神经学市场营销”或者“大脑—名牌”。科学技术的发展给我们提供了可以观察人类大脑活动的可能性。德国慕尼黑路德维希·马克斯密里安大学的医学心理学研究所在安恩斯特·普派尔教授的领导下组织了一次跨领域的研究项目，该项目的参加者除了研究所的科学家们以外，还有市场营销的专家们。

其中的一项研究结果表明：当有新的品牌在市场上出现时，人类的大脑被全新的信息唤醒。而研究人员的中期目标是找到能够直接将信息送达消费者大脑中的通路。诺贝尔经济学奖的获得者威尔·史密斯2002年在斯德哥尔摩的获奖发言中称“神经学与经济学联合研究已经成为研究人类理解能力——人们是如何思想、观察以及如何形成决定与如何改变决定的划时代的两大新支柱”。

神经物理学家、神经学经济学与神经学市场营销学专家迈克尔·德普的研究又更进一步：“在名牌面前，人类的大脑处于瘫痪状态。”

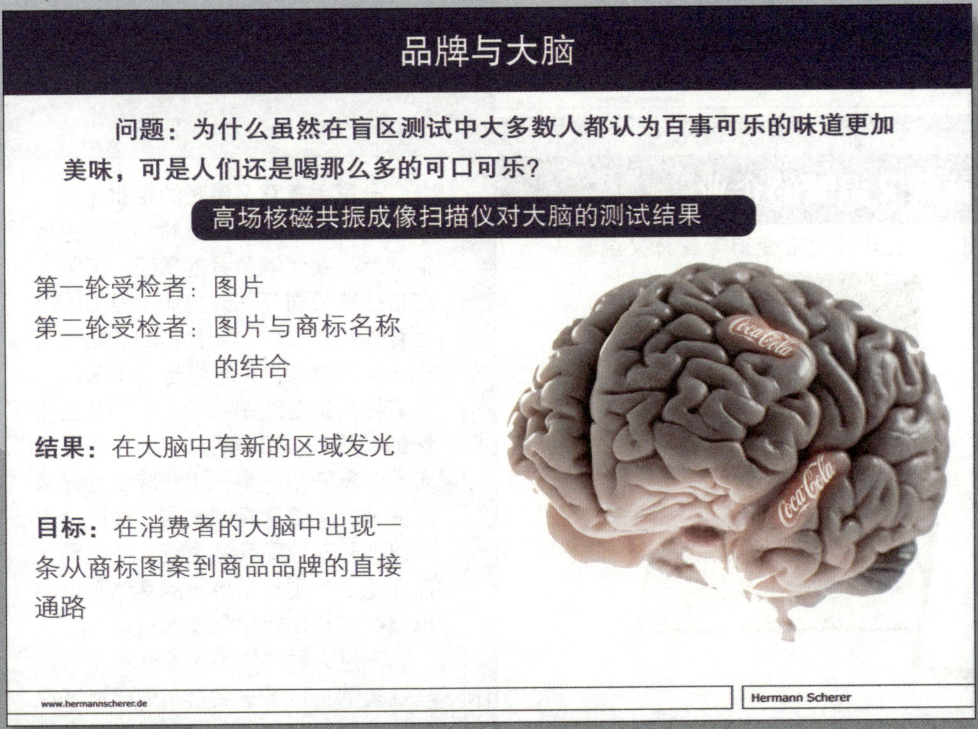

品牌与大脑

问题：为什么虽然在盲区测试中大多数人都认为百事可乐的味道更加美味，可是人们还是喝那么多的可口可乐？

高场核磁共振成像扫描仪对大脑的测试结果

第一轮受检者：图片

第二轮受检者：图片与商标名称的结合

结果：在大脑中有新的区域发光

目标：在消费者的大脑中出现一条从商标图案到商品品牌的直接通路

www.hermannscherer.de　Hermann Scherer

数据来源：安恩斯特·普派尔教授的市场研究

可口可乐VS.百事可乐 |

在盲区测试时有51%的参与测试者认为百事可乐的味道更胜一筹。而当他们品尝带有商品标志的两种软饮料时，竟然有65%的人突然认为可口可乐更加好喝。

导致测试结果如此变化的正是人类的理智。是的，市场营销专家早就知道，消费者的购买决定更多是由人类的情感而非理智所支配的。

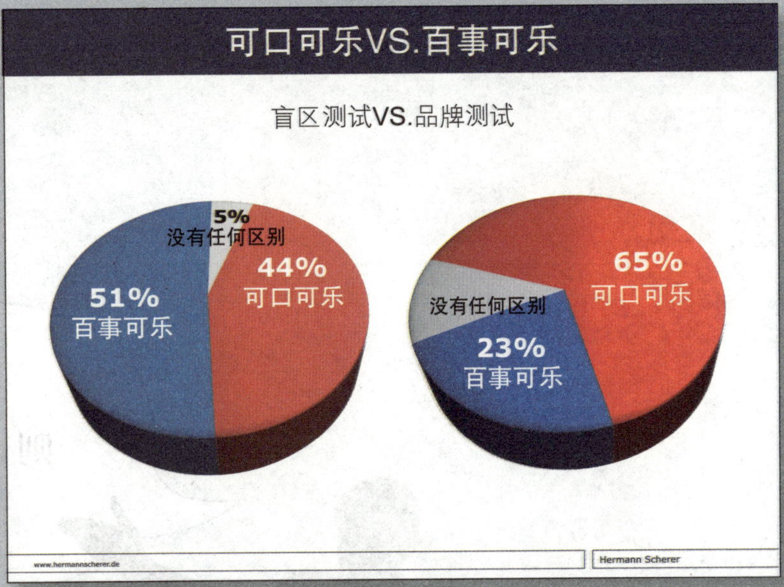

可口可乐VS.百事可乐

盲区测试VS.品牌测试

5%
没有任何区别
44%
可口可乐
51%
百事可乐

65%
可口可乐
没有任何区别
23%
百事可乐

www.hermannscherer.de　Hermann Scherer

情感不会变?

可长久保存的阿尔卑斯山牛奶

在阿尔卑斯山前富饶的土地上，那些富有责任心的农民所经营的牧场是奶牛的家乡。汁液丰富、品种繁多的牧草是奶牛健康营养的食物来源，而我们每天所食用的牛奶则来自于它们。

www.hermannscherer.de | Hermann Scherer

情感不会变? |

脱脂牛奶看起来并不是一种能够唤醒人类内心情感的产品。韦恩史代凡奶制品加工厂给我们上了非常生动的一课。他们将其奶制品的包装都设计得非常具有田园风情，而这样的设计正是为了打动消费者的心才应运而生的。面对这样的设计，谁不会想到一头阿尔卑斯山下自由自在的牛呢?

一家毛茸茸又温暖的企业

或者：“礼琪让企业变得毛茸茸又温暖”

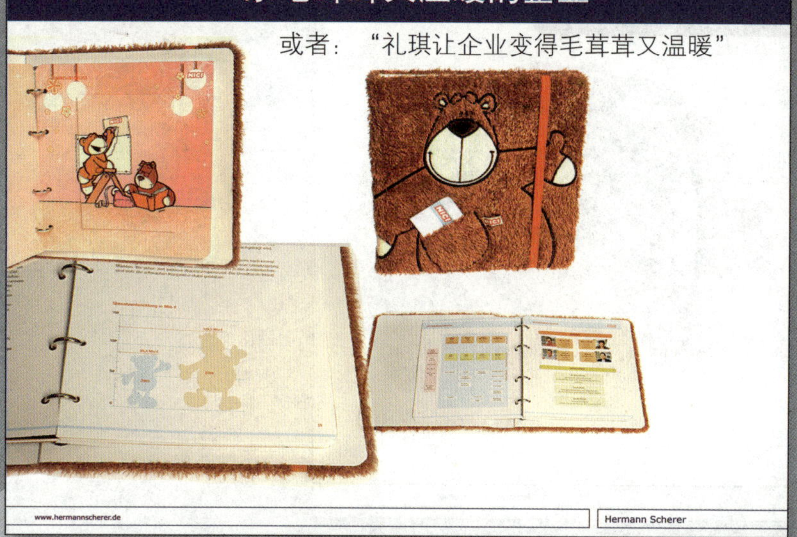

www.hermannscherer.de | Hermann Scherer

一家毛茸茸又温暖的企业 |

毛绒公仔玩具制造商不仅仅用他们的产品唤起消费者的情感，甚至还在自己的公司产品宣传册上包上同样毛茸茸的封面。市场营销的成功使该企业从阿尔滕昆斯塔特走了出来：一家曾经只是毛绒动物私人小手工业作坊的礼琪在1986年从弗兰肯地区的米歇尔奥开始一步一步变成全世界闻名的名牌毛绒玩具制造商。这段话您可以在礼琪公司网站主页上面找到。而在此之上则有用更大的字体写出的标语：“礼琪让您充满幸福感”。

不过人的感觉不可能永远是和谐与温馨的：倘若一名汽车司机能够在他拉风的雅科仕汽车中，即便是在昏暗的高速路上发生了意外的翻车事故，却还能被车中的安全设备保护得毫发无伤，那么他对这辆车的品牌所产生的强烈感情绝对不亚于公路电影的必备道具哈雷·戴维森摩托车。

请您打破原有的规则，尤其是那些由其他人设定的规则。

潜意识——水平面以下

您的商标

有意识的品牌期望

无意识的品牌期望

孩子们能保持二十分钟的安静

能在生活中招引更多年轻貌美的女性

www.hermannscherer.de

Hermann Scherer

潜意识—“水平面以下”

所有的产品都是只有一部分品牌影响在我们的日常生活中起到作出购买决定的引导作用。严格来说，只有两种品牌期望：一种是有意识的，另一种则是无意识的。麦当劳对消费者所作出的公开承诺便是，它们菜单上的产品永远保持价格低廉。然而许多消费的发生却并非由于那些被商家说出来的品牌期望。比如：去一次麦当劳，家长们则可以从孩子们的吵闹中获得20分钟的安静。这种潜在期望值不仅适用于麦当劳这种快餐产品，同样也适用于像保时捷这样的奢侈品。购买保时捷的消费者所能公开的产品期望有：卓尔不群的品位、对最新技术的追求、充满活力的运动状态以及对速度的享受。但是在“水平面以下”，购买保时捷的男人的共同希望则是获得更多年轻美貌女人的瞩目（或者至少是一瞬间的回头率）。

您的品牌是为了满足什么而存在？您的产品所包含的潜意识的期望值是什么？假如您将您产品的商标Logo当作您的护照照片所应用的话，那么您又代表了什么呢？

您的品牌是为了满足什么而存在？
您能满足消费者的哪些公开的期望，又能满足他们哪些潜在的期望呢？
每一个品牌所保证的方面只要能消除消费者的后顾之忧，
那么这个市场营销宣传就是成功的。

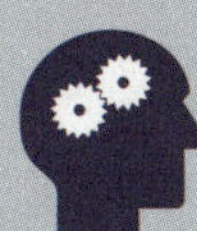

您的目标客户又有哪些“水平面以下”的期望呢？

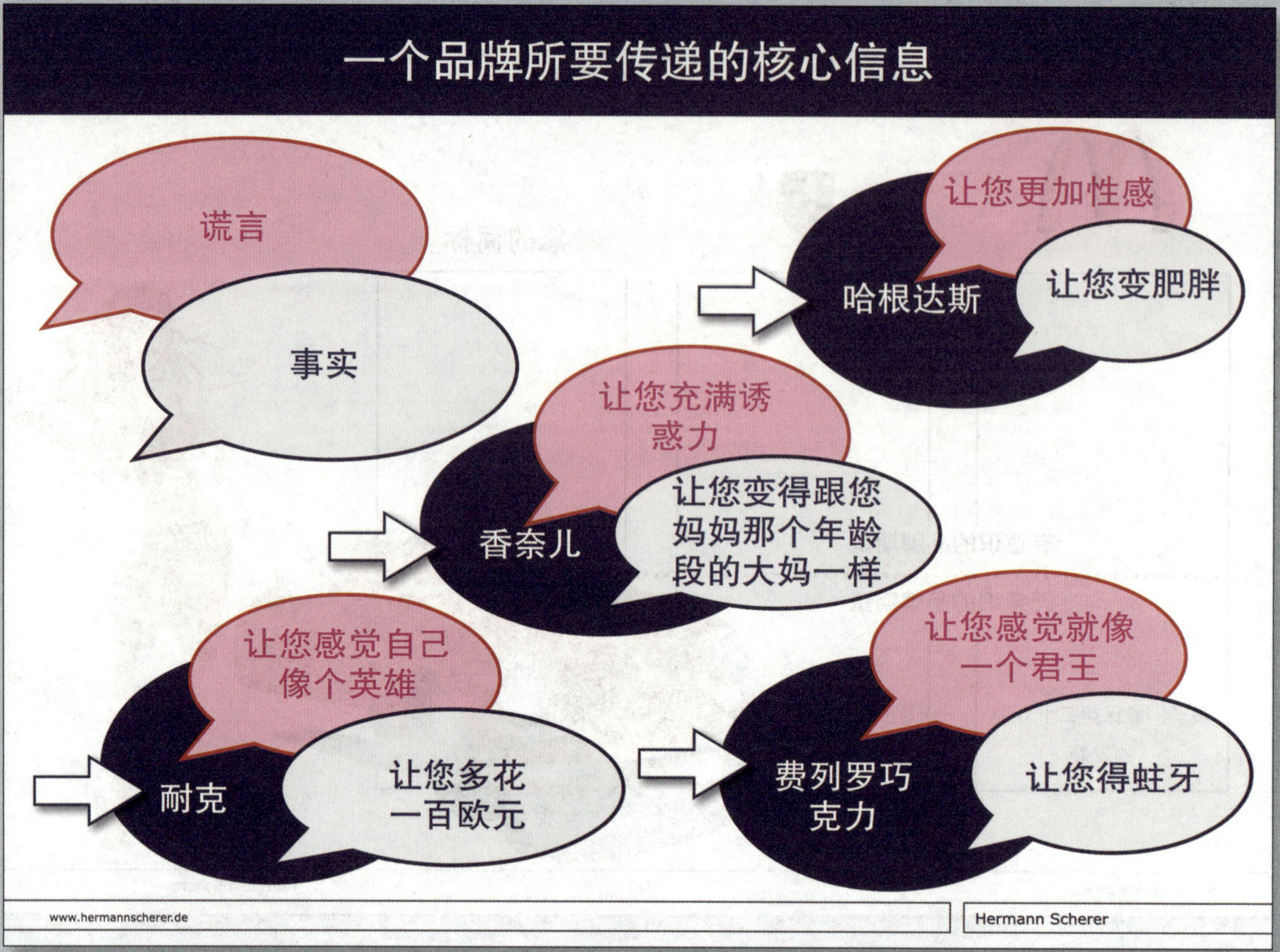

一个品牌所要传递的核心信息

谎言

事实

哈根达斯

让您更加性感

让您变肥胖

香奈儿

让您充满诱惑力

让您变得跟您妈妈那个年龄段的大妈一样

耐克

让您感觉自己像个英雄

让您多花一百欧元

费列罗巧克力

让您感觉就像一个君王

让您得蛀牙

www.hermannscherer.de

Hermann Scherer

一个品牌所要传递的核心信息 |

一个优秀的声明可以令一个品牌的承诺刚好说到消费者的心坎上。不论是宝马车的“享受在路上”，还是奥迪的“科技带来改变”，又或者是“经验告诉我们什么是好的”，最重要的是，消费者能够从您的产品广告语中明白您要传达的意思。就在几年以前，还流行在市场上面对大众消费者做调查问卷，从而获得不同消费者群体对产品不同的希望。一家著名的香水生产商的广告语——“进来，找出”——这种说法让人一眼就看出是由“来吧，再找出来”这句口号演变出来的。

广告语中的口号是需要通过长时间的不断地重复才能产生对消费者的影响效果的，而且它还与企业所提供的产品与服务紧密相连。而您则应该将您广告语中的口号用在任何一个您可以用的地方：从宣传海报到发放的小册子再到网站主页，以便将这句话深深地烙刻在消费者的脑海里。

而对于那些“品牌谎言”来说：消费批评家总是喜欢从产品的广告语直接入手，揭露所有产品的另外一面。

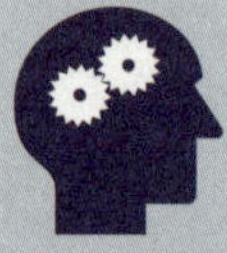

您产品广告语的口号是什么？
它能帮助您向消费者传达什么样的信息？

雇员投入状态一览图 |

您能指望您的企业雇员吗？盖洛普咨询组织每年公布一次的企业雇员投入状态一览图看起来总是非常悲观。在德国的企业员工中甚至只有不到15%的人能够为雇主鞠躬尽瘁死而后已；而在奥地利与瑞士的状况也只是比德国好了稍微一点点。

如果企业希望自己的品牌获得消费者的信任，那么没有企业中工作人员的共同努力是根本不可能实现的。

“我们的品牌形象体现了我们企业所有员工的共同理想”，沃芙德内衣公司主席弗里茨-胡美尔这样骄傲地对外如此宣布。如果消费者不能在与企业员工的直接接触中体会到您产品广告宣传语中所提到的口号，那么所有品牌的形象以及服务的宣传活动的影响力都将付诸东流。因为，品牌只有在企业员工的身上才能具有生命力，而消费者则是从企业员工的身上感受到品牌的生命力！

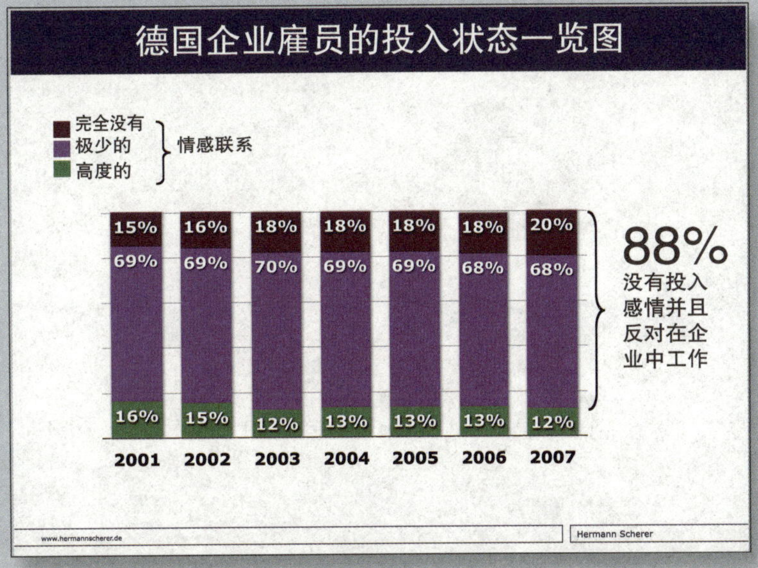

数据来源：盖洛普咨询组织

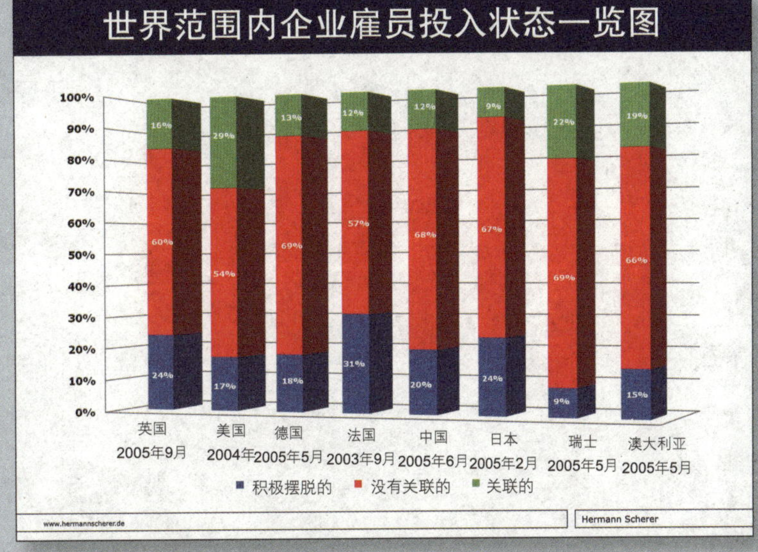

数据来源：盖洛普咨询组织

小组/战略发展 |

当企业发展需要作出新的战略决策时，有多少企业员工能够积极参与呢？若想在市场竞争中取得胜利，那么您的企业中是不能够有太多的态度消极被动、持反对意见的员工的。请您再仔细思考一次，您到底应该聘用什么样的人：他能够真正地、全身心地投入吗？能够全身心投入企业发展的员工要比一个有“真正的”高学历的员工有价值得多。美国企业界有一句著名的格言：“聘用的是态度，训练的是技能。”

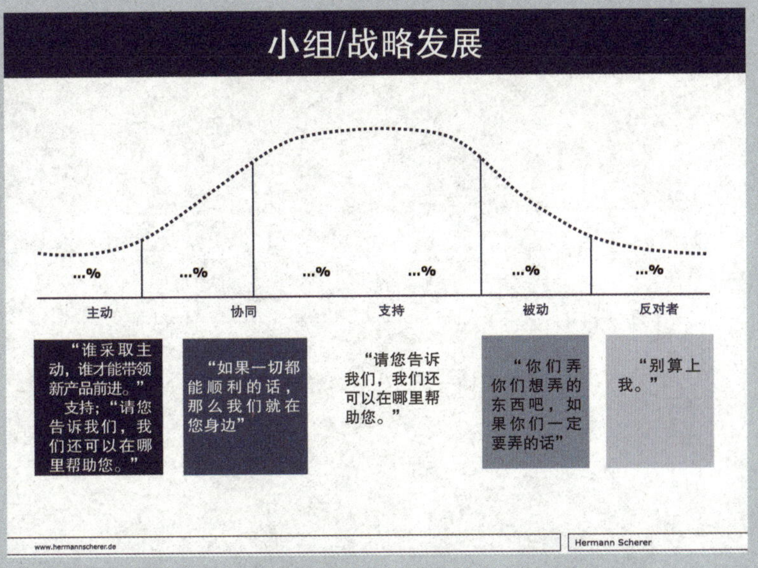

第十四章

游击队化市场营销

逆向思维与打破常规

“我们平均每天都会接收到3000条的广告信息，但是能被我们记住的大约只有52条左右。”

革新报告在2005年10月的调查结果中这样描述：如果您觉得这样的统计数据有些言过其实的话，那么请您想一想您每天所收听的广播与收看的电视节目中所插播的广告信息；在各处所看到的柱子以及墙壁上所张贴的广告宣传海报；还有商家们四处悬挂的广告条幅；当然也不能少了互联网上各大网站主页子页上的嵌入式广告与弹出窗口式广告；出租车、公共汽车以及地铁车厢中的贴纸式广告；报纸与杂志加页中的广告；被投入您信箱的广告以及广告垃圾电子邮件；更加无孔不入的是那些被印刷在日历、宣传海报、门票、收据、发票上的广告；常常在我们购买的商品的包装上也印有各式各样的广告，从酸奶盒上的搭配食用方法到打印纸上的适用油墨；您每天深夜下班经过时还在兀自闪烁的霓虹灯与招牌……谁要是没有像隐士一样隐居深山野林中，那么他一定不能完全回避每天“都必须要”听到看到的广告。

许多大型的企业都习惯每年为自己产品的广告宣传预留出上百万的资金，并在此基础上想尽办法将这些信息灌输进消费者的头脑中，他们的目标是到处都可以听到人们在谈论他们的产品——他们的信条是“越多越好”。不过那些没有这么多闲钱的人也可以通过机智与敏捷实现相同的效果。游击营销法的核心就是“点子基金”。该营销法的核心思想就是：用出乎意料的行为令受众感到新奇惊讶，从而唤起他们的注意，继而达到口口相传的目的；最好还能利用互联网的巨大影响力，比如在YouTube上的传播，在博客上被多人转载以及评论，在微信上被人点赞转发当然最终还是要通过这些手段达到在传统印刷媒体上被多方报道的目的。这样的例子诸如：一位鞋子经销商致电给他的客户们，请他们将自己的旧鞋子带到店里来，参加《从过去走来的鞋子》主题展览，旧鞋子们会被摆在鞋店的橱窗中，并且在旁边配以有关的小故事。家具经销商常常也会做类似的宣传，他们在星期六，将一张设计特别的床摆在市场的正中间当作道具，请演员以其为主题表演主题为“住户”的迷你剧。

游击营销指的是那些营销行为惊世骇俗，能给人们带来深刻的印象，成本小影响力却巨大的营销方法。倘若您所居住的街角处，突然在一夜之间某一个空闲已久的展示橱窗中冒出来一排嫩粉色的用蜜糖雕刻而成的字“爱情服务”，这时您心里是怎么想的？而且在接下来的几周时间里，在同一扇橱窗中又不断增添新的不是闪闪发亮就是能动来动去的小玩意儿，并且再加上新的一排大字“在情人节那天终结所有的等待”，这时您心里又有什么想法？我猜，您一定会跟您的邻居们讨论这件奇怪的事件，或者在晚上去小酒吧散心的时候跟酒友们提起这桩奇怪的事情。专业人士们则称这种营销方式为“病毒式营销”。还有那个将咖啡店与理发店混搭经营的理发师，仅仅是用一大桶粉红色的颜料就为自己在周围造成了好比花费巨款所造成的巨大影响力。很久以来那些经营稳定的企业甚至广告公司也都为自己用“游击营销法”做宣传。2008年的时候，在斯图加特飞机场一位“游击营销法”广告人勇–冯–马特获得了大奖。当时，飞机场里不停地播放寻找两名“乘客”的广播：“盖得尤尔·卡埃德塞克斯”先生与“格瑞德欧弗斯·埃德塞克斯”先生。不过，倘若人们能够用慢一点的语速，清楚地读出这两个不断被重复的“人名”时，您就会发现，它们表示的意思是：“Get your car at Sixt”以及“Great offers at Sixt”（Sixt是一家著名的德国汽车租赁商的名字）。

即使是以严谨著称的圣加伦大学也设置了游击营销专业研究方向，因为传统常规的营销方法并不能每次都能达到人们期望的效果。

请您打破规则！

必须承认：说起来容易，做起来难。因为并不是每一次规则的打破都能引起他人的关注、兴趣以及目标对象的同感。而“游击营销”方法的核心正在于此：通过不寻常的行为以及方式使受众耳目一新，并以此达到传统营销方法要达到的同样目的！

您如何能在您的谈话中引入黄瓜这一事物？

让我们从一个问题来展开横向思维这个话题。我们假设您不想将黄瓜放在货架上，与亨格斯腾伯格家出产的其他食品或者与其类似的产品排列在一起。那么您准备如何做呢？停！——先别翻页！现在先请您自己来回答这个问题。

如何在您的谈话中引入黄瓜这一事物？

用代表生活态度的罐头代替防腐泡菜 |

斯普利瓦尔德酸黄瓜是一款传统的泡菜产品。早在1870年德国评判现实主义小说家台奥多尔·冯塔纳就曾盛赞该款产品实为地方特色，是走出吕本瑙“走向世界”的产品。这一品牌的泡菜几乎见证了整个民主德国的历史，甚至还被写进了世界电影史中。然而斯普利瓦尔德酸黄瓜从一款日常生活中再普通不过的产品变成了一种昂贵的代表生活态度的产品却并不仅仅是由于上述两个原因，事实上，它的生产商将大家通常所见的用来包装酸黄瓜的玻璃罐头瓶换成了易拉罐罐头，这样就方便了消费者的携带，而且他们还在罐头上印上了自己的广告语——“来一个！”

“游击营销能够成功的最关键基石是惊世骇俗的创意。最常见的创意类型是新鲜的、有趣的、挑战性的，‘只不过’不属于任何一种传统的方式……对于那些有意思的、可笑的或者是不同寻常的东西，消费者之间是很愿意不断互相交流的——当然惊世骇俗的广告宣传也属于此类，请您一定不要忘记，这种交流尤其是在互联网上进行尤为激烈。以目标受众群体为标准并有的放矢设计而成的信息会在非常短的时间内传遍全国各地的所有角落——有时候甚至还会走向世界。人们常常会将草根营销法或者是病毒营销法与其相提并论。当这些小成本的营销开始起作用的时候，往往那些有更大影响力的宣传会不请自来地找到您，为您继续拓展宣传工作——他们就是媒体宣传。”

来源：http://guerillamaketingbuch.com

在本书接下来的几页内容中，您将能够阅读到更多能帮助您开拓自己思路的成功营销的实际案例。

展开与您客户的对话……｜

“从过去走来的鞋子”这家鞋店寻找并请求他们的客户将自己老旧的鞋子与故事带到鞋店中来。最好的故事将获得店内所设置的奖项，获得该奖项的客户将能收到75欧元的现金奖励（从奖金的单位您也可以看出来，游击营销可不是什么崭新的营销手段了）。最后，鞋店还用这些客户带来的老旧的鞋子装饰自己店内的橱窗，举办一个小型的“鞋子展览”。这是使用游击营销法一个非常成功的案例：一个非常有意思的点子、一个相当有影响力的宣传效果，该鞋店此举不仅赢得了客户的同感，也获得了各界媒体的共鸣。

德国企业雇员的投入状态一览图

……让媒体为您所做的宣传被他人注意到｜

一个个体经销商是不可能支付得起影响效果巨大的媒体宣传经费的。最理想的情况就是您能通过您的营销宣传行为影响到您期望影响到的客户群体：谁要是只在二手或者打折商店购买自己的鞋子，那么他们一定觉得那样充满情感的“有故事的鞋子”的宣传活动跟自己没有什么特别大的关系。他们更喜欢那些性价比高的、可以咨询的商店，并且在大多数情况下，每一次只购买一双鞋子。

……让媒体为您所做的宣传被他人注意到

在《明镜周刊》上做一整页的宣传广告，在2008年大概需要6万欧元，而在该刊物上刊登一整页的报道则无需花费一分一毫（而且报道的效果要比广告更加显著）。汉堡一家小话剧院曾经做出过一个非常聪明的举动：他们在一出由斯万·雷格纳尔的畅销小说《雷曼先生》所改编的话剧上演之时发出邀请，所有姓“雷曼”的人都可以来汉堡免费观看此剧。该剧院向电话簿上的300名雷曼先生发出书面邀请，其中的30位不但给予剧院答复，而且确实前来观看。当时此举被《明镜周刊》详细地用超过一页的篇幅报道（见《明镜周刊》2008年第39期，第166页）。假设每一张剧院入场券的价格为20欧元，那么该剧院则仅仅花费了600欧元就获得了超过花费6万欧元做宣传的强烈效果。

“创造力属于未来的财富。没有人记得交换的次数，人们只记得那些被广告唤起的情感。”

——Heye Group广告公司主席约根·克瑙斯

做一些疯狂的事情吧

如果在市中心的一架吊车上悬挂着一辆保时捷汽车，那么一定会引来所有人的驻足观看。如果这个时候您还用微信向朋友们报道这件事情的话，那么不论那辆保时捷是被招领的失物还是“被撞坏的”报废品，我想您一定不会轻易忘记策划这次事件的公司的名字。这只是一次销售活动。不过您不得不承认，这样的行为的确唤起了消费者的注意。也许您会给您的朋友们讲述这次经历，地方的媒体也会报道这个宣传活动，也许当这辆保时捷被放下来的时候，还会有电视台跑来现场拍摄。肯定还会有人拍摄下全过程，并将其上传到You Tube网站上——当然，这个人可以是这位销售商本人。即便是这辆保时捷的价钱——仅仅是通过那么多的微信群发消息也赚得够本了——不能不说这是一次异常成功的营销推广活动！

做一些有趣的事

康采恩集团也在很久以前就发现了游击营销方式。大众汽车公司请喜剧演员哈珀·可科林主演了一个叫作“荷尔斯特·施莱马尔在驾驶学校”的系列喜剧短剧，每一集都被上传到You Tube网站上，其下载总量已经超过700万次。这个系列短片给大众汽车公司带来了超过9万次的客户试车。“依照行业中的估算，若是没有这部系列喜剧短片，要达到相同的效果，大众汽车则需要为宣传海报、平面广告以及电视广告支付超过650万欧元。”详情请参见www.guerilla-marketing-portal.de网页（“病毒式营销的兴盛”一文）。哈珀·可科林的片酬最多只有普通营销的全部费用的四分之一。

让您显得神秘

电脑游戏《侠盗猎车手4》的宣传活动也是一个游击营销的案例：为了配合游戏的上市，在美国的纽约全城都贴满了捉拿一位虚拟盗窃犯“尼克·贝里克”的通缉令。有经验的玩家则可以感到自己是熟知内情的人，他们在其余居民茫然的时刻深感自己有必要向他们解释整个事件的责任。通过于此，游戏公司就不必在全城每一个角落都贴满该游戏的宣传海报，只为了让大家都知道新一代的游戏即将上市，以及游戏中所包含的情节。而在德国的法兰克福，每一位居民都收到了一张明信片，上面写着：“额外的浮船您可以在法兰克福西海港浮船坞找到”，这一举动引起了全城居民的好奇。谁要是想知道什么是“浮船”的话，那么他就必须得在互联网上自己查找答案。您好奇了吗？那么您就自己去看看www.floathouse.de这个网页吧。

打破您所在行业的行规

我们已经有轻型喷气式飞机、简易软件或者无线网络。那么为什么还没有简易信用卡？产品或者服务提供商遵循“美妙的时刻公平共享”这样的格言。消费者是否也希望能够在线了解他们信用卡的状况？为了能了解这个问题的答案，这位老板让他的员工到市场上、街道上去做实地调查。

诱惑您的“客户”

即便是教堂也在与时俱进，不断地改善他们的服务。这样的话，谁还能批评他们做派陈旧、不思进取、僵硬死板呢？谁要是能适当地改变自己的形象，那么谁就能够赢得机会，能够赢得他人的感情。

对于游击营销法的关键所在是：“允许那些让人喜爱的事件发生”——这里的人指的是您的目标消费者群！

带上您一个美丽的女朋友

www.hermannscherer.de　Hermann Scherer

带上您一个美丽的女朋友 |

谁要是以前在路边搭过便车，谁就会懂得：只要有一个漂亮的姑娘跟您一同站在马路边上拦车的话，那么您二位能拦到车的几率要比您一个人的时候大得多。而电视直销商“源”知道：冰箱是最大的一种直销品，但是若能将其用可口可乐瓶子装满再拍成广告宣传照的话，那么这个型号就会马上被抢购一空的。

在您的形象上做文章 |

在美国，律师的形象都比较凄惨，这一点您可以从无数有关律师的笑话中看出来。关于律师的品鉴规则说：“人们从哪里才能看出来一个律师是否在撒谎呢？看他们的嘴唇是否在动。”一个被称作“研磨法律”的职位，再加上所有菜单般明码标价的资讯服务价格，则是一个改变您已有形象不错的对策。

在您的形象上做文章

研磨法律

www.hermannscherer.de　Hermann Scherer

寻找新的目标消费群 | 您的经理是乐高狂热的迷恋者？绝非完全不可能。“严肃地对待乐高游戏”是一个推动战略决策发展的革新方法。这个方法是洛桑企业管理发展国际研究所（IMD）的两位教授约翰·若斯以及巴特·维克多一起与乐高玩具公司的研发领导罗伯特·拉斯穆森在20世纪90年代末共同发明的。现在，“严肃地对待乐高游戏”已经是乐高公司一项经典的产品了。大型公司企业会举办以“严肃地对待乐高游戏”为主题的研讨课程。在该课程中，参加者们将在培训师的带领下一起用乐高积木组装拼接流程模型、问题模型以及新的解决可能模型，大家将在课程的进行中亲身体会“可以触摸”这个词语所包含的意义。德国传统老牌酒水产品“野格牌利口酒”也是通过这个方法赢得他们新的目标客户群体的。通过每周都能在电视上看到的广告（该酒的品牌标志鹿头）中加入年轻人的角色，以及在酒吧中年轻人共饮该酒水产品的镜头，野格牌利口酒打开了面向年轻人群的市场。2007年野格牌利口酒曾经获得了“最佳优秀品牌转型奖”，因为它不再只是退休人员的专属酒水饮料了。有关于此的详情请您自己在互联网上查询，或者您可打开野格牌利口酒网站的主页。

寻找新的目标消费群

请您将原有的事物重新组合

骑自行车，您希望是在不下雨的日子里，最好还能温度适宜？那么，增加了保护外壳的公车自行车一定能满足您多方面的需求。有一种基本理念就是：向客户提供一种实用的、有趣的新功能组合产品，客户能够得到的要比他们所期待得更多。这个理念可以被应用在很多不同的市场领域中，比如：洗衣沙龙。科隆的“焕然一新”洗衣沙龙不仅提供豪华酒店般的内部氛围，还有各种各样的新衣服供客户购买；“天堂洗衣店”将自己的快餐部布置得好像20世纪50年代的汽车餐厅一样。

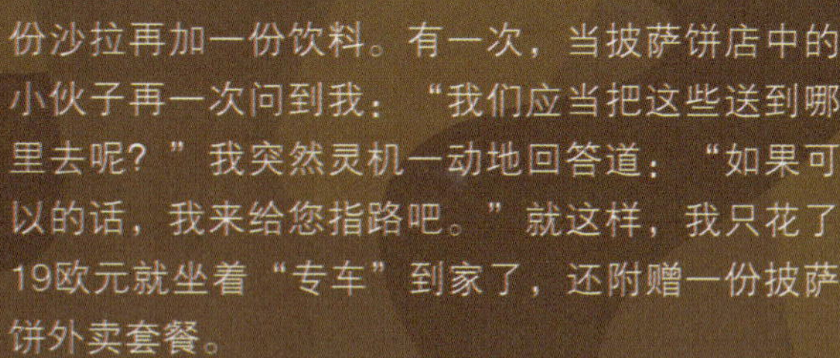

离我所居住的地方最近的火车站大概有20公里远。每一次我乘坐夜车到达火车站，再从火车站回家的时候，都要花大概25欧元的出租车费。通常在这样的情况下，我还会感到腹中空空，那么我就会去出租车站对面的披萨饼店去点一份披萨饼、一份沙拉再加一份饮料。有一次，当披萨饼店中的小伙子再一次问到我：“我们应当把这些送到哪里去呢？”我突然灵机一动地回答道：“如果可以的话，我来给您指路吧。”就这样，我只花了19欧元就坐着“专车”到家了，还附赠一份披萨饼外卖套餐。

“环境媒体”的意思是，一种在不同寻常的地点所做的广告宣传形式。为您找到的确能让您的广告宣传被注意的地点，而且不会被您的竞争对手所干扰。广告策划公司“超级卡片”这样对他们的客户承诺（千万不要误会，这里的卡片绝对不是明信片！）。

让您的客户突然感到惊讶 |

游击营销法早就被传统的大型企业所应用的另外一个更好的例子就是—— 如右图所示：如何让您的客户在一家已经信息遍布的大型超级市场中还能注意到您的宣传的存在。

让您的客户突然感到惊讶

www.hermannscherer.de　Hermann Scherer

请您为客户制造乐趣 |

您猜猜看，如果在地铁中安装这样一个有趣的扶手的话，那么有多少人会用手机给这个奇怪的扶手拍照？他们会向多少亲朋好友转发这张照片？当然，每一张照片都是以“Firmen”公司的商标Logo为背景的……

请您为客户制造乐趣

www.hermannscherer.de　Hermann Scherer

您如何才能通过人们的大脑与心脏、电脑与手机、想法与描述获得您的目标客户群呢？

第十五章

领导

大胆的管理开拓未来的市场

一个老板说："去干！"
一个领导说："让我们一起去干！"

这是一个在美国著名的讽刺式对比描述。一个成功的领导能够激励他的雇员，使他们为企业的发展满怀激情地做事。如果您必须亲自将整个队伍抬到猎物面前，他们才会去捕猎的话，那么只能说这个企业中处于领导位置的人距离实际工作过于遥远了：作为产品名声的商标是由公司企业中的员工所共同创造，客户才能有所感受。倘若员工对客户的服务只差了那么一点点，那么再优秀的市场营销也将付之东流。这就是老话所说的"行百里者半九十"。也就是这个原因，我们在这样一本关于市场营销与销售的书中增添一部分关于领导内容的篇章。

关于"领导"的书籍其数量可谓是汗牛充栋。如果您留心的话，差不多每个月都有新的关于领导策略的新书上市。这样的情形让人不能不想起几百年前人们满世界徒劳无功地寻找所谓的"智慧之石"。"最"完美的领导方法大概少得就像神话中的炼金石一样。著名的领导管理学图书《领导、成就、生活》的作者弗莱德穆恩德·马立克曾经明确地表明：在今天，领导是一个多方面的综合能力。领导者需要有中世纪骑士的野心、诺贝尔物理学奖获得者的缜密思考与行动力，以及电视台热门综艺节目主持人的表演天赋与号召力。在弗莱德穆恩德·马立克的这本书中并没有像其他人一样试图给读者们百试不爽的"灵药"，而是仅仅只告诉大家对管理者来说什么是最重要的因素。

这本书的内容旨在向读者展示所有成功的领导者所共有的特性，而不受具体在何种企业任职的细节局限性的影响。这些共有的特性都包括，比如：任用适合的人做他们擅长的事，也就是说，在任用员工的时候就要做到把他们当作人来对待。领导者必须抛弃强制员工去做什么的想法，因为对于一个成年人来说，您既不能"教育"也不能"惩罚"。您知道，如果领导者能够正确地激励员工善用他们的长处，那么该方法所能起到的效果要远远强于试图将他们的短处培养成长项。比方说，您若是想强行将一位内向的会计培养成一位能说会道的推销员绝对是事倍功半的事。

领导者个人正直的行事方式以及对尊重他人的行为态度所带来的最直接结果是，您的员工每天早上起床后都有从内心而发出的去工作的动力，而非仅仅是看在每个月那一点点工资的面子上，才咬紧牙关极不情愿地去公司上班。当员工、领导以及企业有着共同的目标和愿景时，那么填鸭式的任务分派与人为施加压力都将显得多余。当然，若是想要将企业中早已成型的命令与遵从模式改变成激励模式，的确需要所有涉及的人员都下大功夫，而且，这样的改变绝对不能在一朝一夕间实现。

今天我们能够看到的绝大多数述职报告所陈述的员工任务与职责都过于复杂。每一项任务所涉及的员工必须应该获得他们灵活处理问题的自由度。员工评价制度必须定期执行，因为员工们既希望听到领导对他们不吝惜的肯定，同样也希望听到诚恳的指正。

在某些企业的某些部门中，领导最喜欢做的事情不是肯定每个人的工作成绩以及为下一步制定共同的目标，反而是让员工们展开广泛的批评与自我批评。您要知道，为了找出谁是事件中必须承担主要责任的人，所花费的时间以及精力与考虑如何能在下一次的行动中改善或是改变是一样多的，有时甚至更多。而这个问题恰恰是那些企业，尤其是那些想超越平庸的企业最为关心的问题。

什么是领导？

事必躬亲、每一个细节都亲自过问是不是一个领导应该做的事情，这个问题几乎在所有的关于领导技能的书籍与课程上都讨论过，而衡量一个领导是否成功的标准其实更多的是结果而非过程。而这个作为衡量标准的结果就是：企业的成功。优秀的领导者是各种可利用资源优势的传递纽带。

所有在企业中工作的雇员都在调查中表示，一个优秀的领导者是不会被眼下的困难所困扰的，因为他们能从长远的角度来思考问题。

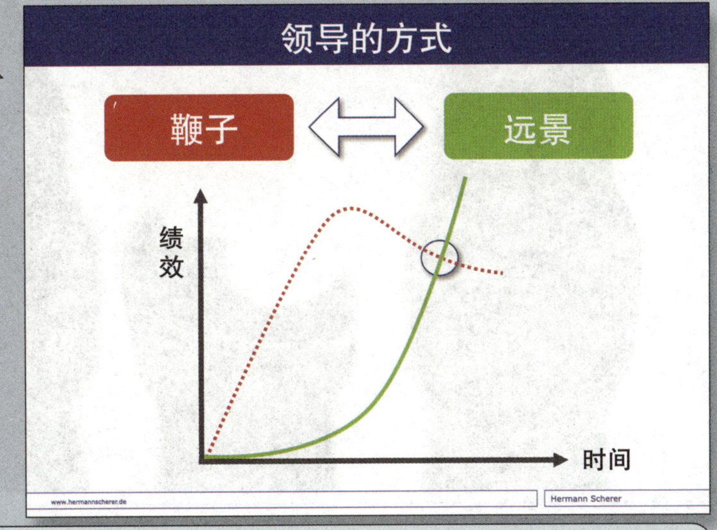

领导的方式

领导的绩效是要经过时间才能得以显现的。领导的方式则要通过绩效才可以得到实践的验证，人们才能知道该领导方式是否能对于其眼下的员工起到积极的激励作用。强制、压力以及权威式的命令（“桨帆船式”）这三种领导方式通常可以在短时间内产生不错的效果。不过长此以往的话，在被强制、被压迫以及被命令的员工们中则会缓慢滋生愤怒不满的情绪，有朝一日必将会爆发。

当领导与被领导双方得不到有效的沟通，那么绩效与时间比例图迟早会有一天从上升趋势变成下降并保持低水平的状态。

与之相反，用远景目标激励员工的工作热情在开始的一段时间是非常吃力的。不过随着时间的推移，该领导方法却可以大大发挥员工的主观能动性。一个远景目标是一个公司企业对未来充满雄心壮志的设想，它令人心驰神往、精神振奋。谁要是能以此使员工信服，那么他便能赢得别人的信服与尊敬，具备超凡的个人领导魅力。

一家美国研究所曾有研究结果表示，远景目标与领导个人魅力两者之间的关系是成正比的。这也就是为什么约翰·F.肯尼迪为什么直到今天还是美国历史最具个人魅力的总统之一。他曾经向他的国民们做出了一个异常大胆却又激动人心的承诺，即在几十年的时间内，美国人便可以登上月球。就像我们都知道的一样，他的这个承诺也确实被实现了。

名牌都有忠实粉丝

在英国首都伦敦的温布尔登每年都会举行世界上历史最悠久也是最重要的网球比赛。在温网比赛中有很多规则——比如每一套比赛服必须有90%以上的面积是白色的。谁要是不遵守这个规则那么他也就不必来参加比赛了。要是在大赛中的那个星期日（被称作“中间星期日”）天气不下雨的话，那么组委会就会安排一天没有赛事的修整日。而如果天公不作美，一定要下雨的话，那么温网大赛的赛程就会继续进行。

当名牌有什么特别之处的时候，特别是当其本身还有不尽完美之处时，那么它们便更容易被人们记住。这个规则不仅对于世界著名比赛来说是如此，对著名的产品、著名的企业，甚至是著名的人本身都是同样适用的。

倘若保时捷的总裁温德林·魏德进没有说过那样挑衅一般的话会怎么样？倘若宜家创始人英瓦尔·坎普拉德没有他难以置信的节省的话又会怎么样？另外，管理者指的是善于使用那种与企业中普遍存在的区别度非常高的管理风格的管理者。最理想的状况就是：名牌是被客户所体验出来的——名牌是由企业员工所创造出来的。

名牌都有忠实粉丝

名牌不是被客户的购买量带出来的

名牌是由企业员工所创造出来的

名牌是被客户所体验出来的

www.hermannscherer.de

Hermann Scherer

企业文化与客户口碑能够把优秀的战略鲸吞蚕食

企业文化与客户口碑能够把优秀的战略鲸吞蚕食

一个最优秀的管理者尽可以在他的企业中实行书本上学来的最优秀的管理方法，可若是这个方法不适合他的企业或者员工的话，那么即便是再卓越的方法也无济于事。当您所预订的座位在一列乘客拥挤不堪的车次中，且因为某一不明技术故障被取消时，或者您所预订的座位不在车票上所指示的位置而是在另一节车厢中的时候，您是否依然愿意相信德国铁路总裁梅朵恩先生所宣称的，德国火车是一种非常现代的交通运输工具？还是您不得不在心里庆幸，至少您还能乘坐计划中火车的班次出行？

您如何做才能让您的员工与您一起同呼吸共命运——甚至是从情感上自愿地出发？

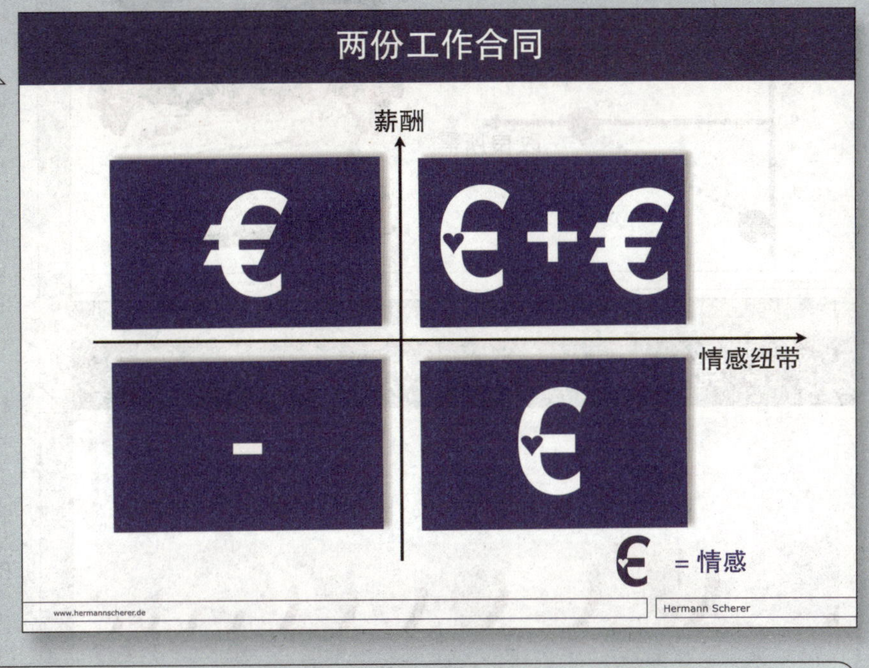

两份工作合同！

对于人力资源专家来说，只有雇员与雇主共同签署两份工作合同之后，雇员才能算是与雇主之间拥有正式的工作关系：一份是书面形式的（或者说是法律形式的），另一份是心理形式或者说是情感形式的。法律形式的合同是保证雇员每个月在工作之后都能获得相应的收入酬劳，而它却并非真正能够联系雇员与企业的纽带。

雇员与雇主之间的纽带是由多种元素所共同组成的（比如：对员工个人价值的肯定，雇主对待员工是否公正，双方间的互相尊重）。一个在工作成绩上得不到领导认可的员工是不会把企业装在自己的“内心中”的。这样的员工也不能在工作上做出新的成绩，更不会在乎他个人的付出是否能够带动企业向前发展。付给雇员高薪却完全无视雇员情感需求的企业（图中左上€区域），必须做好心理准备，即，一旦有人付给他们更高的工资，他们就会毫不留恋地离开自己现在的岗位。而那些只付给雇员极少的薪酬但是愿意用大量情感投资来平衡的组织（图中右下“情感”区域）必须要做好接受雇员抱怨的心理准备。能够保持持续发展的成功企业是能够合理平衡联系——薪酬与情感——这两个因素的。就像有些人说的那样，它们是拥有灵魂的企业。

批评VS.帮助

批评是每一个傻瓜都会做的！

事实上他们也是这样做的。

www.hermannscherer.de

Hermann Scherer

批评是每一个傻瓜都会做的！

事实上他们也是这样做的！因为事后诸葛亮是谁都可以做到的。只有当您解决的问题能够超出消极抵抗、失望以及愤怒——也就是说，您为解决问题提出了实质性的新方法或者提供了关键性的帮助的时候，批评才会显示出它的作用。因为这样的话，人们就不会自己作为批评者而被别人质疑了。

在这里我们向您推荐完全相反的方式方法，也即作为一名批评者，您完全可以如此询问：“您需要我的帮助吗？”这样您马上就会发现到底是谁在真正地出力工作，谁在一味地抱怨。

基本规则：加强您的强项

能力

10 9 8 7 6 5 4 3 2 1 0 -1 -2 -3 -4 -5

演讲

改良所需的时间

熨平

www.hermannscherer.de　Hermann Scherer

基本规则：加强您的强项 |

正像您在图中所看到的，我在熨衣服这件事情上没有什么天赋。通过参加一个叫作“涡轮式熨烫管理法”的课程，我把我的能力从-4分提高到0分了。您觉得我在这上面花费时间值不值得？对于我来说，如果将时间花在如何从一个好的演说家变成一个更好的演说家上是更加值得的。所以说，对于管理员工来说也是同样的道理：请您不要浪费时间尝试将一匹农用耕马培养成一匹赛马。您更重要的职责是将您的员工安插在能令他们发挥自己能力的位置上，不断地加强培养他们的所擅长的能力，而不是不断尝试让他们将自己的短处变成长项。

竞争是发生在企业之外的行为……

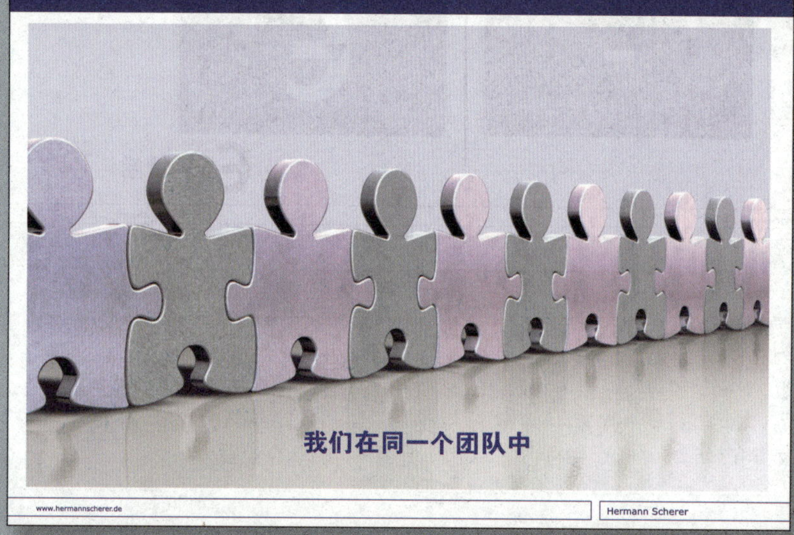

竞争是发生在公司企业之外的行为…… |

激烈的竞争，若是在一个企业内部通过竞争而形成尊卑的秩序——更糟糕的情况是发生欺压的状况——特别是对小型企业来说这样的情形只能是带来不必要的仇恨的氛围。

高效率和高生产力的确只能由团结的团体来实现。作为领导者，您需要避免的则是激起类似的员工间的竞争。还有一种可能性就是，一旦在您的企业内部发生员工间的竞争，您可以通过建立一个外部的“敌人”将矛盾向外转移。有一位英国爸爸，在他的儿子晚上拒绝上床睡觉的时候，他说：“我们是一个团队！”这位父亲这样说只是为了向儿子表明，他所提出的要求并非是为了针对他的，而正是因为他们两人是属于一体的。

您真的想玩儿“抽王八”扑克牌游戏吗？

您真的想玩儿抽王八扑克牌游戏吗？ |

“这是谁的过失？”每当出现什么问题的时候，总有人会提出这个问题。只是无论答案是什么，对于领导者来说都是于事无补的。更有意义的问题则是针对未来的：“我们应该如何避免再发生类似的问题？”如果下一次出现问题的时候您再想从众多涉及的人中“抽王八”的话，那么图中这个马克杯就是一个给您的最好提醒。

每个人想要的都不一样……

美国的心理学家史蒂文·莱斯曾经做过一次主题为“人们期待何种形式的生活”范围非常大的调查，其中被调查对象的数量就有7000人。这里是他调查的结果。每一个人最想要的生活都与其他的人不一样。这也就是说：某个人的生活动力的源泉在其他人看来可能是完全没有兴趣的。

作为一个领导者若是试图用满足职位升迁来激励一个将家庭与安逸放在首位的员工的话，其效果很可能并不能尽如人意。如果您想更多地了解员工激励的基本理论，除了莱斯一模式以外，您还可以在下面的网址中学习到一些。

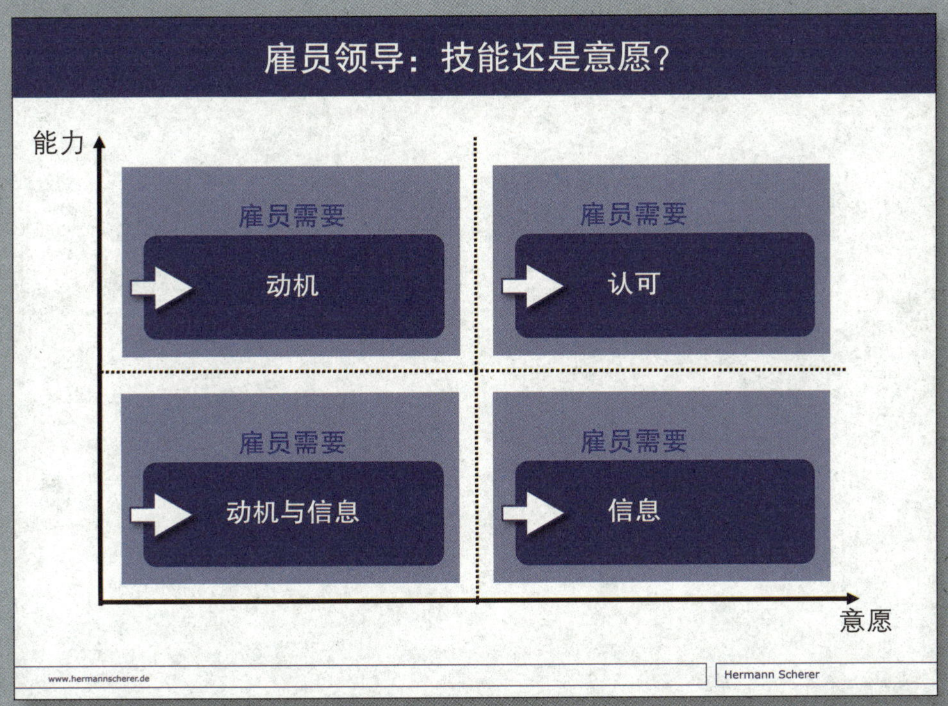

雇员领导：技能还是意愿？

人与人之间的不同不仅仅在于他们生活的理想与动力，还在于他们的知识层次、能力水平，以及他们工作的原因。

对于梦想型员工来说，他们个人本身就有能力、有动力，在这种情况下，作为领导，您就不必再过多地鞭策、束缚他们，而是给他们一片天地，让他们自由发挥——别忘了，他们最需要的事实上是领导的认可。

而对于那些有个人能力却缺乏工作动力的员工来说，作为领导去考察一下他们的生活目标则是十分有必要的。反之，对于那些有工作激情却缺少个人能力的员工来说，领导则应该更多地为他们提供信息。同理可知，对于那些既没有个人能力又缺乏工作动力的员工来说，领导者则应该从考察他们的生活目标与提供更多的信息两方面下手。

这个方式被称作“情境领导”，这种对症下药的模式如今已经在众多的企业领导之中被广泛地使用了。领导者所要做的就是细致地观察，准确地筛选。

众所周知的是，那些缺乏工作激情的员工其实比那些缺乏个人能力的员工更难以领导。不过对于这个说法我个人还是持怀疑态度的，因为，相较于工作能力不足的员工来说，那些没有激情的员工至少不会为企业制造损失！

第十六章

业内专家的称号

知名度提升您在客户心中的信任度

“一位专家是一个能在事后准确说明为什么他的预测不准确的人。”

温斯顿·丘吉尔曾经这样说。谁要是还能记得他当年是如何守在电视机前收看股票经济专家是如何讲解股市走向的话，那么他就能从心底赞成丘吉尔的话。不过话又说回来，直到今天专家在我们心里还是那种从不犯错与专业权威的形象。可是这是真的吗？人们是如何变成“专家”的？是谁决定谁能够当专家的？

为了能够成为一个专家，除了专业知识以外，我们当然需要各种各样其他方面的技能。可是仅仅具有这两样显然是不够的。因为世界上根本不存在一个类似奥林匹克运动会一样的专家大赛。各行业内顶尖人士不会像运动员们一样通过竞技淘汰的过程获得金牌，脱颖而出，得到全世界的公认。事实上，专家都是从业余选手演变而来的。在整个演变过程中，既没有严格的专业知识竞赛，也没有绝对的公平。比如说，谁要是对汽车行业感兴趣的话，那么他就一定不能绕过费迪南·杜登霍尔夫教授。不论是汽油的价格上涨还是暴跌，还是讨论混合动力技术；抑或是三升绿色环保汽车，甚至是保时捷公司的股票上升而通用汽车公司的下降：杜登霍尔夫教授都会在晚间新闻或者是政治杂志向我们解释所有现象背后隐藏的原因。如果这个名字对您来说还是陌生的话，那么您可以在头脑中想象这样一幅画面：一个戴眼镜的五十多岁的中年人，留着深褐色的头发以及小胡子，深邃的同样颜色的眼睛。杜登霍尔夫教授真的能够洞悉汽车行业的每一个变化吗？我可不知道。人们应该如何衡量其标准？谁又能客观地评价呢？不过反正在汽车业界一有任何风吹草动，他就是各大出版社的编辑以及记者们会首先采访的对象。因为杜登霍尔夫教授是“汽车界的专家”。如果您还是心存一丝怀疑的话，那么您尽可以在互联网上搜索这个名字，然后从搜索结果中您就可以知道我是不是在夸大事实了。事实上在其他别的行业也是类似的情况。无论是股票大神还是星级厨师，无论是健身专家还是顶级律师。当然是因为他们在各自的领域非常有名，所以他们所说过的话也会成为各自领域中被奉为真理或者是被其他人所争相传播的箴言。

不论是在大学里还是在企业中，不论是在各个部委还是在各种研究中心肯定都有一些受到众人肯定的业内高手。他们能够回答几乎所有的问题，只是事实上他们中却甚少有人被大家尊为各自行业内的专家。只有少数这样的人能够达到第一流的专业水平，并且同时将大多数中等水平的人远远地甩在自己的身后。在今天，这样的定位的确是在残酷的竞争中取得成功的关键一步。

到处都是专家……｜

作为一位专家，您大可不必经常在全德国的电视节目上露脸。关键是您所面向的群体能够承认您的专业性，在他们有问题的时候能够第一时间想到您。从一切“运筹帷幄之中，决胜于千里之外”的公关咨询师到孩子的母亲在关键时刻第一时间想起来的牙医，他们都是各自行业中的专家，所以说，您完全可以成为您所在行业中的行家。

积极地判断｜

我们假设一个金融咨询师作出过一次错误的投资策略。如果这件事情被他的潜在客户听闻之后，他还有多大的可能性成功地赢得一个新客户？很可能这个金融咨询师从此以后都得不到一个客户预约了。即便是潜在客户对他们将会选择的咨询师持完全中立的态度，那么那些咨询师们所获得任何一位新客户的可能性也都只有一半对一半的概率。

如果是一位拥有专家口碑的咨询师的话，那么他的专家头衔就是他咨询质量的保障，其结果就是在他门口排队等待的客户数量估计要成千上万了。在这样的情况下根据经验，从第一次咨询到最终双方结成长久的合作协议其几率也将会从负面的印象所造成的0%直线上升到200%。

专家头衔意味着：更多的收入。这种先入为主的正面影响您可以通过很多种不同的渠道获得：媒体对您的报道、一目了然的个人简历、各种推荐信、个人所发表的文章，等等形式，不一而足。

您在哪个领域中是不可取代的“专家”？

增加决策的安全性

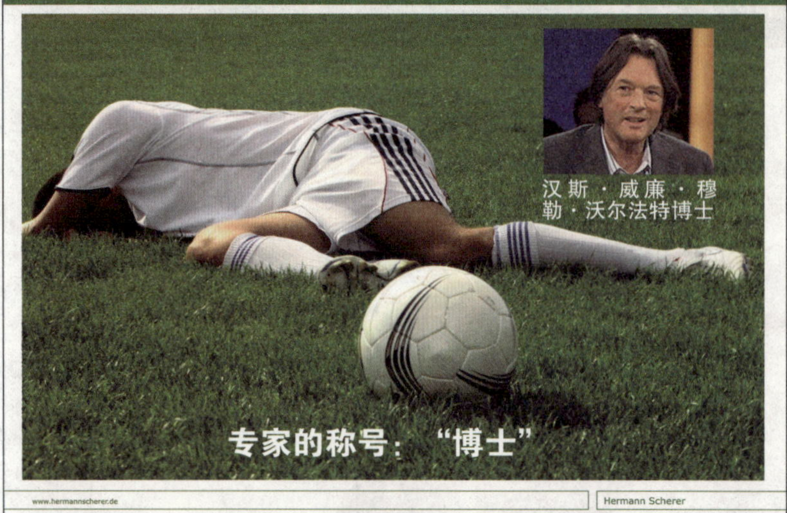

增加决策的安全性 |

汉斯·威廉·穆勒·沃尔法特博士是德国国家足球队的御用医师。不论什么时候，我们的足球英雄们满脸痛苦地倒在绿茵场上时，都是穆勒·沃尔法特博士在第一时间拎着他的小小急救箱冲上去解救他们（也是解救我们）。在2007年年底，德国NDR电台曾经这样评价穆勒·沃尔法特博士：这位国家足球队的御用医生，简直一个人就像一家完整的"运动医疗诊所"一样，无所不知，无所不能。这也就毫不奇怪，当他在建立"MW组织"时获得了几乎能够成立一家大型企业的资金。汉斯·威廉·穆勒·沃尔法特博士到底是不是最好的运动员医生？谁能够正确回答这个问题呢？试图回答这个问题的人有没有"最好的"这个头衔呢？

专家的称号："顶尖律师"

专家的称号："顶尖律师" |

鲁尔夫·波兹拥有很多知名人士作为自己的客户，比如：英格丽德·冯·贝尔根、罗密·施耐德、昆特·拉姆普莱希特，并通过——当然还有他自己对德国司法以及法律的激烈的批评——于此成为了律师界的明星。通过所著的一系列图书，他从20世纪70年代起就将大家的眼光吸引到自己的身上。所有这一切的结果就是：在维基百科的网页上，他被评价为"全德国最有名的刑事诉讼律师之一"。名气越大，所获得的合约数量也就越多。

专家的称号："明星理发师"

Ganze Pflege für ganze Kerle

Deutschlands Männer kaufen immer mehr Kosmetik und Mode

专家的称号："明星理发师" |

沃尔夫冈·李博特在慕尼黑有一家属于自己的理发店以及一个由25名员工所组成的队伍。难道说，他的剪头发技术真的要比所有其他在慕尼黑的理发师都精湛吗？我只能说，这是媒体的影响力了。酒香也怕巷子深，媒体能够把一个人捧到专家的宝座上去。不必惊讶，"李博特理发店"网站的主页也不是他们的服务介绍，而是媒体对他的专题报道。专家知道怎样才能更有影响力地展示自己。

您能通过什么方法成就自己的专家头衔呢？

知名度提升您在客户心中的信任度 | 通向专家之路：

1. 专家是熟人→ 您不要只是一味地在您的专业知识以及所能够获得的证书上下功夫，您还要尝试去认识那些能够成为您潜在客户的人！
2. 专家头衔→ 请您尽量不要在事前影响您专业领域的同行们，他们的想法会在您的权威头衔下自觉或者不自觉地改变。要知道，在同业竞争者这个小圈子中，他们是无法压过您所拥有的专家这个名头的。
3. 自信→ 您不要再要求自己事事完美。在能够达到真正的完美之前，您还需要知道更多的事情，学习更多的知识，拥有更多的能力。所以，从现在开始吧！
4. 您的焦点→ 到底您具体是哪个领域的专家？将您的经历集中放在客户的需求上要比将注意力放在某一项技术或者整个生产过程上有用得多。一个“冬季室温保持专家”（需求）总是会被大家所需要，而一个“油料供暖设备专家”（过程）很可能在什么时候供暖燃料改变的情况下，比如：换成天然气或者别的什么更有意义更环保的材料时，就失业了。
5. 先设定目标→请先为您自己设定一个目标“我要成为某某行业的专家”，然后花时间和精力让您周围的人也是以同样的方式描述您，定位您。不用多长时间，您的专家荣誉称号就会自动找上门来的。
6. 谁认识谁？→您能够被众人看到吗？您是否站在舞台的中央？在一个研讨课上，我们曾让被选出参加测试的客户们听不同企业组织的报告，从德国工商大会到商业社交谈话俱乐部：试试看，您怎样才能最有效地赢得您的目标客户群。
7. 比基尼——定律→热心地向大家传播您所掌握的专业知识，但是一定记得要留最关键的一手儿给自己。通过这种方法，您不但为自己建立了良好的专家名誉的基础，也即声名远播；而且对于那些想知道“更多”一些的客户，您也有可以给他们的信息。
8. 权威→ 您可以写一本关于您自己专业的书籍。谁能做到第一个在该领域发表，谁就是这个领域的专家。这样的话。您的客户便可以通过两种不同的渠道认识到您：直接阅读您的著作或者通过媒体对您的报道了解到您，因为记者们已经在争先恐后地将您当作专家来联系与报道了。

知名度提升您在客户心中的信任度

1. 专家就是熟人—熟人就是专家
2. 有专家头衔的人是与那些业余的完全不同的
3. 建立自信
4. 您的焦点：需求替代技术
5. 先设定目标，再达成目标
6. 谁认识谁？
7. 比基尼——定律
8. 权威是属于制定规则的人的

www.hermannscherer.de　Hermann Scherer

可信度指标

当我们判断某个人是否是他所在领域的专家时，我们总是首先会选取外在的因素当作评判的指标。我们当然不可能在第一时间对我们的产品或者服务供应商做测试，所以，我们只能选择相信我们能够看到的东西。而这些外在的东西恰恰也是成就您专家头衔的关键所在。您拥有越多这样的可信度指示标，那么您就能越快地获得专家这个荣誉。您越是以专家的身份被大家知晓，您就越是能够使您的客户“感到正确”，当他们最终选择您的时候。

可能的可信度指标有：

- 学历文凭、学术头衔（博士、教授）
- 发表的作品（书籍、文章）
- 媒体对您的报道（采访、对您所说过的话的引用、专题报道）
- 某一个团体组织的成员（协会、社团、俱乐部以及地区性联合组织）
- 客户（明星或者有社会地位的人作为客户）
- 质量的证明（奖项、提名、证书）

可信度指标 × 数量 = 专家头衔

服务或者产品 + 专家头衔 = 被选择的保证

成为专家以及保持专家称号的过程循环 |

请您务必在努力成为专家之后仍然不间断地完善您的专家荣誉。在这个过程中，您需要一些相辅相成的侧重不同的衡量准则：

- 通过在专业联合会中的工作，您可以被大家"看到"。您既能被同行业圈子中的同事认识（"水平"），又能是那些与您所在行业有交叉的其他行业的潜在客户以及合作伙伴认识（"垂直"）。
- 您一定要了解本专业的最新动态，更重要的是发表您自己的文章，出版自己的书籍。通常情况下，人们会把专业书的作者自动理解成为该行业的专家。
- 请将您思考的东西在研讨课、培训课、进修班、演讲以及客户聚会中与大家分享。谁要是能够将自己在这样的"舞台"上展示的话，那么就无异于他在自己的专家头衔上做了高亮的标记。请您去结交"目标群体的主宰"，并使您自己能够与他们合作：您在哪里与您的目标群体见面？——在哪些俱乐部？您可以为他们提供何种培训进修课程？您可以在哪些聚会或者会议上见到他们？
- 注意在网络上把您自己作为专家来介绍。请您为自己组建专业的网页设计制作团队（文章作者、页面设计、网页编程）。您一定要保证当人们在网络上查找与您所提供的服务或者产品相关的词条时，您的名字会出现在搜索结果的最顶端。您所接受的采访、媒体对您的报道以及您所做过的演讲当然都应该被写在您的个人网页上（而且通过这样的自我描述，您也可以获得新的被采访、被报道以及主讲课程的机会……）。
- 您应该提供给记者们适当的话题——尝试着倾听他们的想法，满足他们的兴趣所在。不要过于直白地特意为您个人做广告，您只需要以专家的身份为所有的问题作出解答。在一个网络上开设一个专题网络日志（博客），即便是没有做广告的意思，人们也会把您当作这方面问题的专家来对待的。为什么一位太阳能设备制造师不能开设一个日常生活节约能源的网络博客呢？
- 在个人主页上添加与您专业相关的主题讨论。假如您手中关于自己专业的专题内容并不充裕的话，您可以在您的网页上添加与您专业相关专业专家的采访。比如说，您是一个药剂师的话，那么您完全可以在您的网页上添加对健康顾问的采访或者健康法律条文的内容。

您在过去的两年中都做了哪些能够帮助您获得专家头衔的事情？

书籍成就专家 |

“谁写作，谁流芳”，一条古老的格言。在今天的社会中，一本自己所著的书便是一个最有效的自我宣传：至高的荣誉、最长的时效性并且最有效果。谁要是（比如服务专家萨比娜·惠伯纳）能够被大量的知名媒体所采访并且擅长引导潜在客户，那么他就应该将此作为他最有效、最直接的建立关系网的战略。如果您真的实在抽不出时间来写作，那么请您寻找一位专业写手与您一起工作！一个训练有素的影子写手能够将您的思想准确无误地呈现在纸上。

书籍成就专家—专家成就书籍

您应当从一份出版物中获得什么？

- 通过它，您能够向众人昭示您所擅长的专业
- 您能够从优秀的书籍中得到很大的收获
- 它能够帮助您成为某个领域的专家
- 它能够让您获得媒体关注的眼光
- 它能够提升您的品牌价值

➔ **总结：通过合适的选题，您能够一举跻身为第一流的专家。**

www.hermannscherer.de　Hermann Scherer

让您的客户关注您！ |

我们只需从那些读者反响不强烈甚至不好的书中随意挑出几本，就可以知道，它们共同的弱点在于——没有一个明确的主题，全书内容显得零散无神。

倘若您想出版一本传统形式的纸书的话，那么请您一定要选择与一家声誉良好的出版社合作，因为他们能够行之有效地在行销以及宣传上帮助您。我所谈到的这些规则适用于涉及任何专业的书，从家乡美味的烹调食谱（所销售的各种版本的总量已经达到两万），到大学生所撰写的《运营企业“驾驶执照”》（版本总量超过一万）。

让您的客户关注您！

campus
HERMANN SCHERER
DAS ÜBERZEUGENDE ANGEBOT
SO GEWINNEN SIE GEGEN DIE KONKURRENZ
impulse

30 Minuten
für eine gezielte Fragetechnik
GABAL

Unvergessene Küche
Beat Scherer

Das Buch zum Schweißen
LORCH

Unternehmen Erfolg (Hrsg.)
Unternehmens-führerschein
Von Unternehmern für Unternehmer
GABAL

www.hermannscherer.de　Hermann Scherer

成功不会眷顾那些跟随者，
只会青睐一往无前的开拓者。

您是被大家当作专家来接受的吗？｜您的市场价值随着您专家头衔的可信度而涨落。也正是这个原因，您在宣传中的形象必须明确清楚地表达这一点，而且还要能准确地为您的个人能力定位。您的个人网站能够向大众展示您的专业特质吗？请您一定注意在您的个人网站上实时更新您在最近时间里所作的重要资讯指导、所获的重大奖项以及各种成功的案例。www.hermann-scherer.de

问题出现的时间：问题出现与解决的因果关系｜最理想的状况是在您的客户决定跟谁签订他们的购买合同或者合作合约时，您已经把自己打造成为专家了。如何才能做到这一点呢？除了通过优秀的宣传工作以外，您还可以通过有目标的计划，也即：尽早地出现在客户的决策过程中——更简单地说就是：您应该出现在整个决策的准备过程中或者更好的则是在决策初具雏形的时刻。倘若您错过这两个占尽先机的时间点的话，那么您是否还能获得客户的注意，机会很渺茫了，因为当客户的决策变得详细具体的时候，与您共同竞争的对手将会多得如过江之鲫。若是时间再晚的话，那么您能获得潜在客户的可能性就基本上根本不存在了，因为在这种情况下，您的潜在客户通常已经有他们所属意的对象了（“我们非常抱歉地告知您，我们已经与某某签署了该合作协议！”）。所以请您仔细回想一下，您自己的公司企业是如何做出每一项商业决定的呢？通过这个方法您可以更加直观地设计您如何能够尽早地被潜在客户所感知。上面图中所展示的是一个简单的常见的企业做出其商业决定的流程。

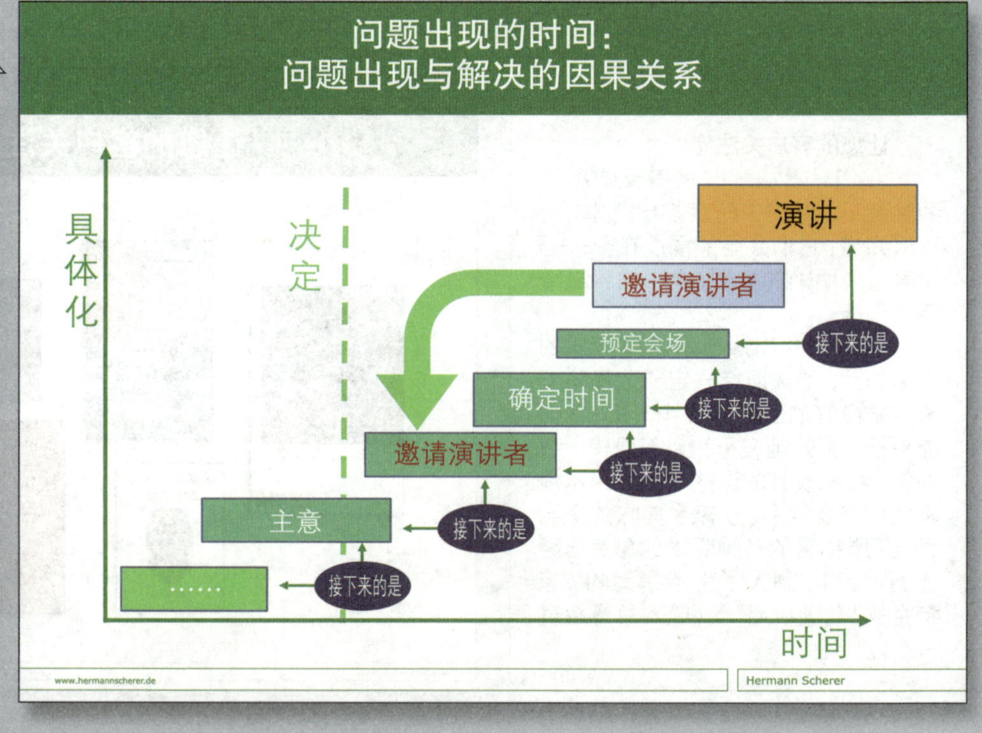

在您的目标客户群发现他们的需求之前攻下他们。

在您的客户发现他们的需求之前展示您自己！ |

我想在别人有目的地寻找一个人做报告之前就被大家当作一个演讲者与专家所接受。为此我制作了一个关于“如何成功地举办一次演讲活动”主题的小册子（作为引子），并且上传到我自己的网页上，供我的潜在客户免费下载。如果运气的话，总会有各个潜在客户公司企业的雇员在计划一次演讲活动的过程中搜索到这个对其有价值的文件的。假如人们在搜索网页中输入“演讲活动的经验建议”的话，那么在互联网中他们能够找到这个电子版的小册子以及它的作者——我的可能性就会非常之大。他们会在网页上填写自己的电子邮件地址以便获得下载权限，而且在将来他们还会定期收到赫尔曼·舍雷尔的最新动向。倘若这些阅读过我所著的小册子的客户们有朝一日需要一位演讲者的话，那么我早就已经在他们的记忆中了，而他们在第一时间决定选择我的可能性也会变得非常之大。这个“宣传小册子——市场营销”法在其他别的领域也都能够十分奏效。

小册子/公司企业宣传册：是用来查阅的，不是用来丢弃的。您的宣传小册子中可以写些什么内容呢？

焊接技术的宣传小册子——市场营销案例 |

“焊接技术行业中的佼佼者”——罗尔赫公司这样宣传他们自己。技术专家们将通过这本《焊接技术圣经》获得潜在客户的注意，加之互联网上为企业以及其他组织所量身设计的订货表格，使得罗尔赫公司拥有了广大的客户关系网络。除此以外，人们还可以从这本宣传小册子中获知，罗尔赫公司到底能够多么迅速且价格低廉地提高他们的焊接技术服务。

旅游行业的宣传小册子——市场营销案例 |

弗兰肯地区旅游业联合会在市场竞争中打出的是感受地区性文化的王牌。谁要是在看到宣传小册子封面上弗兰肯地区的经典小吃烤香肠不得不咽口水的话，那么他在参加这次北巴伐利亚州的旅游时会有更多的动力，也会获得更多的乐趣……如果小册子上的烤香肠能够获得巨大的市场效应，那么您的产品也一样能够获得同样的成功。

通向小册子之路

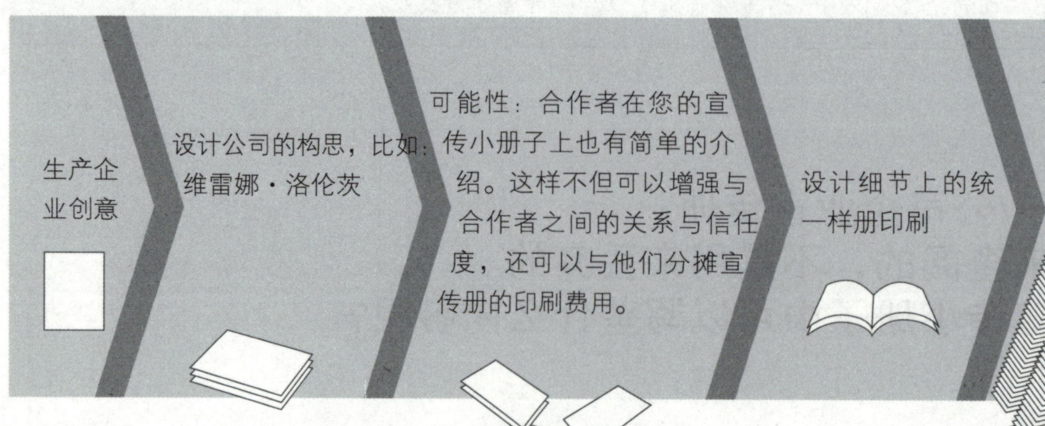

宣传小册子——市场营销一览：
您的宣传小册子中所应该尽量包含的内容：

- 一般性的信息

（“您的客户应该对您的公司所了解的部分……”）

- 最新信息

（您公司所在行业中的最新动向、最新发展、改革目标）

- 检查列表

（“公司的产品所能够到达……目的”；当然您的产品能够以卓越的质量帮准客户实现该目的！）

- 现状—理想—比较

（阿里-效应：您的产品比其他的同类产品优秀得多！）

- “副”作用

（您的产品也能够解决后续问题以及其他相关的问题。比如说：您不仅提供壁炉，还提供使用壁炉所需的木材！）

- 行业中的灾难性历史

（……当然还要附加上如果是您遇到这样的问题，您将采取的解决方法）

- 对偏见的回应

（对常见的偏见以及问题进行有理有据、可信度高的辩答）

- 图片、图示、表格
- 其他方面

（能够抵达您公司的交通描述、您所生产产品不同规格一览表、宣传广告页、最新动向订阅表格、面谈时间建议）

- 广告插页（为自己公司的以及为其他公司的）当然是收费性质的（请您想一想那些也在争取您的公司做他们客户的公司该如何将自己的公司作为插页上的内容）

宣传小册子的目的

- 唤醒潜在客户对您的企业/产品的兴趣
- 回应客户的问题
- 消除固有偏见
- 发送信息

（如何运用产品、所提供服务的长处）

- 通过宣传小册子的问题获得潜在客户的联系方式

（通过小提示或者互联网上的订阅）

- 赢得合作伙伴以及加固合作关系

（通过添加对您合作伙伴或者潜在合作伙伴的采访、产品订购表格以及广告）

- 通过征寻采访手段获得联络方式的战略

（认识有趣的联络人）

- 建设自己的专家形象

您宣传小册子中所应添加的可信度指示标记：

- 推荐信
- 专家证书、考核通过证明
- 十个加分项或者保障（详情请参见第十一号模式）
- 与有分量的合作伙伴的谈话以及关于他们的广告
- 产权保护性费用

为您自己制作一份有分量的个人简历！

VerenaLorenz PROFIL UNTERNEHMENSKOMMUNIKATION BUCHGESTALTUNG UNTERNEHMENSBUCH AWARDS KONTAKT

Über Unternehmensbücher　Jenseits vom Mittelmaß Adler Apserg　Inspiration und ... go!　Durchgeblättert Führungsenergie　Cuban Nights

www.hermannscherer.de　Hermann Scherer

为您自己制作一份有分量的个人简历！

事实上您的手中已经掌握了很多有价值的数据，在制作公司小宣传册或者介绍性书籍的时候，只需要将它们用具有说服力的方式组合在一起。最好请这方面的设计专业人士利用手中的原始信息制作公司简刊。正如我们在设计、排版、图片以及印刷方面的合作伙伴。他们不仅已经设计制作过大量的图书、演讲演示讲稿与宣传小册子，而且还获得过多项设计大奖。最重要的是，她是所有获得过“红色圆点设计大奖”的设计师中价格最公道合理的。

宣传单/宣传册价格

	宣传单	宣传册
印刷费用	酌情而定	只比平均市场价格高一点儿
排版费用	平均市场价格	平均市场价格
合作伙伴添加广告插页费用	无	可能（=对您来说相当于减少个人费用）
总报价	**市场平均价格至高价**	**市场平均价格之免费**

宣传单/宣传册的影响力

	宣传单	宣传册
被阅读的可能性	低	高
价值	低	高
信息保存价值	低	高
被保存的可能性	低	高
信息	中等	高
专业程度	低	高
与众不同程度	低	高
总体影响力	**低**	**高**

通过合作伙伴在您的宣传手册中添加广告插页或者关于他们自己的访谈内容，与其分摊您公司独立印刷制作公司宣传册的费用，使之成为最有效、性价比最高的宣传手段。

第十七章

聪明的公关

人们是如此谈论您的，即使面对媒体也是一样

“如果一个小伙子认识一个年轻的姑娘并且对她讲，他是一个如何出色的人，那么这样的行为就叫作展示宣传。”

如果他对她说，他认为她是一个如何魅力四射的人，那么这样的行为就叫作有目的的广告。但是倘若她是从其他人的口中听说过这个小伙子是如何优秀的，因而选择了他，那么这就叫作公关。许多在20世纪影响力不如阿尔文的银行家与企业家都不能够将公共关系做到点子上。公共关系的这项工作旨在为企业建立正面的形象以外，还能引起潜在客户的兴趣。这也就是说，公共关系是一系列工作的组合，从设计制作企业的宣传册一直到组织公开参观日活动。事实上我们经常要面对的问题却是诸如 宣传资金的不足、公关专职人员的短缺，解决这样问题的办法便是借助媒体正面的报道，从而使得我们自己的企业获得客户的关注。在企业与企业之间建立关系网，其实与人与人之间建立关系网的办法是相同的：假如能够通过他人之口来赞扬我们自己，其结果要比王婆卖瓜自卖自夸（比如：广告或者宣传手册）的效果在可信度上好许多倍。

媒体宣传的成功秘诀在于，您能够了解记者们的需求与他们的思维方式。当然没有媒体的编辑“平白无故”地把您捧得天花乱坠，不过他们的确是每一天、每一周、每一月都是要完成规定的报道数量的，所以他们也的确是在四处寻找值得报道的内容。这样的话，您所应当采取的策略便是给他们有报道价值的故事。您的故事可以从企业的周年庆典开始一直到您个人参加纽约市的马拉松长跑比赛结束。除此以外，媒体的编辑会用记者的职业精神要求他的记者们，不得在他们的报道中为您公司做广告式的宣传——话说回来，媒体的编辑不是您的公关部主任，他没有为您做正面宣传的义务，反而是更多地会从负面消息做文章。所以当您面对媒体的时候，千万不要大张旗鼓地为自己做广告，而是应该实事求是地摆事实讲道理，以显示您或者您企业的专家品质。作为房地产中介商，您可以对当前土耳其人的房屋购买能力作出自己的评价；作为办公室家具生产商您可以给大家从人体工程学的角度解释生产家具的设计理念，并且还可以明确地表示，大众常见的后背疼痛已经在您的产品设计过程中被全面地考虑到了。如果您能够将这些一般性的专业通用建议以及您与该专业相关的个人经历添加在您的宣传中，那么您个人的市场价值就会显示出更大的影响力也更具信服力。不过在当今社会，这样的宣传已经简化到您只需要将您的个人网页地址添加到您的个人信息之中。

倘若您能够在个人宣传中选择适当的主题而且也能够将您要讲述的内容简明扼要地组织表达，那么您被媒体报道从而广为人知的可能性就会大大提升。市面上充斥着各种各样、数量繁多的报纸以及专业杂志，您的客户们肯定也会购买其中的一些阅读——不论是对于B2C的经营形式——还是对于B2B的经营形式。所以说，您必须要采取主动，您肯定会从中获得收益的！因为：“如果你希望人们传颂你的长处，那么你就得先告诉其他人”，这个道理是著名的数学家与哲学家布莱兹·帕斯卡在350年以前就告诉我们的。

为了在市场上获得成功……

……与他人明确的区别是必不可少

www.hermannscherer.de

Hermann Scherer

为了在市场上获得成功……

每一年都有樱桃成熟的季节，没有一家报社会认为报道樱桃成熟有什么新闻价值。但是当果农舒尔茨在经过多年的实验与精心培育，成功地种植出绿色与蓝色的樱桃时，这个消息不仅被他所在的地区报纸争相报道，甚至是全国性的报纸也在自己版面上为这个消息预留一席之地，甚至晚间新闻也会对其加以播报。不论什么时候，记者们总是在寻找“故事”。谁要是希望媒体能够注意到他，那么他就必须为媒体们提供一些与众不同的可以报道的事件。如果您在某一地区属于15家药店经营者之一，那么人们对您产生不了什么太大的兴趣。但是如果您是其中唯一的一个提供感冒预防课程的药店经营商的话，或者更具有戏剧性的是，您在您制药公司300年的庆典上，给大家讲述公司历史的故事，比如说：当年某药剂研发人员制造的药品被当作巫师所施的巫术，而今天的制药方法却是在他的基础之上所做的改进。这样的事情非常吸引媒体注意力。

以性感明星代替局外人

演讲家赫尔曼·舍雷尔认为企业的成功与个人的成功是平行的

赫尔曼·舍雷尔认为企业的成功与个人的成功，两者所遵从的道理是一样的。“谁要是能积极地将自己与所处的环境融为一体，谁就能获得成功；反之则必然会在激烈的市场竞争中惨败出局。”这位来自弗莱兴的演讲者这样告诉大家。简短地说：以性感明星的形象代替局外人的位置才是最终解决方法。

如果一家企业从来只是提供其他企业也都提供的产品，那么这家企业充其量只能得到别的企业都会得到的东西。这是谢尔勒的理论。而这大家都会得到的东西便是：平庸的利润、平庸的认可度、平庸的关注度。若要想成为市场上顶尖的企业，那么就必须立即改变现有的经营方式。

相同性导致替代性

相同性导致替代性，这位多种营销管理书籍的作者这样认为。这在激烈的市场竞争中对产品制造商与服务提供商是一样的道理……

制造新奇：您的广告宣传

记者们每一天都在被有没有激动人心的选题可以报道、有没有有趣的建议，类似这样的问题所伤脑筋。所以在这种条件下，他们练就了在短短几秒钟内就能看出一个选题是垃圾还是宝贝的本领。您必须充分准备您的素材，并且还必须个个切中要害——越引人注目越好。对于聆听隔靴搔痒的解释，媒体界既没有时间也没有耐心。

三点式沟通战略：与您的读者联盟

信息发出者 → 两点沟通法 → 信息接收者

问题 → 三点战略 → 信息接收者

信息发出者

www.hermannscherer.de　Hermann Scherer

三点式沟通战略：与您的读者联盟 |

从癌症研究以及医疗伦理学研究的结果来看，在对于坏消息的发布方式这个问题上，两点式战略与三点式战略的沟通效果是完全不同的。我们假设您是一名医生，您的一位患者在进行身体检查后发现患有恶性肿瘤，那么接下来就会发生传统（两点式）的沟通，即在信息发送者与信息接收者之间的沟通，也即医生与患者之间的沟通：医生手拿患者的检查报告，告诉他这个坏消息之后，再向患者提出治疗的方法。要是在中世纪的话，一个如此传递坏消息的医生是会被砍头的。虽然随着历史的发展，传递坏消息的医生不再有生命之忧了，但是对于患者来说，一边必须接受这样残酷的现实，一边还得积极配合治疗实在是严酷的考验。而三点式沟通战略则将问题的部分与信息发送者分开成为两个独立的部分：这也就是说，让我们继续用这个医生与患者的例子，这位医生可以将患者诊断报告中的X光片挂在墙上，然后自己与患者并排坐在对面，最好医生的手还能搭在患者所坐的椅子的椅背上，以显示出医生关心与支持的姿态，并说："在墙上挂着的X光片中，显示出一个恶性肿瘤，现在让我们一起来看看，我们能有什么办法共同消灭它。"三点式沟通战略的精髓：信息发送者（1）将自己与信息接收者（2）联系在一起，形成统一的战线，一起对付疾病（3）。当然，疾病还是同一种疾病，但是患者获知的方式却发生了改变。在公关宣传中，这个就叫作将自己与读者联系在一起，建立共同解决问题的统一战线。

谴责来了 |

左边图中的《图片日报》先是通过谴责一个既成事实，来巩固它与它的读者们之间的关系，即：用超大字号的标题引起读者的注意"燃料最昂贵的冬天来临了"。然后它才向读者们指出一个解决这个问题的方法："《图片日报》告诉您，您如何从现在开始节省。"这种沟通的方式是通过获得信息接收者的注意力以及表达感同身受的方式抢占先机并赢得潜在客户。而事实上，您通常会在报纸的第三页看到"赤裸裸"的真相。

植入广告式、公共关系式、起诉式战略 |

植入广告通常会比普通的付费广告更加被消费者从心理上自觉地排斥。值得信赖的宣传是那些被媒体宣传的产品或者服务，因为媒体中的宣传通常是中性公允的，（记者或者报纸杂志）相对于直接生产者与消费者来说是利益相关性较小的第三方。相较于前两者最有效的宣传则是在媒体的文章报道或采访中提出信息接收者所普遍遇到的问题，再由被宣传者在提出问题之后阐释解决问题的方法。

谴责-战略：交通事故致死 |

下面让我们来举一个通过谴责战略成功宣传自己的例子：事实上绝大多数的交通事故都能够通过坚持不酒后驾车、小心谨慎以及遵守交通规则来避免。若是绝大多数必须戴眼镜才能看清事物的人在驾驶汽车的时候也能够佩戴上他们的眼镜，那么又有很多交通事故可以避免。人们很难相信，眼镜制造商费尔曼与它的合作伙伴全德汽车俱乐部共同联合承办了一个可视性检验的公益实验项目。他们在旅游旺季派出专人在各大高速公路沿途的休息停车场做这个调查。这项调查的成功不仅仅在拯救人们的生命安全上作出了贡献，而且还获得了电视节目对其长达8分钟的专题报道。

运用谴责战略宣传前的准备事项

倘若您能够按照本文所述的基本规则准备的话，那么您通过该战略被媒体报道的可能性会大大提高。我们假设您的专业是设计生产汽油节省系统。倘若您交给报社一篇题为“通过这样的方法您可以节省汽油”的文章，那么我相信，没有哪一位主编会对这样的报道感兴趣，当然他们也不会在报纸上发表这篇文章，帮助您打开知名度。能够吸引读者注意力的标题可以是“平均每一位汽车驾驶者都要浪费12832欧元！”这个统计数字是在每人驾车四十年，每年行驶四万公里的基础上计算出来的。这样设置的话，您所批判的是一个常见的既成事实，最好这个既成事实还是您通过调查研究所得出（详情请参见本章下一页内容），如果可以的话，最好在加上图片辅助说明。您首先提出问题，以便与所有面临这个问题的读者建立统一阵线，然后再给出解决问题的方法。其中最值得推荐的“五个节省汽油的方法”为：马达优化配置、轮胎中气压充足、在长时间停车等待的时候关掉马达、行驶过程中不要强行换挡以及尽量不要采用“豪放式”启动，还有一定不能忘记的是——“使用卓越的技术系统（汽油节省系统）！”在您选择您的网站网址时，也要注意尽量选择那些能够直接说明普遍需求的表达形式，在此基础上再设置一个能与您的产品相链接的网页。通过这样的方法您同样可以为您的产品创造吸引大众注意力的机会，而不必一味地倚靠通常意义上的媒体宣传方式。

通过事实唤起人们对问题的认识

Google Scholar BETA

Ihr Thema | Suche | Erweiterte Scholar-Suche | Scholar-Einstellungen | Scholar-Hilfe

Web-Suche ○ Suche Seiten auf Deutsch

Auf den Schultern von Giganten

Google Startseite - Alles über Google - Über Google Scholar - Google Scholar in English

©2008 Google

www.hermannscherer.de Hermann Scherer

通过事实唤起人们对问题的认识 |

科学研究显示，基于事实的调查与统计结果能够更加赢得受众的信任，所以说不要只是一味地发布宣传性文章，还要同时附加上具有说服力的数据图表作为事实凭据一览。谷歌学术搜索网页提供搜索大量学术文章以及学术成果的功能，在那里您可以找到您所需要的数据支持。

您不必总是只选择最著名的《焦点》周刊……

……他是他所在专业中最好的……

Die Träume leben – am besten sofort

Wirtschaftstrainer Scherer rät Unternehmern, an ihren Firmen zu arbeiten

Von Alexander Fischer

„Verdammtes Mittelmaß": Hermann Scherer fordert Unternehmer dazu auf, sich für Herausforderungen der Zukunft zu wappnen.

www.hermannscherer.de　Hermann Scherer

您不必总是只选择最著名的《焦点》周刊…… | 许多企业都低估了（地区性）日报中的报道所能够产生的巨大影响。事实上，在日报上曝光您的事迹（当然大多数情况下还会配有个人照片）的可能性是非常高的。除此以外，对于相对不是太大的报社来说，如果您还能够提供行文成熟的报道文章的话，那么他们是十分愿意直接使用这些由您所“加工”的材料的。当然，人们也非常愿意再一次观看您的广告宣传。毫无疑问，您也可以将报纸对您的报道中褒奖的部分摘抄出来，添加到您网站的个人主页上或者是宣传材料中。上图就是本书作者赫尔曼·舍雷尔被《南德日报》所报道的例子。

为您自己创造机遇……

……赫尔曼·舍雷尔属于全德国最优秀的十个市场营销专家之一……

Notwendi… meistern

Top-Trainer Hermann Scherer bei Wunder Personal-Dienstleistungen zu Gast

Hermann Scherer überreichte Petra Wunder den Excellence Award für ihre erfolgreiche unternehmerische Tätigkeit. Foto: WB

www.hermannscherer.de　Hermann Scherer

为您自己创造机遇…… | 类似于企业中人事部门所举办的“优秀贡献奖”颁奖仪式这样的活动是绝对值得地方性报纸对此加以报道的——不过，报社派来记者参加该活动的前提是您能够及时地通知报社该活动的时间与地点等信息。倘若您想以自己的名义创建一个有影响力的奖项也没有什么问题，对此您完全不必有任何顾虑：假如一个发明炸药的人——阿尔弗雷德·诺贝尔——能够资助一个世界性著名的奖项，那么您的企业为什么不能也资助一个奖项呢？

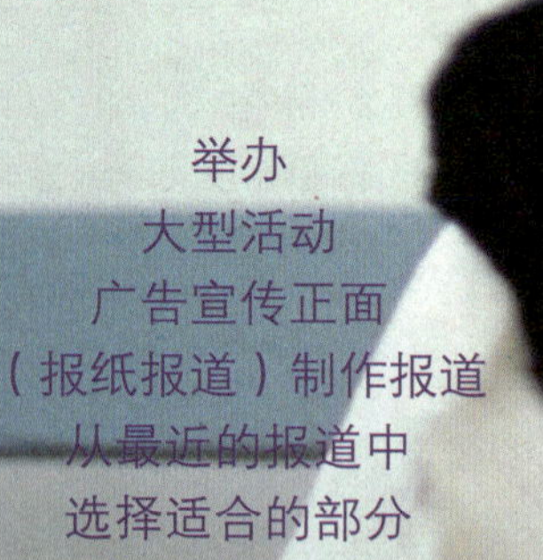

广告宣传（报纸报道）制作

举办大型活动

正面报道

从最近的报道中选择适合的部分优化广告宣传

广告宣传

在每一个领域都有目标群体的占有者 | 在德国任何一个城市（不论大小）的火车站都有其专属的书报杂志销售店。而在每一家这样或大或小的书报杂志销售店中都有上百中报纸以及无数种特别为某一兴趣人群所出版的杂志与专业期刊。不过它们中绝大多数的销量都是通过客户点名订购，每一期以邮寄的方式寄送到客户的收件地址而获得的。事实上，对于您的目标群体来说，也有某一种“刚好适合”的印刷媒体——而这也正是您所应该主动联络，发表您个人宣传的媒体。因为通常情况下，重点培养总是比广泛撒网要更有成效。

集中精力心无旁骛 | 从“顶级发型”到“最新瑜伽”——几乎在每一个有趣的行业都有一种专属的优秀期刊。 因特网上的媒体目录中就显示目前市场上有将近三万种不同的专业期刊。在这个网站上，您可以有目的地查找，哪些期刊是与您目标群体的兴趣相符的。一旦您发现适合的期刊，那么下一步就是该请您采取主动向该期刊的主编发送一片能够引起他们兴趣的关于您的宣传文章了。这里必须要说明的是，请您不必因某一期刊的发行量相对偏少而犹豫不决：因为通过这样的期刊，您的宣传文章在目标群体中的命中率反而更高。

您希望媒体如何报道关于您的消息？

这个问题并非旨在询问您希望媒体报道关于您企业的哪些方面，而是旨在让您反思，您所选择的媒体主编更愿意阅读关于什么方面的文章，因为他的读者们愿意阅读有关于此的文章。

聪明的公关人员知道如何取之于谴责战略而胜之于其本身

“恰恰与传闻相反——我们不会被坎普斯面包店收购！”

在这个标题下，一家普通的小区面包商在没有大张旗鼓地宣传自己名字的同时，反而通过利用知名面包生产商坎普斯的名字吸引了地域性媒体对它本身的注意。在他们这样打出自己宣传的同时，坎普斯面包店正在大肆收购多家因为经营不善而导致亏损的地域性小型面包店。而这家面包店正是利用了这个机会，成功地吸引了媒体对其的注意。

而最后，由于这家面包店是一家传统的手工作坊式的面包生产商，他们通过这条广告语招集到了许多专业的面包生产技师，并且在大家的共同努力下，将一家地域性的面包店计划扩展成一家在全国大多数城市设立分店的大型面包生产商。

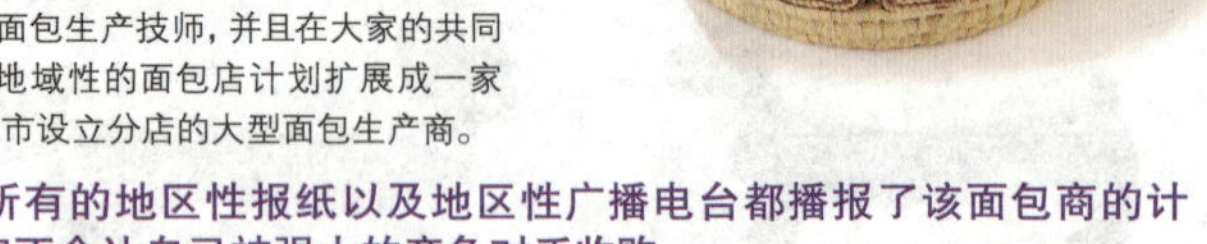

结果：所有的地区性报纸以及地区性广播电台都播报了该面包商的计划，也即他们不会让自己被强大的竞争对手收购。

www.hermannscherer.de　Hermann Scherer

聪明的公共人员知道如何取之于谴责战略而胜之于其本身｜

左边图中所给出的面包商的宣传方式是一则非常典型的“放肆言行战略”宣传案例。另外要说明的是：坎普斯面包店从来也没有想过要收购这家面包店。

使用同样宣传方法的还有一家家具商，他们在自己的宣传语中所含沙射影嘲笑的同行业是著名的家具生产销售商宜家：“你已经开始享受生活了，还是依旧在组装你的家具呢？”这样厚脸皮的宣传一下子就吸引了大量的媒体前来报道。这样的新闻报道会带来什么样的价值？这个答案您将在本章后续页的内容中找到答案。

您想被媒体报道吗？

传统新闻报道所必备的因素！

一篇宣传文章中所包含的新闻报道必备因素越多，那么它被发表的可能性就越高。鲍里斯·贝克尔与他订婚仅仅三个月的十六岁未婚妻分手的消息之所以会被全世界的媒体都争相报道，是因为它满足了一则新闻所需要的所有因素，即：时效性、爆炸性以及能够满足人们窥探他人隐私的猎奇心理。

矛盾
……小战争以及真正的战争

最新/新奇
……刚刚发生的事件

进展
……还没有发生过的事情

好奇心
……对不同寻常的事情感到兴奋

在身边
……就在这里，而不是在很远很远的外国

戏剧性
……刺激性、冒险性

性感
……永远行得通，您只要想想莫妮卡·莱温斯基就明白了

效果影响
……能够带来严重的影响

社会名流
……著名的人物

感觉/人类的普遍兴趣
……可以感动得让人流泪

当然，为您的企业赢得大众正面的注意，您的宣传并非必须满足所有的新闻必备的特性。

下面有几个为您准备的建议：

社会层面：

- 您可以通过资金、物质、经验以及人力等不同形式资助一些诸如救助组织、非营利性组织或者救济活动。
- 您在您自己的企业内部筹划为离退休人员提供的各种保障
- 您为您自己的雇员提供低利息的贷款项目
- 您在您自己的企业内部设置幼儿托管福利
- 您为女性提供更多的工作机会/您的企业中处在管理层位置的女性员工所占比例超过社会上的平均值
- 您愿意雇用年纪比较“大”的员工（超过五十岁）
- 您为所有员工提供火车年票
- 您定期组织与退休员工的叙旧碰面茶话会
- 您为参加工作实践培训的学生以及刚毕业的大学生提供资助奖励
- 您在企业内部为没有工作经验者、残疾人以及长期失业者提供工作机会……

卓越的绩效

- 您具有：几百台生产机器
几千种软件
一万公里长的香肠销售量
- 您曾经获得过奖项/被提名过/被公开表彰过/成功地通过某种测试
- 您的产品尤其适合现在这个时间（春天、圣诞节、烤肉季、感冒多发季）使用，因为它非常健康、性价比非常高、非常新鲜，等等……
- 您的产品现在出口海外

目前所处的位置

- 发展/更新生产设备
- 在现有基础上增加新的工作岗位数量
- 免费咨询、提供进修课程、为广大市民提供答疑解惑的可能性
- 为复杂不清的软性项目提供报表或者阐释说明“过于廉价或者过于昂贵的休假福利、匮乏的文化项目（更加理想的情况是能够辅以目前公司企业正在着力投入的项目）

能力

- 您曾经被授予某种头衔
- 您曾经做过的报告
- 您曾经在大学教过专业课
- 您曾经在德国工商业协会担当过专家
- 您曾经在夜大、在手工业者联合会，或者其他什么地方教授过课程
- 您曾经写过专业书籍、专业文章，以及类似的著作

个人特长荣誉

- 您曾经做过哪些组织团体的主席、陪审员
- 您曾经在社会夏季或者冬季的民间活动中承担某些任务
- 您曾经参加纽约马拉松长跑（并且在那里通过家乡当地的报纸向您的读者问好）
- 您曾经（当然是）徒步走过圣雅各布之路抵达圣地亚哥·德·孔波斯特拉
- 您曾经独自骑自行车去过摩洛哥

爱神助理 | 您还记得那个花店经营商吗? 那个把客户的周年纪念日与生日用手机短信发送给客户提醒的人。传统的媒体报道会这样写: “注意了, 最新消息——花店经营商提供提醒服务! ” 这样的表达方式完全是预料之中的, 也就显得相当无聊。倘若您希望您所交给报社的自我宣传文章能够一下子吸引住编辑的眼睛, 那么您就必须自己想出一些新花样儿来。右图中的文章满足新闻报道的基本要求, 不过最为亮眼的还是它的标题 “爱神助理”, 这样的表达方式则显得格外具有戏剧性。

爱神助理

报道中的信息

爱神助理

安德力亚斯·布洛克贝尔格帮助健忘的男士们“照顾“他们的爱妻

当爱情出现问题，常常是因为女人们认为她们的男朋友或者是丈夫不再总是将她们放在心上了。在埃姆尼德想法研究中心做过调查之后发现：近50%的女性认为她们的生活伴侣会“规律性“地忘记他们的某些私人的纪念日。这样的情况往往会大大地激怒女人们，并且将直接导致激烈的争吵或者使两个人之间的关系陷入紧张的境地。言出必行！事实上，布洛克贝尔格通过他建立的网站发送给男人们他们所订制的纪念日提醒。

埃姆尼德想法研究中心的调查结果显示，几乎每两个女人中就有一个表示，她们的生活伴侣会“规律性“地忘记他们的结婚纪念日或者相爱纪念日。

免费申请提醒订单

姓名

街道名称

邮编、城市名称

电话号码

电子邮件

www.hermannscherer.de

Hermann Scherer

除此以外，您在上文中的例子中也能够找到报社编辑所期望的形式上的因素：

- 优秀的标题
- 配有图片，并且图片下面配有说明文字
- 页面右三分之一处保持空白
- 全篇文章使用1.5倍行间距
- 另外“免费申请提醒订单”
- 地址

可选则部分：

- 图片
- 专家建议
- 得到的学习经验
- 互联网链接

您应该如何联系公众社会?

您当然可以将您自己撰写的宣传文稿寄给各大网站的编辑。不过更加专业的方式是由一个中间人来为您操作这件事情。至于这个中间人是真正的职业介绍人还是只是业余的甚至是您的某位熟人，都没有太大的区别。最理想的状况当然是您能够与媒体建立稳定的合作关系，比如能够被他们的专家专栏定期报道。请您多多观察一下其他媒体，并且仔细思考，您到底应该用什么样的主题与表现形式打动您所选择的主编。作为一名专家，您也可以运用影响力同样强大的“集体广告宣传”，您所在的行业会占据报纸的一整个版面来宣传自己，当然其中也会有对个人的专门报道。例如各大汽车销售商一般会在冬天来临之前在报纸上联合刊登带有专家解说的关于“让您的汽车安稳过冬”的宣传文章。而这些专家解说会被作为免费的汽车销售商广告。在这种情况下，您平时与报社主编所建立的良好关系就会显示出它的作用了。

假如您决定采用游击队式市场营销法的话，那么您可以通过一个研究所或者一个协会的建立来引起客户对您个人的注意。一个参加过我的辅导课的女士通过此法从一个个体自由经济咨询师变成了一个拥有15个雇员的老板。她成立了一个保护客户不受经济诈骗伤害的协会，以此她获得了巨大的媒体效应，当地日报和电视台的谈话节目都采访过她与她的协会。当然，这个协会能够引起那些曾经上当受骗的人们的兴趣，并且希望能够加入该协会，以便能够得到他们在经济行为上的保护。

通过参加谈话节目巩固您专家的形象

尤其是当您成为消费者律师（比如我们在本书第206页上提到的那位成立协会的经济咨询师）或者生产出了非常新颖的产品，那么您就应该选择谈话节目来宣传自己——谁要是还没有在下午看过电视节目，那么他一定会被“通过电视与收音机出名（附加如何在节目中表现自己）”这样的电视节目或者被他们在网站上放置的节目节选视频留下深刻印象。这些制作人每天都在为新节目寻找新的谈话对象。

北欧式徒步行走：在夏季使用滑雪杖！？

请您诚实地告诉我们：当您第一次在天气晴好的日子看到有人双手紧握滑雪杖向您走来的时候，并且视线所及没有一点儿雪的痕迹，您是不是被他的行为惊讶到了？而今天，我们也许还能在您自己的地下室找到北欧式徒步行走的手杖呢。这又是什么原因?

《明镜周刊》

一个倚靠手杖行走的民族

前不久还被大多数人所嘲笑的运动北欧式徒步行走在今天已经成为了一向大众化的运动。通过一则出色的公关宣传广告，一家芬兰公司激发了三百万德国人民心底的激情……

巧妙的公关宣传能够带来什么样的结果……

由于其“巧妙出色的公关宣传”，北欧式徒步行走的故事甚至被德国的《明镜周刊》所报道。在这个越来越时髦的运动背后其实就是一家芬兰滑雪杖生产商必须解决的盈利问题。“上个世纪90年代中期我们面临一个必须作出的决策。雪地行走所必备的手杖供大于求，形成积压态势，我们寻找一种能够同样使用这种手杖的运动形式”，该公司的经理阿里·卡里塔拉在面对《明镜周刊》的采访时说道。第一家听到这家芬兰滑雪杖生产商点子的体育用品经销商简直笑破了肚皮，而直到今天还有很多体育学家认为这种运动器械是对消费者的“哄骗”。不过在体育协会的训练下，以及该公司所做的大量的演说的推动下，他们还是赢得了相当数量的客户。由于德国是协会大国，这家芬兰公司甚至出资在德国成立德国北欧式徒步行走协会。其结果是：在今天，有无数的德国人采用北欧式徒步行走来锻炼身体。仅仅在2005年，就有300万个手杖被销售。当然了，人们还“需要”与之相配的行走鞋、手套以及专用的运动服。

被采访前的检查清单

如果您已经成功地以专家的身份吸引到了大家的注意，那么不用等多长时间就会有广播电台或者电视台来询问您，是否可以对您做一期专门的采访了。这可是一个绝好的机会，通过这个机会您可以将产品或者服务向更广阔的受众面介绍。一定要在被采访之前做好充分的准备，以便在采访之后能有潜在的客户找上门来。

- 请您只讲述那些可以印在客户信函或者企业宣传册上的内容！
- 请您不要忘记，采访内容的轻重分配是遵循记者的意见的。
- 请您别忘记在采访之前向采访您的记者索要他将会提出的问题。您可以这样对他们讲：只有在知道问题的情况下，您才可以将此次采访更充分地准备。
- 请您在被采访之前记得询问本次采访的收听、收看或者阅读者来自社会上的哪些群体。在拥有了这个信息之后，您不仅可以有目的地发挥您发言的遣词造句水平而且还可以有的放矢地准备发言的内容。
- 倘若您将接受的是一次电话采访的话，您应该事先搞清楚您需要的到底只是几个小时的时间，还是最好把当天一整天的安排都清空。
- 请您在采访前认真考虑，哪些问题是肯定会被问到的。您应该针对这些问题组织从形式到内容都完美无缺并且条理清晰的回答。
- 请您不要讲那些偏离主题的内容。采访中留给您回答的时间总是很少的，如果您过分深入分析某一件事情细节的话，那么您的观众与听众不仅会被您的逻辑搞糊涂，而且也会将采访的主题忘得一干二净。
- 请您对背景资料做好充分的准备。
- 请您在被采访前与找人“一对一”地演练采访的内容。请您提醒与您彩排的伙伴一定要提出一些令人感到棘手或者尴尬的问题，然后一起考虑应该如何得体地应答。
- 请您也准备一些能在采访中引用的有趣故事。有了它们的点缀，您可以保证您的采访生动有趣，观众、听众以及采访您的记者不会在采访过程中睡着。

媒体宣传文章的检查清单

专业的媒体宣传文章对宣传企业来说功效十分显著，尤其是对规模不大而且占据市场中间位置的企业。以下是一些应该注意的重要事项。

- 为您自己建立一个联络人数据库。寻找一个能够定期撰写宣传文章的专业专职作者。当然您也需要不时地将您的宣传文章寄给纸媒报社或者支持网上发表的新闻平台。
- 请您一定要检查您所发布的宣传文章是否具有新闻文章的特性，并且还要具有逻辑清晰的特点，如果必要的话，您还可以使用谴责式战略。如果没有什么值得您撰写宣传文章的事件发生，那么您就自己制造一个：您可以颁发某个奖项；成立一个协会；为社会作出什么贡献；做一些特别的事情……
- 您不要只是想着在受众面大的媒体上发表您的宣传文章，在那些专业报刊上发表的宣传文章同样具有不可思议的效果。
- 倘若您想赢得某些公司企业作为客户，那么您一定要在B2B的层面上分析您所选择的媒体的需求结构。
- 为您的读者设置一条答疑热线，而您就是电话这一段为他们解惑的专家。如果人们不主动给您打电话的话，那么您就主动宣传您的这项服务。最终宣传您的杂志会为您带来您所需的客户。
- 如果您能够获得一个被采访的机会，那么您必须做好充分准备，以便在被采访的时候能将您想表达的信息全部清晰明确地表达出来。
- 您可以录制一个包含所有关于您产品重要信息的“宣传短片”。这部短片必须简短、精巧、明了，并且能够向观众展示所有您希望向他们讲述的内容。
- 您一定要保持善于抓住人心的特点：当您某一次做到用您的宣传文章抓住主编的心以后，在下一次一定要用什么新的东西再一次抓住他的心（或者考虑在旧事的基础上用什么新的进展吸引他）。
- 您也可以为报纸撰写专栏文章。在那里，您能够规律性地（以专家身份）发表您的意见和建议。
- 请您撰写一部专业书籍。没有比这个选择能更有效吸引媒体眼光的办法了。

第十八章

互联网

让网络助您利润翻倍

“在当今的市场营销过程中，互联网当然并非其全部。但若是没有互联网，那么一切努力都是白费。”

身兼企业咨询师以及畅销书作者的赫尔曼·西蒙教授这样认为。

倘若您计划在互联网上具有影响力的话，那么首先确保您的网页能够被人们通过任何方式找得到。在网站的首页上您应该放置什么样的词语才能让网络搜索引擎找得到您的网站呢？事实上，在所有的搜索结果中，我们基本上根本不会点击阅读排列在第二页或者第三页的结果——我只是想通过您自己的行为提醒您，人们是如何对待搜索引擎提供给我们的搜索结果的。通过一些小技巧您便可以在搜索结果中稳稳地排列在前面的位置。您应该如何引导您的客户浏览您的网站？您如何通过不可思议的效果在网站上展示您所生产的产品以及所提供的服务？

在本章中，我将向您介绍一个通过他的网站使得利润翻了十倍的生产商。您应该如何利用互联网的高效性与便捷性将您所提供的激动人心的或者是非常有趣的信息以市场营销为目的，通过层层连接的方式从一个用户向另一个用户传递呢？在本章中您还可以看到一个十分生动有趣的两人咨询案例，咨询师通过几张幻灯片便将一个对待顾客不热情体贴的旅馆从惨淡的经营中拯救出来。通过这短短几分钟的演讲实例，您也可以了解到您该如何利用该手段简单有效地介绍您的产品、企业以及发布邀请。人们该如何为自己在互联网上做宣传？倘若您知道能够以多么简便有效的方法就可以联系到目标客户的话，一定会惊讶不已的，更不要提其所需的花费还是那样少。人们应该怎样在客户看到他们的广告之前吸引客户对其产品的注意力呢？在“引领”发明创造层面上，美国人（仍旧）远远超过我们。最后我们要谈的内容是：向客户定期发送最新动态值得吗？市场调查的结果将向您展示这个看起来没有什么用处的宣传手法是多么卓有成效以及值得持之以恒地坚持下去。

“一个划时代的技术进步不应该被人们当作魔法对待”，英国科幻小说作家、《星际社会》杂志主席阿瑟·C.克拉克说道。不过您应该为此而高兴：一个新的时代开始了，因为某些专业设计策划的网络宣传对产品所产生的作用的确就如同魔法一样！

您的网站能给您带来更多的利润吗？ |

不论是个体经营还是大型集团公司，没有属于自己的网站真是不可思议的事情。网站要发挥的作用无论如何要比一张大型的名片多得多，难道不是吗？一个设计合理的网站应该能为您带来利润上的增加。当然，我说的不是网上商店形式的网站。

所花的这些费用值得吗？ |

衡量一个网站是否“有价值”的标准叫作点击-利润——您的网站每被点击一次能够为您带来多少利润的附加值？我将向您介绍几种能够衡量您的网站是否能创造价值的工具。

在互联网中您能够被找到吗？

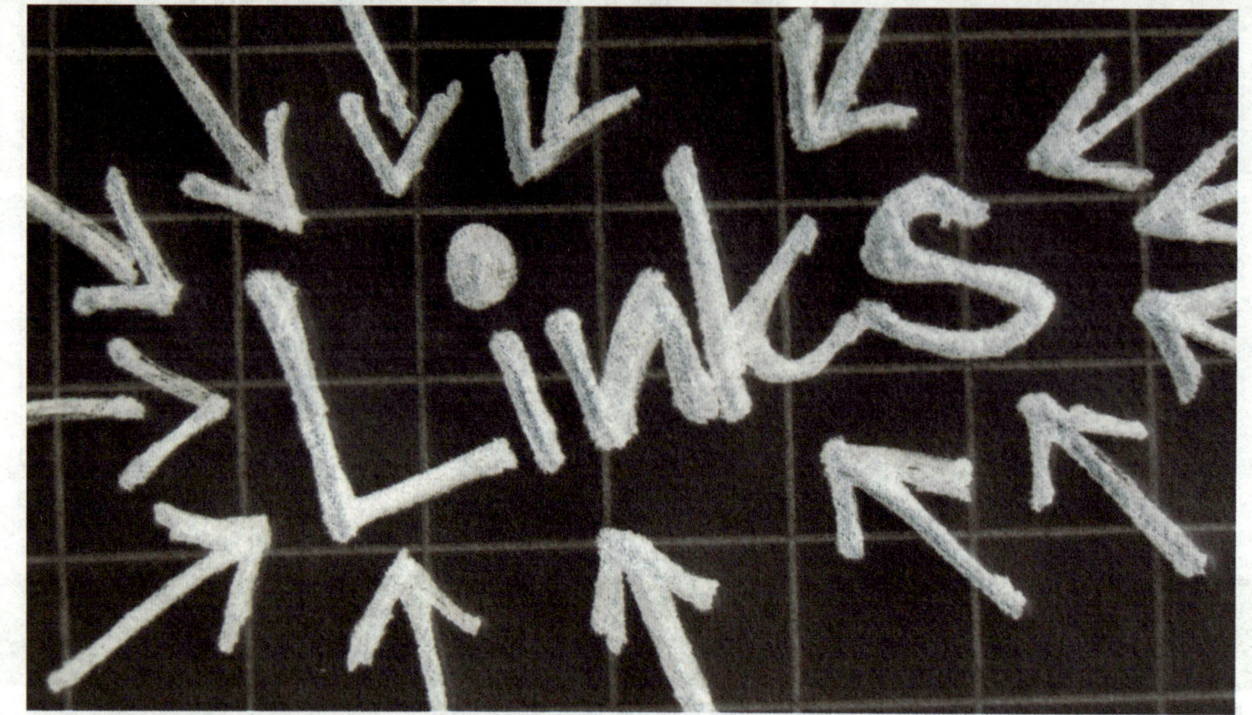

在互联网中您能够被找到吗？

您的网页与其他网页链接越多，对于谷歌搜索引擎来说您的网页就越重要。也就是说，要在您的网页上列出尽量多的企业合作者的网站地址。当然您不希望您的客户登录您的网站结果却被其他的网页所吸引，那么您可以将这个列表放在某一个网页底端部分或者网站的某一子页中，总之放到一个不是能让人一眼就能看到的地方。除了检测网站上与其他网站链接的数量，谷歌还在您的网站上搜索关键词。比如通过关键词“报告”与“演说家”被搜索到，那么就说明，他在他网站上的标题与文章中比较频繁地使用了这两个词。而如何正确使用关键词，请您参阅下面这个网页https://adwords.google.com/select/KeywordToolExternal

您网站上的内容

是实时更新的吗？

哪些网页是“重要”的？ |

谷歌搜索引擎是十分卓越的，比如说，他们可以根据网页上所提供的外链接数量排列其重要性。对于谷歌搜索引擎来说更加重要的网页是那些出现在许多网页上并被其所外链的网页。这也就是说，越多的网站与您的网站建立链接就越有利。最好的策略就是与多个网站建立互惠对等链接，双方互相建立与对方的外链接。这样您与对方都会在谷歌搜索引擎中提高自己网站的重要性。

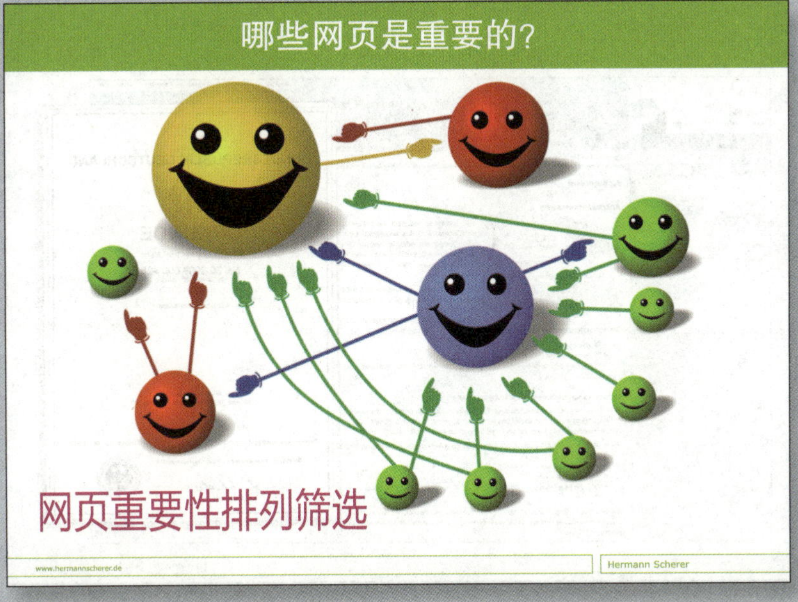

一个谷歌搜索最喜爱的网页…… |

毋庸置疑，著名视频网站YouTube就是其中之一。这也就是说：如果您在YouTube网页上上传一个视频文件，并在这个视频与您的网站之间建立外链接，那么您的网站在搜索引擎查找结果的排名就会大大地前进。那么到底应该在YouTube网站上传什么样的视频呢？答案是，什么都行！不论是可笑的还是信息涵盖全面的。最基本的内容便是，您在视频中展示您所生产的产品如何在深夜中使用一当然在那样的光线条件下，观众是什么也看不清楚的，而这也正是促进他们点击您所附加的网站网址的噱头所在。您不妨自己先去YouTube网站上浏览一番。

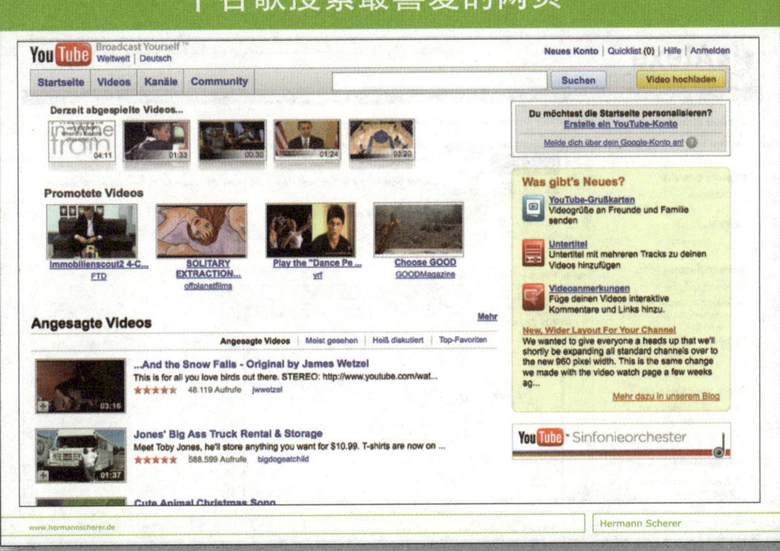

自我宣传：请您自己发明词汇！ |

互联网百科全书——维基百科在今天已经成为人们最喜爱的查询工具之一了。好的，那么，谁能够在维基百科上被查找到呢？每个人都可以将自己添加到维基百科的词条中去。只是太过于明显的个人广告才会被网络编辑删去。所以，您只需要巧妙地设置：您可以发明一个与您所生产的产品或者您所提供的服务有关的新词汇，再经其添加到维基百科的词条中去。比如销售专家埃德加·杰弗瑞所发明的词条“Clienting”。http://de.wikipedia.org/wiki/Wikipedia:Hauptseite

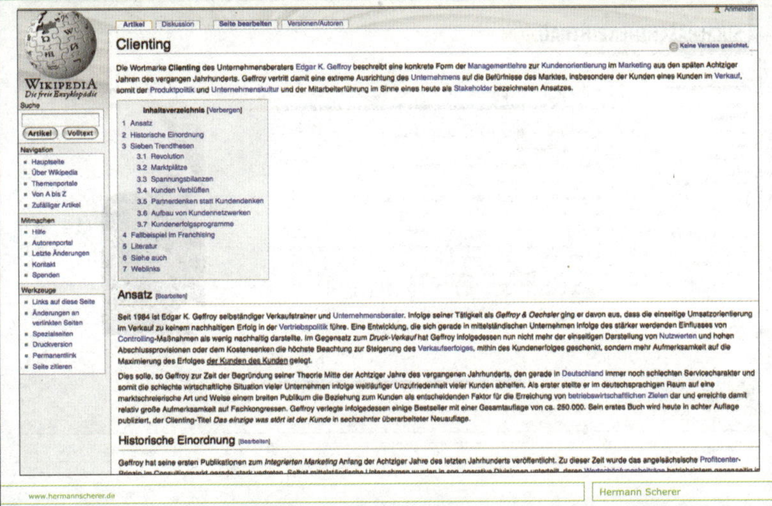

让您的词汇受到保护

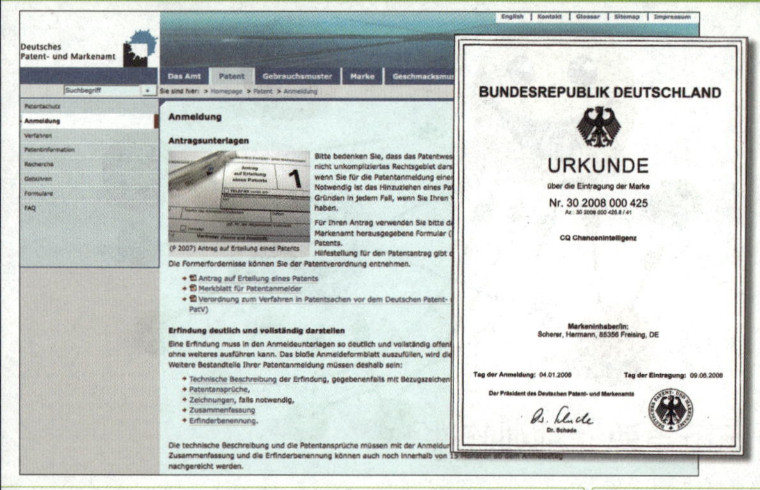

让您的词汇受到保护 |

您可以为您个人发明的新词汇在专利局申请知识产权保护。倘若那里的工作人员不能在互联网上查找到您想申请专利的词汇，那么这个词汇的“所有权”就属于您了。您也可以在去申请之前自己检验一下。倘若您不能在谷歌搜索网页中找到您给出的词汇，那么您有可能获得一张该词汇拥有权的证书。

您的网站有多么流行?

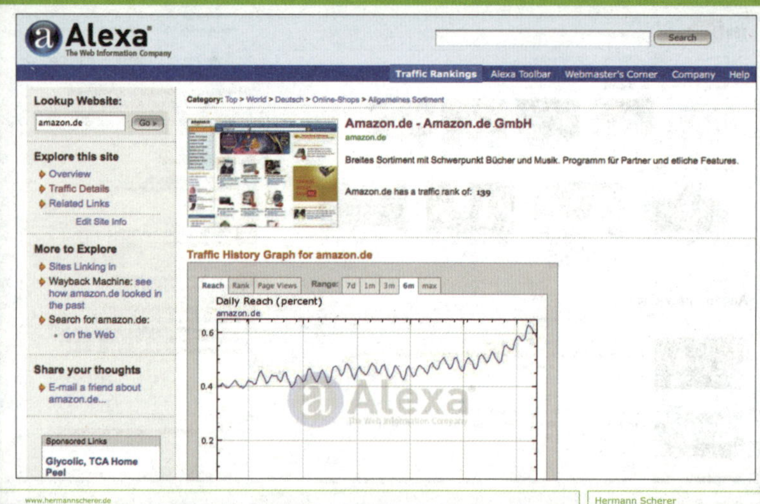

您的网站有多么流行? |

Alexa是“互联网信息公司”。在该公司的网站上您不但可以按国家查找时下最流行的网站，还可以查看个人网站被访问的频率——当然也可以查看与竞争对手网站访问量比较的结果!

互联网中的导航器：搜索引擎

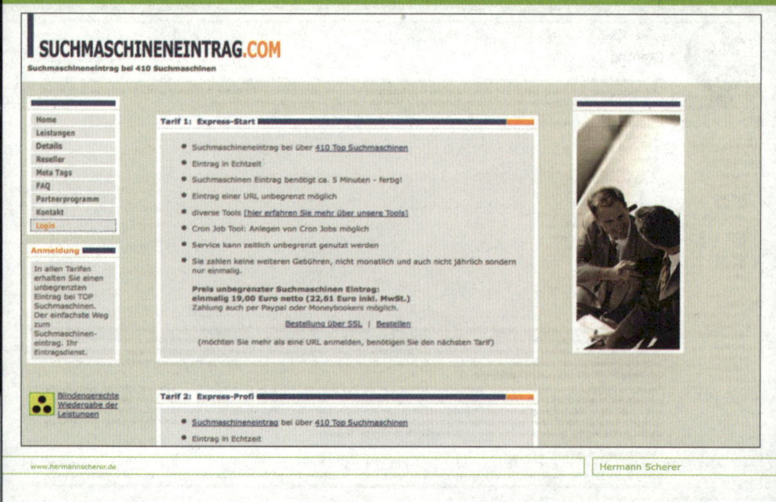

互联网中的导航器：搜索引擎 |

为了您的网站能够在互联网中被查找到的可能性大大增加，您就必须保证您的网站能够被各大搜索引擎网站所收录。不同的搜索引擎经营商都在不断提高自己的技术、更新自己的设备，以便能够实现大范围地快速搜索功能。

采用适当的联合供应｜ 请您检查一下，哪些由搜索引擎网站为您查找的结果是您真正能够使用的。这里有一百个在册的免费搜索网站，当然它们的功能实现所依赖的统计方法也是不尽相同的——其对于搜索到的结果排名方式有些是按照网页访问量；有些则是按照网站上与其他网站之间的外链接数量；还有的则是统计一个网站上所包含的广告的数目。www.express-submit.de

采用适当的联合供应

Kostenloser Suchmaschineneintrag bei 100 Suchmaschinen.

Blindengerechte Wiedergabe der Leistungen

- Kostenloser Suchmaschineneintrag bei 100 Suchmaschinen
- PageRank anzeigen lassen
- Kostenloser Counter / Besucherzähler
- SEO Tools
- Keyworddichte berechnen
- Cloaking erkennen
- Backlink Anzeige
- DSL Geschwindigkeit messen - Speed Check
- Ihre eigene Suchmaschine - Script / Software
- IP Adresse anzeigen lassen

Tipp: -> Kostenlose Homepage

Homepage |Suchmaschinen Blog | Artikel Verzeichnis

Übersicht: -> Zur Startseite Suchmaschinen Übersicht
Index Suchmaschinen: -> zur Übersicht Index Suchdienste
Katalog Suchmaschinen: -> zur Übersicht Webkataloge
Metasuchmaschinen: -> zur Übersicht Metasuchmaschinen
Spezial Suchmaschinen: -> zur Übersicht Spezialsuchmaschinen
Suchmaschineneintrag: -> manuelle Anmeldung bei Suchmaschinen

www.hermannscherer.de　Hermann Scherer

吸引新的客户：引领式网站｜ 该如何定义属于您所提供的产品范围的潜在客户？比如通过收集与您所生产的“相关产品客户”的资料。网站XING是一个“人际关系网络检测”最典型的例子。人们可以在这个网站上通过自己的人际关系网将新的关系网向外扩散，收集新客户的信息，发现具有发展潜力的新会员。http://mynetworkvalue.de

吸引新的客户：引领式网站

您应该如何利用互联网建立更多的人际关系并且为自己创造更多的利润？

如何让利润像氢气球一样直线上升?

如何让利润像氢气球一样直线上升？ |

Air Liquide是“一家独立向全世界市场供应工业以及医用气体的公司，比如：氧气、氮气或者热气球所用气体（氢气）”。这家法国公司所销售的氦气在非常短的时间内利润就翻了十番。他们是如何做到的？不是通过网站，而是通过下一个……www.airliquide.de

为了心中的理想开一家网店!

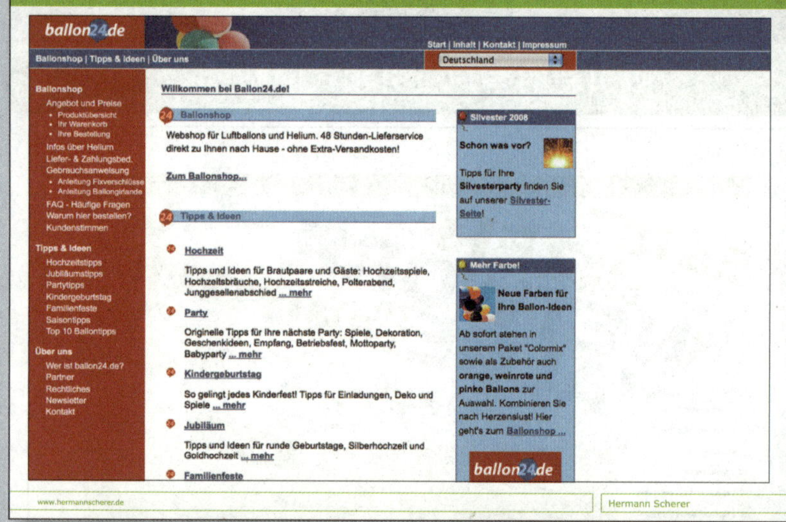

为了心中的理想开一家网店！ |

不论是派对、周年庆典还是结婚典礼：这家气球商店为他们的客户提供全套的服务，并且负责按客户的要求制造浪漫。要是有人在网上为婚礼庆典或者孩子的生日聚会寻找原创的助兴点子的话，那么他一定会被这个网站所提供的创意所吸引，当然他也会为了能够实现他所选择的创意而在这家网店购买气球。www.ballon24.de

您在这里看到的都是特洛伊木马!

您在这里看到的都是特洛伊木马！ |

我认为最为精巧的市场营销策略就是那种声东击西的战略，令客户在不知不觉中就选择购买您所提供的产品——就像当年战争中希腊军队用来攻陷特洛伊城的木马。醉翁之意不在酒，攻城的战士们全都藏在巨型木马的肚子里。浪漫的婚礼或者有趣的庆典就是被送进特洛伊城的木马，销售庆典上气球所用的氢气才是他们的真正目的所在。更多的详细内容请您阅读本书的第十九章市场的力量。

1

你的旅店实在太糟糕

一份为总经理以及前台经理所准备的

图形投诉

ABC旅店

休斯敦，德克萨斯

你的旅店是一家非常差的旅店 |

有趣的消息与具有娱乐性的故事在网上的传播速度之快是不可思议的。一家在休斯敦的旅店在短时间内的利润以分崩离析速度亏损，这个故事的传播速度也不会例外。请您自己阅读下面的文章，看看这两位企业咨询师在凌晨两点都做了什么。当您面对问题的时候，您的咨询顾问们在做什么？对了，他们首先会做一套PowerPoint的幻灯演讲稿！（我们更换了那家旅店的名称）

2

在2001年11月15日的凌晨，我们在休斯敦ABC旅店中的确被非常怠慢地接待。

- 我们是来自华盛顿州西雅图市的汤姆·法玛尔与夏娜·阿其逊
- 我们持有11月14日至15日房间有效的预订凭证
- 这两个房间承诺为使用信用卡的迟来的客人保留
- 汤姆是经常投宿ABC旅店的老客户了，他有会员卡
- 当我们在凌晨两点抵达该旅店的时候……我们被告知所预订的房间无效！

3

没有房间……即使我们的预订是被“确认”并且被“确保”的？

- 迈克，您的夜间值班雇员，宣称旅店中唯一空闲的一个房间中的下水管道与空调系统都不能正常工作了！
- 他在三小时前刚刚将旅店中的最后一间完好的房间给了出去！
- 除了在别的地方为我们另寻住处以外，他什么也不能做了！
- 而且他根本没有道歉的意思！

4

引用夜间值班雇员迈克的话

“绝大多数我们的客户都没有在凌晨两点抵达入住的情况。”

——2001年11月15日，凌晨2：08

作出为什么ABC旅店不能为我们保留被预订的解释。

5

我们与迈克共同讨论了“保证”这个词语的含义

保证，名词

某件事情作为某种特别结果的前提条件：

缺乏兴趣是失败的保证。

a. 一个承诺或者一个保障，尤其是某人以书面形式作出的承诺，认证某一产品或者服务的质量与耐用性

b. 一个以指定的方式进行的抵押

（保存这些已备未来参考）

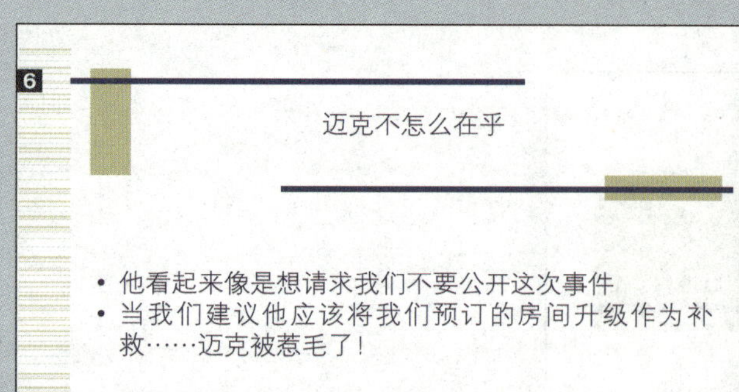

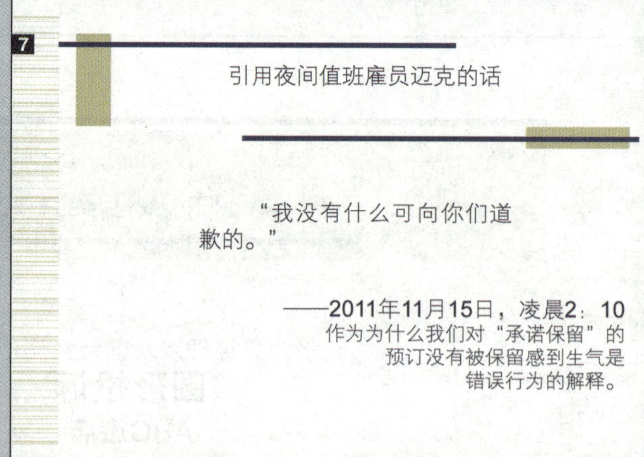

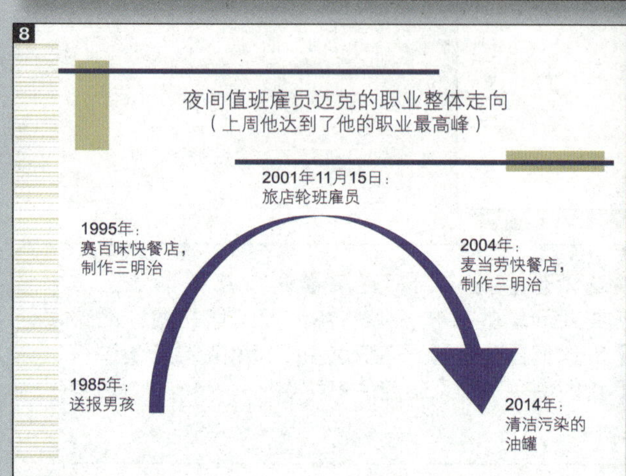

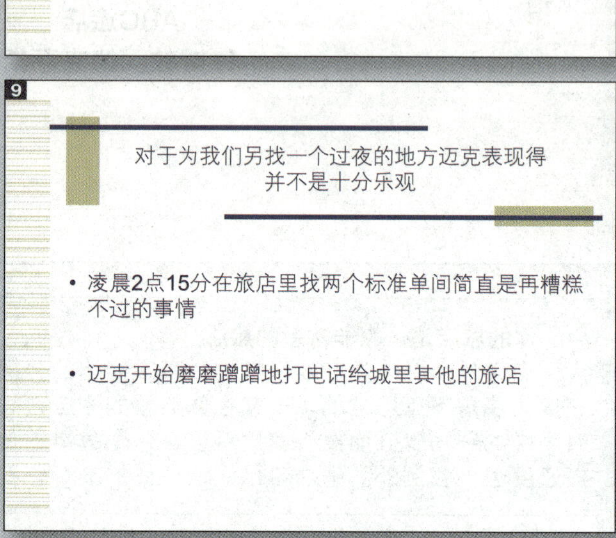

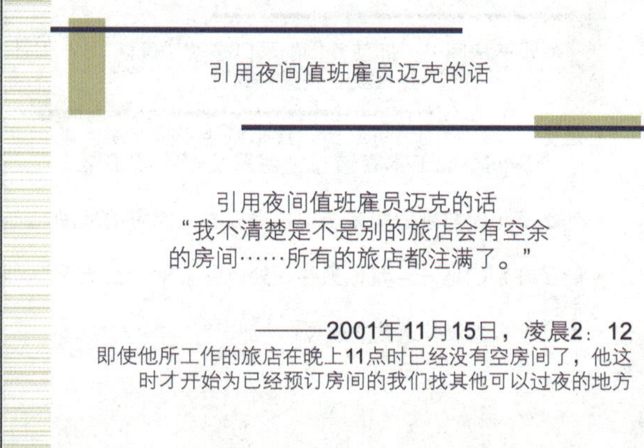

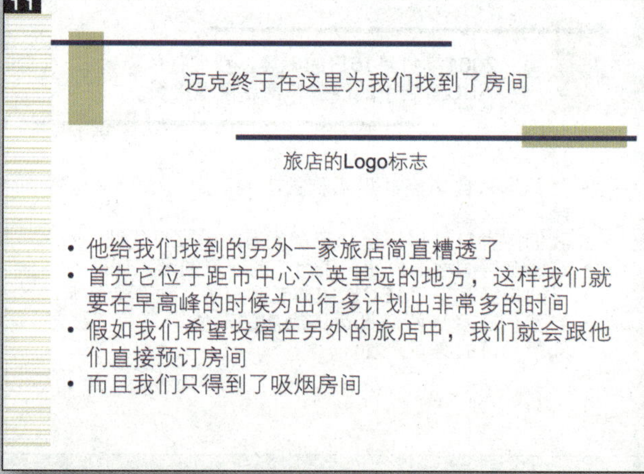

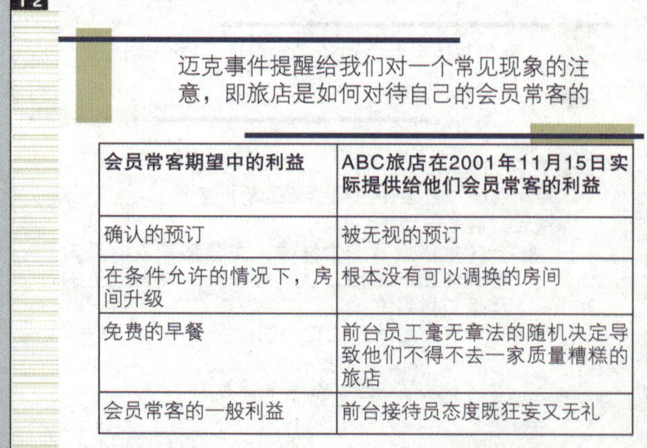

会员常客期望中的利益	ABC旅店在2001年11月15日实际提供给他们会员常客的利益
确认的预订	被无视的预订
在条件允许的情况下，房间升级	根本没有可以调换的房间
免费的早餐	前台员工毫无章法的随机决定导致他们不得不去一家质量糟糕的旅店
会员常客的一般利益	前台接待员态度既狂妄又无礼

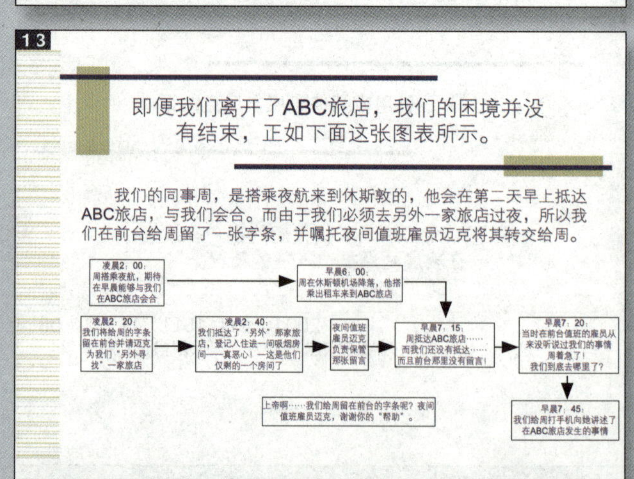

14

我们绝对不可能再次投宿ABC旅店

人的一生中在浴缸中淹死的可能性为：1：10455
（国家安全评议会）

地球被一颗经过它的恒星吸引力拉出太阳系的可能性为：1：2200000
（密西根大学）

赢得大不列颠六合彩的可能性为：1：13983816
（大不列颠六合彩）

再次在ABC旅店住宿的可能性为：比任何一个比率都要低得多
（还有你为我们保留预订房间的比率又是多少呢？）

我们绝对不可能再次投宿ABC旅店｜

……左边幻灯片所示为汤姆与夏娜的总结。因为绝大多数咨询师都喜欢用数字来清晰地表达自己的观点：所以他们说，一个人在浴缸中淹死的可能性为1：1万；地球被一颗经过它的恒星吸引力拉出太阳系的可能性为1：200万。而我们再次投宿ABC旅店的可能性要比中六合彩的可能性还要小得多得多。

几分钟的演讲：与客户的关系使一切成为可能！

汤姆·法玛尔与夏娜·阿其逊将他们的经历向成千上万的旅行者以幻灯片的形式讲述。这个行为的确给那家在休斯敦的旅店（文章中被称作“ABC”的旅店）带来了巨大的经营困境。旅店中仅存的几个客户实际上是好奇心旺盛的记者们。而在此之后，在迈克的身上发生了什么事情，我们不得而知。不过，我猜很可能旅店在他的试用期未满的时候就将他开除了，这当然是他事业上的巨大挫折。这份幻灯片现在依然能够在网上找到，而它所产生的影响还在不停地延续下去、延续下去、延续下去……

为什么我要给您讲这个故事？因为这个故事能够像我们展示网络的影响效果是多么巨大。在互联网时代之前，汤姆与夏娜顶多只能给旅店的经理写一封投诉信，并且警告自己的亲朋好友们不要再选择ABC酒店。然而此举所能产生的效果呢？估计也就是不了了之了；经理很可能会给汤姆与夏娜寄出一封致歉信，并解释雇佣迈克那样的不以客户为上帝的雇员是他们的疏忽，也许他们两个人的亲朋好友们也会将这个故事继续向其他的人讲述，但是两天之后也就忘记了其中的具体细节，到底是休斯敦还是凤凰城，到底是ABC旅店还是其他别的哪家旅店。然而这两个人花费一点儿时间所制作的幻灯片却产生了雪崩式的巨大效应。让我们来假设一下，假如他们将这个故事作为电子邮件的附件寄送给他们的合作伙伴与客户的话，那么也许有两百个人听说了这个故事。让我们继续假设，这两百个收到这个故事的人，又每个人再向五个人发送该附件，那么每一个新的收到这个故事的人再各自向五个人继续转发，依此类推。不用几步（或者在短短几天内）收到这个故事的人的数量将如此递增：200→1000→5000→25000→125000→625000→3125000……数学家们将其称为成倍递增发展。请注意在这个计算过程中我们还没有考虑所有收到这个故事的人还可能将其转发给所有与他有联系的人，而并非仅仅5个。这个效果您肯定亲眼见到过——比如说，在圣诞节的时候，当一个人开始用圣诞老人以及其他圣诞饰物开始装饰自己的房子的时候，那么所有看到的人就会跟着他一起做。通过这个案例我们现在要提出的问题就是：为什么要用一些“负面的”或者是可笑的切入点来宣传企业，而不恰好是那些正面的光辉形象？短短几分钟的演讲是一种理想的而且是价格低廉的市场营销策略！具体的例子请您阅读本章的接下来几页。

案例1：用几分钟演讲介绍产品（幻灯片节选）

“一千一百年默德林”产品献给格尔哈德·诺瓦克先生

新型打印艺术

一个不可抗拒的产品 |

请您将宇博劳伊特印刷公司所提供给客户的一目了然产品数据说明与客户们通常所能够得到的产品说明比较一下吧。这份几分钟演讲设计得简约清晰并且能唤起客户的好奇心。选择用原创产品以及服务至上的策略来吸引客户是一个非常有效的方法！

议程

ueber:reuter

- 产品
- 制造
- 您的使用
- 我们的承诺
- 价格与服务
- 我们的理念
- 我们的推荐信

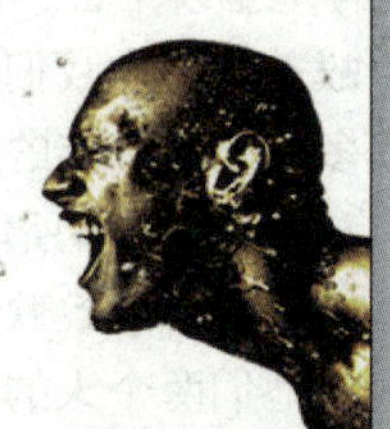

关于什么？ |

一个好的演讲具有结构合理、条理清晰的特点。请您告诉客户，什么是他们可以期待的。宇博劳伊特印刷公司用一个简明的议程列表向他们的客户传递这些信息，人们能够一眼看到，他们所提供的要比通常情况下的更多——即承诺与推荐。其他的好处还有：这样的一份演讲幻灯片会被企业用电子邮件抄送给更多的人，并且附上这样的话：“看看，他们都想到了什么！”

产品

ueber:reuter

- 产品： 书籍
- 名称： 一千一百年默德林
- 大小： 22.0 X 29.0 cm
剪裁摘编打印书
- 细节： 320页正文，4页封面封底，
8开大小，1.25印张
- 印刷数： 3000册

书中的世界是自然界中的人们得不到却是由人类的思维所创造的最为丰富精彩的世界。

——赫尔曼·黑塞

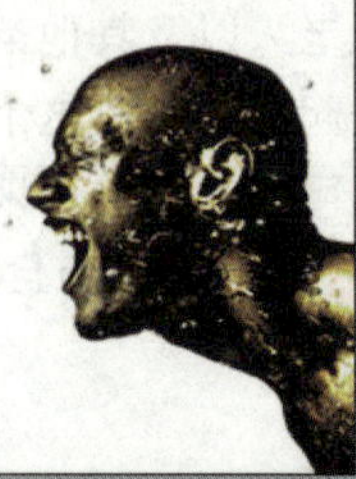

您可以在演讲稿中做任何事情—就是不能无聊 |

不论您想怎样使用您的几分钟演讲，您一定要注意的是：时时保持对您听众或者观众的“吸引力”，不断强调您的中心主题。在这个案例中，他们就选择了引用黑塞的名言来提醒客户他们所提供的服务是印刷书籍。在网上有大量的网站数据库，供您查询有趣的或者是令人深思的名人名言。

案例2：将邀请作几分钟演讲（幻灯片节选）

您如何才能使您所举办的活动参与者成数十倍地增长？

DHL被邀请参加IAA商用汽车技术解决论坛。为了将印制在薄纸上的活动日程夹在内里，通常人们用比较高档的纸张来印制此类邀请函。而倘若人们改用PowerPoint制作邀请函，那么前来参加的客户便能有期望中的十倍之多。我们在幻灯片中加入了一幅搞笑的图片，它刚好适合我们的宣传语“我们将属于彼此的零件组装在一起”，可以充分表达我们的行业经营理念。www.dhl.de

您尽情地玩吧，让您的客户充满好奇！

在这一步展示一辆甲壳虫汽车是如何一步一步被组装在一起的就足够摆脱老式邀请函的窠臼了。您可不要低估那些每天承受繁重工作重压的经理们是多么高兴看到生活中的一抹亮色或者笑话啊！

要求客户作出反应！

在大会的整个程序完全被介绍过之后，在接下来的第八张幻灯片上您可以添加一项便利的小功能，即客户们可以通过点击获得一张报名表。只要您能够注意保持清晰明确以及简明扼要的话，我相信客户就会选择您。

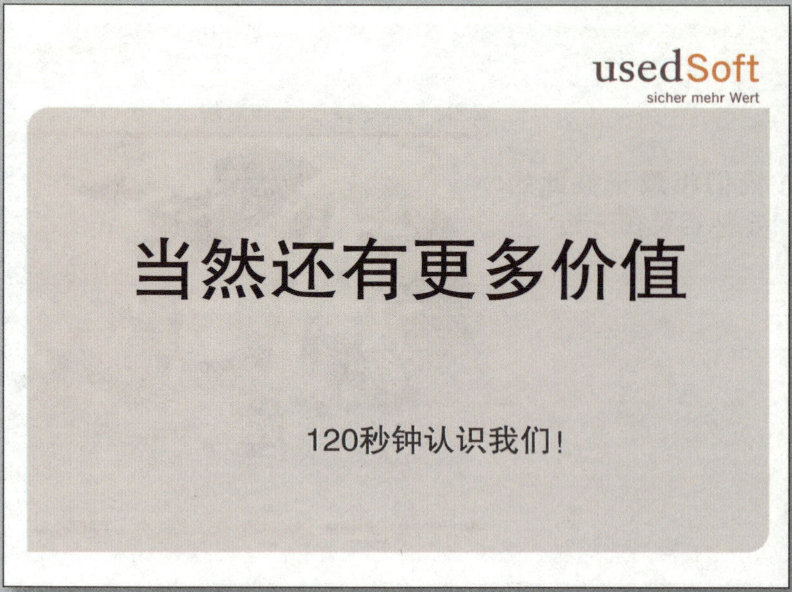

usedSoft
sicher mehr Wert

当然还有更多价值

120秒钟认识我们！

120秒钟内认识我们！ |

——是的，UsedSoft公司的PPT宣传稿就是这样说的。这家公司致力于销售“二手的”，也就是不再被需要的计算机软件版权。一种需要被解释的产品：这到底是怎么回事？这是一个什么样的情况？作为客户我能够从中得到什么？一份短短12页的幻灯片就能回答您心中所有的疑问而且他们还准备好用电子邮件向您提供后续的建议。

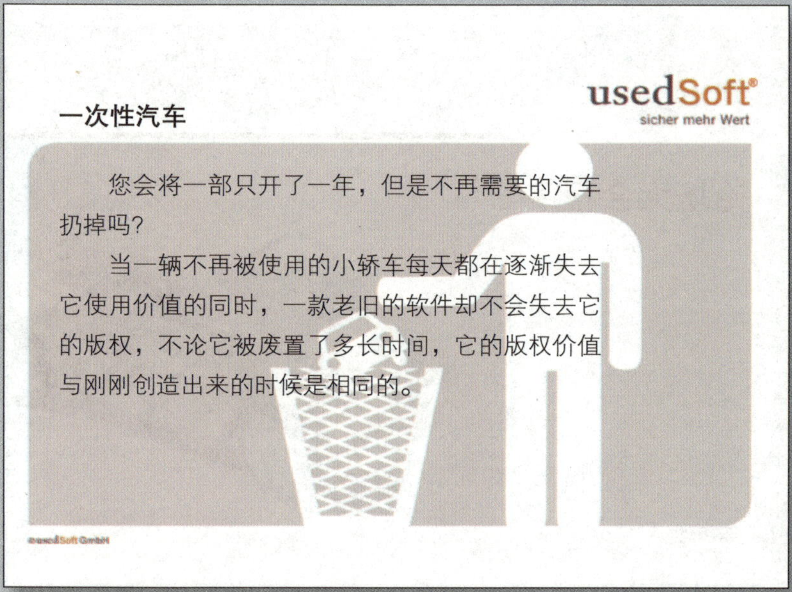

usedSoft®
sicher mehr Wert

一次性汽车

您会将一部只开了一年，但是不再需要的汽车扔掉吗？

当一辆不再被使用的小轿车每天都在逐渐失去它使用价值的同时，一款老旧的软件却不会失去它的版权，不论它被废置了多长时间，它的版权价值与刚刚创造出来的时候是相同的。

您会扔掉一部新汽车吗？ |

UsedSoft公司用一个疯狂而荒谬的比较作为他们宣传的开头：为什么“不再需要的”软件就该被随手扔掉呢？幻灯片上的图片辅助性地增强了人们的印象。这样就是一个近乎完美的成功的戏剧化的组织结构。

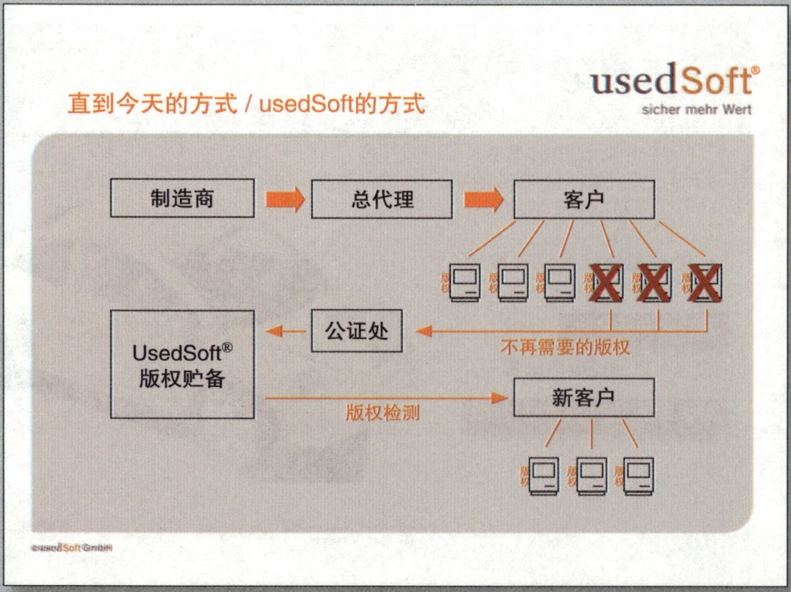

usedSoft®
sicher mehr Wert

直到今天的方式 / usedSoft的方式

制造商
总代理
客户
公证处
不再需要的版权
UsedSoft®
版权贮备
版权检测
新客户

一幅图表所能够表明的信息要比文字多得多 |

演讲稿提供大量各式各样的表达方式，比如说，不同事物之间复杂的相互关联性可以用图示直观地表现出来。UsedSoft公司就是用这种图示的方法，再辅以不多的文字一目了然地、迅速有效地解释了他们的经营模式框架结构。

案例4：一份完整的几分钟演讲

1

赫尔曼·舍雷尔

演说专家&企业咨询专家

144秒钟认识赫尔曼·舍雷尔

用自己的东西开篇 |

我是通过其他的媒体认识几分钟演讲宣传法的。在认识它之后，我就百分之百地为其不可思议的宣传效果折服了。我个人认为这个宣传形式的优势在于：篇幅短小精悍、表达形式多种多样、突出笑话的效果并且相当引人入胜。在保证几分钟演讲宣传短小的特点之外，您也不要忘记适当地添加他人对您的推荐以及媒体对您的报道，这也是其中非常重要的组成部分。这个例子中的演讲稿能够以“.mov”的格式像一部电影一样自动播放。

2

您正在计划组织一个引人注目的大型活动、一个具有创新性的开幕式、一场令人兴奋的会议、一个效果卓著的客户聚会吗？
您希望能够创下销售额的新纪录、赢得新的客户、激励您的雇员、建立新的联系人网络以及令您的客户不可抗拒吗？

现在您所需要的只是一个推荐——
或者一下子来三个吧！

3

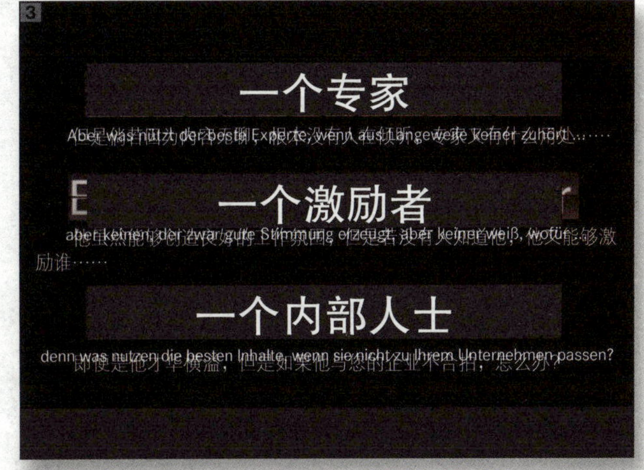

4

5

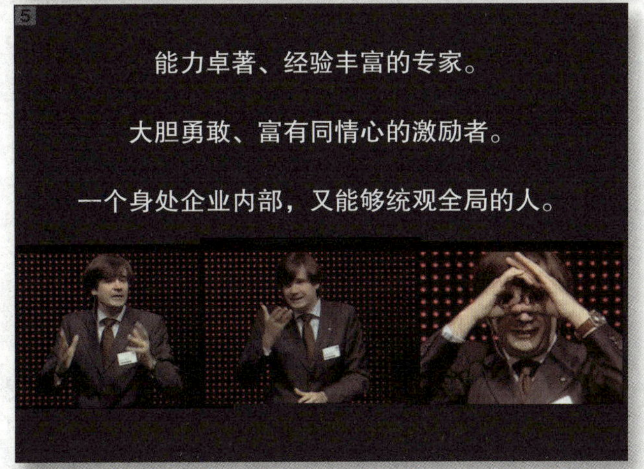

6

一些数据与事实：

曾经创立多个属于自己的企业。所有的这些企业都成为了各自行业领域的市场领先者，有些还跻身进入德国一百强企业。

国际公司企业咨询专家以及世界最大的培训以及咨询中心的培训师进修辅导专家；

提供白金级的最高服务质量并且在世界上成千上万的同类提供商中拥有排位前十的利润值。

与超过 2000 的市场领先者共同合作，更与许多德国 DAX 蓝筹股企业有合作关系。诸如：奥迪汽车、拜仁银行、B 希尔顿酒店、HW 金融服务公司、宝马汽车、德国邮政、德国电信、DHL、埃迪卡超市零售、《焦点》杂志、欧莱雅化妆品、德国汉莎航空公司、奔驰汽车、麦肯锡、微软以及西门子。

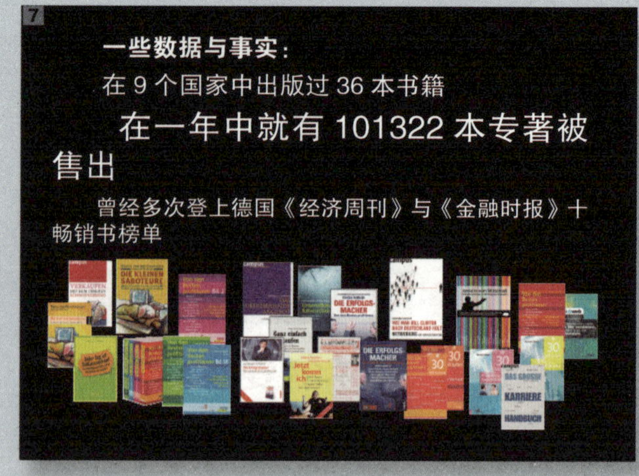

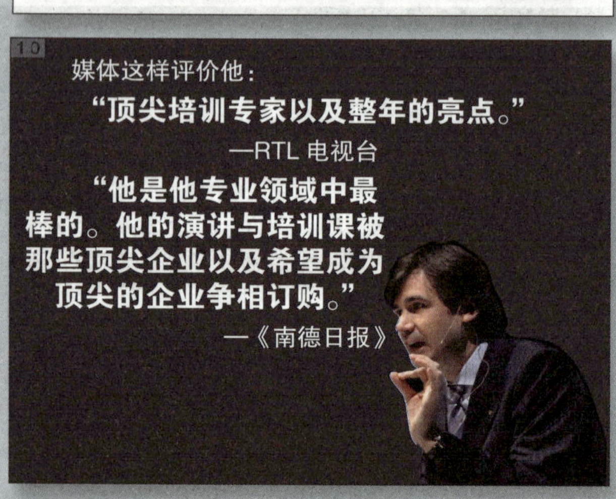

13

客户说：

“当我看到他演讲内容长长的备忘录后，我想：我怎么才能够忍耐如此长的时间。可是，在听过他的演讲之后，我反而真心希望，他能够继续他的演讲，直到这一天结束。”

—E-Plus 移动通信公司萨维奇·克里克

“正如大家已经猜想到的一样，他所做演讲的反馈是‘顶尖！’—他的演讲简直太成功了。这些要求苛刻的客户们全都非常满意。”

—赛里布瑞提发言人德国股票有限公司
阿奈特·格尔零

……

14

超凡价值、激情四射、灵活多变、信息丰富并且鼓舞人心，令人能够摆脱惯性思维的窠臼，充满勇气与感情地追寻您的理想与目标。

直接联系赫尔曼·舍雷尔的方式：

伊万·勒布灵
企业经理
电话号码：+49(0)8161.9919.40
传真号码：+49(0)8161.9919.19
y.rebling@hermannscherer.de

伊斯曼宁大街47号，D-85356弗莱兴，www.hermannscherer.de

最后关键一步 |

在这个宣传幻灯片的最后我还添加了我的演讲能够帮助客户实现的目标。除此以外还有我的具体联系方式，以便潜在客户能够立即联系我。这样能够直接将宣传与行动联系起来的关键细节是您在宣传中一定不能够忘记的。

几分钟的幻灯片制作建议一览：

- 关键在于短小精悍：这样的一份宣传幻灯片最多包含8～16页，全部展示时间不得超过150秒
- 请您注意全文的起承转合：以一个问题开始，再来几张有趣的图片，一个恰到好处的名言引用，最后再加上一个悬念，以便您的听众或者观众有兴趣关注后续的发展。
- 言简意赅：请不要在您的幻灯片上密密麻麻地写满文字。重要的是用大字体写出的标题、简短的句子、尽量少的文章以及“抓人眼球”的图片、卡通画以及照片。
- 注意主题的切换：“一张幻灯片一个主题”这是一个非常实用的规则。
- 一定要在演讲中做到直接与听众或者观众对话。提出问题是一个非常好的方法。
- 请您用结构图示或者流程图来展示复杂的关系与程序。
- 如果在接下来的部分您会讲述到不同的问题，那么请您事先展示一个“预览”（内容提示或者层次结构一览表）。
- 别忘了添加一些幽默与惊喜效果在您的宣传幻灯片中。事实上很多人都希望在日常一成不变的工作中多一些色彩。
- 这个宣传幻灯片中的内容越多是由您亲自创作的，演讲的过程中就越是灵活自如。
- 如果您想使用滚雪球效应的豪华，那么您一定要注意行文的结构以及效果的累加（文章本身、展示形式）。
- 您也别忘记将您收到的推荐信以及客户们的好评添加进去。最好再添加一些给您写推荐信的人以及一些客户手写的好评信的照片以提高宣传的可信度。
- 设计一个鼓励您的潜在客户行动的结尾，别忘记在宣传的最后给出您的直接联系方式。
- 注意整个文件的大小，以便为自己所做的宣传能够完整地被电子邮件发送，而不会被退回。通常来说，控制在5MB是适当的文件大小。
- 如果您将您的PowerPoint宣传文件以“.ppt”文件格式寄出的话，那么收到这个文件的人就可以在电脑上让这个演讲自动播放了。
- 倘若对于您来说直接寄出“.ppt”格式的文件缺少安全性的话，那么您大可以先将其转化成PDF格式，再将其寄出。通过这个方法还可以缩小文件的大小，收到文件的人也可以通过滚动栏轻松地翻页。请您一定在“全屏模式”下保存。
- 您还可以将您的PPT演讲保存成“.mov”的格式。

您已经为自己在网上做宣传了吗？|
谷歌是网上被大多数人应用的搜素网页。谷歌还提供了一种可能性，只需花费短短几分钟的时间，就可以在谷歌网页上为自己做一个小小的广告。与菜单栏给出的关键词符合程度越高的网页就会在搜索结果中排列越靠前。通过在网上宣传自己来增加所得利润，只需要花一点点的钱，并且不用缴税。仅仅是做一些文字上的工作，完全不必掌握高难度的IT技巧。简单的引导网页一步一步地带领着完成您所需要填写的部分——详见下图。您只需撰写一小段文章，确定您所需要的关键词。一旦有人搜索您所给出的关键词，那么所设置的广告就会排列在搜索结果中比较靠前的位置。您还需定义每一次您的广告被点击您愿意偿付的费用。除此以外，还可以设置每天最多愿意为该广告支付的价钱。只有按时结清账款，您所订制的广告才会在第二天继续出现在谷歌搜索结果中。更加人性化的设置是，您还可以将您的广告设定在您希望其出现的地区中。

您已经为自己在网上做宣传了吗？

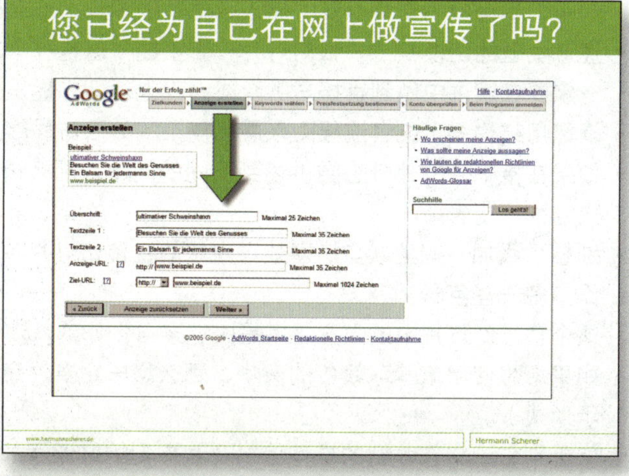

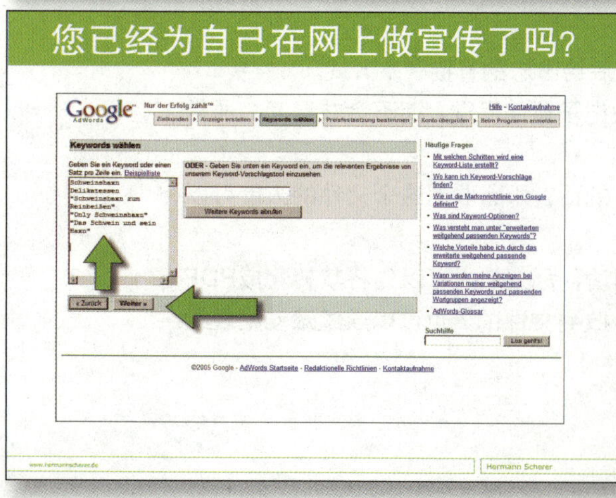

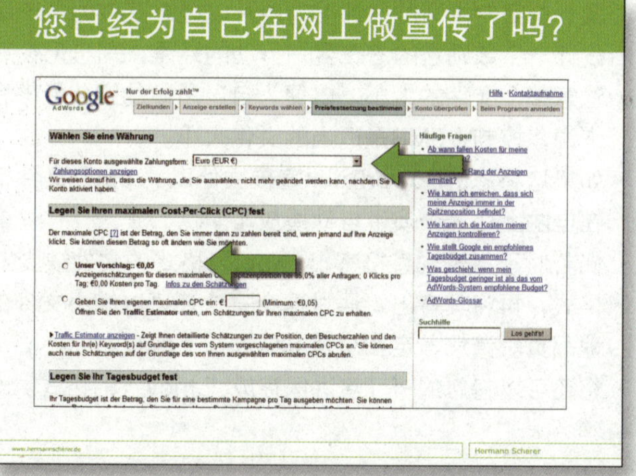

您当然可以设置完美的网络形象 |

……将网站设置得让别人能够更容易地找到您；事实、数据、图表能够专业地呈现您的价值；让人一见难忘的广告语也是您亲自设计的；经营理念也在其中得以展现，诸如此类。

最新趋向简报到底值不值得？ |

“最新趋向简报除了占用邮箱空间以外根本一无是处”！事实上，最新趋向简报可以通过简单的方式发送给尽可能多的人，收到的人还可以再次将其转发。对于那些能够引起我们兴趣的最新趋向简报我们就是这样做的。当然，一旦我们的需求被满足后，我们就会取消对该公司企业最新趋向简报的订阅。不过，到那个时候，客户通过订阅最新简报的过程，已经将企业印在脑海中，他们的产品也已经被客户所熟悉了。商家通过最新趋向简报问候客户，引发客户的潜在需求进行销售，向客户报告他们的市场调查结果，建立人际关系网络，通过广告销售广开财源。仔细反思的话，最新趋向简报的确是一种不花费一分钱却能收到多种效果的宣传方式。

最新趋向简报到底值不值得？

Dieser Newsletter wird bei Ihnen nicht korrekt angezeigt? Sehen Sie die Internet-Version.

Chancenblick

DER NEWSLETTER VON HERMANN SCHERER #25 NOVEMBER 2010

EDITORIAL

Ihre Voice Message
Das Editorial von mir gesprochen

An einer S-Bahn-Haltestelle in Duisburg wurde ich Zeuge eines ganz gewöhnlichen Gesprächs. Vater und Sohn kamen wohl gerade von der Berufsberatung, das Arbeitsamt lag genau gegenüber.

Der Alte: „Wat willste nu werden, Jung – Klempner oder Schreiner?"
Der Junge zögerte. „Papa, der Mann vom Jobcenter meinte doch, ich hätte Talent fürs Onlinebusiness!?"
Der Vater zeigte sich unbeeindruckt: „Schnick-

Jenseits vom Mittelmaß
Hermann Scherer

KSKINDER

ANN, DER CLAY WAR

hriger Junge aus Louisville hatte eine Stinkwut im Bauch, weil ihm
Rad geklaut hatte. Er wusste genau, wer. Doch die Kentucky
scherte sich nicht um das Rad eines kleinen schwarzen Jungen.
nd er 1954 mit Schaum vorm Mund in einem Box-Gym und bat
cht.

kurz darauf, wird Clay zu seinem ersten großen Fight den Fahr-
stellt haben. Und ich wette, Clay hat gewonnen. Zehn Jahre später
seinem ersten Weltmeisterschaftskampf gegen Sonny Liston. Die
Times schrieb vor diesem Kampf um den Thron im Olymp der
Der auf lästige Weise selbstbewusste Clay bestreitet diesen
mit nur einem unbedeutenden Nachteil. Er kann nicht so gut
wie er reden kann."

rtet im Ring. Er schlägt Liston 7:1. So weit so gut. Doch dann legt
rraschende Volte hin: Statt sich im Erfolg von der amerikanischen
reinnahmen zu lassen, bricht er mit Kultur und Namen. Er
h neu. Er bekennt sich zur Nation of Islam und wird als
Ali der, den wir heute kennen – einer der größten Sportler des
20. Jahrhunderts.

www.hermannscherer.de Hermann Scherer

请您在最新趋向简报中提供有趣的内容

- 请您选择一个充满悬念的开端。
- 撰文风格必须清晰富有逻辑（一定要涉及客户们所遇到的问题）。
- 讲述最新动态发展。
- 如果可能的话，尽量多地运用比较。比如：与之前或者之后的情况相比较
- 介绍您所提供的产品或者服务，注意重点从客户希望知道的角度介绍。
- 请您在所提出“问题”旁边同时提供可能解决问题的方法以及建议。这也就是说，描述利用您所提供的产品或者服务解决上述问题的可行性。
- 您的（合作）伙伴所能提供的解决方式。
- 列出您所提供的客户会谈以及客户活动的时间。
- 不要忘记添加直接购买或者订购的可能性。
- 也不要忘记添加直接联系方式以及——充分的理由——……
- ……还要提供能随时取阅的可能性，以便客户能够在需要的时候获得您的最新趋向简报

最新趋向简报作为市场调研工具 |

每个月订阅我的最新趋向简报的读者大约有50000人。通过电子邮件我能获得大量的用户评价：谁阅读了该最新趋向简报，谁没有？有多少女性和多少男性分别阅读过？到底有哪些话题被点击展开阅读过，哪些没有？谁退订了最新趋向简报？通过这些信息我不仅能够获知我的客户对什么主题感兴趣，而且还能做统计调查。所有的这一切功能只需我每月大概支付90欧元——请您注意，可不是每个收件人啊！

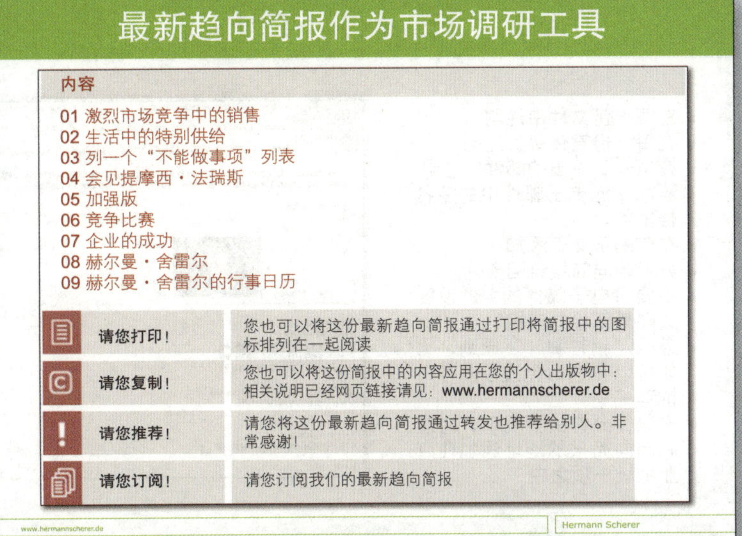

销售漏斗—销售的强心针 |

这个准则是我的销售办公室日常工作的依据：在整个企业中占有最高优先权的是演讲的销售。倘若客户对此没有兴趣的话，那么我们还可以提供培训课程或者系列活动，以达到帮助企业成功的目的。除此以外，我们还推荐给客户书籍、面谈约见以最新趋向简报："我们可以定期向您发送我们的最新趋向简报，以便您能够更及时地了解我们的最新信息并且更方便地与我们约定面谈时间。"

请您按照各种产品或者服务的价值为您的企业制定一个有意义的产品服务优先级列表。谁要是什么产品也不购买的话，那么他至少可以"购买"最新趋向简报。

您如何引导客户订阅您的最新趋向简报？

- 在每一份文件中注明
- 在每一份宣传单上注明
- 在每一封寄出的邮件中注明
- 添加在您电子邮件中的签名档里
- 在信的正文下添加
- 分发趋向简报订阅卡片
- 不要将电子邮件的主题设置成“最新趋向简报”
- 遵照“销售漏斗”原则，比如可以在电话会谈中向客户推荐
- 在法律允许的情况下，将最新趋向简报的地址添加在商业地址一项之中

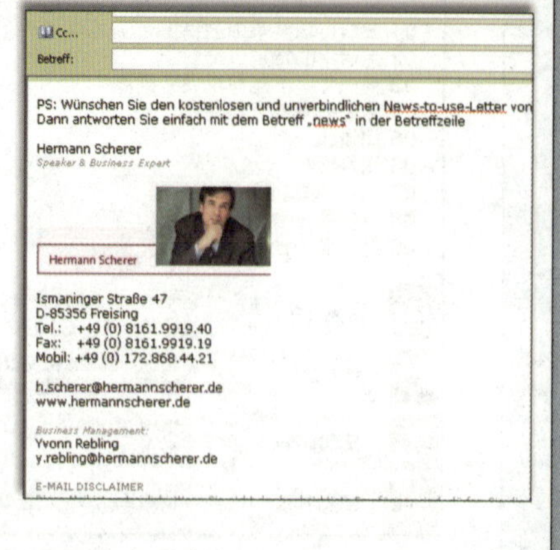

www.hermannscherer.de　Hermann Scherer

您如何引导客户订阅您的最新趋向简报？ | ……通过您在所有可能的地方添加订阅最新趋向简报的方式并同时鼓励客户订阅的方式。在网站上的内容，一般是包含免费的信息页、检查清单以及诸如此类的文档，所以当客户们的兴趣需求不能够被完全满足的时候，他们自然会去阅读更多的信息。仅仅是在您邮件中签名档中添加的您的最新趋向简报的方式就能帮助您赢得相当数量的订阅。还要注意的重要一点是：千万不要在您群发最新趋向简报的邮件主题设置成“最新趋向简报”，因为那样的话，您的邮件很可能被邮件系统直接当作“垃圾邮件”所屏蔽。

您如何引导客户订阅您的最新趋向简报？

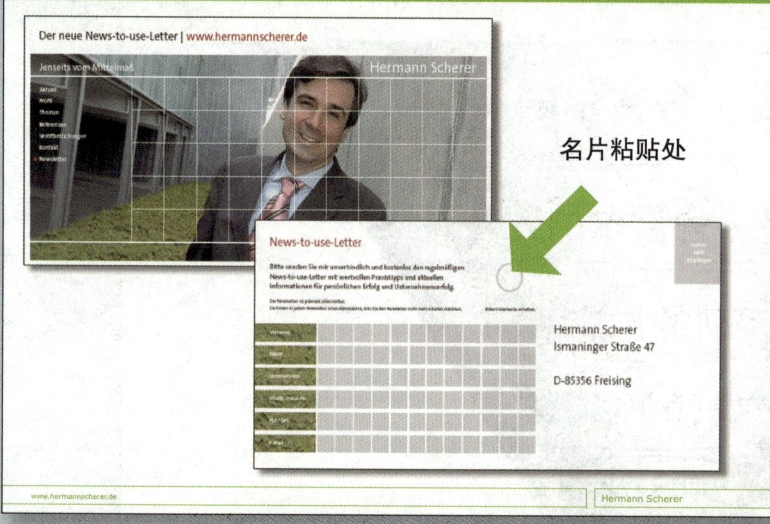

www.hermannscherer.de　Hermann Scherer

您如何引导客户订阅您的最新趋向简报？ | 除了在各种公司的刊物以及发出的邮件中添加订阅最新趋向简报的方式以外，我还在各种展会以及活动聚会中分发订阅最新趋向简报的卡片。正如在图中所看到的一样，订阅卡片上设置了一个为客户名片所准备的小小的不干胶粘贴点。您绝对想不到，那些一本正经的成年人是多么地喜欢这个小游戏……

有用的工具

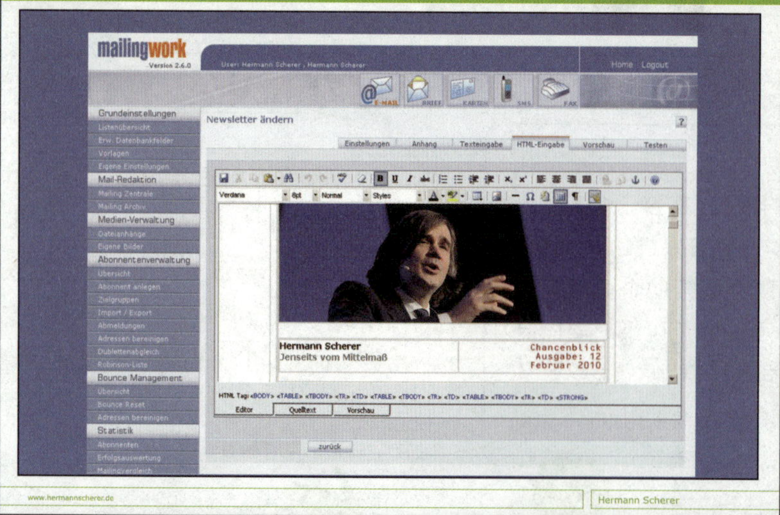

www.hermannscherer.de　Hermann Scherer

有用的工具 | 利用专业的工具，您可以将您的网站制作得像模像样。比如通过各种专业软件，您可以在互联网上简便快捷地撰写您的邮件，制作您的最新趋势简报，并能够实现一次性大量群发。通过一定的编辑器，添加图片、表格、外链接以及文档排版。

专业数据分析 |

人们还可以利用Mailingwork在邮件中添加自动打开式或者点击打开式卡片。可以根据不同的需要，在不同的报告中筛选展示不同的数据——图中的例子为一个对于性别的统计。一个专业的演讲，可以请企业中的统一设计部门的同时帮助您按照统一要求专业地制作，并将重要的数据逐一导出。

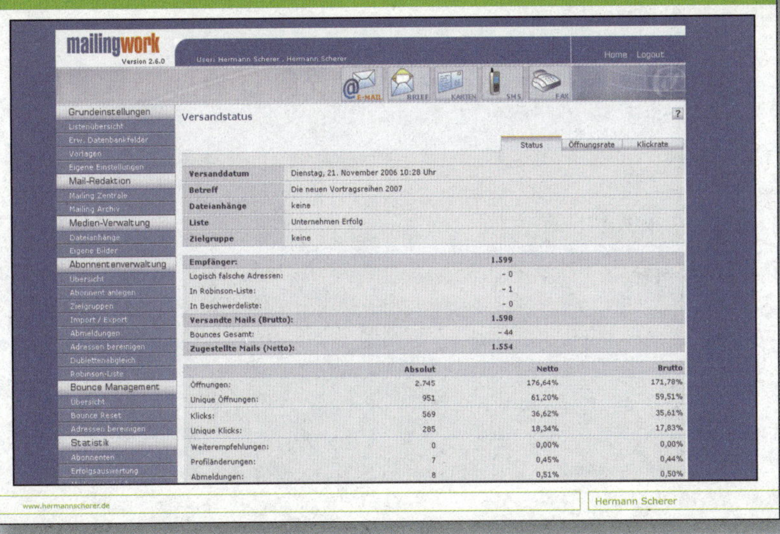

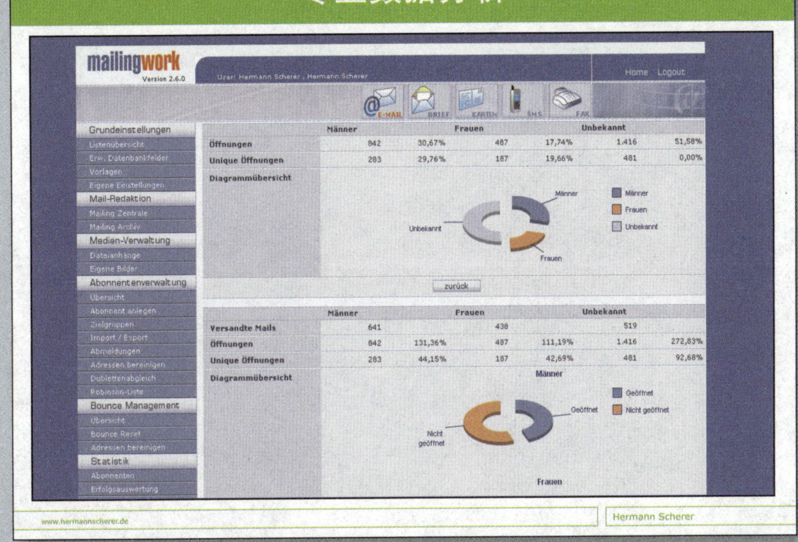

在线调查问卷 |

是一个既能为您提供说服力的数据结果又不太费力制作的工具。Mailingwork也提供一款功能齐全、形式多样的在线调查问卷的工具。通过与您的电子邮箱与客户地址数据库相链接，您便可以将该调查问卷直接在线向重要的客户发送。这样寄送调查问卷也是一种电子邮件营销的手段。

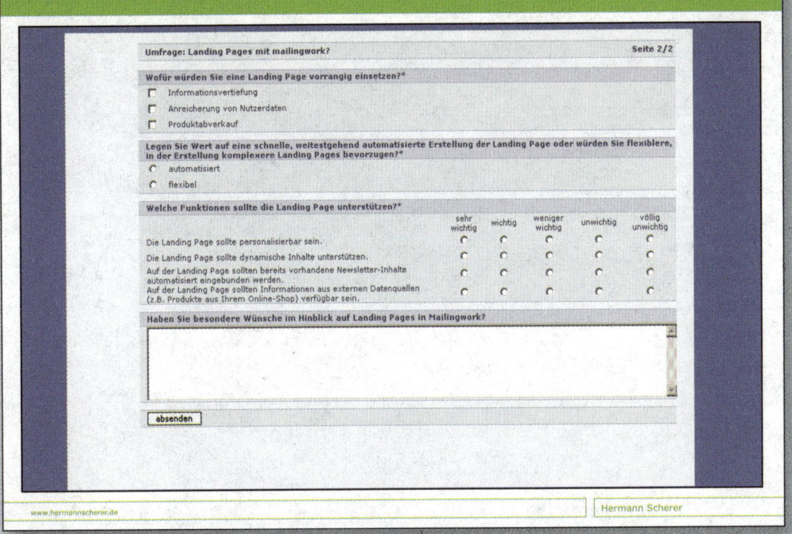

第十九章

市场中的力量

新方式带您通向新客户

如果您只做那些别人都做的事情，那么您也只能够得到别人都能够得到的东西。

为了能够成为顶尖的企业，必须明确地让客户看到企业比同行业竞争者优秀的部分。这个规则无论对从事自由职业的建筑设计师，还是经济咨询师，无论是地方上的小型竞争市场，还是国际的大型竞争市场，都同样适用。要想达到顶尖的位置，并能够长期保持这样的优势，那么就不能只有几个固定的老客户，必须不断地赢得新客户。然而，到底应该通过什么样的方法才能够实现这个目标呢？这个问题的答案正是我们要在这一章中准备讨论的内容。这些技巧包含与客户沟通时可以采取的巧妙的捷径，也包含在与客户沟通中强调突出自己与竞争者之间细微的经营战略差别。

其中最广为人知的方式方法便是群发邮件或微信。如果选择这个方法，而且希望所发出的邮件不会被收件者直接拖到回收站中的话，那么邮件中包含的内容就必须能够直接满足客户的需求。在本章接下来的内容中，您将读到一些具体案例。这些案例将会展示，应该怎样通过寄送诸如贺卡或者小礼物的方式让客户们开心一笑，并且同时记住您企业的方法。您越是了解您的客户，您就能越有的放矢地与他们谈话——不论是面对单个的客户或者是面对目标群体，当然也可以通过精心设计的“特洛伊木马”战略。什么，您不知道我说的是什么意思？那么请您继续阅读下面的文字吧。除此以外，我们还会向您展示不同的舞台。借助那些舞台您不仅可以认识大量的新客户，而且还可以避免花费天价的广告费用与他们签订合约。您会参加或者举办大型的有趣的企业活动，在这些活动中您与您的企业雇员能够有效地与各种客户建立实用的联系。当然，您也将认识到不同的建立联系的策略方法。通过这些建立联系的方法，您不但能够毫无困难地与这些潜在客户开始约见会谈，而且还能令这些心甘情愿与您建立联系的人成为您的固定客户。从这一章的内容中您将发现，可以帮助您达到目的的可能性是无穷无尽的，其中绝大多数方式方法并不需要花费大量的金钱，而其准备工作所需要的也不过是一些想象力、创意以及独一无二的特性。

我要做的是帮您鼓起勇气从新的、并非常见的解决问题的角度实现企业的巨大成功：忘记那些程序优化或者产品优化的老掉牙的方法吧，您急需优化的是您在竞争市场中自己的位置。简单地说：改善您在市场中的力量，而不是您在生产过程中的力量！

用市场中的力量代替生产过程中的力量 |

在德国，很多人知道弗洛伊若普花店。一个有趣的问题是：在弗洛伊若普与他的冠名花店经销商之间谁挣得的利润会更多一些？当然是弗洛伊若普。但是谁需要承担更多的工作？当然是冠名花店经销商。您是不是觉得非常惊讶，那些承担工作多的人却得不到那么多的利润，而这却是非常常见的情况。导致其发生的原因则是：绝大多数人一直勤勤恳恳地在生产过程中努力，而从未想到过要在市场中求发展。

我说的这到底是什么意思呢？生产过程中的力量指的是您在企业内部优化生产过程，以便使其能简洁高效地生产。无可厚非，这种思维方式是完全正确的。可惜不幸的是，如果明天在哪个国家或地区有人一丝不差地仿制了您的生产过程，然而其商品售出的价格却比您的要少上20%，您能够采取的唯一的应对方法便是加强您的产品在市场中的力量。您的产品在市场中的力量依赖于——您被客户们熟识的程度、您的形象，这些才是不能被人轻易抄袭的价值。绝大多数的企业在改革的时候都致力于生产过程的优化，而非市场力量的增加，这种错误的认识是我一直反对的。下面所讲的内容均是帮助您优化市场力量的方法。

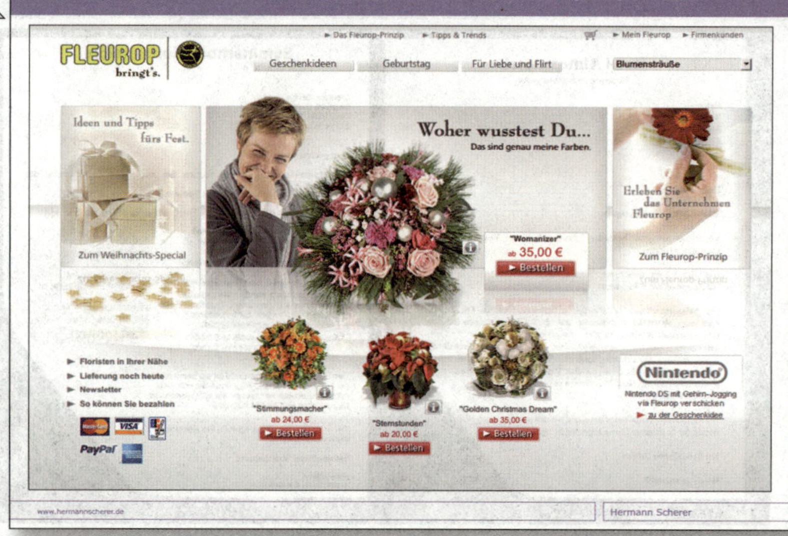

群发邮件以及广告宣传邮件

增强注意力

在邮件中：

- 邮件标题
- 附件
- 使用加粗字体的信息
- 约翰逊盒子

在信封上：

- 特别的邮票
- 添加图片
- 加贴多次粘贴便签

请您一定要注意的是：邮资越是高昂，您所寄出的邮件就越是应该具有无可挑剔的质量。

对于专业的商业信件可以寻找专业的商业邮件撰写代理。

www.hermannscherer.de Hermann Scherer

群发邮件以及广告宣传邮件 |

假如使用群发邮件的话，那么您一定要注意的是，您所发出的邮件确实能够被收件人接收到。对于并非主动搜索的信息，客户们首先注意的是邮件的标题，信尾的附件、用加粗字体打印的信息以及那些被圈在方框（“约翰逊盒子”）中的文字。当然还有个性独特的邮票以及专门为客户个人所粘贴的便签也会被特别注意到。最后还要注意的是，您既然已经在所寄出的邮件上花费了如此大的心血与成本，那么一定也要让信件本身的内容看起来同样专业可靠。

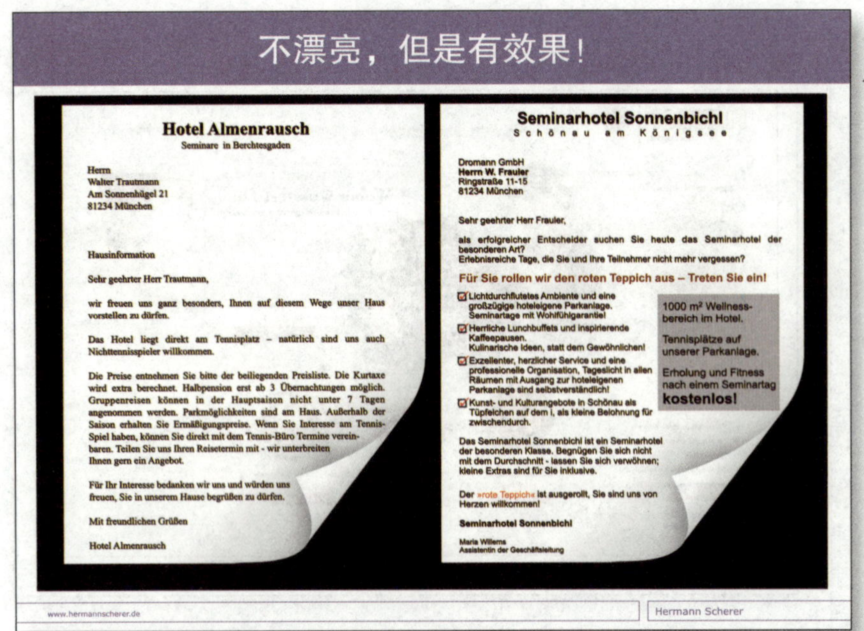

不漂亮——但是有效果！｜

不必仔细阅读其内容，左图中所示的两封信中，左边的那一封虽然是严格按照商业信函格式所书写的，但是却不能一下子抓住阅读者的注意力。异常具有说服力的文章在实际操作中的实现可能性是非常低的！而右边的那封信并不符合商业信函的“既定书写标准”，而却也正是这个原因它才显得更有引人注意的效果。

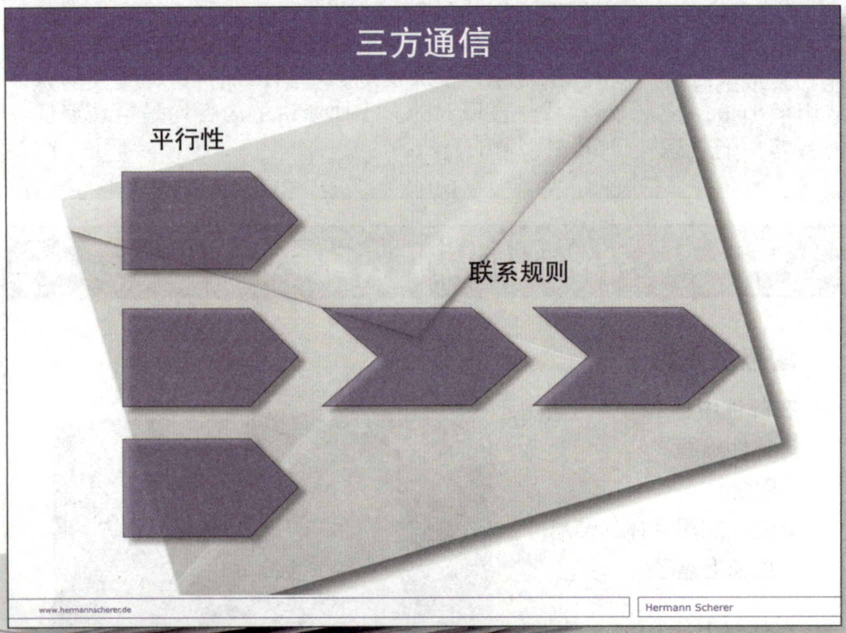

三方通信

平行性

联系规则

www.hermannscherer.de

Hermann Scherer

三方通信｜

许多发送群发邮件的企业把群发邮件的规则设定为“水滴石穿”。不过通过个人的经验来看，我却认为“三方通信战略”的效果要更加有效一些：一改将广告宣传信件只寄给客户企业内部的一位工作人员，例如，执行总监、销售总监，或者人力资源总监，我倾向于将这封信同时寄给他们三个人。同时在信中还明确表示：“我们并不清楚我们是否正确地选择了该项事务的直接负责人，所以我们将同样的内容也寄给了销售总监某某先生以及人力资源总监某某先生。”当然在寄给另外两位负责人的信中要进行适当的更改。其结果就是：一封既有可能直接被丢进垃圾桶的信获得了客户公司的多方注意——这正是因为销售总监完全不希望由于自己的对于该信件的怠慢态度而被执行总监在人力资源总监的提醒下责怪。

即使是群发邮件也是可以针对个人的！

个性化明信片 |

……通常情况下不会花费您多少钱，却能够为您带来非常高的关注度。

用少量的费用获得大量的关注 |

倘若您能够借助一些随广告宣传信件寄出的小礼品令客户惊喜的话，那么广告宣传就一定会被深深地印在客户的脑海里了。很多企业都采用将客户个人的名字写在礼品的上面。这里我们看到的是一个个人行事日历的例子。

个性化行事日历

个性化形式日历

通过什么样的方式获知客户会被什么样的方式所打动呢？与其苦苦思索，不如采取最为简便直接的方法：亲自去问问他！通过这样的方式所能获得的信息一定比诸如热爱旅行或者是音乐爱好者这样一概而论的表述多得多。通过这样的沟通，您也能够理解客户目前急需什么样的产品以及做何种改善，因为您清楚地知道在他的日常商务活动中哪里存在着实际的困难。

礼轻情意重 |

即便是给客户礼品的费用不得超过5欧元，还是可以有各种各样不同的原创可能性。倘若企业以生产学生用品为主，那么送给客户最好的礼品莫过于装着几种产品样品的传统的庆祝孩子们上学的袋子了。我们还曾经赠送过一位美国客户五期他最喜欢的杂志。您完全可以从网上获得具有创意的点子！最简的方法莫过于在与客户的见面会上带一些可口的糕点与大家一起分享。

用在创意上的投入—代替在金钱上的投入！ |

为什么不能在冬天的时候寄给客户们每人一份包含水桶、煤球、胡萝卜以及围巾的小包裹，然后举办一场堆雪人的大奖赛呢？参与比赛的客户们能够赢得您企业网站上公布的奖品。为什么在炎热的夏天，生产冰箱的公司企业不可以向客户们赠送可口的冰淇淋呢？与客户们建立友好的关系需要更多想象力而不是更多的费用。

用在创意上的投入—代替在金钱上的投入！

原料清单：

- 水桶一个
- 煤球若干，作为眼睛与嘴
- 胡萝卜一个
- 围巾一条

雪人的操作方法：

- 邮寄小工具
- 传送模板照片
- 将传送到网上的图片与模板照片比较
- 在网站上公布获奖者的奖品

www.hermannscherer.de Hermann Scherer

炎热夏日的清凉 |

您希望让一位潜在客户一直惊喜不断吗？在炎炎夏日，您可以请冰淇凌店将冰淇淋以及一份小小的问候一并送到那位潜在客户的手上。他们可以立即享受这份美味的惊喜。假如客户在电话中问您，您是怎么想到这个主意的，那么您就可以回答说：“为了您能够在炎热的夏天保持清醒的头脑。”

您都了解目标客户的哪些方面?

www.hermannscherer.de Hermann Scherer

您都了解目标客户的哪些方面？ |

雌性蓝脚鸟有的是耐心等待，直到雄性蓝脚鸟将“正确的”、“符合她心意”的东西放在她脚上的时候，她才会与他交配。跟客户们建立良好关系的方法与此并无二致：只有当您清楚地知道什么对您的客户来说是非常重要的时候，您才能投其所好地向他们提供产品或者是服务。

那种“哇，太不可思议了！”——效果

那种“哇，太不可思议了！”——效果 |

让我们来假设一下，您的客户已经在很早以前就向您讲述过他骑自行车环游托斯卡纳的梦想。您觉得若是您的秘书能够将一份地图、一份旅馆指南、一份媒体报道剪报，再附上一份来自您本人的问候一并寄给这位客户，这个行为会在他那里产生什么样的效果？竖起您的耳朵，学习用贴心的小礼物来打动客户吧。我所说的贴心的小礼物可以从一种祝贺成功的卡片到一张音乐会的入场券着手。

一块聪明的敲门砖…… |

攻占客户的心房、博得他们的好感，当然强行破门而入不失为一个立竿见影的效果。这种方法在行业中被称作“冷酷寻求”，不过有不少的人都认为这并不完全是个长久之计。有些人甚至认为这种方式简直与强盗没有什么太大的区别。不过，借助一匹特洛伊木马您便可以更优雅、更快捷地打开客户的心门—— 噢，当然，您甚至会被他们热情地邀请进去呢！我所说的这匹特洛伊木马指的是一种特别提供的产品、一种附加的服务或者是一些信息。无论这匹木马具体到底以什么形式出现，它最终都是为了达成您的目的而存在，也即：您的客户在购买您的产品之前注意到您所提供的产品。比如：它可以是完全“中性的”信息，诸如书籍、企业宣传册或者网络上供人们下载的小册子——您也许还记得我们在前文中提到的那个焊接器械制造商以及他的《焊接之书》；或者房地产中介商的信息小册子；又或者我在自己网站提供给客户下载的演讲准备信息。

“特洛伊木马” |

由电力节省设备免费提供的使用设备检查；填充气球气体（氢气）供应商在自己的网站上提供派对以及婚礼的创意；有竞争实力的地产商在出售地皮的同时提供给客户建筑许可——这些都是在商业经营中的“特洛伊木马”。“特洛伊木马”做起来十分简单，比如：一个电器设备制造商请志愿者在马路上身着黄色椭圆型的服装来回走动，引起路人对价格低廉的电器维修服务的注意。短期来看，这样的行为可以算是赔本赚吆喝——但是若能用长远的眼光来看，企业中的雇员将会被最大限度地发挥他们的作用，所申请的电话号码也都将被有意义地利用起来，并且帮助您最终赢得新的客户。

特洛伊木马

允许客户直接与您取得联系

- 作为不动产销售专家，您的产品是土地所有权而并非仅仅是房屋所有权
- 作为氢气销售商，用提供派对以及庆典的点子来代替干巴巴的氢气宣传广告
- 为使用设备做能源检查
- 特别推荐商品可以通过商品展示橱窗中设置的蓝牙设备下载
- 企业宣传小册子与书籍
- 网上提供信息介绍或者检查清单
- 用计算与数字在网上证明您的公司企业

www.hermannscherer.de　Hermann Scherer

“特洛伊木马”都可以做些什么呢？

在潜在客户购买您所提供的产品或者服务之前，他们都是如何完成每天的工作任务呢？

3种舞台 |

即便是在公开的舞台上，您也可以不带明显的功利心来吸引潜在客户的注意力，最好的情况是，您还可以直接赢得他们。以下三种方法可以供您选择：参加他人举办的活动、组织自己的活动，或者更好的是——被第三方邀请参加他所举办的活动。在这中最理想的情况下，您可以利用他们的舞台向前来参加的潜在客户展示您作为专家的能力。

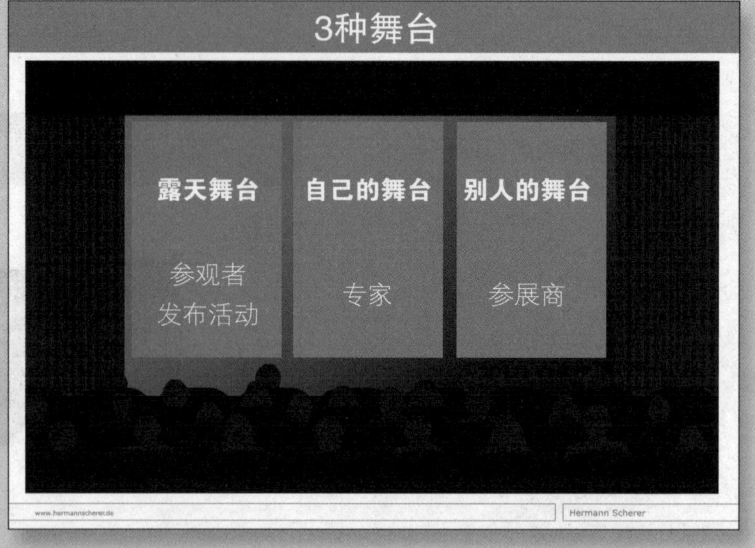

舞台的利用 |

请回忆一下参加那些大型活动——我指的不仅仅是重大的会议或者是国际展会时的情况。假如您参加一个由罗泰瑞俱乐部出资举办的音乐会，那么一定会在观众中遇到许多该俱乐部的成员。这样的话，您便可以将俱乐部会员列为潜在客户的联系对象。又倘若您自己组织一个活动——企业开放日，就需要一个能够足够引起人们巨大兴趣的主题，以便邀请他们参加，否则开放日就会变得门可罗雀了。时下最具争议的问题常常是能够引起人们巨大兴趣的主题。还要注意主题需要根据活动参与者的关注焦点所改变，比如：对于一家化妆品生产商来说，他们所能提供的有意思的主题很可能是“这样修饰最能显示您的自然美”。或者您也可以展示一种被您的目标客户群体所喜闻乐见的人格特点，比如：当您与一家报社中的记者对话时，您一定要表现得正如一位事业成功又饱受争议的媒体人。打个带有玩笑意味的比方吧，您是来自于“金刚”行业的明星。基于这样的条件，谁又不渴望能够亲眼目睹您的风采呢？能否赢得某一舞台最关键的前提条件还是您能否适合该舞台所面向的目标群体。具体案例请参见本书第245页。

您希望今后能够在哪些舞台上展示您的公司企业呢?

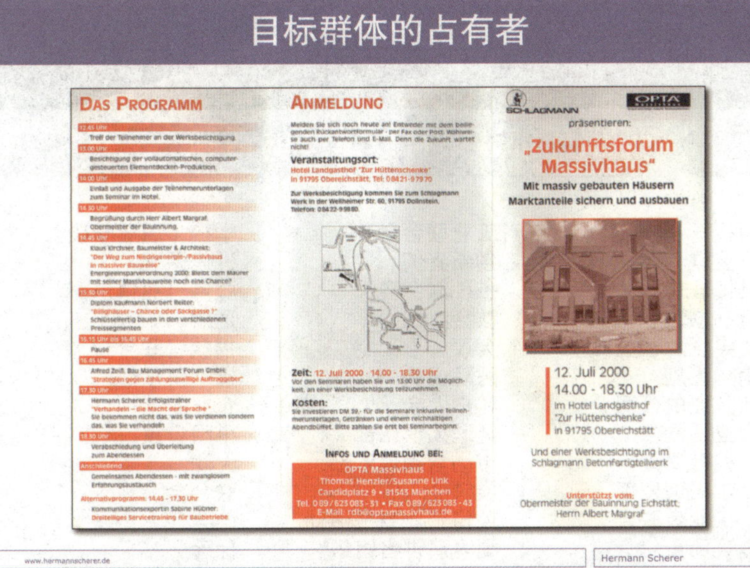

目标群体的占有者——在圈子中能够以专家身份不断给您介绍客户的人…… |

谁正好符合您对目标客户所规定的前提条件，并且在一个圈子中是作为专家的身份来引导其他人的？这里有一个能够为建筑人以及其他在建筑行业内提供产品与服务的人极好的舞台作为例子。一个为“成功”以及“关系”所准备的附加的项目。通过此提供商们不仅能够吸引到其他人的注意，还能够获得潜在客户的询问。

谁是目标群体占有者？ |

比起亲自赢得每一个潜在客户，倘若能够赢得对潜在客户群体具有主导影响力的人的话，那么这个效果不异于您“赢得”了该群体中的每一个人。倘若您希望与银行建立业务往来的话，当然可以亲自拜访每一家分行以及支行，采取各个击破的战略。不过，您也可以参加银行协会组织的有几百位行长参加的企业大会。谁要是想寻找建筑公司的话，那么在建筑行业大会上他将会在最短的时间内认识最多的目标个体。还有谁要是提供包装服务的话，那么他就应该参加全德国包装捆扎行业大会，因为那里蕴含着成功的最大可能性。对于每一个行业、每一个目标群体来说都有一位目标群体占有者。通常情况下，它是一个行业协会，它能够通过某一个市场营销行为与众多小型客户取得联系。

媒体宣传带来翻倍的效应 |

参加上文所提到的那些活动能为您提供两种不同的效果——一种是已经讲述过的直接效果，而另一种则是媒体宣传效果。《德国手工业者报》就曾大举报道过高密度建筑论坛。同样的道理，在德国花园日活动中被采访的活动组织者以及土地规划师一定会通过媒体对他们的报道获得属于自己的客户的。

谁是您的目标群体占有者？

俱乐部谈话可以选择的话题 |

您可以去参加哪些活动以便能够向潜在客户们宣传介绍您的企业、产品或者服务项目？舞台的形式是各种各样的，但是并非所有的舞台都能为您带来相同的影响效果。有一种“俱乐部谈话”能够帮助您产生非常有效的影响。这些演讲者往往是被（俱乐部）内部组织的活动所邀请，很可能是为了在餐会时为其他与会者简短地讲述一些重要的行业信息。这些餐会的不同之处在于：您希望营销到的目标客户群体是哪些？您所踏上的是否是适合您的舞台？

俱乐部谈话可以选择的话题

银行
职业联合会
进修理想
贸易联合会
顶尖企业社交圈
消防设施
新开业的公司企业
企业活动
各种社交圈
高尔夫俱乐部
手工业者联合会
建筑测量
潜力巨大的俱乐部
工商手工业者联合会
工业协会

工业联合会
创新者们
各种联合会
教会组织
会议
医院设施
客户大会
经理人俱乐部
市场营销俱乐部
展销会
公司企业雇员活动
国内演讲者组织
人际关系网络
政治决策
广播节目

学校（职业学校）
进修课程
服务行业俱乐部
理财
捐款者联合会
运动俱乐部
企业的结构
小组会议
大学
联合会
协会
保险
管理
夜间培训大学，诸如此类

www.hermannscherer.de Hermann Scherer

服务咨询矩阵：有效地管理联系人关系网 |

在这里我们给您一个小小建议：与其让客户（以及潜在客户）被您企业中的雇员随机地服务咨询，不如事先就做一个计划，指定哪位雇员应该为哪位客户服务咨询。这样的计划远比简单而模糊不清的指令如“将你们融入到客户当中去，看看到底谁需要你们的帮助”要清晰有效得多。右图所给出的例子中可以看到，这十位客户在该次活动中都会得到三次与公司雇员谈话的机会——第一次为欢迎客户的到访；第二次是在活动中的第一次休息中；第三次则是在晚间活动的时候（这次与客户的谈话被定义为三次谈话中最重要的谈话，这次谈话是否实现以及内容也都会被书面记录）。为了能够更加有效地引导这样的对话，可以事先与雇员们分别进行有针对性的演练，分析出有可能出现的问题与困难，再进行各个击破——通过寄送演讲的书面文稿或者与其他有价值的资料与与会者建立联系。

服务咨询矩阵：有效地管理联系人关系网

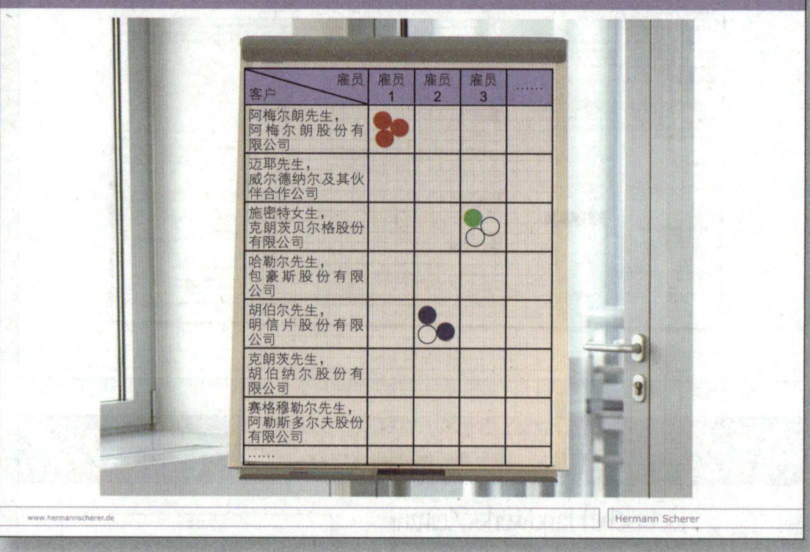

> “在这个世界上有太阳、有月亮、有你每天呼吸的空气——也有滚动的石块。”
>
> ——滚石乐队吉他手凯斯·理查德斯

企业开放日？您可以试一试别的！

www.hermannscherer.de　Hermann Scherer

企业开放日？您可以试一试别的！|

您所看到的“厨艺大赛”是原来所设计活动的升级版。比如说，一位厨具生产商可以为了宣传介绍自己而在当地俱乐部成员之间举办厨艺大赛。

怎样让一位眼镜商上电视？

www.hermannscherer.de　Hermann Scherer

怎样让一位眼镜商上电视？|

一位眼镜商在电视节目中通过一种罕见的打折方式为自己做宣传：谁要是在购买太阳眼镜的时候自愿在眼镜店的橱窗中做模特，那么他就可以按照做模特的时间获得相应的价格折扣——其中最高额度为：30分钟模特30%折扣。这一举动甚至引起了当地电视台的兴趣，他们将该条消息在电视节目中滚动播出了70次之多。眼镜商韦恩多夫对这一结果十分满意。

有魅力的合作伙伴让您更加富有吸引力

www.hermannscherer.de　Hermann Scherer

有魅力的合作伙伴让您更加富有吸引力|

这里还有一个典型的合作案例：航空公司提供竞争大奖，同时培训组织提供获得该项大奖的专业培训，作家们则撰写如何获得大奖的指导书籍。如何才能实现合作宣传？我的答案是给您期望的合作伙伴打个电话。

联系战略：请您做我们的专家！

有多少会议能够包含一个合议环节？

www.hermannscherer.de Hermann Scherer

联系战略：请您做我们的专家！|

请您扪心自问：能够回忆起多少个令人激动的会议合议环节？一个都没有吗？也许您已经知道，古希腊餐会并不是用来培训的手段，而是一种社会中的传统庆典礼仪，在这样的庆典上，人们是要对着葡萄酒发表演说的。随着时间的推移，在今天，中期休整对话以及吧台对话成为每一个大型会议中最重要的部分。既然有这么多这么方便的一对一对话机会，我们为什么还要强调会议中的合议环节呢？因为这是一个对于活动组织者非常有利的联系方式。谁要是不愿意参加整个会议，那么他便会被作为专家级别的嘉宾被邀请参加合议的环节！

联系战略：采访

- 最新趋势简报
- 内部网络
- 互联网
- 企业内部通讯报刊
- 周年庆典报告
- 公司宣传册
- 合刊
- 书籍

www.hermannscherer.de Hermann Scherer

联系战略：采访 |

采访某个行业的专家同样也是与行业中潜在客户以及有实力的合作者建立联系的非常有效的机会。采取这样迂回的方式，同样可以通过企业周年庆典报告或者内部通讯报刊来宣传介绍自己。

联系战略：建造舞台

www.hermannscherer.de Hermann Scherer

联系战略：建造舞台 |

人们应该通过什么方法来认识排行前十的顶尖人力资源专家以及企业经理呢？比如说，利用当地电视台，发起并组织一次大型电视节目讨论会。为您想认识的人创造一个互相认识的机会。完全不必担心活动的场地不是巨型会议厅或者参加者并不都是当地业界的顶尖专家。即使您所组织的只是一个小范围内的公开讨论会，您也一定会为参与者的积极性所惊讶。因为不论活动规模的大小，对于组织者来说，它都是一个新的方式用来宣传自己；而对于被邀请者来说，它则是一个不带明显商业性质的向众人介绍自己的非常好的机会。

您可以颁发一个奖项！|

培训者联合会每一年都会为优秀的培训师颁发"名利场大奖"，并且他们将自己的大会价值放在颁发奖项这一环节之上；卑尔根·恩科海姆小城每年也会为作家们颁发"城市荣誉作家大奖"，该城的文化项目也将这个图书行业每年一次的颁奖大会列为重中之重，并且以此吸引了国际文化旅游界对该城市的重视。一个奖项成就的绝不仅仅是其获得者。您不必怀疑自己的能力：如果炸药的发明者阿尔弗雷德·诺贝尔设立的基金能够成为一个全世界人民都为之狂热的奖项，那么为什么您的企业不能够也设立一个奖项呢？

关于设立奖项的五个建议

1. 您一定要清楚，您想实现什么样的目标

这个奖项的设置能够为您的企业带来什么？奖金的捐助者更倾向于奖励一位社会问题专家，市场划分合作者还是新客户的引入者？不论是什么名目的奖项，通常它们都是以宣传企业为目的的。当然，您也可以为自己企业内部具有创新改革能力的雇员设立一个奖项。

2. 请您调查一下，什么名目的奖项已经存在了

倘若您能够找到一片处女地，那么它能够提高您所提供奖项的知名度。在命名一个奖项的时候通常是用该奖项资助者的名字。这里您要注意的是，比较通用的命名规则是不选择企业的名字直接命名奖项，而是选择一个比较没有功利性质的名字。

3. 请您指定声名显赫的评奖人

学界、文化界、政界、媒体行业或者经济学界著名的赞助人、评奖人、出资者都是一个大型奖项能够成功的关键因素。所以首先关键的一步就是与中小型企业建立紧密坚实的联系网络，以便能够更多地获得与这些人物联系的可能性。

4. 建立您的可信度

一个严肃的奖项所必备的两个特质是长远的计划以及持久性。一位含蓄内敛的创办人、一组没有利益相关的评委、行业内公允的被提名者以及长期人力层面上的投入都是人们评价一个奖项是否具有可信度的因素。有价值的奖项不是那些即兴之举。谁要是仅仅想通过设立奖项开拓市场或者是作为营销宣传手段，那么此举导致的直接结果就会显得该企业行为轻率并且还会损害它的整体业界形象。

5. 请您不要低估设立一个奖项所要付出的部分

为了设立一个奖项所需要付出的人力与财力很可能会非常之高。构架、宣传、沟通、组织以及颁发都需要巨大的投入。另外的可能性：作为一家小型的企业您可以作为某一奖项中的资助人之一，从而节省您个人方面的人力与财力的付出。

"面对攻击人们痛苦不堪，面对赞美人们则失去抵抗的能力。"

——西格蒙德·弗洛伊德

第二十章

开发欲望

激烈竞争中的营销

“我可以反对一切——只是除了探寻尝试的欲望。”

这是奥斯卡·王尔德众多名言中的一句。这个规律却也适合当今的消费者以及B2B形式的客户，尤其是在激烈的市场竞争中，同行业的竞争者越来越多，而他们之间却并不存在本质的差别。个体消费者的抄底心理以及公司经营的费用压力都导致人们在对商品价格怨声载道的同时，简单粗暴地把价格作为浩瀚的产品海洋中甄别某一产品是否值得购买的唯一决定因素。要想在这场腥风血雨的市场竞争中胜出，那么就必须以最为诚实可信的方式提供给他的客户更多的好处。而这个形象的建立要远远早于与客户约定的营销面谈时间，当然更加远远早于与客户谈判商品价格的时间。“在销售之前营销”是在这个竞争激烈市场中公司企业致胜的不二法宝——换句话来说就是：若想在客户中建立对您产品的忠诚度，您需要走的是一条漫漫长路。

然而我们能够获得的建议至少98%是关于如何提高您公司企业的利润。而为了达成这个目的，他们又告诉您，您应该如何在见客户第一面的时候巧妙地与他们周旋。不幸的是，几乎没有人能够回答下面这个问题：“我应该如何获得与客户的约见机会？”或者更好的问题是：“客户们如何才能自动找上我的门来？”

在本书的上一章中，我向您介绍了许多方式，通过它们您可以主动地走进您客户的视线中。在这一章中，我想向您进一步介绍与客户建立密切联系的方法，并且向您展示应该如何将与客户关系发展的节奏握在自己的手中。在这些方法中并不包括迫使您加倍市场营销费用的手段，诸如：花销甚高的群发邮件、大规模的广告宣传或者是借助其他要价昂贵的广告公司。多花钱少动手的事情谁都可以做。刚好与之相反，我要向您介绍的是资金投入虽然少，但是却需要大量新鲜创意与行动的方法。从我自己咨询公司的日常实践中所获得的经验，我完全清楚“欲望”在其中起着多么大的作用。我知道：对于任何一家公司企业，欲望都是成功的利器。只需要仅仅一天的时间，您就可以弄清对方的强项以及可以接受的条件，并且以此为依据作出相符合的欲望战略。人们只需清楚事情的关键所在——就像阿基米德所说过的：“给我一个支点，我能撬起地球！”接下来，从本书的第二十一章起，我们将向您逐章介绍一种销售与谈判的方式，也就是说帮助您的公司企业完成通向顶尖位置的最后2%的路程。

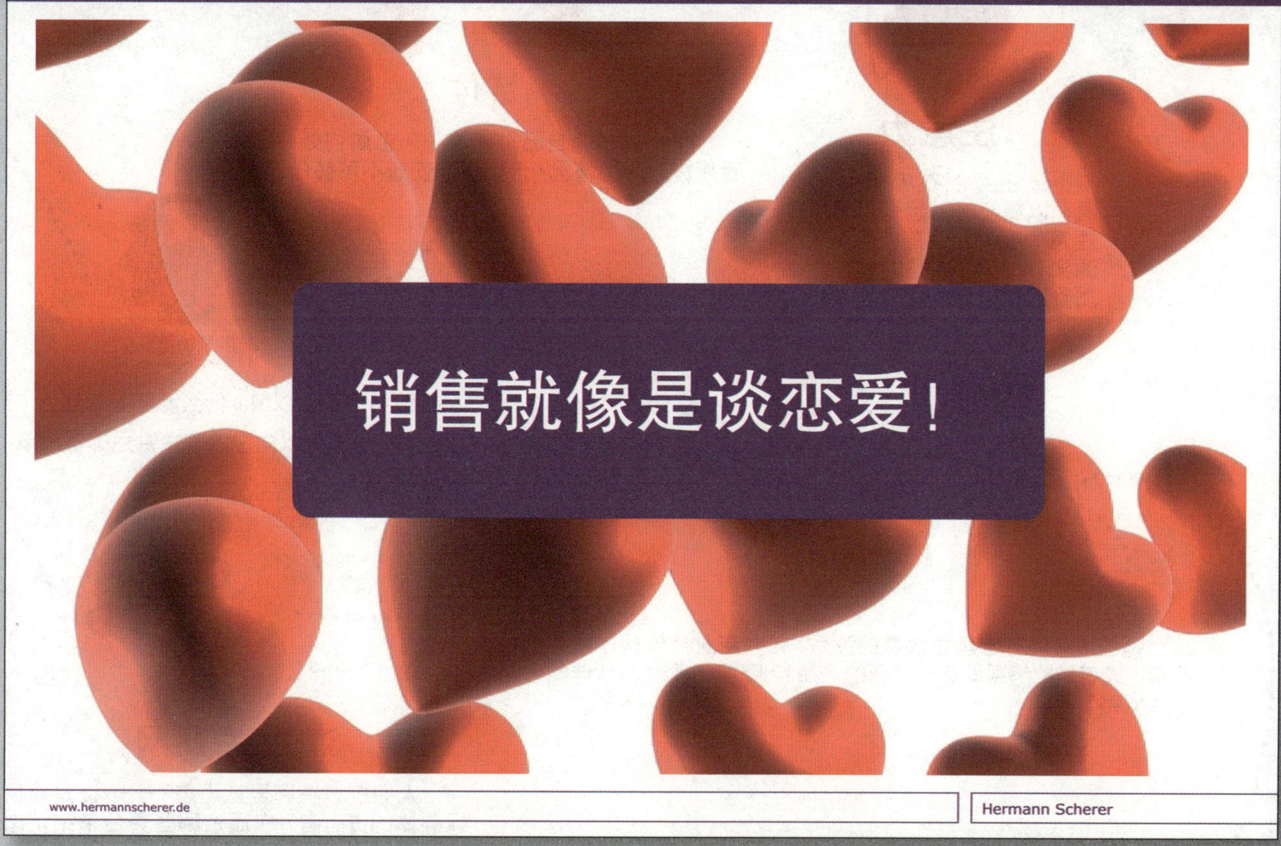

成功是由许许多多小的步骤叠加所组成的 |

请您想象一下，一个您完全不认识的人就这么大摇大摆地走到您面前，然后杵在那里，大大咧咧地问："嗨！你愿意和我结婚吗？"我打赌，您肯定会说不愿意。令人舒适愉悦的人际关系通常都是缓慢，却是一步一个脚印地建立的。当然与客户建立关系也不会例外。假如您能够在正确的时机向客户发出正确的信号，用恰当的方式唤起他们的兴趣，巧妙地彰显您自己的品质并且适时地发出（购买）邀请的话，那么您将如探囊取物一般稳稳地赢得您的目标客户。

98%+2%=100% |

倘若您希望获得一些有关营销的技巧，那么在目前这种大趋势下，有**98%**的可能性您获得的是如何在销售过程中与客户周旋的方法，如果您能获得一个向客户销售产品的机会的话。不过却没有人正面回答这个问题："我该如何行动才能获得一个向客户销售产品的机会呢？"相似的情况也发生在许多行业中。人们花费**98%**的时间与精力思考他们应该如何应对——当客户找上门来时。在我向我的客户推荐欲望引导方式的过程中，我的客户与我都不时地为实现无数的可能性所诧异——即便是对于那些行业领域的领先公司也一样。不论使用何种方法，要达到的目标都是一样的，也即：新的利润记录。

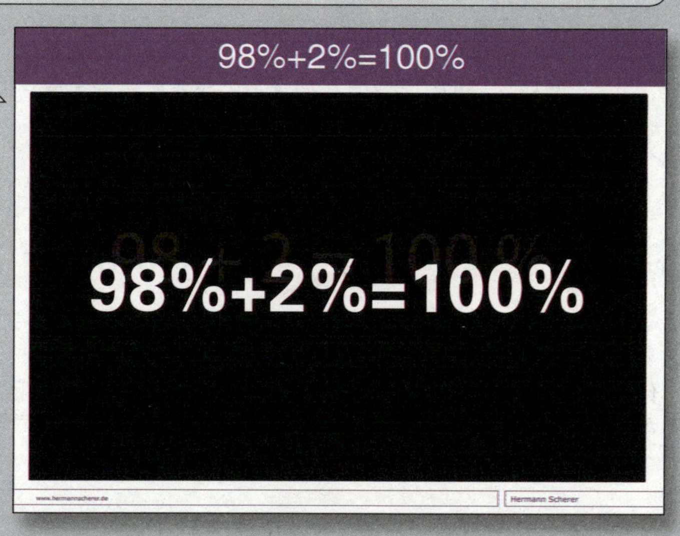

++++引导客户欲望的步骤++++

开始

注意力

您还可以在哪里加强沟通，以便能够引起别人对您的注意力？什么是您“荒漠中的源泉”？您能够提供哪些产品质量上的独特之处？

定位

您将如何为自己准确定位？您如何处理“平庸死亡”这种情况？什么能够使您不可替代？

情感营销

您应该如何动之以情？什么能够令您让人无法忘记？您可以向您的客户讲述哪些故事以及经历？

协作

哪些人可能与您建立双赢的关系？哪些商业合作伙伴能帮您提高产品的质量（或者是能够帮助您开发新的产品）？哪些商业合作伙伴能够拓宽您的联系人网络？

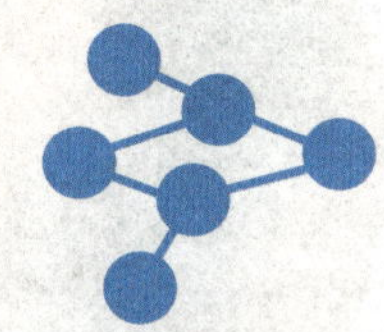

建立关系网

人们应该在哪里认识您？——谁是您目标群体的占有者？您通过哪些舞台来结识您的客户以及商业合作伙伴或者让您的潜在客户以及潜在商业伙伴注意到您？哪些虚拟网络以及哪些真实的网络是您可以利用进入的？

使人信服的力量

您是出售解决问题的方法——还是仅仅是商品？您应该怎样将自己打造成一位解决问题的专家呢？您的客户能够通过您的产品或者您所提供的服务避免哪些潜在的问题呢？

品牌

您向客户销售什么梦想？您的品牌链是怎样的？您客户的“最低期望“是什么？

优化产品

什么样的书面描述才可以使您的产品具有不可抵抗的诱惑力呢？您联系那些有特殊需求的客户们了吗？您能够说到您客户的心坎儿里去吗（比如说：通过关键词销售法）？

能力的展现

您能够为您的产品或者服务创造一个良好的形象吗？还能做些什么您才能在您的客户面前更好地展示您的成绩与能力？您还能够如何更加专业地将您所得到的推荐信以及能力证明应用在对自己的宣传介绍中呢？

服务

在哪里您能够为您的客户带来惊喜？哪些问题您可以“附带着”解决？您如何才能在与人的交往技巧上每日都有增进？

革新

哪些问题您可以在客户注意到它们之前就帮他们解决掉？您是在坚持改良呢——还是已经在创新了？哪些涉及客户的程序是您可以简化的，哪些是可以优化的，哪些是可以改变的？

CQ——创造力指数

在哪里您还可以开拓新的市场——哪里是您的“蓝色海洋”？哪些标志性的特征是您可以在您的产品或者服务中所改善的，哪些是可以抛弃的，哪些是可以加以限制的，哪些是应该添加的？您的哪些目标是与您的目标客户群体所吻合？

从最好的地方获益

哪些打破常规的人以及哪些市场引导令您深受鼓舞？您从哪里可以摆脱陈规？哪些“下一个实践战略”是您可以应用的（比如：幽默、独特性、价格规则、讲述故事、趋势折扣、陌生行业转换战略、恢复传统、革新、个性化、发烧友文化、地区性……）？

业内专家的称号

您应该如何在您的客户面前展示您作为专家的能力？哪些信任标识是您可以应用的？通过哪些方法您可以提高您的知名度？

游击队化市场营销

您可以通过哪些新奇异常的宣传手段来获得客户的注意？怎样才能“点燃”您目标客户群体的激情？您的目标客户群体一定会向您表达什么内容？

领导

为了能够让您的雇员凸显出您产品或者服务的品牌，您应该做些什么？您的雇员能够将他们的知识在对客户的销售过程中很好地运用吗？为了能够让您的雇员既有形式上又有情感上的有归属感，您应该做些什么？

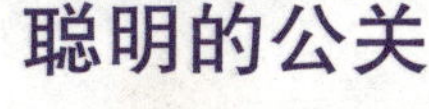

聪明的公关

您应该如何做才能让人们在公开场合谈论您呢？通过什么样的故事以及谈论的话题才能够让媒体对您感兴趣，并且希望采访您或者报道您呢？（批评战略！）通过何种媒体您能够更有效地向您的目标客户群体展示自己？

互联网

您如何才能通过互联网美化您的形象并且提高您的利润收入呢？如何做才能通过互联网提高您的知名度呢？哪些方法（比如：几分钟演讲）与工具（比如：评估工具）是您能够使用的？

市场的力量

您如何做才能增强您公司企业的市场力量？在与您的潜在客户建立联系的过程中，哪些特洛伊木马是您可以向他们发送的？通过哪些方式可以使您从众多竞争者中脱颖而出——从个性化的邮件到舞台的运用选择再到颁发某种奖项？

达成目标

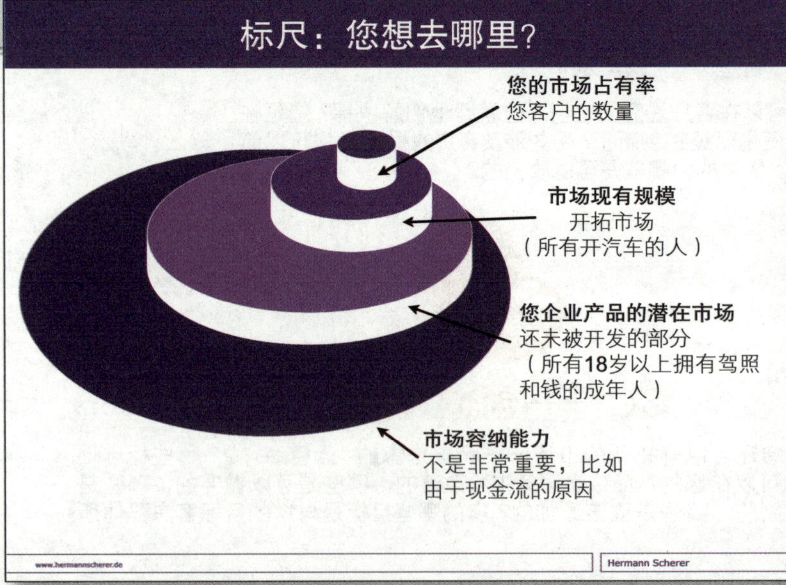

标尺：您想去到哪里？ |

定义您心目中的顶尖位置——这个标准会在您开发您产品的欲望战略中自然而然地明确。其中的一个可能性是：您将比较您产品目前的市场占有率以及未来的市场占有率，并且制定雄心勃勃的增长目标。您可以利用第1～第10个问题来帮助您思考您的潜力水平。

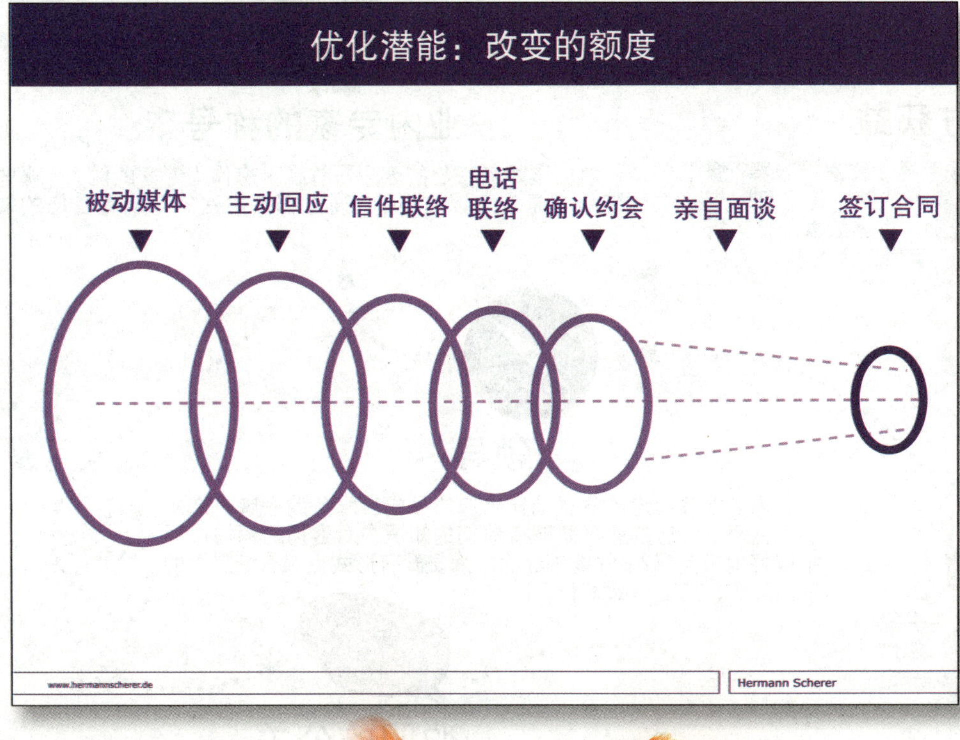

优化潜能：改变的额度 |

根据图示——从第一次接触到亲自面谈——哪里是您在整个过程中的薄弱环节？是什么原因造成的这个薄弱环节？针对于此您可以做些什么？超过一定比例的客户流失显示出在哪些方面您还应该继续完善您的欲望引导战略。右边第11～第22个问题可以帮助您理清思路。

您需要问自己的问题并不是我们每天可以赢得多少客户，而是我们每天没有赢得的客户数量以及流失的客户数量。

分析您客户流失的根源！

在哪个环节上您失去最多数量的客户？通过自问以下这些问题您便能找到相应的答案！它从您的目前的情况开始一直到您清楚应该如何优化您与客户之间的联系方式。

1．都有谁是我的客户？
2．我所拥有客户的分布区域有多广？
3．谁认识我的（梦想）客户？
4．我的客户在哪些地区？
5．有多少客户在我所处的地区？
6．有多少客户从我的竞争者处购买此类产品？
7．当潜在客户的需求被唤醒时，又会有多少客户？
8．有多少客户会购买一个日常所需的产品？
9．还有哪些人虽然不是我的客户，但是我也要联系他们，因为他们认识我的（梦想）客户（比如：能够帮我引荐）？
10．有多少公司企业是我的客户？

中间总结：总的潜力

前十个问题帮助您找到所有的潜在客户。接下来的问题将帮助您定位您主要在哪些环节没有赢得客户，甚至失去了客户。

11. **我认识多少个潜在客户？**
12. **为了认识其余的潜在客户，我都应该做些什么？**
13. **有多少客户有或者可能有所谓的被动的联络方式？**

（被动的联络方式指的是那些或者认识我这个人、或者认识我的Logo标志、或者看过我的宣传广告、或者收到过我发出的邮件，然而却没有足够的动力或兴趣与我取得联系的客户。）

为什么我没有在这个环节赢得这些客户？

14. **这其中又有多少客户“只有联络方式却没有亲眼看到与亲耳听到”？**

（“只有联络方式却没有亲眼看到与亲耳听到”指的是哪些虽然通过宣传广告或者群发邮件或者电子邮件等方式获得了我的联系方法，却没有亲自与我通过电话或者面谈过的客户。）

为什么我没有能够在这个环节赢得这些潜在客户？我们当时的反应是怎样的？客户当时的反应是怎样的？

15. **这其中又有多少客户“只有联络方式却没有亲眼看到”？**

（“只有联络方式却没有亲眼看到”指的是那些虽然有我的联系方式，但是却只与我通过电话，并没有亲自与我面谈过。）

为什么我没有在这个环节赢得这位潜在客户？我们当时的反应是怎样的？客户当时的反应是怎样的？

16. **这之中有多少客户曾经与我面谈过？**

为什么我没有在这个环节赢得这位潜在客户？我们当时的反应是怎样的？客户当时的反应是怎样的？

17. **这之中又有多少客户曾经与我约定过面谈时间（依照他们不同的需求）？**

为什么我没有在这个环节赢得这位潜在客户？我们当时的反应是怎样的？客户当时的反应是怎样的？

18. **这其中有多少客户与我约定过介绍产品的时间？**

为什么我没有在这个环节赢得这位潜在客户？我们当时的反应是怎样的？客户当时的反应是怎样的？

19. **这其中有多少客户购买过我的产品？**

为什么我没有在这个环节赢得这位潜在客户？我们当时的反应是怎样的？客户当时的反应是怎样的？

20. **这其中有多少客户为我写过推荐信？**

为什么我没有在这个环节赢得这位潜在客户？我们当时的反应是怎样的？客户当时的反应是怎样的？

21. **这其中有多少客户得到过售后服务？**

为什么我没有在这个环节赢得这位潜在客户？我们当时的反应是怎样的？客户当时的反应是怎样的？

22. **这其中有多少客户再次购买了我的产品？**

按照该逻辑，您可以自行拓展符合您公司企业销售流程的后续问题。

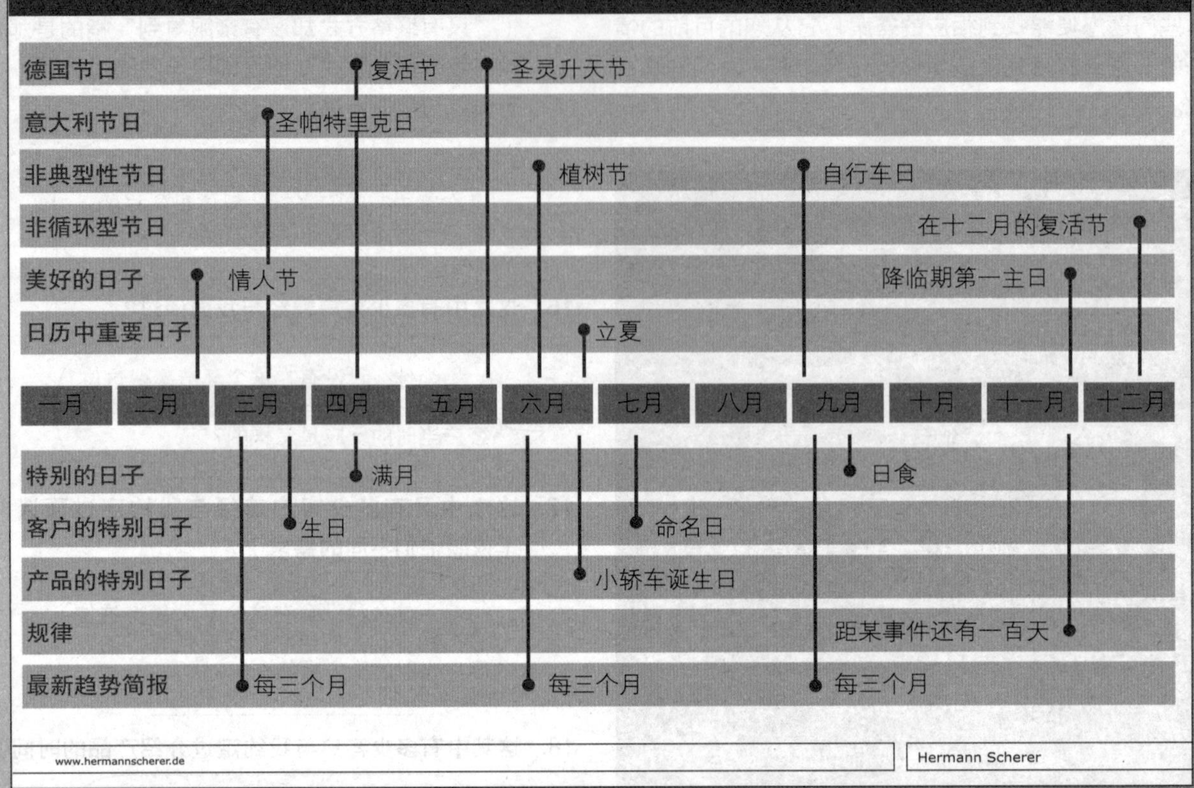

对外产生影响的日历 |

倘若我们不想变得平庸，那么我们就必须与我们的竞争对手处理事件的方式不同——这也正是整本书尝试向您传递的信息。在不断变化的竞争中，公司企业的成功是一连串深思熟虑行动的共同结果。上图所示的是另外一个您可以利用的工具——我称它为“对外产生影响的日历”。之所以制作这个日历的原因不外乎是帮助您在全年中都能够与客户保持联络，并且给他们带来惊喜、对他们展示您的魅力、让他们开心。比如说，一家汽车销售商能在每一年每一个曾经光临他们的客户生日那天寄出生日卡片。我敢保证，收到生日卡片的客户一定会非常惊喜与高兴的。更有意思、更具喜剧效果的生日卡片是寄给客户所购买的汽车的生日卡片（“亲爱的汽车，今天是你的一岁生日。我们希望你身上的油漆颜料以及内部的皮革包面依旧亮丽如新……欢迎你回来拜访我们。我们准备好了一箱汽油给你作为生日礼物……”）。

您应该尝试寻找一些不同寻常的方式代替大多数人都会选择的方式来引起客户对您的注意，唤起他们对您的记忆，争取出奇制胜。除了那些传统的节日以外，还有一些特别的节日，诸如：圣帕特里克日、万圣节以及各种各样的一年一度的纪念日——从诗歌日到节水日。

您还可以自己创造一些特别的日子来突出某些时刻（“距某事件还有一百天”），您也可以利用个人的特别纪念日（“客户某某购买我们的产品一百天纪念日”）。再加上您规律性寄出的最新趋势简报，您的客户绝对不会轻易忘记您的。

在您的欲望战略的发展过程中，您最大的优化潜力在哪里？

您应该如何提高您的对外影响力？

在您的欲望战略发展过程中，从您最大的优化潜力处开始，并且从现在开始！

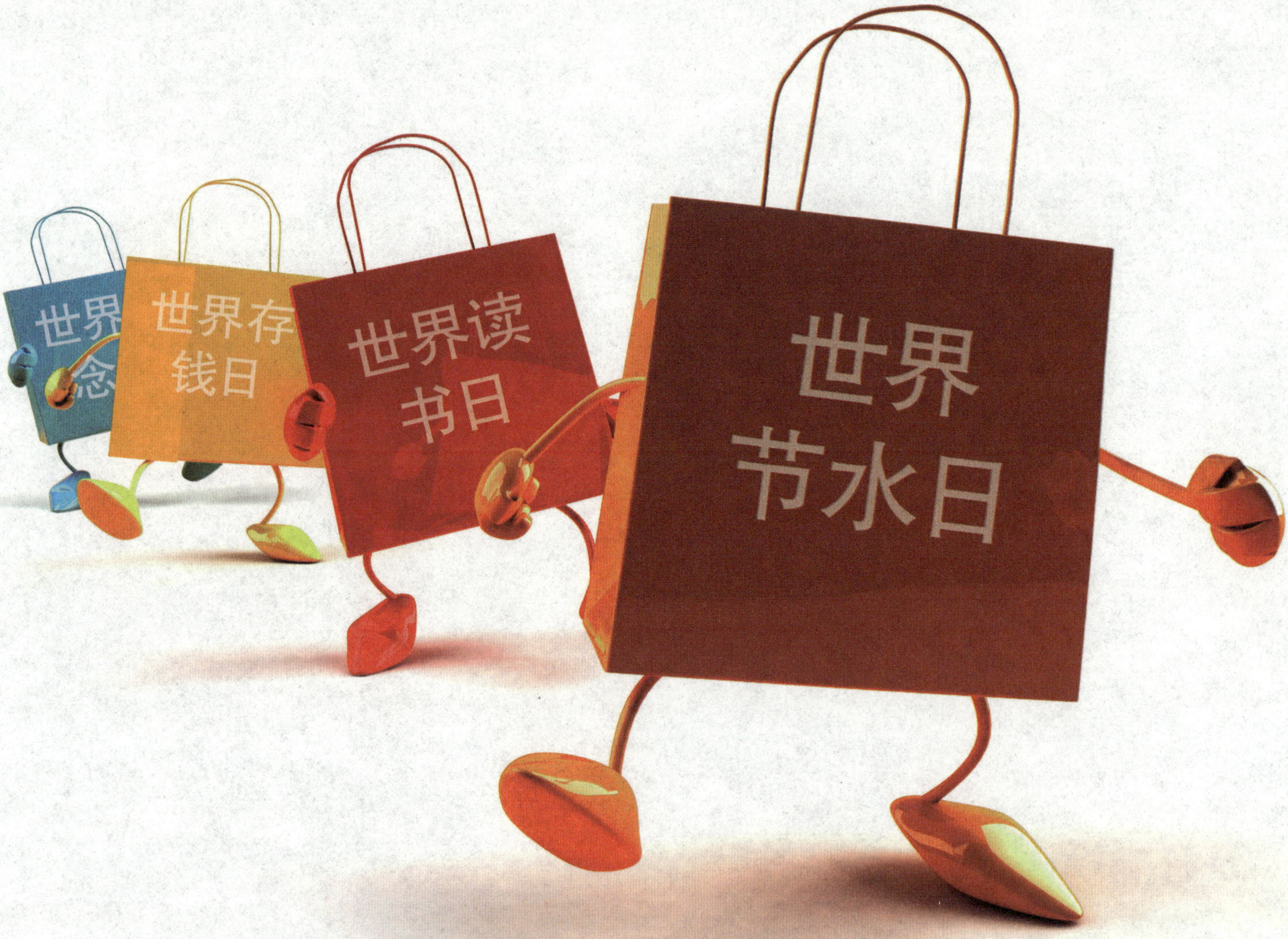

没有适合您的世界纪念日？您可以自己申请一个！

没有适合您的世界纪念日？您可以自己申请一个！

我一点儿也不知道到底是谁在UNESCO申请注册了“世界读书日”。如果有人告诉我，这个日子是一位图书销售商所注册的，我完全不会感到意外，因为这个日子是整个图书销售行业市场营销的一个重要手段。话说回来，图书销售商能够做的事情，您也同样可以效仿，难道不是吗？我的一位客户是烤箱制造商，而他则计划申请一个类似“世界锅铲日”的纪念日。即便是他不能获得这个所申请的纪念日，他至少给其他的人一个有益的提示（“首先我们可以尝试与UNESCO商谈……”）。

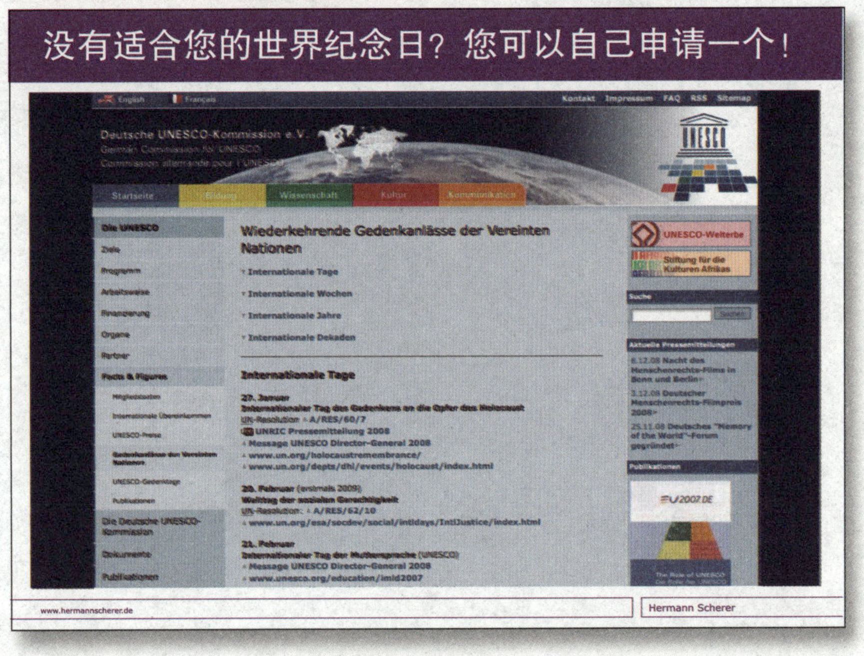

第二十一章

销售心理学

销售语言中的十二金句

“上帝赐给我们每人一张嘴与两只耳朵，就是告诉我们要多听少说。”

这是约翰·沃尔夫冈·歌德所说的名言。不过这位雄辩的演说家、诗人以及部长大臣是否恪守自己所说的话，我们就不得而知了。不过在销售过程中，歌德所说的这条定律却是十分重要的。只有当一个客户感到自己是被理解、被认真对待的情况下，您才有可能与他成功地签订购买合同。成功的销售并不是仅仅由产品本身所决定的。在今天极其丰富的市场中，客户所面对的是大量的拥有相似价格、相似特性的相似产品，而他们需要在这其中选择一种购买。也正是这个原因，客户区别产品或者生产销售商的依据则演变为：您是否可以为客户作出严肃认真的建议，能够理解客户个性化的需求，让客户感觉到信任的生产销售商。

客户购买的并非仅仅是产品本身，他们都买的更多的是解决问题的方法——不是一把螺丝刀，而是一颗颗拧紧的螺丝，这个观点我在这本书中已经反复强调过。这也就是说，您不要期待一个成功的销售行为仅仅通过对产品天花乱坠的描述就能实现，而且假如客户在作出购买决定前对某种产品抱有不良的印象，那么任凭销售人员如何巧舌如簧，您也不可能拿下这份订单。这是不能改变的事实。销售是一个漫长的过程，它开始于您第一次与客户接触，结束于您最终与客户相互道别。而这整个过程可以被分成十二步。在本章，我们将共同一步一步地研究所有步骤——从准备与自我激励到欢迎与进入谈话再到达成一致与后续工作。倘若您能将每一步骤中所包含的工作都专业地落实，那么毫无疑问，您一定能够促成一桩成功的销售。“没有一个成功者是相信运气的”，弗里德里·希尼采如是说。顶尖的销售者每一次销售谈判都做深思熟虑的计划，并且能以王者的姿态自信地出场，再辅以为客户量身定制的购买理由，这些都是与客户建立长期联系的保证。当然在整个销售面谈中，最核心的部分是对客户的需求分析。许多销售人员总是自以为是地在客户能够正确认识到他们自身的问题之前，就为其总结出一套“最优的”问题解决建议。这样的做法所导致的结果便是：即便是销售员所提出的解决办法客观合理，客户也不会选择购买。因为他们感觉自己被诱导了，在一时冲动之下做出某个决定的事情是他们（也是大多数人）希望尽量避免的。这也就是说，在一次销售商谈中，经常性地停止您的滔滔不绝，安静耐心地倾听客户的愿望，并且提出相应的解决之道，对于获得成功的销售结果是非常有效的。在销售商谈中，“留白”是非常重要的一环。

销售商谈十二阶段

专家谈判模板

1	**准备阶段**	谁要是有先见之明，谁就不必事后补救
2	**个人动机**	没有声音就无法一呼百应
3	**欢迎**	你永远没有给别人留下第一好印象的第二次机会
4	**进入谈话**	没有询问症状就难有诊断处方
5	**分析**	帮助客户认清问题的能力能够使得客户认可您解决问题的能力
6	**演讲**	要想让演讲效果显著，就必须言之有物
7	**回应异议**	能够巧妙地应对"是的，不过"，就能够得心应手地处理所有的"是的，不过"
8	**谈判**	您不是得到您理应得到的，而是通过谈判争取后努力得来的
9	**主动出击**	假如这个销售谈判所包含的应该比一个好的销售谈判还要多的话
10	**达成一致**	当我们销售，成果显示价值
11	**告别**	行百里者半九十
12	**后续工作**	好脑子不如烂笔头，不用记得的就选择忘记

www.hermannscherer.de　　Hermann Scherer

销售商谈十二阶段 |

销售是一个过程，它并不是随着销售谈判的开始才开始的，也并非随着销售谈判的结束就结束了。一个销售专家会对整个销售过程中的每一步都做好战略部署——他不会任由命运来决定他是否能够成功，他每天应该过的日子甚至是他客户的心情！

第一阶段：准备阶段 |

充分的准备工作可以增强您的自信。内心的安全感以及正面的自我认识都是成功销售的关键因素。不论您个人更喜爱运动还是更愿意与人接触——顶尖的销售者都有一个共同之处：他们热爱自己的工作。

检验您的准备是否充分的问题：

- 您是如何为自己定位的（您的权利、您所具备的特征）？
- 关于您的客户您都了解什么（市场、直接竞争者、最新情况、决策者……）？
- 您的客户具体为什么会购买您的产品或者服务呢？
- 您如何能够让客户切实感觉到您所提供的产品或者服务刚好具备他所需要的功能呢？
- 您会选择什么策略来开始与客户商谈呢（客户可以享受的服务、价格与条件，其他可能的选择、意见或建议）？
- 您这次商谈的目标是什么？

01

第二阶段：个人动机

第二阶段：个人动机 |

大凡成功人士并不需要其他人来给予他们“动力”。他们总是自己鼓励自己，当然他们还能够控制自己的情绪。您能想象得出，有多少客户流失是由于对销售服务的不满以及失去兴趣而造成的吗？德国市场营销研究所做的调查统计结果显示，其数量为70%。积极主动地拜访客户会让您在市场竞争中获益匪浅！

自我激励的小窍门：

- 您一定要为您的职业所自豪！
- 请您不要带着不好的情绪做自我介绍，那样会使您显得没有力量。世界是什么样子的，主要在于我们怎么看待它。我们对我们自己的生活负责——我们自己决定自己的心情。
- 请您学习控制自己的心情——要多想想“好的方面”：给您自己一个微笑，想一些美好的事情，成就您自己的成功！

第三阶段：会面

www.hermannscherer.de　Hermann Scherer

第三阶段：会面 |

当两个人相遇，他们可以在几秒内就知道是否相互喜欢。连同对方的能力以及可信度我们也能够在很短的时间内判断出来——这是我们的祖先留给我们与生俱来的能力。只是这个先入为主的习惯我们应尽量避免在现如今的社会所使用，但是我们却不能否认它的存在。这也就是为什么您在客户面前出现的第一次是如此的重要了。

会面时您应该注意的事项：

- 请您注意您外表的整洁与衣着的恰当。
- 请您阳光友好地走向您的客户（眼光的接触、微笑）！
- 对您的客户产生真正的兴趣。要记住，您对面的人能够感到您是否是真情实意。
- 为您的商谈打造一个舒服的环境，并且营造一个良好的氛围。
- 称呼您客户的名字。假如遇到您不能理解的地方，一定要虚心向客户询问。

第四阶段：进入谈话

同情心+能力+信任=成功

或者

成功=6/7的关系+1/7的能力

没有询问症状就难有诊断处方

www.hermannscherer.de

Hermann Scherer

第四阶段：进入谈话 |

在这一阶段您需要做的是加强您留给客户的良好印象、赢得客户的信任以及展示您的能力。通过一个简单的日常小话题建立您与客户之间的关系。除了天气与路况以外还有很多其他您可以选择的主题：共同的商业合作伙伴、您的客户的成功之道或者工作经历、您所听说的该客户的个人爱好……您可以通过一个适当的介绍来凸显您公司的形象以及您个人的能力，并借此唤起客户的注意力。

小建议：

- 充分准备您的个人介绍。
- 在引入谈话的阶段寻找该客户与您的共同点，避免谈论有争议的话题。
- 避免老套的开场白，使用能够唤起对方兴趣以及注意力的小对话（精心准备）。
- 用不可抗拒的选择理由唤起您客户对您的兴趣。
- 这些理由可以是：小礼物、重要的信息、一段视频、行业信息、共同的熟人、特别的服务、推荐信、使用效果、朋友、客户与您的共同点、时下的趋势，等等。

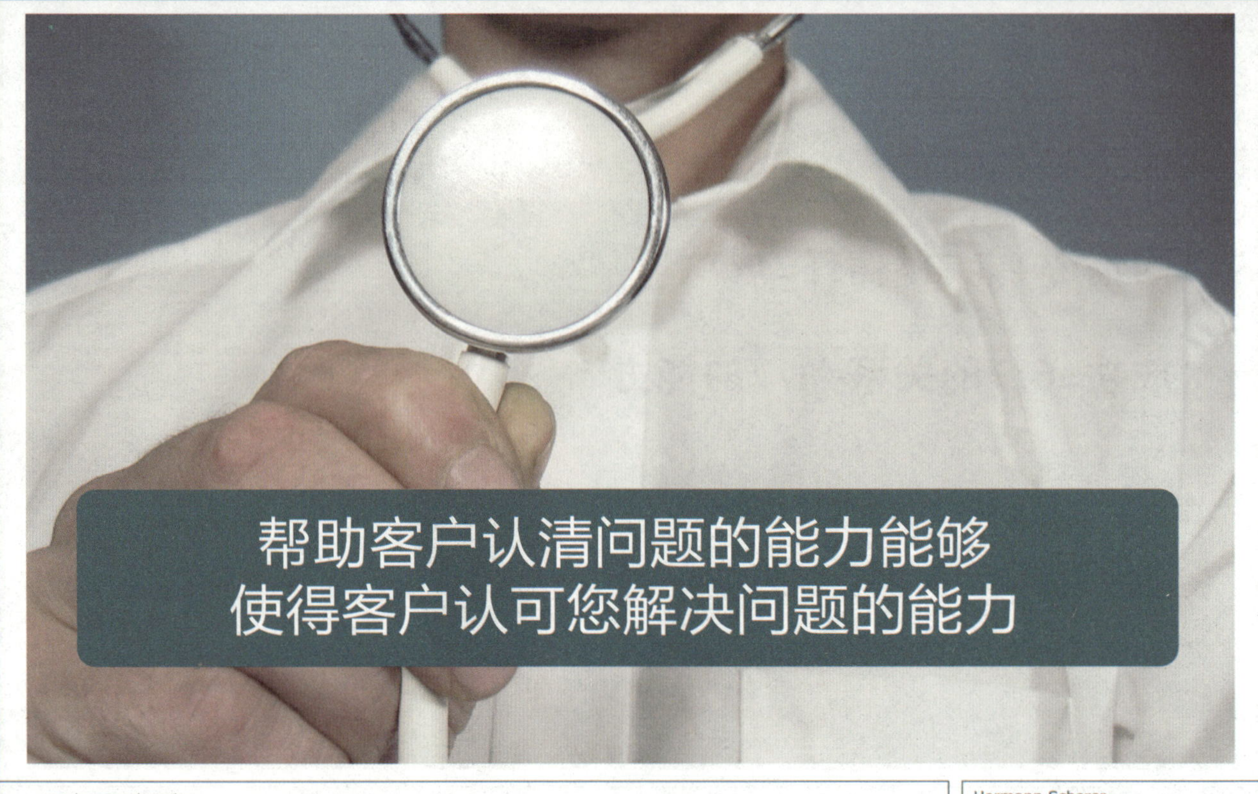

第五阶段：分析 |

整个销售商谈中的核心部分是对客户的需求分析。请您想象一下，您因为肚子痛去看医生，而医生什么也不向您询问，就给您打了一针，并且宣称："这样您就能痊愈了！"即便这位医生说得没错，我感觉您下次也会换医生了。太多的销售者用太快的速度介绍他们的商品，完全无视他们的客户到底想要的是什么。倘若一个客户能够从销售员处获得对他有价值的信息的话，那么他在做购买决定的时候会更加轻松而坚定，因为他能够切实看到这次购买行为将为他自己以及其他人带来的好处。

小建议：

- 请您花费一些时间来研究客户购买此类产品的原因。
- 请您的客户允许您向他提出问题。
- 向您的客户提出开放式的问题，以便他能够更直接地表达自己的愿望。
- 请您准备一些能够让您的客户表达他目前所面临的困难的问题（"您也想过关于……的事情吗？"）。通过这样的方式您能够加强客户对您提供信息的信任度：帮助客户认清问题的能力能够使得客户认可您解决问题的能力。
- 请您注意倾听客户的声音，关注他们在商谈中所提出的问题。

需求分析进阶

一个来自德克萨斯的年轻人在加利福尼亚的一家大商场中寻求一份工作。商场经理问他："您在销售这方面有没有相关的工作经验？"这个年轻人回答道："有，我在得克萨斯老家的时候是一名推销员。"这位经理很喜欢这个年轻人，决定雇用他，于是说："你明天就可以来上班。等到商场打烊的时候，我会下来检查，看看你到底工作得如何。"

新工作开始的第一天并不容易，不过这个年轻人表现得十分不错。商场打烊之后，经理来到这个年轻人的面前，问道："你今天服务了多少顾客？"年轻人回答道："一个。"经理听后十分惊讶："什么，一个？！我的雇员平均每天都要为20～30位客户服务。那么你从这位客户的身上赚了多少钱呢？"年轻人回答道："101237美元64美分。"经理更加惊讶了："101237美元！？？你都卖给他什么了？"这个年轻人说："厄，刚开始的时候我卖给他一个小号钓鱼钩，接着又卖给他一个中号的钓鱼钩，然后又卖给他一个大号的钓鱼钩，再接着我又卖给他一根新钓竿。后来我问他，他这是想去哪里钓鱼，他说，他要去一个小岛上钓鱼。所以我就对他说，这样的话，他就还需要一艘小艇了。然后我们就去了游艇销售部门，我推荐他买了一艘克里斯-克拉夫特摩托艇。然后他又觉得，也许他的丰田汽车很可能没有那么大的马力来拖动这艘摩托艇。于是我们又来到汽车销售部门，在那里我向他推销了一辆SUV。"经理总结道："你卖给了一个只想买鱼钩的人一艘摩托艇跟一辆越野汽车？"这个年轻人说："也不全是，他是来给他妻子买头痛药的。然后我就对他说：'这个周末反正是泡了汤了，那么您为什么不从汤里钓几条鱼出来呢？'"

您的销售人员都能向客户推荐什么解决问题的方法？

通过什么办法他们能够做好充分的准备，以便能够具有说服力地向客户分析他们的当前现状呢？

第六阶段：演讲

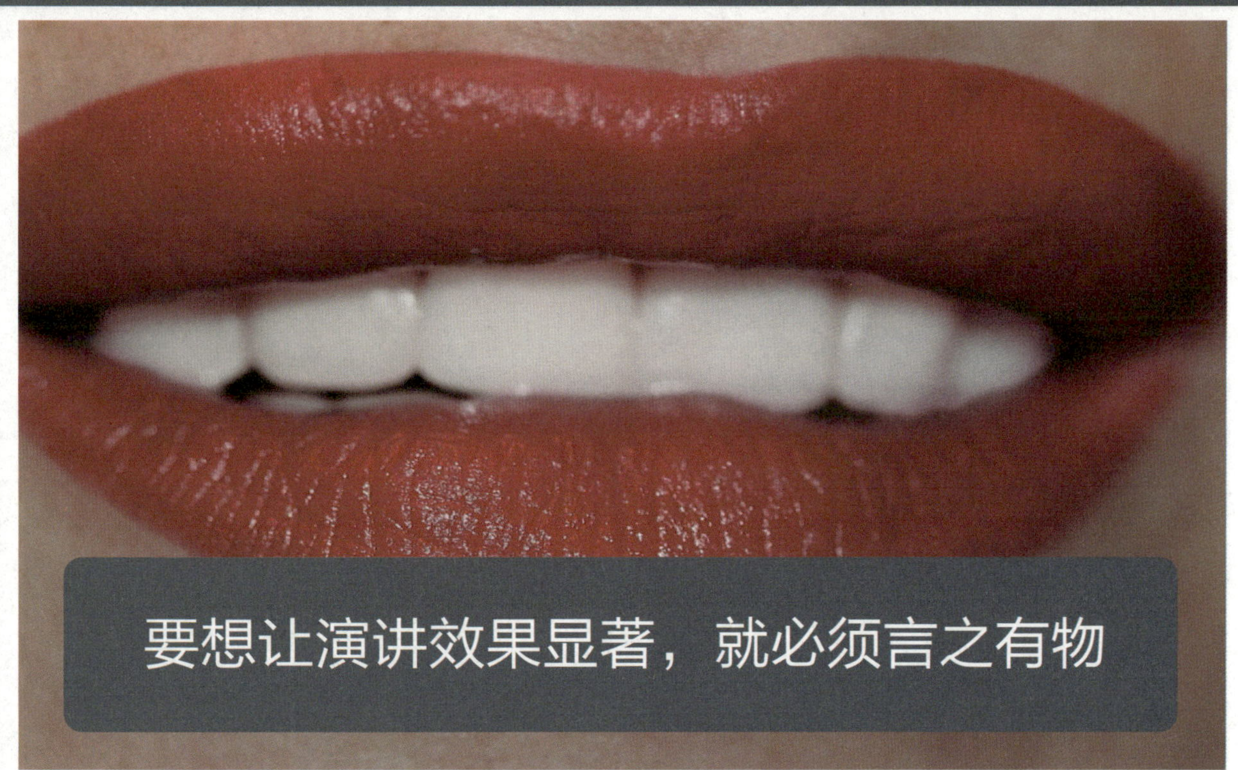

www.hermannscherer.de

Hermann Scherer

第六阶段：演讲 |

“鱼儿们必须得觉得鱼饵美味而并非鱼钩美味”，这是一条古老的销售箴言。您一定要把客户的个人需求作为您销售演讲中的最核心部分——假如您能够抽丝剥茧地明确您的客户需求，那么您就能知道您的箭应该往什么地方射。您还要注意，在演讲中尽量回避专业用语以及枯燥繁多的产品数据；一定要使用人人都能够理解明白的语言。

小建议：

- 不要将您演讲的内容定得过于远离客户能够理解的范畴，您应当尽量使用客户能够明白的解释方法：“对您来说，这就表示……”
- 不要逐一罗列产品的特性，而是着重阐述对客户有用的部分。
- 请您向您的客户多多传达理由与依据，而非您的个人保证。
- 在您展示具有说服性的图标与比较结果时，请避免使用“不确定”的词语（事实上、理论上、很可能、将会是、有这种可能性、只是、厄、不过，等等，诸如此类）。
- 请您不要忘记：客户购买的是解决问题的方法，而非产品本身。

更多实际操作建议：

- 在销售商谈过程中给您客户表达自己的机会
- 让产品自己证明自己
- 给客户提供模板，或者试用的机会
- 宣传材料（宣传材料集合或者是针对某一部分的材料）
- 部分有说服力的数据以及技术说明文档
- 照片或者草图
- 表格、图表、显微镜照片或者是航拍照片
- 草稿或者计划
- 组织结构图（内部人员职能）
- 分店以及服务网点一览
- 使用大型显示板辅助展示您的演讲内容
- 宽敞明亮的房间以及投影仪
- 幻灯片以及配音图片
- 电影以及短片
- 功能展示或者模拟功能展示
- 流程图
- 检测网点或者检测机构
- 来自实际的具体例子
- 技术部分个性化适配
- 费用计算
- 优点与缺点的公开讨论

第七阶段：回应异议

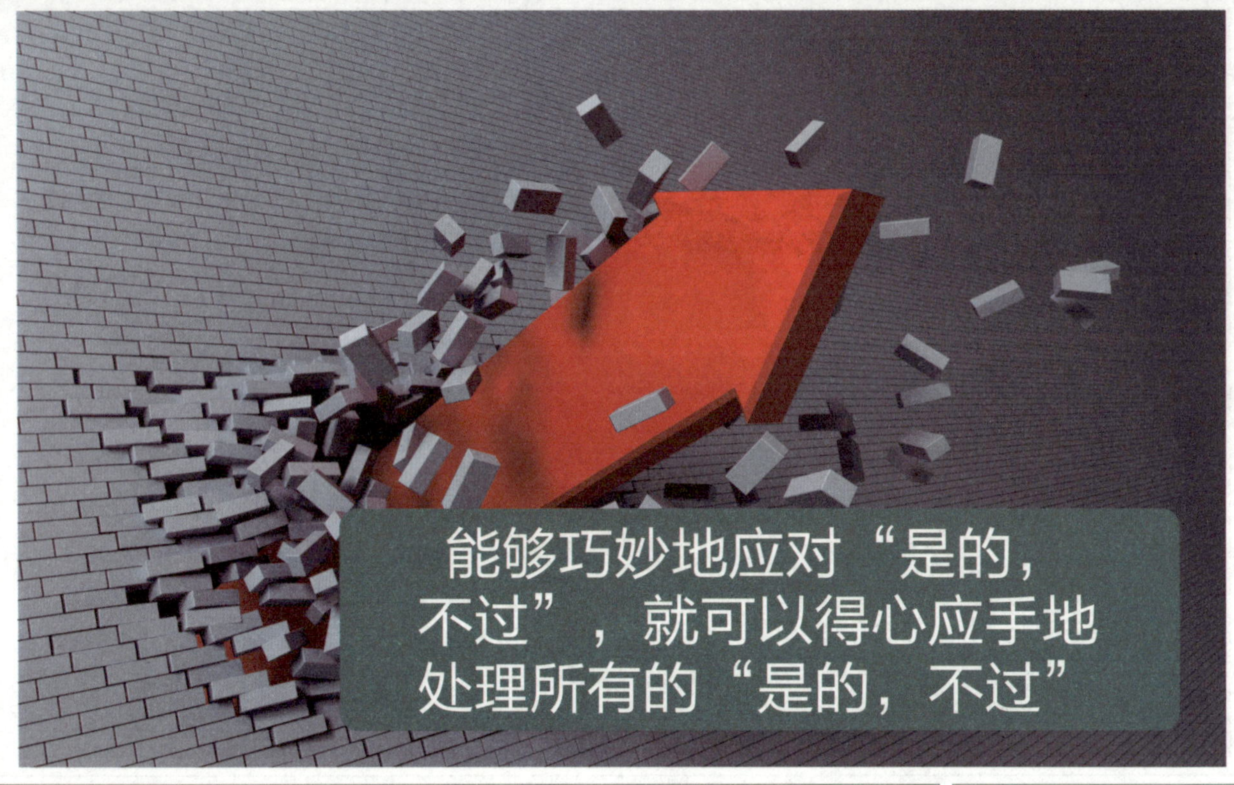

第七阶段：回应异议 |

为客户提出的异议感到高兴吧！您问为什么？只有提出异议的客户才是真正对您产品有兴趣的客户。一个根本不将您的产品作为考虑之列的客户是没有任何意见的。您千万不要被客户的“是的，不过”所吓到，而是应该把这句话当作客户要购买您产品的信号。一个能够使人信服的反驳异议的过程，绝对是销售过程中迈向成功的里程碑。您要想办法用一个回答来终结客户接下来所有的“不过”。（就像聪明的丈夫回答他妻子的询问：“亲爱的，你<还>爱不爱我？”为了避免更加尖锐的问题出现，丈夫回答道：“这个答案你自己心里清楚得很嘛……”）

小建议：

- 为常见的异议准备好充分的回答。
- 请您严肃认真地对待客户的异议，但是不要针对人。
- 除此以外，您还应该给客户足够的有关于此的信息以及其他客户在这方面的实际经验。
- 当您发现您的客户在犹豫的话，那么不妨由您来说出他们内心的疑惑。

第八阶段：谈判

第八阶段：谈判 |

“这里一定还有可以谈判的余地，是不是？”作为销售人员，您不要主动挑起类似的话题。根据实际经验，客户总是觉得在价格方面还有压低的可能性，或者他们认为他们总是付出了比较高的价格。那么您一定要强调，您所提供的价格是考虑到产品的造价、性能以及用途，通过全方位考虑而制定的，再压低的可能性几乎不存在。

小建议：

- 为您的谈判做好充足的准备——您应该熟悉，比如：竞争对手在该产品上的要价。
- 一定要将产品的价格不断与其所能实现的功能联系起来。
- 一定反复强调您的产品能够帮助客户所解决的问题来强调价格的合理性。
- 当您不得不在价格上做出让步的时候，请不要忘记也适当减少所卖出产品的功能。
- 您可以通过赠送一个附加的小功能来交换降低价格的要求（比如：销售鞋子的人可以附送客户一种鞋子保养产品）。
- 请您一定不要为了销量而接受“所有的价格”：对于一个销售不能成功而有所准备，将更加凸显您产品的专业性与价值。

消费者不可避免的心理：

- 所有的产品都是一样的或者所有的产品都是同样生产出来的
- 所有的销售员都在装腔作势（即便只有一个曾经这样）
- 对于功能以及价值的多样性我根本不感兴趣
- 不用听销售员说得天花乱坠，直接比比看哪家的价格更便宜
- 无所谓什么意见，而是需要支付钱款的多少
- 没有什么关系的存在，只有过程

第九阶段：主动出击

第九阶段：主动出击｜

您的客户已经准备结束这场商谈了吗？为了明确这个猜测，您可以总结您在整个过程中所讲述的重点，其次罗列产品的功能并且询问您的客户是否还有重要的问题没有被解答。最后干脆地向您的客户提出下面这个问题：我们的产品符合您的设想与要求吗？客户所需要回答的只是“是”或者“否”。倘若您的客户表示还需要再考虑考虑，那么您可以有意识地鼓励他：“我完全可以向您保证，如果您今天选择我们的产品，那么您一定会在今后使用的过程中非常满意！”

更多的建议：

- 即便是在商谈的过程中，您也可以向您的客户询问他的想法（“对此您能够接受吗？”　“……，您是不是也同意？”）。
- 一定要帮助您的客户清楚地认识到，某一个未被解决的问题对于他们来说意味着什么。您也要有目的地询问不好的结果。关于此类问题您可以采用SPIN销售法。
- 您还要有意识地主动凸显您产品的优越性。

第十阶段：达成一致

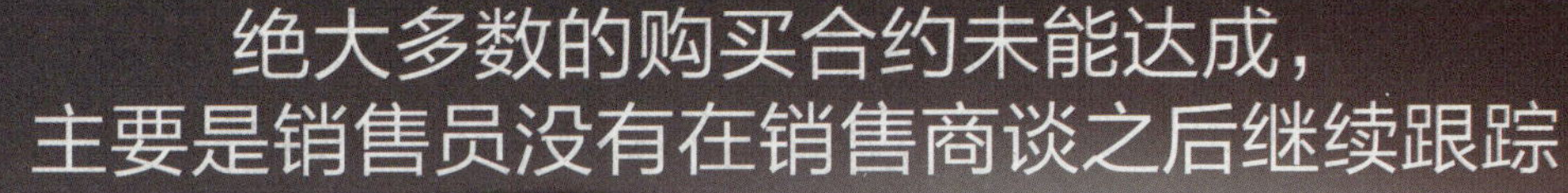

第十阶段：达成一致｜

绝大多数人怀有对失败以及错误的恐惧，所以这也就并不奇怪，为什么大多数销售员也害怕从客户口中听到拒绝的回答。与其被拒绝，您宁愿选择等待！恰恰相反，您越是显得自信，就越是能够成功。您只要想一想：仅仅是因为——销售员没有把握时机再追问过——这个原因，就导致大量的购买合约不能最终被签订。

小建议：

- 在销售商谈的最后，给您的客户订单合约。
- 请您的客户"为了表示同意而签署自己的名字"。千万不要说："您还必须在这里签字！"
- 告诉还没有做出最终决定的客户，您十分看重他的决定。请您不要忘记向该客户询问，为了帮助他下定决心，您还可以做些什么。
- 请您一定要主动向客户询问您是否可以再次与他取得联系（"假如我到某某时间还没有得到您的决定的话，我是不是可以再联系您"）。

第十一阶段：告别

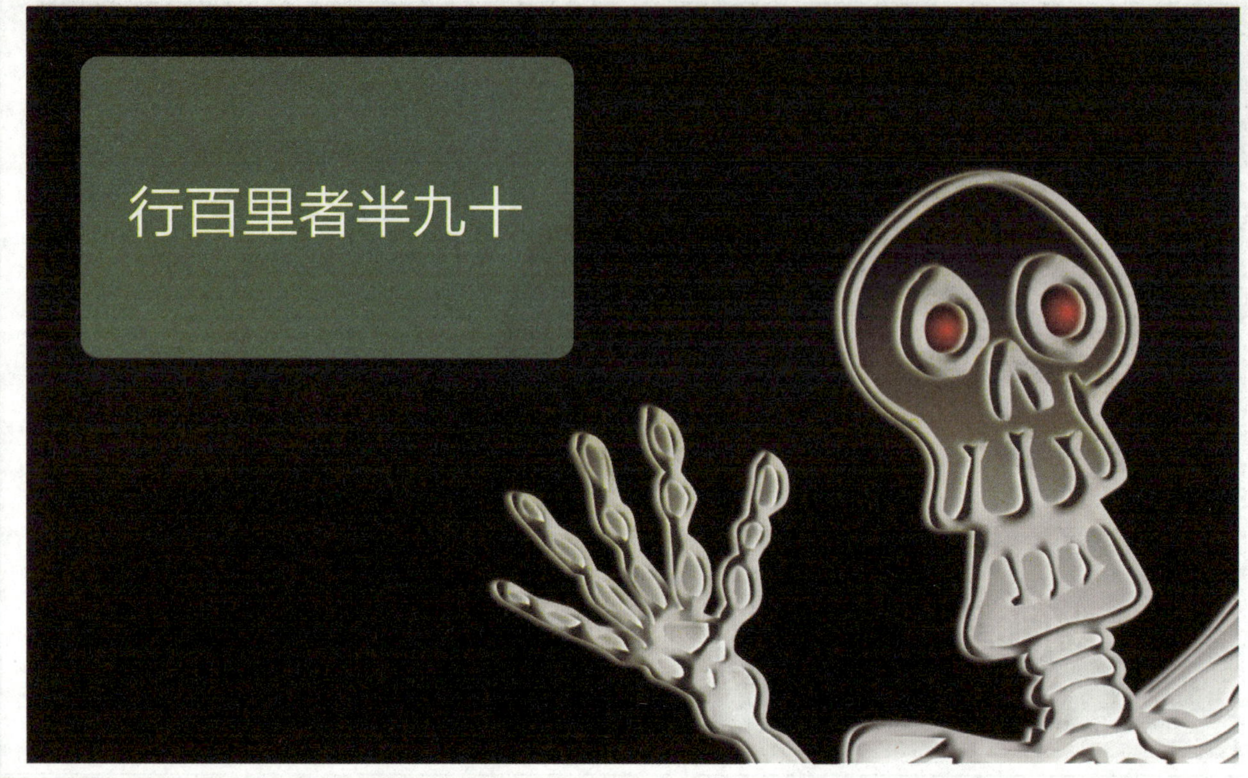

第十一阶段：告别 |

您可以利用告别这一环节给您的客户留下一个美好的印象。如此您便为双方的商业合作关系打下了一个良好的基础。请您一定不要忘记，客户最终做出是否购买您产品的决定是在与您道别之后。您在这个时候可以预祝双方能够结成商业合作。

小建议：

- 请您不要犹豫，而是明确地表示："您将会发现，您所做出的决定是正确的！通过使用这个系统，您将节省大量的费用。"
- 在商谈结束的时候向客户致谢，并表示您为双方能在未来结成商业合作关系非常高兴。
- 询问您的客户，他在未来还可能会对什么样的产品感兴趣。
- 在成功的商谈结束后询问您的客户是否还有什么样的建议。
- 请您为客套的对话多留出一些时间。
- 对并未能与您成功结成商业购买关系的客户同样友好。因为也许下一次就能成功呢？

第十二阶段：后续工作

第十二阶段：后续工作 |

本次销售之后便是下次销售之前！请您努力把每一位新客户培养成固定客户。为了达到这个目的，您公司企业中的其他部门也必须配合您的销售工作。请您注意在公司内部为自己创造一个顺畅的工作程序。

更多建议：

- 在客户购买您的产品一段时间之后，请您通过电话、信函、电子邮件或者传真回访他们，是否对其所购买的商品满意。
- 请您一定要严肃认真地对待客户反映的所有信息，对客户提出的批评做出反应。
- 为您的客户建立一个数据库（包括他们个人信息、爱好、特别之处或者与您的商业联系程度）。
- 悉心维持您与客户间的联系，使用您独特的方式让客户记住您（详情请您阅读本书第二十章中“外部影响日历”部分）。
- 请您在过一段时间之后，带着新的产品去拜访老客户。

12

第二十二章

谈判

您不是得到您理应得到的东西，
而是您通过谈判争取而努力得到的东西

“优秀谈判的关键在于，人们能够想办法得到他们想得到的东西。”

汉斯·哈勃如此表达他的观点，而经验丰富的谈判专家一定不会表示异议：在谈判中试图通过“战胜”对方而获得成功并没有太大的意义，因为得到这样的胜利一定非常费力，而且即便最后您能够与对方签订购买合同，您与客户的关系也会变得非常紧张。当然，同样不值得推荐的做法是您自己单方面做出巨大的让步，因为这样就会助长客户的无理要求。事实上还有一种被称作“双赢”的黄金两全法。“双赢”的意思可不是和稀泥，真正做到双赢的谈判不仅能够使得谈判双方都带着满意的心情离开谈判桌，而且每一方还都能达到他们在谈判前希望达到的目的。一方将他的价格稍微降低一些，另一方则在顶级音响组合与促销装置之间选定一款既能满足自己的需求又能够负担得起的产品。

成功的谈判者能在谈判的时候令对方感觉到他作为成功谈判者的素养。是的，我要说的是“感觉”这个词，“感觉”是商业行为中参与者通过专业知识与训练所形成的个人气场，而并非单纯依靠个人好恶而产生的情感。常常很多谈判由于时间上的紧迫，双方不得不匆匆做出决定，而这样的决定往往也会让他们在第二天早上后悔不迭。也有一些谈判的结果虽然并不令人满意，但是由其启动的项目却依旧会如期进行，即便大家明明全都知道终止项目或者撤销协议才是降低损失的更好办法。而究其原因却再简单不过：因为人们已经在这上面花费了这么多的时间、金钱与精力，就这样没有结果的放弃实在是心有不甘。其实在每一个谈判中都有一些能够决定结果的时刻出现，谁要是能够占领性地在谈判中引导这样的时刻出现并且掌握处理这些决定性时刻的技巧，那么他就能够与对方达成一个成功的谈判结果。不过，是不是每一个人都愿意在谈判中使用这些战略方法，则是另外一个问题了。

在谈判之前做好充分的准备，在谈判之中谨慎应对是非常值得的，因为通过谈判所挣得的钱是所有挣钱方式中最为快捷的一种。您可以自己计算一下，每一个小时的谈判可以为您带来多少的利润。假如一名客户在一个三十分钟的谈判中将一种您希望能以2500欧元成交的产品以1000欧元的价格敲定的话，那么您的损失平均一小时是多少？在实际谈判中，您所遇到的对手只会在技术上越来越专业，在态度上越来越挑剔：在过去的几年中，公司企业中的采购员这一职位越来越多地得到重视。在今天，即便是普通的消费者也能够在一次价格谈判中比以前做更好的准备：互联网的普及让人们能够方便地比较各个供应商所给出的价格，更不要提后来又出现的特价法，在交易中该做法明显地是用来保护消费者利益的武器。以上所列出的理由已经足够让您相信，成功的谈判并非只是巧合而已。

拓展阅读，图书推荐：赫尔曼·舍雷尔：《您不是得到您理应得到的东西，而是您通过谈判而得到的东西》，2009年，第三版

在商务活动中，理智大于情感吗？｜

让我们从一个小智力题开始，您是一位军用飞机生产企业的老板，您现在手上有100万欧元用于秘密设计制造一种新型飞机。在您花费了90万欧元的研究经费后，有一家您的竞争企业向市场上推出了一款比您正在研制的飞机更优秀的产品。现在的问题是：您还会将剩余的钱继续投入到这个项目中去吗？

在一次实际测试中，有85%的测试参与者选择了“会”这个答案。而在另一比较测试组中——在飞机研制所花费的费用并没有明确给出的情况下——只有17%的人选择了“会将这个项目按计划实施到底”这个答案。一个已经花费了90万欧元的错误投资当然不会因为您再续投10万欧元而力挽狂澜。这样的错误行为不仅仅只出现在商业行为中，它同样也会出现在人们的个人生活中；导致人们做出错误选择的不仅仅只是他们投入的金钱，还有他们投入的其他东西。不信的话，您可以去问问您身边的人，既然他们不喜欢他们的工作，既然他们与生活伴侣的关系并不和谐，为什么他们却狠不下心来结束这个错误的“项目”呢……

狩猎狂热……｜

谁要是在易趣网上拍到这件商品的话，一定会觉得自己做了一笔稳赚不赔的交易——14欧元购得价值50欧元的宜家家居购物券。用这张购物券可以在宜家家居中完全没有问题地购买任何商品。这个交易真是让人怎么想怎么觉得划算。

这正是在拍卖中参与者的习惯与心理，他们不断地抬高自己的出价，满心想的只是不能失去这个已经起拍的商品，麻省理工大学教授丹·阿瑞利总结到。

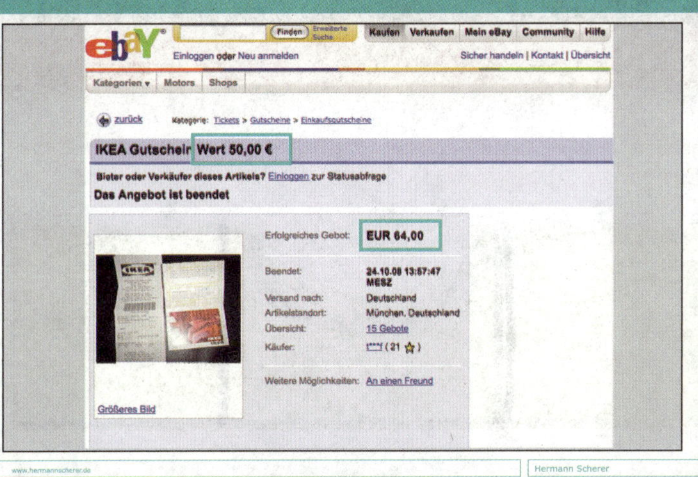

谁要是不讨价还价，谁就会后悔不迭 |

谈判是一个游戏，它遵循着严格的游戏规则。谁要想参与这个游戏，就得遵守这些游戏规则。而这些规则中非常重要的一条便是：谈判开始后，对方给出的第一个价格并不是他们最终想达成的目的。

双赢谈判…… |

当这个共识在谈判中达成的时候，这基本上就是一个双赢谈判能够实现的曙光了。单从事情的本身来看，与您谈判的对方是抱有争取成功的心态的，这时您绝对不能放弃。从心理学的角度上来看，您与您的谈判对手肯定并不能令对方完全满意。当然一个“一赢一输”的谈判能够给（看起来）“取得胜利”的一方更多的成就感与满足感。您让我举个例子？您刊登一个想卖掉您现在所用汽车的广告，您在车里摆放一些装饰品，要价三万四千欧元，并希望欧洲物品估价组织能够最终将您的这辆车定价在三万欧元。

场景一：一个对您的汽车感兴趣的客户得知您的要价为三万四千欧元之后，直接拍板照付全价，完全没有讨价还价。这个时候，您的心里满意吗？不，您并不满意，即使是您得到了您想要的全价，因为您心里想的是，早知道就该要价三万七千欧元了。

场景二：一个对您的汽车感兴趣的客户认为您开的价格过高，他尝试不断在这辆车的身上找缺陷，并给出一个明显远远低于您所能够承受的价格两万六千欧元。但是出于某种原因您还是满足了他的要求。您的客户会满意吗？我估计肯定不会，即使是他得到了他愿意付出的价格。他肯定在想，要是他的出价再低一些，应该也能得到这辆车。

在上述的两个场景中，买卖双方分别得到一次自己希望获得或者是给出的价格，但是双方对此都并不满意。

总结：双赢的谈判听起来非常不错，在未来的谈判中也是我们在客观层面上要实现的目标，但是在心理层面上估计不能令任何一方感到满意。一个能够满足心理层面的谈判通常只能在曾经产生“摩擦”的前提下发生。人们（男人们？）并不想要一个对双方都有利的结果——他们想的只有一件事情：独自取胜！

满意谈判心理学 |

聪明的谈判专家能够在谈判结束时给予他的谈判对手胜利的错觉。这也就是说：谈判专家需要在谈判桌上营造一种气氛，既能够在对方大肆攻城略地的进攻下坚守自己希望达到的目的，也能够巧妙地在坚持自己立场的前提下满足对方尽可能多的要求——并且还能够令对方在谈判的最终感觉他自己才是整场谈判中的胜利者。

温柔地说话 |

在右边图中所示的两个图形里，您认为哪一个图形是"Takete"哪一个图形是"Maluma"？假如您认为右边那个云状的图形是Maluma，而左边由断点所组成的图形为Takete的话，那么您与大多数人的感觉是相同的。这是在20世纪末语言学家沃尔夫冈库勒尔所做的一个试验，也即所有的被调查者被要求将两个新创造出来的词汇与两个形状一一对应地分成两组。该试验所得出的结论是，语言不仅仅是传递内容的工具，同样也可以唤醒人类的情感。这个道理（不仅仅）是科研工作者们早就清楚的。可事实上，许多公司企业在向客户介绍他们的产品时选用非常"Maluma"的温柔语句，而在与客户谈判的时候，却突然选择非常"Takete"的极具进攻性的语句。统计结果所显示的却是，绝大多数言语温和的谈判最终能够取得成功。这也就表明，您应该在与客户的谈判中选择温柔的声音以及温和的措辞。就像一条著名的谈判定律所表达的：在原则上不能退让，在表达上和风化雨。

坚持原则，温柔感化。

理由的陈述导致争论。

大胆开场原则

比您希望得到的结果多要求一些。

您希望的结果才会被满足。

www.hermannscherer.de Hermann Scherer

大胆开场原则 |

在谈判的开始您可以提出“过分的”要求——让您的要求尽可能地最大化，完全不必担心它是否符合实际情况。在这之后您一定会为能够实现的结果而大大地惊讶的。除此以外，您在整个谈判过程中要保留弹性回旋的余地。

相关性原则 |

在对方给您提供相应的优惠或者好处之前，您坚决不能做出任何让步。倘若您需要给某位客户提供某种特殊的或者附加的服务，那么这位客户就必须为此付出高于普通价位的价格。请您在参加一场谈判之前一定要通篇考虑谈判中可能涉及的问题，在哪些方面您可以在对方做出相应补偿的前提下做出让步。只有这样的让步才不会在最后损害您的利益。

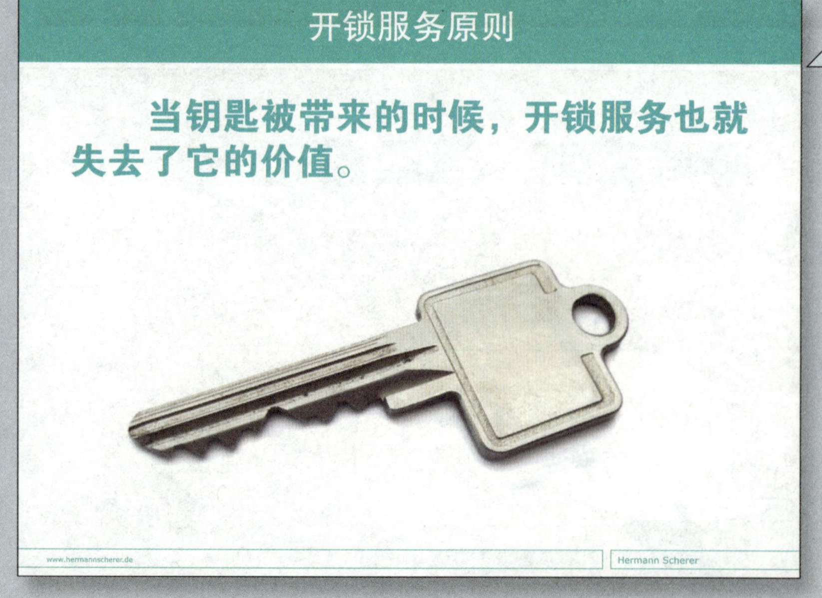

开锁服务原则 |

当您在下班回家的时候发现家门钥匙忘在家中而有家入不得、心急如焚的时候，开锁服务承诺帮助您打开家门，但是您需要为此付出100欧元的服务费。您是不是觉得，只要能够打开门锁，这100欧元花得绝对物有所值。而当开锁师傅在十秒钟内就让您的家门随着轻轻的“咔嗒”一声打开时，您肯定会生气地认为100欧元的要价绝对属于诈骗行为。一种服务的价值在其达到目的后便会自然消失。所以说，您必须在您所提供的服务实现其应有的作用前与对方谈好价格！

注意力的控制 |

我们的大脑中有一个简单的天生固有程序：它总是会检查一个论断中的真相含量。无数周日晚间电视中的脱口秀节目都曾以人类大脑中的这个功能为辩论主题，争吵得不可开交。而后开始有人在该研究结果越来越普及的情况下尝试将这种普通的论断句式转化为修饰或者问题的形式，从而逃避大脑的检查。举一个例子来说明人们是如何将其论断转化成修饰或者问题的形式的：人们不再说："通过使用我们的产品您能够节省下很多钱"；而是说："您发现通过使用我们的产品您节省下多少钱了吗？"或者他们不再用宣称的口气说明："我们的公司与我们的同类竞争企业有着明显的不同"，而是询问您："您知道我们公司与我们的同类竞争企业有着哪些明显的不同吗？"通过这样的方法，您也可以控制其他人的注意力。

您可以在您的谈判战略中改变什么？

有理有据　据理力争 |

还有一种与上述转换句式方法类似的战略：假如与您谈判的对方希望您能够为他证明什么的时候，您不要把这件事情简单地"赤裸裸地"在其面前平铺直叙。您可以先讲两到三个不容争辩的事实，再从中得出不容置疑的总结答案。举一个具体的例子：您不再向您的客户询问："接下来我们还应该做些什么呢？"或者是："您已经准备好商谈的下一步了吗？"而是对您的客户陈述已经发生的事实："您已经选择了一种您喜欢的颜色（事实一），您也选择了您喜欢的设计样式（事实二），您还与您的妻子做过有关于此的讨论了（事实三），除此以外，您还……（事实四）。这些都向我证明，您已经为我们商谈的下一步做好了准备。"

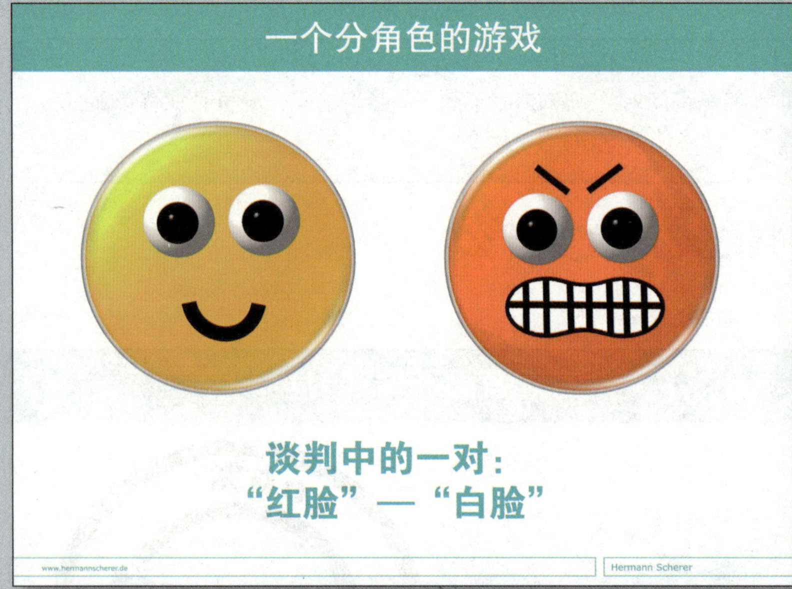

更有权利的决定者原则 |

在谈判过程中，所有的客户都喜欢玩这个更有权利的决定者的小把戏。它常常被客户们使用，却是屡试不爽的借口。在面对个人客户销售时，这个更有权利的决定者往往是生活伴侣。（“啊，这个我得先问问我的爱人才能决定。”）而在对企业的销售中，这个更有权利的决定者便是老板、公司的CEO、企业的咨询师。假如您不能在谈判的过程中有效的避免这种情况发生的话，那么您与谈判对手的得分将变为0：1。倘若您的客户真的在谈判中对您使用如此缓兵之计，您完全可以选择这样问他：“那么您对此产品的个人意见是什么呢？”或者“假如您可以独自决定的话，那么您会如何决定呢？”对于客户肯定的表示，您可以再进一步地引导他们：“我们应该如何共同向您的老板证明您选择的正确性呢？”对于仍然持有怀疑的反馈您可以说：“看来我还没有能够完全向您证明我们产品的可信性。您能够告诉我在哪个方面我还有遗漏，以至于您还犹豫不决吗？”您谈判中的对手必须首先肯定您的产品，他才能继续——以您的名义——将该产品向其他人推荐。

一个分角色的游戏 |

这样的角色分配您肯定在侦探电视节目中已经熟悉：一位警官作风严厉、对人相当不友好，而另一位则似乎总是能看出案件中的疑点。每当被警方询问的人变得焦虑而不确定的时候，那个唱“红脸”的警官就负责让他放松，并如实讲述他所知道的一切。即便是在谈判中，与您谈判的人也是在唱“红脸”的帮助下才能对您的产品产生信任。通常总有一个人会说：“我们已经开始进行我们的商务楼，不论如何我都需要一个成功的结果作为交代”（唱“黑脸”的人）。

挥发规则 |

您一定要阻止发生这样的情况：您的客户一个接着一个地抛出拒绝的理由，而您能够做出的回应则一个比一个无力。其实有一个非常简单的问题，能够帮助您从一开始就化解掉源源不断的抗辩式拒绝：“倘若我们能够解决您所提出的问题甲，那么是不是这个产品对您来说就是可以接受的？”

价格：取中原则的应用 |

倘若您想销售出比较贵的东西，那么您就必须同时展示更贵的东西。倘若您想销售出很多的东西，那么您就必须同时陈列更多的商品。倘若您有一个创意需要巨大的支持，那么您就得先介绍一个需要更大支持的创意。为什么？当然我们不是要用眼花缭乱的选择来让我们的谈判对象不知应该如何下手。不过其他选择的可能性的确对人们所做出的选择有着不可忽略的巨大影响。

> **价格：取中原则的应用**
>
> 11,- €　22,- €　69,- €
>
> **谁要是想销售出比较贵的东西，就必须同时展示更贵的东西。**
>
> www.hermannscherer.de　Hermann Scherer

假设一位葡萄酒供应商提供两种葡萄酒，一种售价为11欧元，另一种售价则为22欧元。在这种比较下，毫无疑问大多数客户倾向选择价格比较低廉的那一种。不过，假如生产商同时再提供一种售价为69欧元的葡萄酒时，很多人就会改变他们的想法。这种比较的效果对于他们来说正如一场游戏，因为他们会突然觉得第一种葡萄酒的价格还是"太便宜"了一些。一位向我咨询的客户在将这个"22欧元葡萄酒"策略用在他的销售谈判中之后，他的销售利润在短短的时间内翻了好几翻。这个策略同时也适用于其他许多别的行业，例如，一位工业充气设备生产商在附加提供机器定期维护保养合同之后其产品销量得到了大幅提升。除此以外我们还可以提供一种"白金合同"，当然其价格也要比普通的合同高昂得多。以便使绝大多数客户一边觉得它太贵了的同时，一边还是决定选择普通的服务合约。不论如何，您达到了您的目的。当威廉姆斯-索诺玛（一位美国高价厨房用品制造商）将一个烤面包机以275美元的价格推向市场时，没有一个人愿意购买。我为什么需要这样一个机器呢，很多人如实认为。但是当该制造商又推出一款相同功能的机器，但是要比这一款的价钱贵上一半时，第一款烤面包机开始热销了。所以说，假如您有一个雄心勃勃的计划想实现的话，那么不妨给大家先讲一个"更有野心"的计划。

价格：多种战略 |

假设您向著名的航空公司波耶询问从慕尼黑到汉堡包机要多少钱时，聪明的销售者并不会马上告诉您总价。他也许会说："每公里每位乘客20欧分"。您看看，一句话里就连做了两次除法运算：先是用总价除以乘客的数量，紧接着再除以飞行的总公里数——而您所听到的价格也显得不那么昂贵了。

价格：虚拟规则

价格：虚拟规则 |

一个例子：假如您想向您的客户有力地证明一瓶价格低廉的水果汽酒酒的质量也是同样低劣的话，那么您不如为他们做一个层层盈利的价格解析：在商店中，这瓶水果汽酒的售价是1.99欧元。这其中消费增值税是多少？0.32欧元。这样的话，还剩余1.67欧元。那么估计普通商铺会从中赚取的利润是多少呢？就算8%，好的，那么就是0.13欧元——这样我们还剩1.58欧元。大型供货商会从中赚取多少利润呢？怎么也有6%，那么又是0.09欧元。现在我们还有1.49欧元。接下来您肯定自己也会想到，从这1.49欧元中还要支付运输费、软木塞的费用、软木塞固定装置的费用、酒瓶包装材料费用、包装费用、商标贴纸费用、广告费用、生产工人的工资、厂房折旧费以及生产商固定资产折旧费用，甚至还有更多没有罗列出来的项目。现在您发现了吗，这瓶水果汽酒的价值是多么低廉，还不要忘记与价格浮动不相关联的1.02欧元的水果汽酒税。所以，总的算下来，这瓶水果汽酒的价值不到0.02欧元。这下您相信我说的了吧。

价格哲学：约翰-路斯金

“这世界上没有什么东西是不能够被弄坏一点儿，然后被便宜一点儿销售的。那些只是以价格为标准的人，总是能够找出产品上的瑕疵并以此为借口压低价格的。为一件商品付出过高的价格是不明智的，但是如果为一件商品付出太少的价格，那么情况将会变得更糟。如果您所付的价钱过高，那么您就会从中失去一些金钱，您的损失也就不过如此了。但是如果您所付的价钱过低的话，那么您有可能失去全部，因为您所购买的这件物品根本不能满足您的需求。经济学中的自然法则规定了不能够用过少的价钱提供大量的价值。在任何时间、任何地点您都不应该冒险选择那些可能令您后悔的商品。因为如果您那样做了的话，您为弥补这次错误所要花费的费用绝对足够您从一开始就选择价钱比较贵的那一种。”

www.hermannscherer.de Hermann Scherer

价格哲学：约翰-路斯金 |

这位英国社会哲学家（1819—1900）将他研究的目光投到一件商品的价格与价值（估计）的关系上。您不应该忘记由路斯金总结出的关系，因为只有您能够首先说服自己“购买”您多提供的价格时，您才能向其他人以该价格销售！

困境情形 |

困境情形出现的前提条件是，当两个不同的选择所导致的两个结果都不是最优效果。其中最著名的例子就是囚徒的困境。所有存在个体销售（或者是每一个需要单独考察的群体）潜在竞争的地方，倘若您希望在他们中间成功地实现您的目标计划的话，那么你就需要选择一个正确的战略方式。右图中为您展示的是在两个不同组织之间形成的对称剥削困境情形。这也是出现在两位商业竞争者之间的典型情形：两家公司企业（U1与U2）共同面对一个抉择，合作还是不合作。每一抉择导致的发展可能性都被在图中展示出来。四个小区域每一区域中间所显示的数字则表示对与每一种决策组合两家公司企业各自采取怎样的态度。分号前面的数字代表的是U2的态度，后面的则代表U1。一个大数值的数字表示大量的净收入。两个公司企业各自的利益考虑则由箭头的方向表示。垂直方向的箭头代表U2，水平方向的则代表U1。

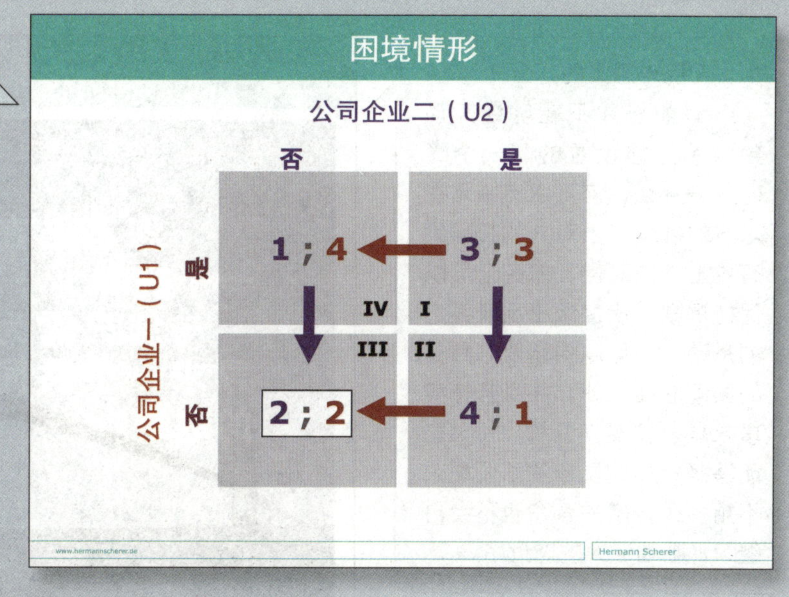

由图中矩阵所示可以看出只有在U1与U2双方同意合作的情况下才能达到双方利益的最大化，也就是说，比如，双方在产品的销售价格上达成一致（请见矩阵图中的右上区域一，两家公司企业都能得到价值为三点的利益）。但若是只有其中的一家公司企业希望合作，而另一家不参与合作，那么不合作的那一家将能够得到价值为四点的利益。这种行为对于选择合作的一方来说不啻于剥削（请见矩阵图中的区域二与区域四）。一旦双方都放弃合作，那么每一方所能够得到的价值利益只有两点（请见矩阵图中的区域三）。将此结果与矩阵中的区域一的结果比较（最佳结果），区域二所表示的是一种“集体自我损害”情形。两家公司企业都没有能够实现他们所能够实现的最好结果——而他们的确有改善该情形的可能性。总结：市场经济片面强调的是结果利益，即便有的时候某些选择并不能实现最优效果。

热土豆规则 |

要是有人在您的手里放上一个滚烫的土豆，您会怎么办？您肯定是条件反射地再将其扔回到给您土豆的人手里。更好的表述是：不要毫无目的地向您的客户表明问题的所在。比如一个客户说：“一幢超过35万欧元的房子绝对不在我的考虑范围之内”，聪明的房屋中介商则会说：“假如我们找到一栋您梦想中的房子，您全家都能舒舒服服地在那里生活，但是它的价格却是38万8千欧元，您还考虑这个可能性吗？”绝大多数客户都会表示没有问题的。

无视无意义的部分 |

假如您并不能够绕开谈判对手为您设置的每一个障碍——那么，您可以选择无视对方的挑衅，当对方的言辞具有攻击性的时候，您完全可以保持沉默。代替做出反驳客户的举动，您可以强调双方利益的共同联结之处，并且坚持实事求是以及友善温和。如果您能够坚持如此反应的话，那么不用多久，您的客户也不会再继续他咄咄逼人的态度了。

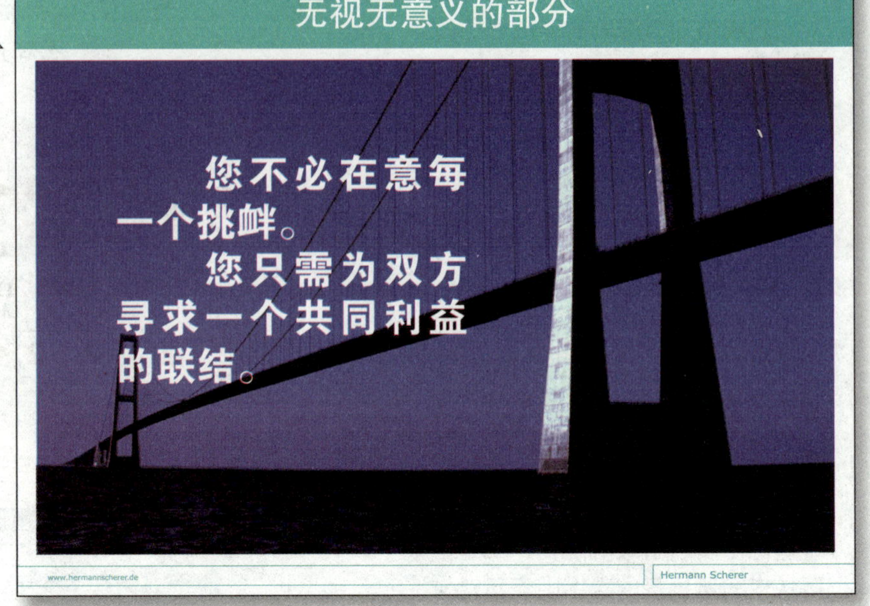

沉默的力量

在谈判中几乎再没有什么武器能够比适时适度的沉默更为有效了——比如，当您的客户提出一个过分要求（如果在这个时候您还能够运用表情以及肢体语言表现出您的惊讶就更好了）或者当您提出某些要求而您的客户正在反复考虑，在大脑中飞快计算其中的得失是否可行的时候，在这两种情况下，谁先开口打破沉默，谁就输掉了这一局。

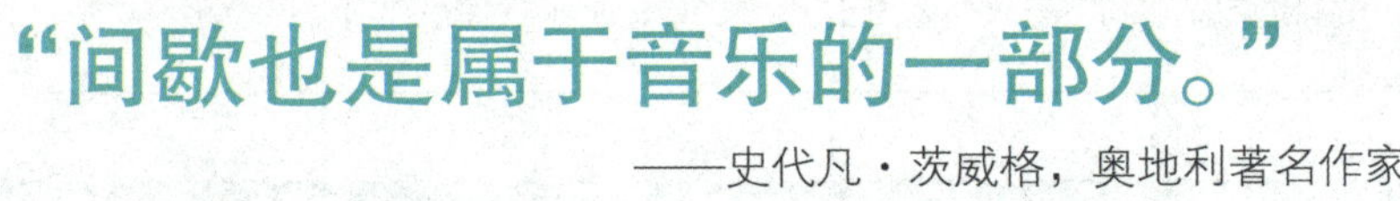

“间歇也是属于音乐的一部分。”

——史代凡·茨威格，奥地利著名作家

逐出：请您做一个思维游戏 |

当您的客户对您说：“谢谢，我们已经有了自己的供货商”，您是不是选择马上就放弃？您应该将类似这样的借口当作是对您的挑战来对待。请看下面的对话示例：

客户：我们没有这样的需求。我们已经与XYZ公司合作多年了。

销售者：您的公司与XYZ公司是在哪个领域合作的呢？

客户：所有领域。

销售者：那么，既然我们已经开始了这次谈话，我是不是可以征得您的允许来与您一起做一个小小的（六十秒钟的）思维游戏呢？

客户：好吧。

销售者：我们假设，您希望将您公司的一小部分需求通过我们公司所提供的产品来覆盖。您认为，您的雇员会对此说些什么呢？

客户：当然是他们不满意的部分。

销售者：您觉得，面对客户相同的抱怨公司XYZ会做出什么样的反应呢？

客户：他们当然肯定是改进他们的产品服务，以便我们能对他们所提供的质量满意。

销售者：在某些情况下供货商甚至还可以提供性价比更加划算的产品服务。

客户：这是完全有可能的情况。

销售者：那么，假如您将我们公司作为您公司的替补供货商，并在某一范围内尝试由我们公司提供的产品服务。假如在试用期内我们并不能够如您所期望的使您满意的话，那么您可以随时与我们公司停止合作（并且您无需因为您单方面地终止合同而付出任何经济上的赔偿）。而您与我们的尝试性合作会为您带来两种情形的结果：其一，您现有的供货商得知您考虑替补供货商这件事情，为了维持与您的继续合作，他们一定会在某些方面为您提供更加经济合算的超值产品与更优质的服务。其二，倘若我们公司所提供的产品服务比您现有的供货商更加优秀的话，那么您可以直接选择我们公司作为您新的供货商。而我们公司向您提供的价格反正比您现有的供货商XYZ公司公平合理得多。话说回来，不论发生哪种情况，您都是受益的一方，只要能够帮您做出正确的抉择，而风险我们愿意为您承担。

把球打回去 |

通过问题“那么您有什么好的建议呢？”您可以取得出乎意料的成功。比如在价格商谈的过程中，因为很可能与您谈判的客户所提出的价格要远远高于您的设想。如果客户提出的价格并不能使您满意，那么您还是可以再继续与其谈判的。您可以针对许多情况使用这个办法。

作为购买者您往往能够通过这个办法得到更低廉的价格，作为销售者您通常能够通过该办法获得更适合的解决途径，而作为领导者您则可以借此从雇员中得到意想不到的创意。最重要的是通过提出这样的问题您便可以保持沉默，而将发表意见的任务推给其他的人，即便是通常为了得到合适的答案需要耐心等上一段时间。统计表明，大多数谈判之所以破裂，其中主要原因就是在敏感时刻被提出的问题没有人自愿回答，而提出问题的人又耐不住性子等待。

打开抽屉

您集中注意力的能力有多好？

您是如何影响与您谈判对象的注意力的？

www.hermannscherer.de

Hermann Scherer

打开抽屉 |

如果您应该做的税务报告“仍旧”还没有做的话，那么会发生什么样的事情？人们总是想着，现在我真的该做税务报告了……同样的情形还会发生在整理地下室、与牙医约定做检查的时间，等等，等等，等等—— 这个就是我们常说的采格尼克效果。心理学家布鲁玛·采格尼克通过研究发现，人们的记忆对于那些没有完成的任务比已经完成的有着更加深刻的印象，而且人们对于没有完成任务的态度是拖得时间越久就越不想完成。打一个比方来说：我们的大脑就好像一个巨大的布满抽屉的系统。只要我们开始做一件事情，就会有一个抽屉在我们的大脑中被打开。只要这件事情没有结束，这个抽屉就始终保持打开的状态。而只要有抽屉打开着，我们就会不断地撞在上面。我们打开的抽屉越多，我们就越是不能将有限的精力集中在每天需要完成的事情上。所以，成功的人士只有很少的“抽屉”是打开的。这样的话，他们便能够集中精力在通往成功的路上前进。

上文中所提到的采格尼克效果所产生的负面影响并不仅仅作用于日常事务，它同样也在我们的谈判中发挥着影响。谈判中一个没有解决问题会极大地分散您谈判对手的注意力，并让他们对这个未能解决的问题一直保持着好奇心。举一个例子，您如何可以利用这一点开始您的谈判：“您好，尊敬的客户先生，今天我为您带来了一些非常特别的东西。这些东西我会在我们商谈的过程中一一为您呈现。”……“在我们商谈的最后，我还为您准备了一个巨大的惊喜。”

电视节目编导们个个都是采格尼克效果使用的好手：总是在凶手的刀尖逼近受害者的时候插播广告就开始了。

我们的注意力还集中在那个没有解决的事件上——“那个打开的抽屉”。我们是如此地专注于那个悬而未决的事件，以至于完全忘记应该改变自己的关注焦点了。而那个突然被掐断的电视节目所起到的作用就是让您继续收看该频道的节目。

当然，我说了这么半天的意思就是，您应该在您的商业谈判中，有意识或者无意识地运用采格尼克效果。常常我们还可以将其应用在我们的不满中。例如在电话回访中：“您好，尊敬的客户，您收到我们新产品的宣传册了吗？”客户：“是的，收到了，不过我还没有阅读过。”销售者：“哦，那太遗憾了。我什么时候再给您打电话才合适呢？”不要在电话中介绍您的产品，而是让这个“抽屉保持打开的状态”，这样会激起您客户的好奇心的。

“我会睡上一觉，好好考虑这个问题的”|

当您的客户表示非常犹豫不定的时候，您千万不能放弃这个机会。您可以向他们推荐“在现实前提条件下的考虑试用合同”，您可以这样说：“亲爱的客户，为了您能够更好地考虑，我提议，您先签署这份试用合同。倘若您真的觉得我们的产品并不适合您的话，那么您随时给我电话，我会作废这份合同。但是，如果您觉得我们的产品适合您的话，那么试用期限过后，这份试用合同将自动转换成正式合同。”我承认，这种方法并不是每次都能起作用，但是在绝大多数情况下是没有问题的。在极端的情况下，您还可以送给您的客户一个枕头。

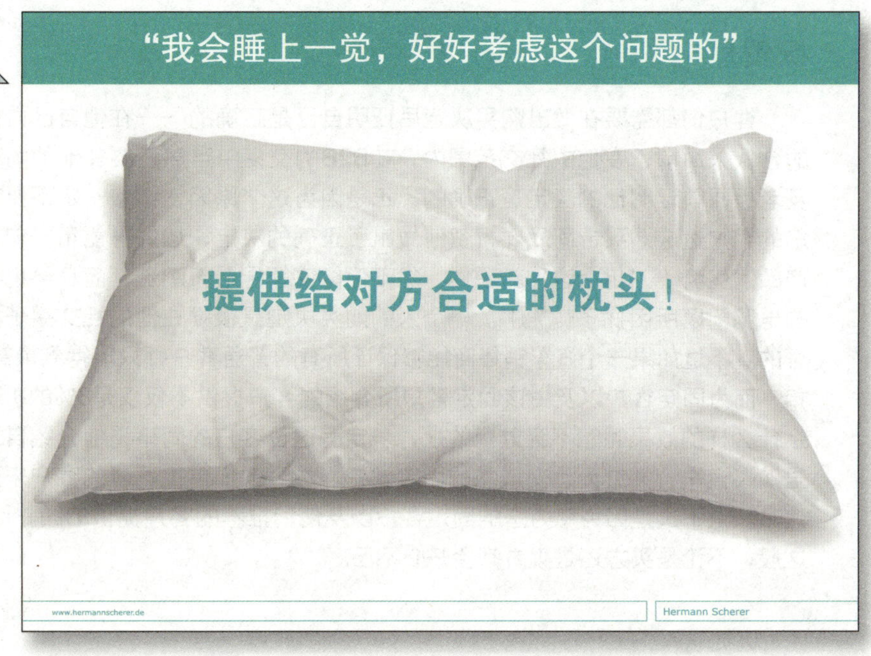

“啃骨头”的规则

提出附加条件的适当时机

一说起谈判中的“啃骨头”，人们想起的往往是被推后提出的要求或者是直接涉及合同是否能够达成的某一个关键的问题。“啃骨头”为您提供一个能够让合同结果对您更加有利的可能性。您可以利用这个机会取得您客户的信任，向他们证明那些他们之前并不相信的事情。

汽车销售员都深谙此道。他们能够在第一时刻就说服对他们的汽车感兴趣的客户签订购买合同，并且还能让客户们觉得：“我想购买的就是这里的这辆汽车。”而当客户签署购买合同的时候，就是汽车销售员们开始“啃骨头”的时刻，他们尝试说服客户除了汽车本身以外再购买一些汽车附件或者是外加的服务。相反，购买汽车的客户也会在同一时刻“啃骨头”，他们试图能够再多从汽车销售商那里获得一套座椅套垫或者是一箱加满的汽油。

某些问题更适合在商谈的末尾提到桌面上。研究结果表示，人们在做出购买决定前通常是满心怀疑的、紧张的甚至恐惧焦虑的。他们必须得做激烈的内心斗争。客户们总是不能自控地反复思考，他们是否选择了正确的销售商，是否选择了适合自己的产品。另一个研究显示的结果却非常有趣，恰恰正是这群容易在购买前产生焦虑的客户，一旦他们做出购买决定，他们便会对自己所购买的商品表示出非常高的满意度。当必须做出决定的压力与焦虑过去以后，他们会变得非常容易接受别人的建议。为了加强他们对自己所做出决定的自我肯定，他们会继续选择同一品牌或者同一销售商的产品。而这个时候，正是您，作为销售商，继续向这些客户追加购买合同中项目的时机。在追加销售项目的时候，您不必完全一切从头开始，只要您的客户在商谈中同意了您的第一个观点，那么您就可以开始一步一步地追加销售项目了。

祝贺！

客户们都需要在做出购买决定后证明自己是正确的——在他自己面前、在他的合伙人面前、在他的社交范围内，在B2B的交易中当然还要在他的同事面前以及老板面前证明他的决定是正确的。正是因为这个原因，请您一定不要忘记在与您的客户达成购买合同后要祝贺他做出了正确的决定，最好再能用一句话强调您产品的优势（“用上这种新硬件，您不但能够领导最新潮流，而且再也不会被那些电脑问题所困扰了！”）。一个人的购买决定是很难在他的社交圈子内得到认可的。不过如果一个汽车销售商能够保证所有的普通客户都只能得到最高8%的折扣，而为固定客户以及由该固定客户所介绍的客户提供不仅仅是8%的折扣又会产生什么样的效果呢？不容置疑的是，一定有这位客户的同事请他介绍自己去您那里购买汽车，并继而也变成您的固定客户，然后他们再推荐新的客户来向您购买汽车。只不过是因为您为您的固定客户以及他们推荐的客户提供9%的折扣。如此这般，不论是买方还是卖方都会开心不已。

运动改变情感 |

假如一个谈判陷入瓶颈，那么您可以尝试通过改变谈判的形式来扭转局面：改变谈判的地点，与您的谈判对手一起去吃顿饭或者安排您的客户参观一次您的公司。换一个环节或者一些运动通常能够引发奇迹，因为这样可以改变谈判中剑拔弩张的紧张氛围，创造一个新鲜的谈判过程。早年间，很多政治上的重大决定都是在散步的时候做出的。为什么？因为，谁要是运动他的身体，那么他也就能同时运动他的思想。

成功的定义 |

在谈判中有两个基本原则。

为您的谈判做好完全的准备，令您要推销的产品看起来完美无缺，就好像即将前来与您谈判的客户是您在这世界上唯一的客户一样。

如果第一个原则在第一位客户那里没有起到作用的话，那么我们就将其用在下一个客户的身上。

当然，不论是多么优秀的谈判策略，都不一定能在第一个客户身上就奏效。就像那位葡萄酒推销商一样。他不断地向潜在客户们推销他的白葡萄酒，直到那些客户或者购买他的产品或者将他轰出去为止。这位葡萄酒推销商从来不气馁，他在下一次的推销时会对他的客户说：“上一次我推销的是白葡萄酒——这一次您要不要试一试红葡萄酒呢？”

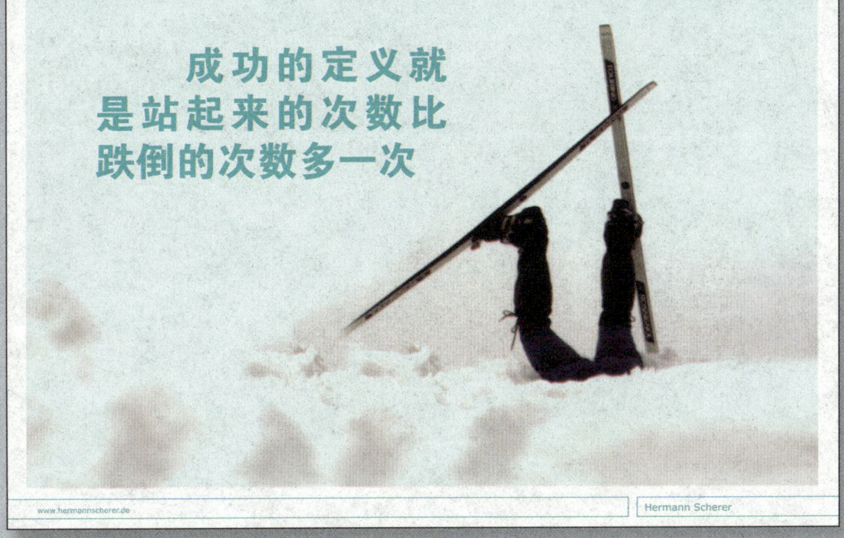

谁要是想成长的话，就必须离开他“舒适的小巢”。真正的个人发展很少会在我们感觉舒服与安全的地方发生，而是在那些让我们感到不安与焦虑的地方。

第二十三章

改革的洞察力

请您不要做知识上的巨人，行动上的矮子！

“门外汉祈祷，专家动手。”

这是美国剧作家与导演，一次获得奥斯卡奖，三次获得奥斯卡奖提名的卡森-坎宁的人生格言。在我自己的进修课程与演讲中也总是存在两类人：一类能在听到新的点子与思想的时候就立即吸收，并且在活动进行中就做出反应，为他们的公司企业修正或者做出新的计划。而另外一类人则表示，他们只是想“先听听看”（通常他们喜欢做的动作是双臂环胸），在活动的最后，若是向他们询问反馈意见的话，他们就会面无表情地说：“哦，我还得考虑考虑，您所提出的建议中到底哪些我们可以在自己的公司企业中实践……”这样的回答常常让我感到惊奇，因为这就好像将公司改革实施的责任被推到了演讲内容的本身上——就好像搬演讲中的内容能够在所有的公司企业中一比一地照做。当然还有第三类人群，幸运的是他们并不是把责任都推到我身上的人——他们是那群“您说得很对，但是……”的人。他们针对每一种建议的反应都机械式地大同小异：“您说得很对，但是这在我们那里并不是这样的”或者——更好的说法是——“您说得很对，不过这样做的成本对于我们来说太高（难、复杂、不符合习惯、冒险、费力……）了！”这样的态度使得他们把主要的精力浪费在自我防御上，而非他们实际应该做的改革上。

为了避免误会，在这里我重申一下：毫无疑问，我的任务自然是为公司企业提供它们可以在日常商业行为中所能运用的建议与意见。我也必须承认，我所讲述的意见与建议中，并不是所有的项目在所有的企业中都能直接嫁接应用的。不过，到底哪些是您能够在您的公司企业中直接应用的，哪些是通过细节改变可以应用的，哪些是必须在发展的前提下才能应用的，这些都是您的决定，您的工作。一次进修课程为您指出可以前行的路线，而沿着路线行走则必须是由您自己来完成的事情。

为了避免行动的一个最常见的被人们使用的借口就是“我还需要知道得更多”。倘若政客们不能将意见达成一致的话，那么他们请一家研究所来做调查。如果经理人不知道该如何应对的话，那么他们会选择做市场调查，请公司内部的雇员做大量的计算工作或者至少知道倘若“下一次”再发生这样的情况时，他们应该事先阅读有关这个问题的专业书籍。所有这些愿望之所以存在，主要是由于：这样的问题是人们第一次遇到。而研究调查的结果却要在四个月以后才能出来，企业中的雇员需要时间来计算，而能够静下心来自己阅读书籍的机会更是少之又少……就算是收到调查结果，得出计算数据，看完专业书籍，人们还是需要大量的数据以及信息……所以，最常见的结果就是，绝大多数人都是知识上的巨人，行动上的矮子。由此可见，您最应该按照杰克·威尔赫所告诉我们的道理来做：“一旦你发现什么是正确的，那么就行动吧——而且是马上！”

那些我们不能尽快在现实中应用的部分就消失了｜

心理学家赫尔曼·艾宾豪斯所做出的曲线图向我们展示了我们忘记所学到的知识是多么地迅速：只用不到一个星期的时间，我们大脑中仍旧能够保持的部分就只有原来的20%了。也许在您看到这个曲线之后，那个在动手操作之前先积攒更多知识的美梦已经破灭了吧，（也许）您应该选择新的方式。

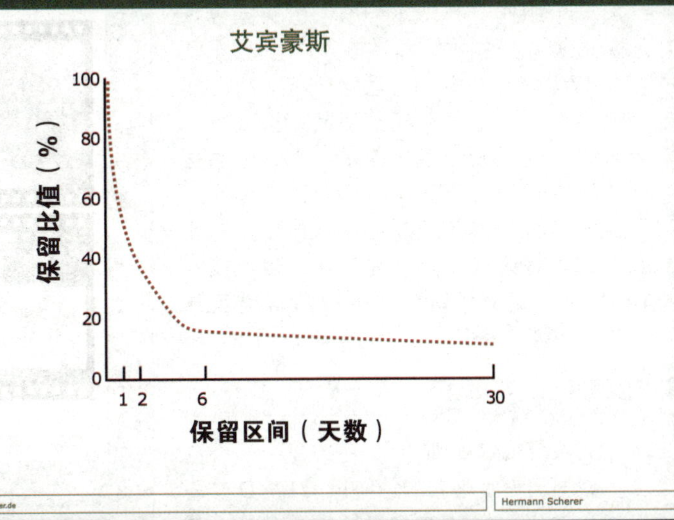

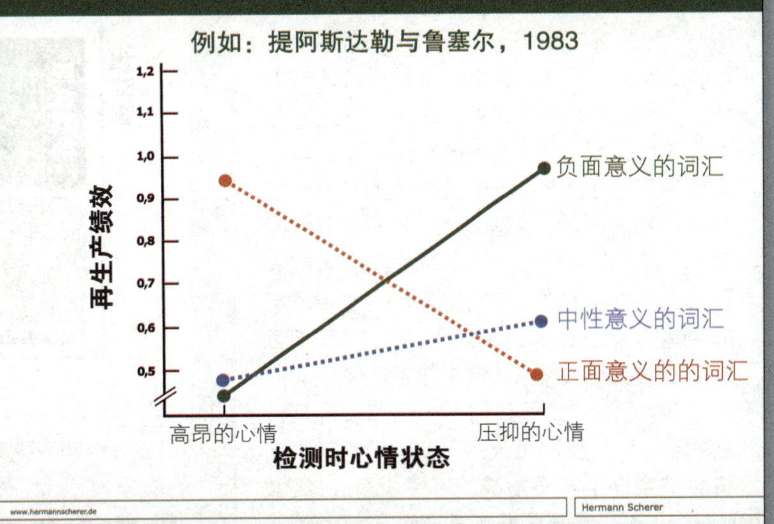

vgl. Anderson (2001, S. 229)

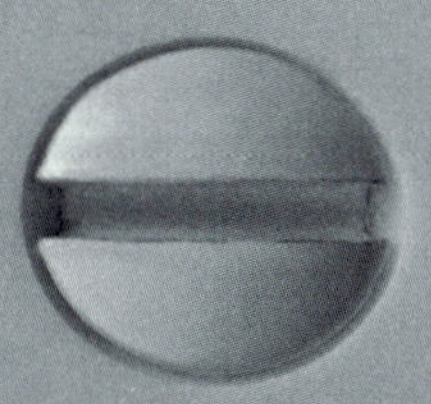

被情绪所左右：我们的记忆｜

就像我们自己已经认识到的一样，我们看到我们愿意看到的东西——事实上，我们的确将这个世界“看成”不是暗黑色的就是粉红色的：当我们情绪高昂的时候，从天上掉下来的全是乐观的词汇；当我们情绪压抑的时候，我们想到的也都是悲观的词汇。由此人们可以说，我们决定我们自己的生活：谁要是怀疑论者，那么他看到的都是阴谋；谁要是细心观察的人，那么他到处都能发现机遇。我们也看到很多对自己持悲观态度的人（“这并非是正确的时机，因为……”，“有很多方面能够对此做出反证……”）对他人的追问持抗拒的态度，并且倾向于将此态度付诸行动，而事实上他们更应该做的是反思。既然我们的大脑并非一个客观的存储器，而是更倾向于记忆快乐的以及有趣的事情，那么用抱怨情绪所表达的建议也就不能算是好的建议。库尔特·图侯尔斯基是怎么说的来着：“经验不一定能说明什么。人们也可以在长达三十五年的时间里将某件事情一如既往地糟糕地处理。”所以说，您所有直到今天的实践经验都值得我们所尊敬——但是有些时候您还是可以抛弃一下固有的经验，尝试新的东西，这样的话事物才能向前发展。

九十岁的人还能当摇滚歌星吗？ |

一个叫作“齐默尔一家”的英国摇滚乐队，其成员的平均年龄在78岁。该乐队在2007年以一首单曲《我这一代》打入排行榜。而当年乐队主唱已经是90岁高龄的老人了。这是一个很好的说明万事皆有可能的例子——并不在乎人们以前的经历与现在的年龄。假如您想观看一位年逾八十的老妇人是如何演奏吉他的，您也可以在YouTube网站上找到关于她的视频。这支乐队的名字则是来自于一个行走帮助组织。

艾森豪威尔规则 |

美国历史上著名的总统德威特·D.艾森豪威尔曾经在采访时这样总结他的个人成功经验：“将重要的事物从不重要的事物中区分出来。”而另外一个关键的区分便是从所有“重要的”任务中将“紧急的”任务首先区分出来。原则上，紧急的重要任务是需要我们立即完成的（区域A），因为一旦这些任务不能够完成，接下来的往往是严肃认真的法律制裁。绝大多数计划外发生的事件一般都是比较重要的，但是却不一定都是非常紧急的（区域B）：比如说，战略性的思考或者计划，那些我们“一直想在实际工作中改善的事情”，或者是个人的人生梦想。属于B区域中的任务往往是A区域中任务的完成时间延长版。但是，如果我们不能做好安排与计划的话，那么我们每天的日常生活与工作就将会被紧急的却不重要的事情所霸占（区域C）或者甚至是那些既不重要也不紧急的鸡毛蒜皮、不值一提的烦扰所侵占（区域D）。

艾森豪威尔规则

重要性

梦想象限

B A

C

紧急性

www.hermannscherer.de | Hermann Scherer

图片来源：斯蒂芬-R.-考威《七天达到有效率》

成功人士的行为方式与他人的不同之处 |

不同寻常的杰出成功人士（以及公司企业）不会被区域C以及区域D中的任务所累。他们也不会让区域A中的任务在自己的头脑中长久占据，他们只是飞快地完成那些A类任务。对于他们来说最重要的是那些位于B区域中的任务。他们通常为那些B类任务预留出许多时间，然后有规律地不断地在它们身上下功夫。成功的个人与公司企业首先关注的是自己真正擅长的部分，而后才是重要的项目或者计划——不论它们是个人的期望（例如：成为活跃的音乐人）还是公司企业的目标计划（例如：增加产品在市场上的影响力）。

成功人士的行为方式与他人的不同之处

重要性

关注焦点 立即执行

忽略 委派

紧急性

www.hermannscherer.de | Hermann Scherer

您的“大石头”是什么?

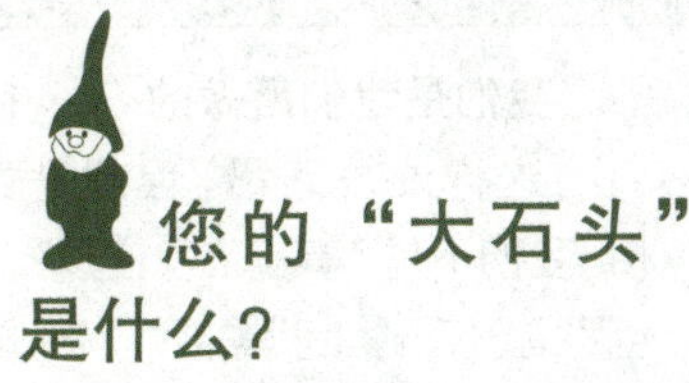

一家研究所真对艾森豪威尔规则做出了相应的补充。他们将B区域中的任务又细分了一下，成为“驱动性任务”以及“非驱动性任务”。撰写您的税务报告是我们必须要完成但是不必花费太多脑筋的任务，因为财政部门的训审眼里的惩罚是有力而且众所周知的。不过还是有一些任务，它们虽然不是被某些人或者某些部门直接要求您完成的，但是能否成功地完成它们却直接关系到您是否能够获得人生的成功，实现人生的梦想。有一道测试问题是这样的：在您的日常生活中或者职业生涯中是否存在那样的事情，只要您能够抓住它们，那么您的生活将发生几乎是翻天覆地的改善？您千万不要太快地说“没有”，因为这样的话，人们会将您简单地归类成为那些厌世悲观的人。

事实上，那些事情是存在的，比如您自己的人生梦想，它们并非是由什么人要求的，若是不能够实现也不会给您带来普通意义上的惩罚，只是当您在生命终结之前，回首这一生会让您骄傲或者遗憾的。这些正是B区域中“非驱动性”的任务。我则把这个B区域中的子区域称为“梦想象限”，因为这里储存的是您的应该被实现的梦想。智慧的人们甚至宣称，没有实现不了的梦想。有一个针对西方公司企业以及领导者所做的范围相当广的统计调查，其结果显示那些成功者中的更加成功的人们，他们所完成的梦想象限中的任务要比其他人多得多。

一个美国人用一张图完美地展示了，人们应该如何将那些属于梦想象限中的重要的计划实现。我们假设您每天可以用来支配有效地完成任务的时间恰好是一个一公升的容器。我们再假设那些您每天要完成的许许多多的任务是无数的小石子，而那些属于您梦想象限的任务则是相对很大的石块。实现梦想的艺术就在于，人们应该首先将大石块放到容器中，然后再将小石子倒入容器。而我们常常每天重复犯的错误是先把那些小石子全部导入容器，而后容器中再没有位置盛放那些大石块。对于成功人生关键的问题是：哪些大石块在您的梦想象限？哪些是您人生中的大石块？

我们是我们所做的…… |

这样说很残忍，但却是真相：我们不是“事实上我应该”，也不是“理论上我需要”，而是那些我们在实际中真正完成的。请您看看您的行事日历吧。有些人甚至宣称，只要看看其他人的行事日历，他们就能大概知道这些人的月收入。

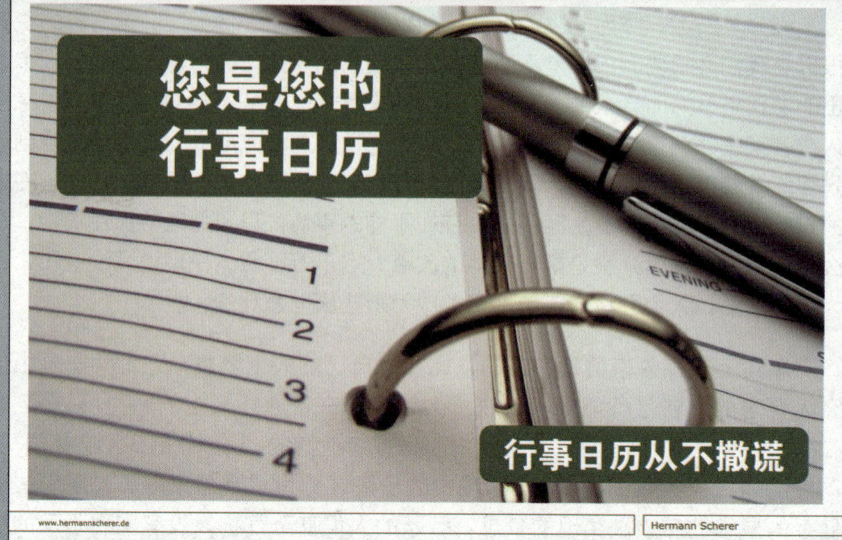

什么是真正对您重要的？ |

人们总是被问到这个问题。而在他们的回答中往往是家庭与健康被放在第一位。假如接下来的问题是：您将您的时间花费在哪里？您肯定开始您的冥想了。做运动以及与孩子们相处肯定不是排在前面的两项。相似的情况也发生在公司企业与它们的任务优先级中：毫无疑问，人们都“知道”发展经营战略以及尝试全新的商业构想是重中之重。不过您还是花费大量的时间来制定一个新的差旅补助规定或者优化原有的工作流程。很多时候很多事情您完全不必自己完成，交给别人去做结果会一样完美（有时甚至更好）。您由琐事所浪费的时间再也收不回来。请您务必为自己留出时间来完成那些真正重要的事情。

什么是真正对您重要的？

我们所拥有的是时间。
对时间的计划是以我们任务的优先级以及我们的“战略”为参考依据的。

您的行事日历知晓，您到底对什么事情真正感兴趣。难道不是吗？

www.hermannscherer.de | Hermann Scherer

请您不要只是在公司企业中工作，而是为改善公司企业而工作！请您不要在您的约会中制定优先级，而是为您任务的优先级制定约会。没有时间在手里，只是一个假象！

创意已经足够多了……

绝大多数的公司企业都不存在创意的问题，它们的问题是不能够将创意应用到实践当中去。许许多多优秀的创意在大量的日常琐事的事物中消失。这样的状况让人感到恐惧与不安。作为公司企业的咨询者，我总是能够从我客户的雇员中听到这样的抱怨："是好创意，但是我们不会这样做的。"或者公司企业的老板参加进修课程，课程之后他跃跃欲试地想尝试新学到的东西。而当他回到公司时，却发现雇员们的态度是："啊，老板去参加进修了。10点钟以后一切都将恢复正常。"另外一个改革实践的天敌就是推延。撒勒普曾经说过：明天是一个在人的一生中永远也不会开始的一天。在一家小酒吧门前的草地上悬挂着一条巨大的横幅，上面用巨型字体写着："明天本店提供免费啤酒。"完全没有悬念，因为明天该横幅会依然悬挂，而明天肯定没有免费啤酒。同样的，人们也是这样将他们的计划一天又一天地推迟。可是，只是等待着一场巨大的改革，什么也不能为您改变。最重要的是每一天都做出一点点小的革新。在下一页的"彩色之月"发展计划中我将向您详细展示。

给优秀改革者的七条小建议：

1. 请您有规律地为您的"梦想象限"做出努力——请您为其规定具体的时间，例如：每天半小时。
2. 请您定期询问您自己："我正在做的事情能够为我带来什么好处吗？能够让我离自己的目标更近一步吗？"
3. 请您不要高估，您能够在一年的时间内实现的事情。也请您不要低估，您能够在十年中达到的目标。
4. 请您记录一本"成功日记"。在这本日记中您应该记录每一项您成功实现的任务，每一块您的大石块。这样的记录有利于激励您继续坚持。
5. 请您少与人讨论，多参加实践。很多人在来来回回的问题分析中常常忘记实践。95%目标的实现，怎么也比100%的完全没有开始要好得多。
6. 请您每天都写下您的新想法，您希望在未来中能够实现的梦想。
7. 请您不要在生活中梦想——您要生活在梦想的生活之中。

我们能够拥有什么样的明天取决于我们今天怎样思考。

——戴尔·卡耐基

“彩色之月”代替埋头傻干

很多公司领导者总是一次要求过多，而这样的后果常常是整个项目一下子全都被放到桌面上来。虎头蛇尾甚至是不了了之的事情已经发生过太多次了。更加实际的做法是，将大项目分割成小部分，每一次都只完成一步。要是一次开始太多项目的话，那么处理发生的问题时一定会应接不暇。您最好事先制定一个行动计划，一步接一步地实现您所期望的变化。我的建议是：按照任务的不同性质制定一个“彩色之月”计划。每一个月有一个自己的主题，该主题决定本月发展的方向，而通过专注于该主题，新的行事习惯就会养成。请您带领您的雇员们一起将改革创意贯彻到实践之中。这样每一个人都会在工作中承担起他该负的责任。

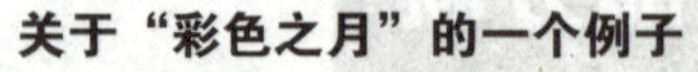

关于“彩色之月”的一个例子

- 友好的粉色之月
- 洁净的蓝色之月
- 快捷的橙色之月
- 主动销售的天蓝色之月
- 附加销售的红色之月
- 产品优化的绿色之月

我的个人建议是：您不必从比较困难的产品优化或者附加销售开始。好的开始可以从比较简单的“快捷”“清洁”或者“友好”开始。

将您的彩色之月计划悬挂在整个办公室大家都能看到的地方：纸条、多次粘贴便签、挂图……在每个月结束的时候都会有一个小型的工作人员会议，评选出那些在这个主题月中工作出色的雇员，同时制定出下一个的新主题。

“彩色” 之月全年计划

	主题	有关新习惯的建议
蓝色 一月		
浅粉色 二月		
浅绿色 三月		
橘黄色 四月		
浅黄色 五月		
天蓝色 六月		
深粉色 七月		
红色 八月		
深蓝色 九月		
紫色 十月		
深绿色 十一月		
白色 十二月		

第二十四章

激情

不是在公司里工作，而是为公司的未来而工作

“那些理智的人只不过是在咬牙坚持，而那些充满激情的人则是在生活。”

18世纪著名的剧作家、法兰西学院的成员、考得王子的秘书、法国大革命的参加者巴黎国家图书馆馆长尼古拉斯-查姆富尔特这样说。他的人生座右铭同样可以用到今天的公司企业中：哪里若是遇事缺乏激情的话，那么最好的情况是人们用例行公事的态度完成这件事情，而最坏的情形便是对于这件事情是否能够完成根本没有人在乎，或者是人们虽然在做这件事情，但是使用的却是一种老掉牙的甚至是已经完全不正确的方法。所幸的是，在每一个行业中依然存在着一些激情四射的人，他们像天上最耀眼的那颗星星，从来不满足于只是将就行事。在这里我们不一定非得强调那些在多方面都成功的奇迹，就像Bionade饮料的发明商迪特-雷欧珀尔德那样，花费许多年的时间在他的卧室不断地研制新型的饮料，而同时他所经营的地方啤酒酿造厂还在同行们激烈的竞争中只是保持着收支平衡的局面。这里的规则的确是结局是好的，那么一切都是好的：在2008年十一月号的《明镜周刊》中，Bionade饮料公布了其自上市以来最近的销售量，从每年两百万瓶上升到每年两亿五千万瓶。当然还有其他形式的企业，它们选择安静、平和的方式；选择自己擅长的方式；选择不被当代的经济形势所影响——正如汉堡城里的那家面包店一样，当其他面包店搜改用工业批量生产的成品生面团的时候，他们将传统的面包质量作为自己的产品标准，坚持手工制作生面团。每当周末，这家面包店前顾客排成的长队能够蜿蜒出好远，以至于当地报纸都将其周末销售摊点移至该面包店前，因为他们在那里能够获得更好的销量。

而最常阻止我们的却是不能够用激情四射的行动去追逐激情四射的创意（不能仅仅是梦想），对失败的惧怕，对犯错误的恐惧，都是阻止我们行动的根源。而这些惧怕所到之处的结果不外乎是一个被紧急刹车的人生。而对于错误这个问题，安德鲁·卡内基，这位十九世纪的钢铁大亨，那个时代最富有的人，美国最具传奇色彩的企业家，用自己的经历给我们讲述廉一个十分好的故事。由于卡内基公司内的一个新经理人的错误决定为公司造成了上百万美元的损失。卡内基将这位经理人叫到自己面前，并且让他坐在自己写字台前的椅子上。这位经理人战战兢兢地坐着，嘴里不由自主地啃着椅子边儿。他对他的老板说：“您现在一定想把我点着了吧！”而卡耐基回答道：“点着您？！我刚刚为您的进修付了上百万美元的学费！我肯定会就这样把您给点着了的！”

"我爱这家公司！" ｜

史蒂文-鲍梅尔"用闪亮迷人的激情"领导微软公司，2008年2月的时候，《法兰克福日报》曾经这样报道过。写入史册中的一笔，是他在公司一个大型活动上的亮相：鲍梅尔踩着摇滚乐的节奏横穿整个舞台，直到最后，他高举双臂，一个字一个字地对着麦克风大喊道："我—爱—这—家—公—司！！！！"怀有如此多激情的领导者一定会影响到他公司中的雇员们：直到今天，微软公司依旧是世界上的顶尖公司。

成功（了）｜

每当在继续进修课中涉及生活中事物的优先级以及时间安排这两个主题的时候，课程的教师通常会让课程的参加者为自己撰写墓志铭。通常的情况是，几乎没有什么人希望他们在70岁或者80岁的时候还被别人用平庸或者循规蹈矩来形容。而精彩却是通过生命中不寻常的事件所得来——而这些不寻常的事件却是需要人们自己来创造的。童话中的王子、中六合彩的百万富翁或者是超级明星锦标赛的第一名获得者都是少有人能体验的经历。我所说的不同寻常的经历指的并非完全是这些能为您带来全国性荣誉或者能让你变成百万富翁的事件，而是那些人们在平时的日常生活中所能够获得的小胜利以及小成就——在个人生活中以及在公司企业中。那些不同寻常的人以及那些不同寻常的公司企业指的并非那些勇猛的革命者，而是那些能够幻想、富有激情的人，那些通过在许多事情上做微小的改变、制造某些改善、令结果变得再好一点儿的人。人们所需要的只是放手去做，就像格言所说的"成功就是人们去做"。

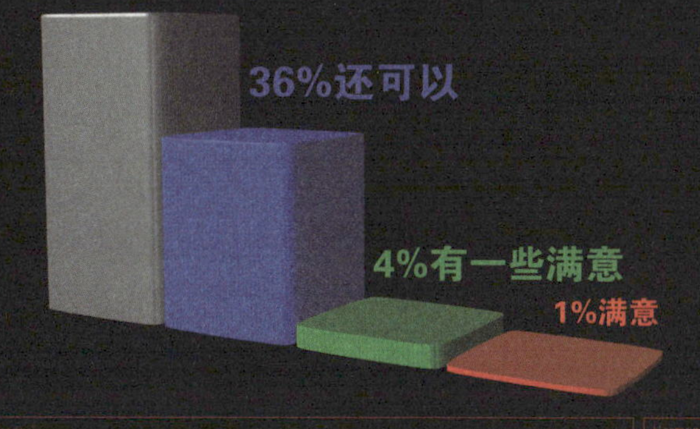

曾经有一个多年的调查研究，100位自愿参与调查者被跟踪调查到他们的63岁生日那天。这其中有1/3的人并没有活到那一天。而所有有机会度过他们63岁生日的人中，仅仅只有1%的人对他们所度过的人生表示满意。

个人动机

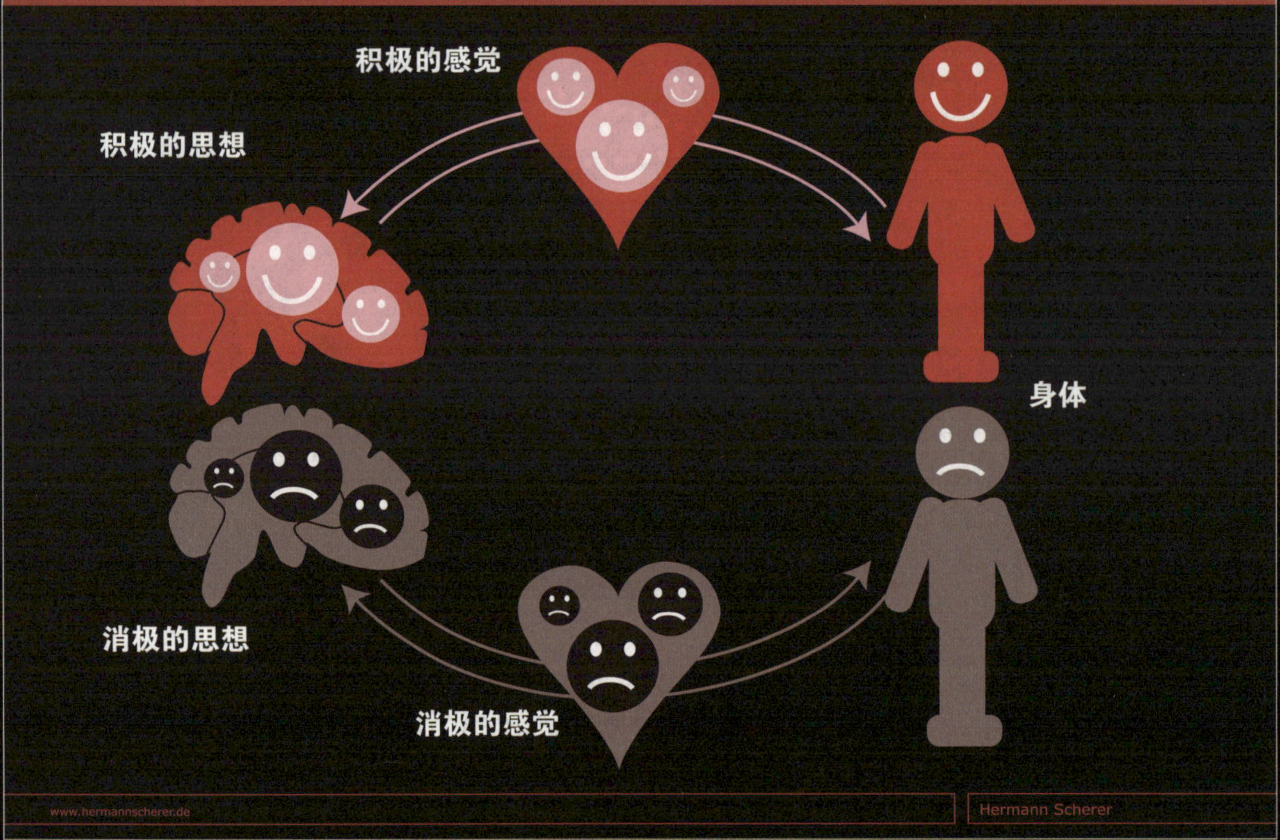

积极的感觉

积极的思想

身体

消极的思想

消极的感觉

www.hermannscherer.de

Hermann Scherer

Quelle: William James

个人动机 |

当人们正在经历某个“低谷”的时候，人们该如何激励自己呢？美国的心理学家威廉–詹姆斯早在一百多年前就告诉了我们有关于此的答案。这位哈佛大学的教授认为，我们的声音是绝对不会毫无意义地传出来的，他认为我们的声音能够改变我们自身的感觉。我们思考的方式决定了我们的感觉，而我们的感觉又会反过来影响我们自身的状态。消极的思想会让我们的感觉变糟糕，而持续糟糕的感觉总有一天会使得我们生病。积极的思想会让我们感觉良好，身体也会感觉舒服。所以，我们也可以有意识地利用这个规则，人为地使我们的心情变好，以便达到真正“拥有”好心情的目的——就好像，如果我们能够说服自己现在“高高兴兴地”去慢跑，那么一旦我们开始慢跑，我们就真的会在那其中感觉变好，并且找到其中的乐趣。所以说，某一次“假装这样做，就好像……一样”。人们可以把它叫作积极的自我催眠，或者干脆叫作：一个欺骗式的自我激励。

您用激情追寻哪些梦想与创意？

当您醒着的时候，您梦想什么呢？

成功拥有……丨

经济史是由那些与其命运完全相同的产品们所承载书写的。有两个著名的例子最能够说明这个问题：一个是绿色饮料“Bionade”。它的发明者花费了那么长的时间将变酸的啤酒制成各种口味的饮料。还有一个便是多次粘贴便签。在今天，出了3M公司，几乎没有哪一个办公室能够离得开多次粘贴便签了。所有革新所要面对的第一个挑战都是被怀疑、被嘲笑，因为根本没有人能够想象，为什么“这样一个东西”会是很好的事情呢……

成功拥有……

绝大多数成功的创意都会在最开始的时候被人们嘲笑，然后必须为贯彻它而做出极大的努力，而最后它会被人争相效仿。

“失败不是一种选择”丨

失败是不能够发生的！甚至当人们都已经看到，由于一个技术性上的问题，宇宙飞船阿波罗12在起飞中受阻，整个任务都失败了的时候，地面指挥部中的一位工作人员仍然坚持这样说。我们将他所说的这句话当作格言，印在一张横幅上，挂在我们的办公室里。谁要是希望获得成功，就应该将他的精力集中在机遇以及可能性的上面，不要过多地考虑困难与危险。

“失败不是一种选择”

激情证明……

……那个小区中的药店售货员不仅仅只是每天向人们出售各种药品，而是还有耐心倾听老年人与病人的讲述，愿意与他们谈心。

……电脑维修部门不仅仅将日常工作所需软件为客户在新电脑上安装调试，而且还主动询问："您是否需要我们将路由器也帮您安装调试好？"

……明星指挥家西蒙-拉特勒爵士与来自25个国家的250个孩子所组成的合唱团将斯特拉文斯基的《春之歌》排练熟悉之后，又带领柏林交响乐团为他们伴奏。对！节奏就该如此！对这个充满爱心的事件，人们能够找到电影对此的记录。

……一位78岁高龄的环境保护主义者用自己的身体封锁了位于德国高雷本的原子能垃圾站，因为她知道，"警察们在面对老年妇女的时候，不会轻易地挪动她们的。"

……办公大楼清洁工西诺乌达-阿亚德将他对舞蹈的激情于2008年在"超级天才"节目中向众人展示。

……高校师范专业优秀毕业生凯雅-兰德斯贝尔戈与她来自德国Teach First自愿者组织的伙伴放弃能够直接在学校开始的正式教师职业生涯，而是作为社会工作志愿者，用两年的时间帮助那些有困难的学生。

……超过7500名志愿者组成的高级专家咨询服务组，放弃享受退休休闲时光的机会，利用他们在整个职业生涯中所积攒的关于健康与教育方面的经验，不在乎极其微薄的报酬，帮助需要帮助的小型公司企业以及组织。

……很多年以前，比尔-盖茨曾经说过每个家庭都应该拥有一台电脑。

……**所有**行业的工作人员都惧怕经济危机的到来，于是他们选择尽可能少的消费。而作为**咨询者**，我们可以告诉他们，对于经济危机的恐惧是不必要的。因为不论人们多么恐惧死亡，最后却没有一个人能够逃脱死亡。

新的思维方式：不只是在公司内部工作，更是为公司的未来而工作！

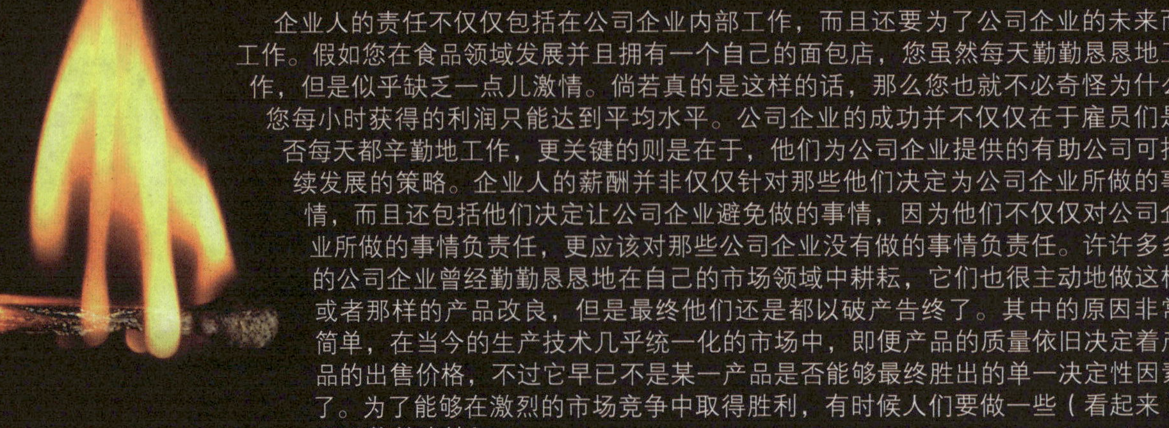

企业人的责任不仅仅包括在公司企业内部工作，而且还要为了公司企业的未来而工作。假如您在食品领域发展并且拥有一个自己的面包店，您虽然每天勤勤恳恳地工作，但是似乎缺乏一点儿激情。倘若真的是这样的话，那么您也就不必奇怪为什么您每小时获得的利润只能达到平均水平。公司企业的成功并不仅仅在于雇员们是否每天都辛勤地工作，更关键的则是在于，他们为公司企业提供的有助公司可持续发展的策略。企业人的薪酬并非仅仅针对那些他们决定为公司企业所做的事情，而且还包括他们决定让公司企业避免做的事情，因为他们不仅仅对公司企业所做的事情负责任，更应该对那些公司企业没有做的事情负责任。许许多多的公司企业曾经勤勤恳恳地在自己的市场领域中耕耘，它们也很主动地做这样或者那样的产品改良，但是最终他们还是都以破产告终了。其中的原因非常简单，在当今的生产技术几乎统一化的市场中，即便产品的质量依旧决定着产品的出售价格，不过它早已不是某一产品是否能够最终胜出的单一决定性因素了。为了能够在激烈的市场竞争中取得胜利，有时候人们要做一些（看起来）不可能的事情！

克林顿是怎样被邀请到德国来的

未来论坛与比尔·克林顿（2001） | 将这位美国第42任总统邀请到德国来发表一次演讲，这个主意听起来实在是不可思议。必须承认的是，我们在事情的一开始也没有抱太大的希望。这次活动为所有参加者提供了一个可能的联系人，而这种可能性却是人们不能用金钱来购买的。恰恰也是因为提供了该可能性，这次论坛以及能够受邀参加该论坛的公司企业都获得了市场上相当广泛的关注。在短短的六周时间里，有超过5000家公司企业表示希望能够受邀参加本次论坛。无数的名人也因为克林顿竞相来参加该论坛，从“没有天使”一直到“克里驰科-兄弟”。所有的这些成功全都依赖于承办这次论坛的充满激情的组织者们，以及我的同事约格-吕尔。我们可以说：当人们开始努力实现不可能的事情时，其可能性才会显现！

第二十五章

动力

如此便能控制住您心中的惰性

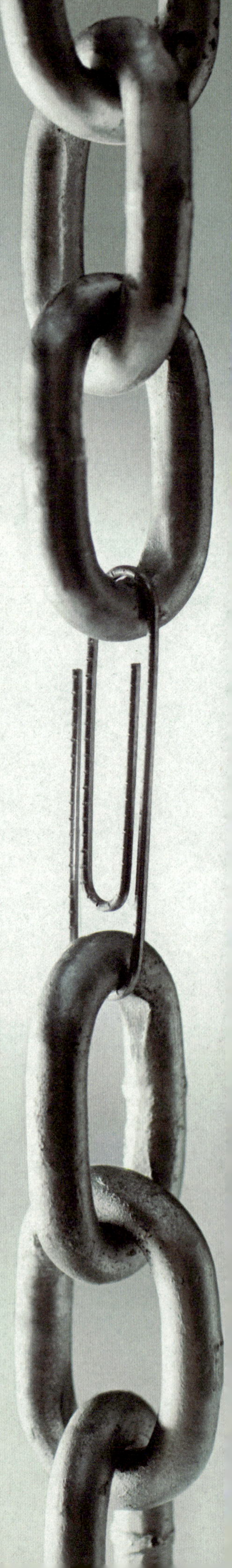

“去埃及其实并没有想象中那么远。但是人们得先去南火车站！”

讽刺家、出版家卡尔-克劳斯曾经这样说。差不多就是由于这样的原因，使得许多项目以及改善计划就在公司企业中凭空消失了：通常是在无数的会议中项目计划的构想被一遍又一遍地口头讲述、一遍又一遍地向各种专业人士咨询、大量的图表被绘制演示——简单来说，用五彩斑斓的颜色描绘遥远的、美好的愿景——而轮到将其在现实中实现的时候，大家在前行的第一米处便已经触礁。当然，人们心中的“惰性”是要对此负责任的，它不仅仅需要为您家里还没有收拾整齐的地下室以及您个人还未完成的上一年的税务报告负责。在公司企业中，当您心中的惰性与您同事心中的惰性回合到一起时，它们所能散发出的能量是巨大的。那些纸上谈兵的改革、不了了之的项目以及日常工作中的得过且过都是它们一起所制造的结果——您肯定已经知道：责任应该由销售部门来承担（发展部门这样说）；责任应该由发展部门来承担（销售部门这样说）；责任应该由公司领导来承担；责任应该由市场经济现有的大环境来承担或者甚至应该由客户们来承担，因为他们根本不能理解您所提供的产品是多么地优秀。

惰性当然最希望什么都按照老规矩、老方法继续保持。因为那样的话，人们至少知道他们手里有什么。但是不幸的是，倘若人们希望在激烈的竞争中占领顶尖位置的话，那么惰性就是最大的天敌。一个由全是心中充满惰性的人组成的团队就像一个有组织的平庸的GSG9。那么一个有效率的队伍中成员的任务是如何分配的呢？——首先需要有制定规则的领导者，然后还要有战略制定者，监督者，若干执行者，重点设置者以及矛盾处理者。倘若这其中有人不能完成他的职责，那么这个队伍就不能前进。绝大多数公司企业并不缺少优秀的创意，它们的问题是不能将创意在日常工作中实践。为了解决这个问题，人们必须将心中的惰性彻底铲除，同样也包括雇员们心中的惰性。倘若人们能够了解常见的个人激励方法，那么再处理起这样的问题来就有的放矢得多了。当人们能够自我激励的时候，那么在工作中为了抵抗惰性也就不再需要实施那么多强硬的手段，而更多的是平和的劝诫与耐心的指导。但是如果人们一旦放松对心中惰性的警惕，稍微给它一点儿颜色的话，那么它就会对所有需要紧急处理的事件、必须改正的错误以及新的高要求发出危险的警报。可问题是：您心中的惰性所发出危险警报的作用是真正警示前方可能存在的危险——还是只是您自己想追求舒适？

真够聪明的……

真够聪明的……

我们心中的惰性破坏起我们的计划来可是相当聪明的：它总是能够找到适合的借口，让我们放弃、推迟、撒手不管我们计划要做的事情或者仅仅是突然间地改变想法。您问它是怎么能够成功的？非常简单：它的建议听起来非常有说服力，分析起来也似乎非常理智，简直让人不得不对此信服。在下面您可以看到一些典型的例子。

典型的惰性借口：

人们知道他们拥有什么，但是不知道他们缺少什么。

永远不要更换一个能取胜的队伍！

假如并不如想象的那样，又该怎么办？？？！

对于这支队伍来说，没有什么需要改变的了！

为什么总是我？这样棘手的问题怎么也应该换一个人来解决了！

好东西是需要一些时间的，只是不要着急看到效果。

在开始之前我们无论如何还需要更多的数据（一次调查研究、一个优秀的品牌……）！

“理智”是舒适最好的伪装 |

单纯从空气动力学的角度出发，一只土蜂是不能够飞翔的：它们身体的重量与翅膀的大小已经决定了飞翔是不可能的事情。只不过土蜂们并不了解空气动力学中的理论，它们只是拍拍翅膀就飞走了。有些人却恰恰与土蜂完全相反，他们懂得那么多关于不可能发生的事情的道理，所以他们也一辈子只能留在地面上。（顺便提一句：物理学家们最终还是发现了为什么土蜂可以抵抗物理定律飞行——原因就是它们的翅膀能够非常高速地振动。同理，人们也可以实现那些看起来不可能的事情，他们只需要比正常状态投入更多的时间与精力。）

不可思议 |

一则IBM网上商务之道的广告向我们展示了人们是如何在新的解决方法之前拒绝接受改变：当渔夫们发现他们找不到他们的同伴埃里克的时候，他们之间发生了这样一场对话：

“埃里克去了哪里？”

“他平时总是和我们一起去鱼市卖鱼的。”

“昨天晚上的暴风雨实在是太厉害了。”

“他会不会是触礁了？”

“他的船会不会是在打鱼时出了故障？”

“他会不会已经淹死了？”——“或者是遇到鲨鱼来？”

这个时候有个渔夫说：“没准儿他已经在互联网上直接销售他所捕到的鱼了呢？”

话音刚落，其余的渔夫们则异口同声地说：“他肯定遇到鲨鱼！”

能量都跑到哪里去了？ |

焦虑什么都制造不出来，但是焦虑却消耗人们的精力——而这些精力您完全可以用来开发解决问题的方法并且将其在实践中使用。一种有效的检查方法是，请您时不时地回想一下，在过去的12个月中，有什么事情是让您寝食难安的，而在这些事情中，又有多少是您直到今天已经解决了的。“嫉妒与愤怒令人短寿，而焦虑让人未老先衰”，这条真理早就被写在《圣经》里了。

点子真好，可是能让别人做吗？

某些犬儒主义的人这样理解“团队”这个概念。惰性是有灵魂的生物，它们很喜欢聚众，当然也非常喜欢团队合作：懒惰人甲发现，懒惰人乙必须做更多的工作；懒惰人丙不能再忍受懒惰人丁一分一秒了，于是他跑掉了。懒惰人戊则需要首先解释清楚，“我们大家应该如何在一起相处”。这样一个团队组成人员并不能各自发挥所长，而是无谓地浪费所有成员的精力。解决这样问题的方法：好好反思如何共同工作并推举出一位团队领导。

点子真好，可是能让别人做吗？

与别人一起什么也不做要比一个人做出成绩更有团队精神。

www.hermannscherer.de | Hermann Scherer

达扣塔印第安人的智慧

“如果你发现，你骑的是一匹死马，那么你应该干脆地从马上下来。”

不过我们在工作中还是尝试将死马当成活马医：

- 人们去找一根根有力的皮鞭
- 人们为这匹死马换一位新骑士
- 人们组织一个工作调查小组，以便能够彻底地分析这匹死马
- 人们去一个别的地方参观，为了向那个地方的人学习，应该如何骑一匹死马
- 人们将死马身上的马鞍换成质量更好的
- 人们制造一种强迫机制，为了让那匹死马再活过来
- 人们让那位骑士参加更多的进修课程，以便他能够掌握更好的骑马技巧
- 人们改变评判方法，以便能够重新判断，什么状况下，一匹马才能够算是死马
- 人们将许多死马摆放到一起，以便实现“马多速度快”
- 人们将附加标准放松，以便这匹死马能够提高其成绩
- 人们购买一些东西，以便这匹死马能够跑得更快一些
- 人们解释他们的马能够更好、更快以及更便宜地死去
- 人们成立一个质量小组，以便能够找到这匹死马的继续使用价值
- 人们为这匹死马改良绩效条件
- 人们为这匹死马成立一个费用支出资金项目

www.hermannscherer.de | Hermann Scherer

Quelle: SiemensWelt online

您心中的哪些惰性阻碍了您实现自己的机会，通过什么样的方法能够消除惰性？

谁能知道，我们最后能到达什么地方？

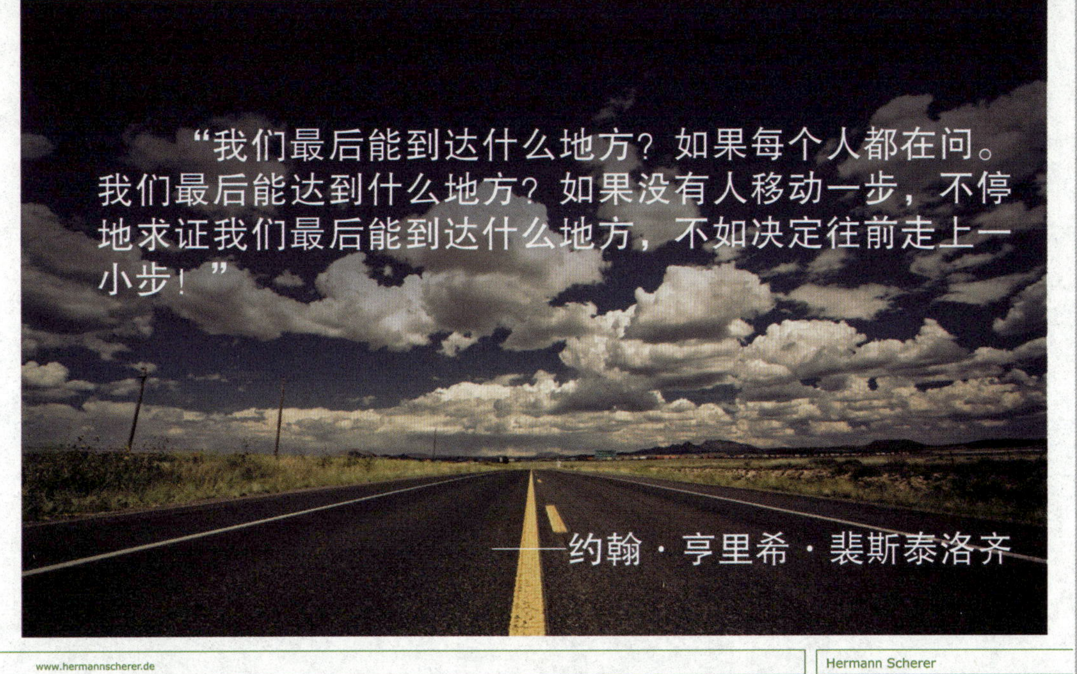

www.hermannscherer.de | Hermann Scherer

“我们什么都试过了！” | 这也是最常被人使用的借口之一—— 但是这是真实的吗？如果这是真实的话，那么当德国铁路全面罢工的时候，为什么还会有私人铁路运输在继续运行？如果这是真实的话，那么为什么总是有被所有老师都放弃的学生会在转换学校之后一跃成为明星学生？如果这是真实的话，那么怎么还会有那么多木匠、记者、律师、IT工作人员、会计师、机械师废寝忘食地工作，而完全不理会他们的同事所抱怨的“现在市场上的经济条件不好”？

这里是惰性对公司企业日常活动中所产生的影响：

“内疚是一场艰难的战役。”

“我们的资源不够多。”

“千万别着急。我们的方法一直都没有问题的。”

“我们部门并不一概对此负责任。”

“事实上，我们需要赢得新的客户。”

必须开发新客户

注意！

您一定要相信，您心中的惰性要比您自己狡猾很多；一旦您被它打败，那么您就再也不能摆脱它了。人们越是聪明，他们所找的纵容惰性的借口就越是没有破绽。

执行者	放弃者
……之所以叫做执行者，因为他们为能够做事情	……之所以叫做放弃者，因为他们放弃
……拥有优秀的想象能力	……什么想象不出来
……眼前有明确的目标	……等待着生命中能够出现天上掉馅饼的好事
……集中精力在客观事实上	……跟着感觉走
……脑中有创意	……心中有焦虑
……能够将创意变成现实	……只会说："好创意——只是我们不做这个。"
……思考结果	……考虑障碍
……能够及时发现并合理利用出现的机会	……在事后生气没有能够及时发现并合理利用出现的机会
……能够意识到他们并非仅仅为那些他们所做的事情负有责任，而且同样对那些他们放弃做的事情负有责任	……告诉他们自己，只要我什么都不做，那么我就永远不会犯错
……能够区分什么是重要的事情，什么是不重要的事情	……认为能够对那些不重要的事情评点几句也是一件非常重要的事情
……能够想象一个更好的世界（情况）	……认为，以前的什么都比现在的好得多
……不仅仅只是谈论关于那些对的事情，而且动手去做	……自己什么都不做，但是知道别人应该如何做才是正确的
……非常清楚地知道，谁要是今天没有什么设想的话，谁明天就没有工作，也没有公司企业了	……明天的时候会考虑，他是不是今天就应该知道
……倘若一直所利用的资源枯竭的话，会立即寻找新的资源以及可能性	……首先会放纵一下自己的恐惧心理
……知道：个人的积极性、业绩驱动力以及努力都是十分重要的事情。个人的积极性是他所做一切事情的发动机。而为了能够达到这一点他必须能够自己认识到他的需求是什么以及在哪里；能够理智技巧地谈判与决定；能够寻找需要改善的地方；能够利用冲动并且能够给出建议，而且还能够独立自主地计划再进修与事业发展。	……等待别人或者外界能够给他带来冲动，以便他能够安静地考虑做这件事情是否是正确
……谈判	……总是抱怨，人们给他的机会是多么的少
……去做需要做的事情	……认定，他们应该从事更高级的工作
……清楚他们所做的事情与其所导致的结果	……觉得自己总是很倒霉
……能够从全局思考	……首先检查，到底是谁应该对此负责
……从来不会看不到全局与事态的整个发展趋势	……他们从来没有问过自己有关全局以及事态整个发展这方面的问题
……不断地处理出现的问题	……由于总是抱怨而浪费太多的时间
……永远都清楚成功是有**1%**的灵感与**99%**的辛勤工作而组成的	……依然在继续等待充满灵感的创意
……能够客观地面对失败，能够接受别人对自己错误的批评。面对失败与批评不会丧失动力，不会退缩也不会放弃，而是尝试将新的决定与计划付诸行动	……能够忍受自己长时间地沉湎于挫败的情绪，面对一点不赞同的声音就选择放弃
……从来不问公司企业能够为他们个人做什么，而是不断地询问他们能够为公司企业做什么	……也是这两个问题，但是问哪个与不问哪个与左边的人们相反
……承担责任	……总是能找到一个应该承担责任的人
……相较于问题的制造者，他们更是问题的解决者	……相较于问题的解决者，他们更是问题的制造者
……能够提出正确的问题："我应该做什么，以便事情不会变糟？"	……总是提出错误的问题："假如事情变糟，我应该做什么？"
……总是不断思考："你现在正在做的事情能够为你带来什么？它能够让你距离你的目标更近一步吗？"	……总是考虑："我的目标能够带给我什么好处？"
真正的执行者在阅读这个列表的时候，——自我批评地——发现在他们的身上偶尔还是会发生右边一栏中的情况。他们以这个列表为依据，继续不断地改善自己。	**放弃者在阅读这个列表的时候，非常确定他们就是真正的执行者。**

读后感

请您写下您阅读本书后的心得

阅读心得

数据

公司企业所做交易的数量、其他经济数据或者年代通常都是作为衡量一家公司企业是否成功的数据。所以，我们非常愿意向您展示我们公司的数据、雇员数量、分公司数量、产品数量甚至停车场的大小。当人们将这些关于赫尔曼·舍雷尔的数据分析起来看的时候，到处所表明的全都是“只有第一”。

1

是的，他是一个男人
有一个属于他的位置
有一款卓越的产品
一个敢于公布自己企业数据的公司

赫尔曼•舍雷尔身高

199 cm
能够做精彩演讲的演讲专家

1327
媒体（报纸、电视）对其所做报道的总次数

872
2008年所做演讲的总场数

262
2008年被邀请参加的活动次数

37
2008年所讲授的研讨课程种数

14
2008年所承担的高校大课种数

84000
2008年所拥有的观众数

260000
2008年所飞行的公里数

37600
2008年订阅《最新趋势简报》的读者数

144
2008年所乘坐国内飞机的次数

194
2008年在旅馆度过的夜晚数

101322
2008年所销售的图书册数

57319
他所拥有的客户总量

1390000
谷歌搜索引擎中搜到他的结果条数

36
他所撰写的一共36种图书

9
广泛发行于全世界9个国家

“作为一位有着二十年经验的培训课程教师、不同研讨会的参加者以及大型活动的组织者，我相信我还是有着丰富的专业领域工作经验的——可是我还从来没有过这么激动！您的演讲是这样的有趣、信息丰富、有效果、生动而且风趣幽默——完全是激励与享受的双重盛宴！”

——伊莲娜-施奈尔，考斯梅提克斯股份有限公司

给用户的公司最新发展简报 | www.hermannscherer.de

赫尔曼·舍雷尔的《最新趋势简报》是为所有那些不甘于陷在平庸中不能自拔，希望能够充满勇气与激情地实现自己理想的人们而量身定做的。《最新趋势简报》的内容包括实践操作小建议以及关于下述方面的最新信息："个人的成功"、"公司企业的成功"以及"有效地抓住并利用机遇"。

所获奖项

康美纽斯奖 公司企业教育学与信息学
CUMNOBIS"最佳培训教师……"
Emerald 俱乐部奖
GSA德国演讲家协会奖
IFFPS 国际联邦政府演讲专家奖
2007与2008年白金演讲专家成员奖
NSA国家演讲专家组织协会奖
完美演讲家奖
2005、2006、2007与2008年"头脑指南"白金专家奖
2003、2004、2005、2006、2007与2008年Q-Pool 100奖
2007、2008年成功组织质量专家奖
DCT报道奖
黄金优秀演讲者（成员）
2007年TOP 10传授者康佳奖
2008年TOP 10演讲者康佳奖
2004、2005、2006、2007与2008年TOP 100优秀演讲者奖
公司企业成功优秀奖

Q Pool 100 Zertifikat

Q Pool 100 Zertifikat
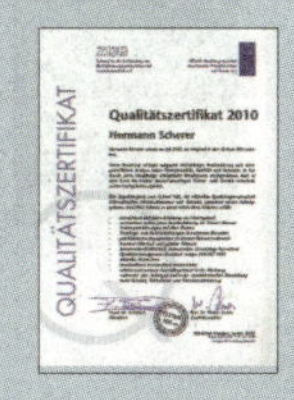

Q Pool 100 Zertifikat

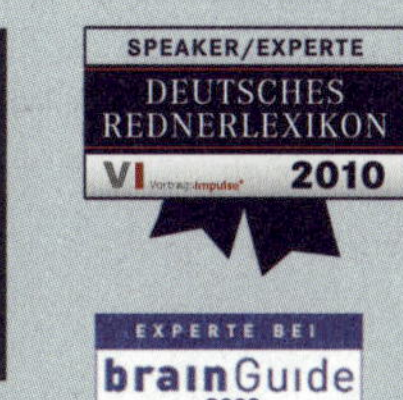

所出版的部分书籍小样

Wie man Bill Clinton nach Deutschland holt
Networking für Fortgeschrittene

Hermann Scherer
216 Seiten, Campus Verlag, 2006

24,90 Euro

Jetzt komm ich!
Wie Frauen durch Marketing in eigener Sache nach oben kommen

Sabine Asgodom
und Hermann Scherer
208 Seiten, mvg Verlag, 2001
19,90 Euro

30 Minuten für cleveres Einkaufen

Hermann Scherer
80 Seiten, GABAL Verlag, 2006

6,50 Euro

Das überzeugende Angebot:
So gewinnen Sie gegen Ihre Konkurrenz

Hermann Scherer
191 Seiten, Campus Verlag, 2006

24,90 Euro

Jeder Tag ist Schlussverkauf
Das Rabattgesetz fällt – jetzt mit Gewinn verhandeln!

Hermann Scherer
122 Seiten, GABAL Verlag, 2001

10,90 Euro

30 Minuten für gezielte Fragetechnik

Hermann Scherer
80 Seiten, GABAL Verlag, 2003

6,50 Euro

Verkaufen mit dem inneren Schweinehund

Dr. Marco Freiherr von Münchhausen
und Hermann Scherer
Hardcover-Buch, 168 Seiten
Campus Verlag, 2007

14,90 Euro

Sie bekommen nicht, was Sie verdienen, sondern was Sie verhandeln

Hermann Scherer
128 Seiten, GABAL Verlag, 2002

17,90 Euro

30 Minuten für erfolgreiches Verhandeln im Verkauf

Hermann Scherer
80 Seiten, GABAL Verlag, 2005

6,50 Euro

Die kleinen Saboteure
So managen Sie die inneren Schweinehunde im Unternehmen

Dr. Marco Freiherr von Münchhausen
und Hermann Scherer
228 Seiten, Campus Verlag, 2003

24,90 Euro

Sie bekommen nicht, was Sie verdienen, sondern was Sie verhandeln Sonderauflage
Hermann Scherer
128 Seiten, GABAL Verlag, 2002

17,90 Euro

30 Minuten
Von den Besten profitieren

10 Bücher à 60 Seiten
in einer Box,
GABAL Verlag, 2005

39,90 Euro

Die kleinen Saboteure
So managen Sie die inneren Schweinehunde im Unternehmen

Dr. Marco Freiherr von Münchhausen
und Hermann Scherer. Taschenbuch,
Piper Verlag, 2003

9,90 Euro

Ganz einfach verkaufen
Die 12 Phasen des professionellen Verkaufsgesprächs

Hermann Scherer
190 Seiten, GABAL Verlag, 2003

17,90 Euro

Das große Karrierehandbuch

Hermann Scherer u.a.
307 Seiten,
Campus Verlag, 2008

24,90 Euro

Von den Besten profitieren I
Erfolgswissen von 12 bekannten Management-Experten

Hermann Scherer
287 Seiten, GABAL Verlag, 2001

30,90 Euro

Von den Besten profitieren III
Erfolgswissen von 12 bekannten Management-Experten

Hermann Scherer
287 Seiten, GABAL Verlag, 2003

30,90 Euro

FOCUS Forum: Die Erfolgsmacher

FOCUS, Unternehmen Erfolg
208 Seiten, Campus Verlag,
2004

19,90 Euro

Von den Besten profitieren II
Erfolgswissen von 14 bekannten Management-Experten

Hermann Scherer
250 Seiten, GABAL Verlag, 2002

30,90 Euro

Von den Besten profitieren IV
Erfolgswissen von 12 bekannten Management-Experten

Hermann Scherer
287 Seiten, GABAL Verlag, 2003

30,90 Euro

FOCUS Forum: Die Erfolgsmacher II

FOCUS, Unternehmen Erfolg
244 Seiten, Campus Verlag,
2005

19,90 Euro